Reinhard M. Troll

Radfahren im Erzgebirge

Ein Reiseführer für Genussradfahrten

AF642294

Die Deutsche Bibliothek verzeichnet diese Publikation in der Deutschen Nationalbibliografie; detaillierte bibliographische Daten sind im Internet abrufbar über:
www.dnb.ddb.de

Das Verzeichnis lieferbarer Bücher (VLB), die umfangreichste Datenbank für den deutschsprachigen Buchhandel, verzeichnet diese Publikation im entsprechenden Sachgebiet; detaillierte Bestell-Daten sind im Internet abrufbar über:
www.vlb-katalog.de

Für Privatkunden und Interessenten hält der Buchverlag König ein umfangreiches Angebot von Publikationen und wichtigen Zusatzinformationen im Internet bereit unter: **www.buchverlag-koenig.de**

ISBN: 978-3-939856-54-2

© 1. Auflage 2011, Buchverlag König, Greiz/Thür.
© 2. Auflage 2012, Buchverlag König, Greiz/Thür.
© 3. Auflage 2015, Buchverlag König, Greiz/Thür.

Das gesamte Werk ist im Rahmen des Urheberrechtsgesetzes geschützt. Jegliche vom Verlag nicht autorisierte Verwertung ist unzulässig. Dies gilt auch für die Verbreitung durch Funk, Fernsehen, fotomechanische Wiedergabe, Tonträger aller Art, elektronische Medien und das Internet sowie für auszugsweisen Nachdruck.
Alle Angaben des Buches wurden nach besten Wissen und Gewissen gemacht. Sie geben die Meinung des Autors wieder. Rechtliche Konsequenzen sind daraus nicht ableitbar. Für den Inhalt der angegebenen Quellen sind deren Eigner verantwortlich. Soweit nicht anders angegeben, stammen alle Abbildungen bzw. Fotos aus dem Archiv des Autors. Dieser zeichnet auch für die vorliegende Endfassung des Buches verantwortlich.

Lektorat & Textsatz:	Buchverlag König Greiz, GEK
Bild-Layout:	Buchverlag König, Satz- und Layoutstudio, billy unter Verwendung von Aufnahmen des Autors
Umschlaggestaltung:	Buchverlag König, Satz- und Layoutstudio, billy Collage unter Verwendung von Aufnahmen des Autors und des Layouters
Druck & Verarbeitung:	Prime Rate Kft., Budapest, Ungarn

Reinhard M. Troll

Radfahren im Erzgebirge

Ein Reiseführer für Genussradfahrten

KÖNIG

Das Erzgebirge bietet mehr als Sie erwarten.

Wo und wie finden Sie hier.

Dieses Buch soll eine reich bebilderte Planungshilfe für Genussradtouren und Radwege im Erzgebirge sein.

Inhaltsverzeichnis

Genussradfahren im Gebirge - eine Aufforderung

Vergessen Sie alles Abwertende, was Sie über das Radfahren im Gebirge gehört haben: *„... nur schweißtreibende schwere Aufstiege, ... nur mit speziellen Mountainbikes ausführbar; ... nichts für den ´Flachländer`, ... nur was für Freaks."*

Wir begleiten Sie auf leicht fahrbaren Wegen bis auf das Dach des Erzgebirges, zeigen Ihnen die herrliche Sicht von den Bergen, führen Sie abwechslungsreich durch Wiesen und Wälder, durch Täler und auf Höhen. Auf Panoramawegen werden Sie Ausblicke genießen, die Ihnen im Flachland versagt bleiben.

Das alles können Sie mit Ihrem normalen Trekking-Rad ohne Spezialausrüstungen erleben, ohne großes Training, zu Ihrem Vergnügen. Einfach Radfahren mit Genuss und Freude, nicht Radfahren an den Grenzen der Leistungsfähigkeit sondern zur Erholung.

Das „Geheimnis" ist die Streckenauswahl, nicht mehr und auch nicht weniger. Dieses Buch soll Ihnen bei der Streckenauswahl behilflich sein. Es wird einige der schönsten Touren aufzeigen. Sie werden wissen, wie Sie mit dem Rad auf leicht fahrbaren Wegen die Natur genießen können. Nebenbei lernen Sie das Erzgebirge von einer Seite kennen, die in den offiziellen Reiseführern der Tourismusverbände noch nicht beschrieben ist. Lassen Sie sich überraschen, wie viele Möglichkeiten zum Genussradfahren im Erzgebirge vorhanden sind.

Sie erfahren, wie Sie die Radwege für Ihre Leistungsstärke einzuschätzen haben. Sie werden befähigt, sich selbst geeignete Routen zusammenzustellen.

Zusätzlich werden wir auch viele Strecken kritisch betrachten und Anregungen zum weiteren Ausbau der Genussradwege geben.

Besuchen Sie das Erzgebirge mit dem Rad, es lohnt sich. Sie sind herzlich willkommen.

Reiseziel Erzgebirge - die Erwartungen

Jeder Urlaub, jeder Ausflug beginnt mit der Planung: Wo fahre ich hin? Warum fahre ich hin? Was will ich dort? Will ich mich nur ausruhen? Will ich auch etwas aktive Erholung? Weiß ich über die Möglichkeiten im Urlaubsgebiet etwas? Was will und was kann ich dort unternehmen? Wo kann ich über mein Urlaubsziel etwas erfahren?

Mit etwas Vorbereitung macht der Ausflug mehr Spaß. Viele der Informationen werde ich wiedererkennen, Neues zusätzlich finden. Der Eindruck in der Urlaubsregion fremd zu sein, wird nicht aufkommen.

Vor Beginn der Reise etwas über das Ausflugsziel zu lesen und dann mit Freude und Erwartung hinzufahren, lohnt sich immer. Für diese Vorbereitungen halten Sie hier ein Buch in den Händen, das Ihnen das Erzgebirge auf eine spezielle Weise näher bringen will. Nicht mit dem Auto, dem Bus oder der Bahn sollen Sie dieses Gebirge erkunden, sondern mit Ihrem Rad. Es wird sich lohnen. Kleine Anmerkungen auf Fehler und Mängel der Urlaubsregion sollen dazu beitragen, Ihren Urlaub noch angenehmer zu gestalten. Auch die Gastgeber können nur besser werden, wenn sie ihre Schwachstellen oder Versäumnisse kennen.

Stellen wir uns als erstes die Frage, was das Erzgebirge als Urlaubs- und Ausflugsziel bietet.

Ruhe und Erholung

In den ausgedehnten Wäldern ist es ideal Ruhe zu genießen. Noch gibt es größere zusammenhängende Waldstücke, die nicht durch eine „Zubringerstraße" oder eine „Waldautobahn" oder andere neu geschaffene Straßen zerstört sind.

Besonders das Auersberggebiet von Eibenstock bis Schwarzenberg, von Aue bis Johanngeorgenstadt ist ein solches Gebiet. Es ist in dieser Hinsicht zur Zeit aber auch besonders gefährdet. Die neue B 93 soll durch dieses geführt werden, obwohl andere Möglichkeiten dafür existieren. Stichstraßen zu den einzelnen Orten würden die Zerstücklung des Waldes noch erhöhen. Alternativ könnten die unbestritten notwendigen Ortsumgehungen von Lauter und Schwarzenberg aber ebenfalls gleichzeitig die B 93 aufnehmen. Damit wäre das Waldgebiet kaum - und wenn, dann nur am Rande geschädigt.

Weitere Forstgebiete befinden sich am Fichtelberg, um Klingenthal - Morgenröte-Rautenkranz, Pobershau - Kühnheide usw. Bis zur Erzgebirgsnordrandstufe (ca. auf der Linie Chemnitz - Stollberg - Aue) befinden sich trotz dichter Besiedlung viele, auch größere Wälder.

Wandermöglichkeiten

Das ganze Erzgebirge ist für Wanderer gut erschlossen. Verschiedene Fern-, Regional- und Ortswanderwege sind ausgeschildert. Viele liebevoll gestaltete historische und kulturelle Details erfreuen Sie am Wegesrand und sind zu Ihrer Information auch teilweise ausgeschildert. Zahlreiche Gaststätten laden zum Verweilen ein.

Das Erzgebirge ist für Naturfreunde ein abwechslungsreiches und besonders erholsames Wandergebiet. Es gibt viele natürliche Ziele wie Höhlen, Flusstäler, spezielle Erdformationen, Berge und schöne Aussichten. Dazu kommen noch die vielfältigen vom Menschen geschaffenen Wanderziele, wie Museen, Schaubergwerke und -werkstätten, Kirchen und Klöster, Schlösser und Burgen, Seen und Talsperren; nicht zu vergessen Theater, Bühnen, Ortsfeste, Hotels, Gaststätten, Denkmäler und Aussichtstürme und vieles mehr. Alle laden Sie herzlich ein.

Besonders die Berge mit Ihren Aussichtstürmen und die Panoramawege mit ihren Aussichtspunkten sind ein Reichtum des Erzgebirges.

Die Einheimischen nehmen dies, in der heutigen, reizüberfluteten Welt, oft als selbstverständlich hin. Erst wenn sie in der Fremde sind merken sie wie sie Ihre Berge lieben. Stellen Sie sich doch einmal an einem klaren Tag auf einen der Berggipfel und schauen Sie zum weit entfernten Horizont - sie spüren wie klein und unvollkommen Sie sind und ahnen die Größe der Natur und des Schöpfers.

Unsere Vorfahren wandten sich an der Wende vom 19. zum 20. Jahrhunderts weniger dem Ausland zu als heute. Sie hatten noch nicht die Schönheiten ihrer Heimat vergessen, sondern Ihr Ziel war es, so oft wie möglich den Menschen diese zu zeigen. In dieser Zeit entstanden viele heute noch genutzte Aussichtstürme und -punkte. Seitdem sind noch einige dazugekommen. Sachsen mit dem Erzgebirge hat damit eine Dichte an Aussichtstürmen, wie sie in keiner anderen Landschaft gefunden werden.

Das Buch „Ausgewählte Aussichtberge des sächsisch-böhmischen Erzgebirges“ von Reinhart Heppner und Jörg Brückner gibt einen Einblick. Das Buch „Turm Tour“ von Robert Dick (Chemnitzer Verlag) ergänzt und erweitert diesen auf ganz Sachsen.

Schon allein wegen der herrlichen Fernsicht von seinen Höhen ist das Erzgebirge eine Reise wert. Die Wege zu diesen Bergen und die Umgebung laden zum Wandern ein, das braucht wohl nicht extra betont zu werden. Aber auch mit dem Rad können wir auf ihnen eine Tour wagen.

Leider werden einige Aussichtsstellen in den kommenden Jahren verschwinden. Mit zweifelhaften und engstirnigen Begründungen wurde und wird das notwendige Zurückschneiden der Bäume an diesen markanten Stellen verhindert. Der Tourismus als Wirtschaftszweig verlangt aber ein abgestimmtes Miteinander von Gewerbe, Naturschutz und auch privater Interessen. Nur auf diese Weise haben alle etwas davon. Die Meinung des Urlaubers am Ende seines Aufenthaltes, auch die Ihre, kann Einfluss auf viele Entscheidungen nehmen. Nicht nur das Positive, sondern auch das Negative sollte den Tourismusbüros und den Bürgermeistern mitgeteilt werden, um Veränderungen zu erreichen.

Kultur

Das Erzgebirge befindet sich in einem dicht besiedelten Teil Deutschlands. Der Bedarf an Kultur ist hier in Jahrhunderten gewachsen und hat sich ständig weiterentwickelt. In Zeiten knapper Kassen, in denen die Verschwendung unserer und vorheriger Generationen sichtbar wird und ihren Tribut fordert, sowie durch die Überbürokratisierung der Gesellschaft und Wirtschaft, werden die Mittel für die Kultur in den staatlichen Haushalten immer weniger. Durch die Kommerzialisierung konnte ein großer Teil der kulturellen Landschaft erhalten werden. Als Urlauber brauchen Sie daher nicht zu befürchten, in der näheren Umgebung Ihres Aufenthaltsortesortes zu wenig Kulturerlebnisse zu haben. Eine bunte Palette wird Ihnen geboten: Theater, Kleinkunst, Ausstellungen, auch Besuche bei Künstlern sind möglich. Als Besonderheiten der Erzgebirgischen Volkskunst sei nur kurz an das Schnitzen, Klöppeln und Drechseln erinnert.

Dass das Erzgebirge das „Weihnachtsland Deutschlands“ ist, wird im Fernsehen oft gezeigt. Die echte, typische Erzgebirgische Weihnacht erleben Sie aber nicht auf den Weihnachtsmärkten der großen Städte. Diese öffnen über vier Wochen und ihr Ziel ist vor allem der Kommerz, der, eingerahmt in Traditionen, nur einen kleinen Teil der Vorfreude auf das Christfest vermitteln kann. Dort, wo die Bevölkerung noch an den traditionellen Höhepunkten teilnimmt, finden sie auf den Märkten ein echtes Stück der Erzgebirgischen Weihnacht.

Ganz gleich wie weit entfernt die Bürger eines Ortes in Deutschland verstreut leben, jeder versucht zum Weihnachtsmarkt in der Heimat zu sein. Zu diesen findet sich nach Möglichkeit der ganze Ort ein. Diese Weihnachtsmärkte haben ihren besonderen Reiz, auch weil sie maximal über zwei Adventssonntage (Schneeberg, Schwarzenberg) dauern. Dort erleben Sie die echte Vorfreude auf Weihnachten.

Besonders eindrucksvoll sind die Märkte in Städten mit ca. 10.000 bis 15.000 Einwohnern. Die Bürger identifizieren sich hier noch mit ihrem Ort und lieben ihre Stadt und sind mit vollem Herzen dabei (z. B. in Zwönitz zum 1. Advent, in Lößnitz zum 3. Advent, in Thum zum 1. Advent). Auch Sie als Besucher werden dies spüren können.

Dass der Bergbau das Erzgebirge geprägt hat, sagt sein Name schon aus. Irgendwann stoßen wir bei unseren Ausflügen immer auf Hinweise der bergmännischen Vergangenheit. In Museen und Schaubergwerken, auf Hinweistafeln, durch alte Mundlöcher, Wege auf Haldengeländen, Halden und durch Reste von Förder- und Verarbeitungsanlagen werden wir an diese besondere Arbeitswelt erinnert. Die Traditionspflege des Bergbaus gehört zur erzgebirgischen Kultur. Bergaufzüge, Bergmannsvereine, Knappschaft, geschnitzte Bergmänner, Besucherbergwerke, Hammerwerke, Pferdegöpel usw. sind nur einige bekannte Begriffe dieser Tradition.

Sport

Auch als Einheimischer ist es unmöglich, alles zu kennen, was wir im Erzgebirge in sportlicher Hinsicht unternehmen können. Durch ihre Wintersportler sind Orte wie Oberwiesenthal, Altenberg, Klingenthal usw. bekannt. Der Erzgebirgskamm ist relativ schneesicher, vor allem Oberwiesenthal mit dem Fichtelberg, die Kammloipe bzw. Skimagistrale Erzgebirge/Krusné hory mit Schöneck, Carlsfeld, Johanngeorgenstadt bis nach Holzhau und Altenberg im Osterzgebirge. Die bekannten Wintersportarten sind dort fast alle durchführbar.

Im Sommer sind z. B. Reiten, Walking, Wandern, Schwimmen, Sommerrodeln, Mountainbiken und Motocross angesagt. Aber auch Minigolf, Golf, Tennis, Gleitschirmfliegen und Bergsteigen sind an verschiedenen Orten möglich. Eines sollten wir natürlich nicht vergessen - das Genussradfahren. Die Bedingungen dazu werden immer besser. Bereits jetzt sind im gesamten Erzgebirge gute Möglichkeiten dafür gegeben.

Essen und Trinken

Was kann es bei einer größeren Rast oder nachdem Sie den ganzen Tag mit dem Rad unterwegs waren schöneres geben, als sich bei einem exzellenten und deftigen Mahl zu stärken und auch den trockenen Gaumen zu laben - viele Gaststätten laden zum Verweilen ein. Ob Sie die regionale, erzgebirgische oder die gutbürgerliche Küche bevorzugen, ob Sie fremdländische Kost zu sich nehmen wollen oder lieber in ein Feinschmeckerlokal einkehren - im Erzgebirge können Sie all das finden. Auf unseren Touren werden wir noch einige Stätten guter Bewirtung kennenlernen.
Viele Gaststätten weisen in ihren Speisekarten besonders auf die erzgebirgische Küche hin. Wie auch in anderen Urlaubsregionen waren diese regionaltypischen Gerichte ursprünglich meist die tägliche Kost der Menschen, doch auch hier war nicht immer Alltag und das erzgebirgische Sonntagsessen unterbrach die einfache Speisenfolge der Wochentage. Am Tag des Herrn wurde das Beste aufgetischt, was die Familien sich leisten konnten. Während das Fleisch meist aus der eigenen Kleintierhaltung von Kaninchen, Hühnern, Tauben, Schafen und Ziegen kam, die meist „zur Familie" gehörten, wurden als Beilagen vielfach Klöße in diversen Varianten, wie z. B. Grüne Klöße, Wickelklöße oder gekochte Klöße, gereicht.

In größeren Bauernhöfen und Gütern wurde täglich für Knechte und Mägde gekocht. Die Früchte des Feldes und die Tiere des eigenen Hofes bildeten die Grundlage der Ernährung. Durch Pökeln, Räuchern und Einkochen wurde das Fleisch haltbar gemacht. Die weitere Zubereitung war dadurch bestimmt. Auch Gerichte, die wir heute anders zubereiten, wurden serviert. Pökelrippchen finden sich leider selten auf einer Speisekarte aus unseren Tagen, obwohl dieses Gericht traditionell eine besondere Spezialität ist. Geräucherte Wurst und gepökeltes Fleisch haben eine ganz eigene Note und sollten in der erzgebirgischen Küche nicht fehlen.

In der Nähe von vielen Bauernhöfen befand sich ein Fischteich, der den Speiseplan bereicherte. In einigen Orten hatten die Bürger bis in das 20. Jahrhundert das Fischereirecht für den Dorfbach, um ihren Fischbedarf für die Freitagsmahlzeit zu fangen. Auch für Fisch gibt es vielerorts regional- oder auch familientypische Zubereitungsarten.

Was wir heute teilweise nur noch als Delikatessen erhalten (z. B. Sauerampfersuppe), Besonderheiten die in der Öko- und Gourmetküche wieder auftauchen (z. B. Löwenzahnsalat) oder Gerichte die von Ernährungsbewussten abgelehnt werden (z. B. Pökeleisbein), gehören zur Erzgebirgische Küche. Die Bratkartoffeln auf den Speisekarten in anderen Gegenden haben mit erzgebirgischen „Eigeschnietnen“ nur wenig gemeinsam. Sie sind auch anders als die „Tiroler Rösties“. Sie sollten diese unbedingt einmal probieren.

Auch im Erzgebirge gab es nicht nur arme Leute mit einfachen Essgewohnheiten, sondern auch Menschen, welche die Essenskultur des europäischen Umlandes pflegten und sie mit den vorhandenen Möglichkeiten verbanden. Diese sind in den Speisekarten häufig unter den Hauptspeisen zu finden. Andere Gaststätten bieten sogenannte „Ritteressen“ an, bei denen man Speisen nach mittelalterlicher Zubereitungsart probieren kann.

Es ist bezüglich des Kulinarischen nicht zu vergessen, dass das Erzgebirge ständig ein Besiedlungsgebiet war. Im Mittelalter erfolgten die Erstbesiedlung des Gebirges und die Rodung der ersten Gebiete des dichten Waldes, des „Miriquitie“. Für die Erzfunde im Gebirge wurden Bergleute benötigt. Bis in die Neuzeit hinein, kamen immer wieder Menschen aus allen Teilen Deutschlands und der Welt und fanden hier ihr Glück. Dazu gehörten auch die Heimatvertriebenen nach dem 2. Weltkrieg. Die Menschen brachten ihre Essgewohnheiten mit in das Erzgebirge. Die Vermischung dieser Rezepte brachte und bringt Gerichte hervor, die für verschiedene Gegenden des Erzgebirges typisch sind, bzw. in anderen Gegenden Deutschlands in dieser Art nicht gekocht werden. Diese Besonderheiten aufzuspüren und zu beschreiben würde ein weiteres Buch füllen.

Den Gaststätten kann empfohlen werden, ihre erzgebirgischen Speisen zu erweitern und nicht nur die Gerichte als typische Küche unserer Heimat anzubieten, welche von den einfachen Menschen gegessen werden. Viele der beliebtesten Spezialitäten unserer alteingesessenen Bürger sind erhältlich, aber nicht als „erzgebirgisch“, „sächsisch“ oder entsprechend der Herkunft gekennzeichnet. Wir sind noch zu zögerlich, unsere Besonderheiten herauszustellen. Dabei verschenken wir viel Potential des Marketings für das Erzgebirge.

Andere touristische Gegenden versuchen mit ihren besten Speisen Gäste anzulocken, im Erzgebirge ist nur das *„Essen armer Leute“*, wie schmackhaft es auch zubereitet wurde, als regionaltypisch gekennzeichnet. - Liebe Gastwirte, machen Sie den Besuch unserer Gäste bei Ihnen auch zu einem kulinarischen Erlebnis! Kennzeichnen Sie Ihre regionaltypischen Gerichte als solche! Ein „Erzgebirgischer Hosenbroten“, der in Buttermilch eingelegt ist, kann es mit einem „Pfälzer Saumagen“ auf jeden Fall aufnehmen und ein mit Pimpinelle (der Kleine Wiesenknopf war früher in jedem Bauerngarten heimisch) verfeinerter Salat ist ebenso gesund und schmackhaft wie etwa Rucola.

Auch bei den Backwaren gibt es Spezialitäten. Zu den bekanntesten gehören wohl Eierschecke und natürlich der Christstollen. Aber auch der nach Nuss schmeckende Haferflockenkuchen gehört dazu. Es wäre bedauerlich, wenn er in Vergessenheit geraten würde, denn Hafer wächst gut im Erzgebirge.

Um preiswert speisen zu können, sind in den Reisebüros der Region der „Schlemmerpass" oder das „Schlemmerbuch" erhältlich. Von zwei Hauptgerichten zahlen Sie nur eines, wobei Sie die Gültigkeit des Passes an den verschiedenen Wochentagen beachten müssen. Die Gaststätten, die Ihnen diese Vergünstigung bieten, sind über das gesamte Erzgebirge verteilt. Es lohnt sich auf jeden Fall, diese Möglichkeiten zu nutzen, wenn Sie mit dem Rad das Gebirge erkunden und bei einer Rast einkehren wollen. - Auch auf den Gast, der das besondere Flair bevorzugt, haben sich Gastronomen eingestellt. Als Beispiel sollen hier das „Park-Cafe Austelvilla" in Zwönitz und das „Schloß Wolfsbrunn" in Hartenstein genannt werden.

Für ein gutes Getränk im Gebirge war, neben Quellwasser, Fruchtsaft und Tee, das Bier von Wichtigkeit. Fast jeder Ort hatte in alten Zeiten seine eigene Brauerei. Einige blieben erhalten, andere sind als Brauereigaststätten neu entstanden. Auch Weinliebhaber sollten diese und jene Spezialität probieren. Ein „Fiedler Bock" (Bockbier), ein „Schwarzer Specht" (Starkbier), ein „Zwönitzer Rotblondes" oder auch ein „Erzgebirgisches Pils" ist oft schmackhafter, als eines der überregional bekannten Biere aus der Fernsehwerbung.

Der Anbau von Wein ist im Erzgebirge nicht für die Weinbereitung möglich. Aber fast in jedem Haushalt wurden Fruchtweine für den Eigenbedarf hergestellt. Die Krönung für einen „Hobbywinzer" war der aufwändige Hagebuttenwein. Er ist zwar käuflich zu erwerben, wird aber in Gaststätten leider kaum angeboten. Bei meinen Großeltern wurde der Hagebuttenwein als besondere Delikatesse nur zu besonders feierlichen Anlässen in der Familie oder zu Weihnachten aufgetischt. Auch wenn Fruchtweine nicht nur allein im Erzgebirge hergestellt wurden, gehörten und gehören sie zum erzgebirgischen Leben. Meine Großmutter reichte selbst zum bekannten Festessen zu Weihnachten, dem sogenannten „Neunerlei", ihren Hagebuttenwein.

Auch in der kalten Jahreszeit gab es bei den Einwohnern des Erzgebirges spezielle, wärmende und gesundheitsfördernde Getränke. Heißes Bier mit Ei und Zucker, verschiedene heiße Obstweine, Milch, auch heiß und mit Honig oder Fruchtsäfte wie Holunderbeersaft mit Honig verfeinert, aber auch die verschiedene Kräutertees brachten die Menschen über den Winter. Leider sind diese Getränke durch Glühwein, Grog und Jägertee nach und nach verdrängt worden. Auch für die Sommerzeit werden viele Erfrischungsgetränke noch in eigener Hausproduktion hergestellt. Einige Beispiele dazu sind kaltes Zitronenwasser, Fruchtbowlen, Zitronenbier, Eistee, Holundersekt und Kräuteraufgüsse.

Vielleicht erinnern sich in Zukunft mehr Gaststätten der Region an diese oder andere für den Ort typischen Getränke. Einige tun es bereits heute und bereiten damit vor allem den Kindern eine Freude.

Zur Verdauung der Speisen sollte auch ein guter Magenbitter, ein Likör oder ein Obstler aus der Region nicht fehlen. Einige Firmen, welche die Kräuter und Früchte in dieser Form veredeln, haben sich auch im Erzgebirge erhalten. - Im Gegensatz zu anderen Gebirgsgegenden, wie Schwarzwald und Alpen, wo der Obstler dominiert, wird im Erzgebirge weniger klarer Branntwein getrunken. Hier gibt es meist Liköre, deren Zutaten größtenteils aus einheimischen Pflanzen gewonnen werden. Dass dabei das Ausfrieren des Wassers aus den Obstweinen in den kalten Wintern als Alternative für das Schnapsbrennen eine Rolle spielte, ist nur eine Vermutung. Auch diese Möglichkeit, den Alkoholgehalt von Fruchtweinen zu erhöhen, lehrte mich meine Großmutter.

Einige der verwendeten Pflanzen bestimmen die Erzgebirgslandschaft: Eberesche, Holunder, Hagebutte, Weißdorn und Vogelkirsche sind in fast jeder natürlichen Hecke und am Waldrand zu finden. Andere, wie z. B. der Kümmel wachsen auf den Wiesen oder werden jetzt zum Zweck der Likörherstellung angebaut wie die Angelika. Viele dieser Schnäpse sind süße Liköre. Aber auch nicht gesüßte haben, besonders nach dem Essen, eine verdauungsfördernde Wirkung. Zu empfehlen sind dafür: „Lauterer Vogelbeer-Likör“ (Ebereschen-Likör), „Lauterbacher Tropfen“ (Grünbitter ungesüßt), „Bockauer Kümmel-Likör“, „Grenzwald-Likör“, „Bockauer Angelika-Likör“ und „Freiberger Magenwürze“. Sie werden auch noch weitere Spezialitäten bei einem Besuch der jeweiligen Destillation finden.

Feste feiern

Das Feiern und Lustigsein liegt dem Erzgebirgler im Blut. Dabei zeigt er nicht die große Ausgelassenheit der Rheinländer oder die allgemeine Sangesfreude der Iren. Es ist mehr eine stille Freude, die sich bei ihm bemerkbar macht. Das Glücklichsein über das Erreichte und dem Schöpfer im Stillen dafür zu danken, sind ihm eigen.

Die Verbundenheit der Erzgebirger mit ihrer Natur, ihrer Arbeit oder auch mit Gott, lässt sich in verschiedenen Feiern erleben. Viele Feste im Erzgebirge sind nach der deutschenWiedervereinigung neu belebt worden und erhielten ihren ursprünglichen Sinn zurück.

Eines der Feste ist „Christi Himmelfahrt", das auch volkstümlich als „Männertag" gefeiert wird. Nachdem der Feiertag in der DDR zum Arbeitstag erklärt wurde, entwickelte er sich allmählich zu dem Tag, an dem aus Protest aus den staatlichen Bevormundungen und Zwängen ausgebrochen wurde. Viele - auch nichtkirchlich geprägte Menschen - nahmen an diesem Tag Urlaub, um ihn zu feiern oder auf Männertagstour zu gehen. - Heute ist Himmelfahrt nicht nur ein Feiertag für die Männer, auch viele Familien und freundschaftlich verbundene Menschen nutzen ihn als Ausflugstag mit dem Rad. Die Gaststätten haben sich mit besonderen Programmen und Öffnungszeiten darauf eingestellt. Auf den Straßen und Wanderwegen herrscht an diesem Tag Hochbetrieb. Himmelfahrt ist eine gute Empfehlung, um für ein verlängertes Wochenende ins Erzgebirge zu fahren.

Weil es einige Politiker gibt, welche die Wiedereinführung der Himmelfahrt als Feiertag immernoch als demokratischen Sieg über sozialistische Maßnahmen feiern, sei nur darauf hingewiesen, dass nach der gesellschaftlichen Wende auch der Buß- und Bettag, außer in Sachsen, abgeschafft wurde. Auch die Verlängerung der Ladenöffnungszeiten am Sonnabend und Sonntag greift die Feiertagsruhe an. Darüberhinaus will die Diskussion um die Streichung weiterer Feiertage nicht verstummen, obwohl erwiesenermaßen die Arbeitsmoral durch die Vorfreude auf diese freien Tage steigt.

Ein weiterer Feiertag, der einen Höhepunkt des gesellschaftlichen Lebens des Erzgebirges darstellt, ist Pfingsten. Bereits am Morgen treffen sich die Einheimischen an traditionell bekannten Orten. An diesen ist eine gastronomische Betreuung oft nur an diesem Tag vorhanden. Beispiele rund um Zwönitz sind: Der „Dreilagenstein" (ein Grenzstein) bei Affalter im Ortsteil Streitwald, der „Wilde Mann" (eine Holzfigur im Wald) bei Geyer und zwei weiterer Holzfiguren an einem Rastplatz in Zwönitz, „Förster und Christel" genannt. Wie die angegebenen Örtlichkeiten, sind im gesamten Erzgebirge „Pfingstziele" zu finden wie der Berggottesdienst am Pfingstmontag am Scheibenberg. Natürlich sind auch die Ausflugslokale beliebte Ziele an diesem Tag. Dass diese Pfingstwanderungen im Erzgebirge zur Tradition gehören, ist aus den offiziellen Programmen für den Touristen kaum zu erkennen.

Auf eine weitere Besonderheit des Feierns im Erzgebirge sei noch ausdrücklich hingewiesen: In vielen Veranstaltungsprogrammen ist jeweils am 30. April von einem Höhenfeuer oder Maifeuer, vielleicht auch von einem Feuer zur Walpurgisnacht, die Rede. Dies ist jedoch nur die halbe Wahrheit. Im Erzgebirge ist es Tradition, in der Nacht vom 30. April zum 1. Mai ein sogenanntes „Hexenfeuer“ anzuzünden. Dieses Ritual war und ist oft keine offizielle Veranstaltung. Viele Familien oder auch Gruppen von Jugendlichen haben dabei ihr eigenes Feuer, an dem sie dann gemütlich beisammen sitzen. Für Gäste und Bürger der Region, die keiner der Gruppen angehören, werden zusätzlich offizielle „Höhenfeuer“ veranstaltet. Ähnlich wie die Johannisfeuer (Sonnwendfeuer) oder Herz-Jesu-Feuer in der Alpenregion oder auch anderen Gegenden Europas, ist es im Erzgebirge ein imposantes Bild, wenn die Orte von vielen flackernden Lichtern beleuchtet werden. Besonders beeindruckend und sinnlich wird die Stimmung, wenn man auf einem Berg steht und das seltene Schauspiel auf sich wirken läßt. Als Beispiel seien hier der Pöhlberg bei Annaberg oder der Ziegenberg bei Zwönitz genannt. Auf ihnen wird jedes Jahr ein „Hexenfeuer“ mit gastronomischer Betreuung und Musik veranstaltet.

Über das Jahr verteilt, finden im Erzgebirge viele weitere Feste statt, die Sie besuchen sollten: Kirmes, Weihnachtsmärkte, Jahresfeiern der Orte, Erntedankfeste und in vielen Orten ein traditionelles Sommer- oder Stadtfest. Dass diese Feste gute Ziele für unsere Radtouren sind, braucht nicht besonders erwähnt zu werden.

Wann sollten Sie in das Erzgebirge fahren?

Dass Sie im Urlaub oder auch bei Ihren Kurzausflügen ins Erzgebirge viele Möglichkeiten der kulturellen Betätigung und eine große Zahl von Ausflugszielen haben, konnten Sie den vorherigen Seiten entnehmen. Im Internet werden Sie unter dem Suchbegriff „Erzgebirge“ ein noch größeres Potential für Ihre Aktivitäten finden. Deshalb lohnt sich ein Ausflug in dieses Gebirge bei jeder Jahreszeit.

Wann ist jedoch die beste Zeit, das Erzgebirge mit dem Rad zu erkunden? Auch auf diese Frage ist die Antwort, das jede Jahreszeit ihren Reiz hat - für Genussradfahrer gelten aber Einschränkungen.

Es gibt Mountainbiker, die es als besonderen Kick ansehen, bei jedem Winterwetter durchs Gelände zu fahren. Dafür ist aber nicht jeder Radfahrer zu begeistern. Bei Schnee und auf gefrorenen Straßen ist das Fahren für weniger hart gesottene Radler dennoch möglich. Die Kleidung und auch das Rad sollten dabei freilich dem Wetter angepasst werden. Besonders die Bereifung muss griffig sein. Reifen mit Spikes, die im Winter für Fahrräder zugelassen sind, eignen sich dazu am besten.

Wir Genussradfahrer sollten aber besser Rad fahren, wenn die Straßenverhältnisse gut sind. Der größte Teil des Erzgebirges, besonders das Gebiet nördlich der Erzgebirgsnordrandstufe ist nur in strengen Wintern längere Zeit mit Schnee bedeckt.

Je höher das Gebirge ansteigt, desto öfter und länger liegt Schnee. Auf dem Erzgebirgskamm kann dies von Ende November bis Mitte April der Fall sein. Hier hilft nur, sich den Wetterbericht und die örtlichen Web-Seiten anzuschauen bzw. die Tourismusbüros abzufragen. Die Erfahrung zeigt, dass sich die Höhenmarke der Niederschläge mit Schneeanteil immer weiter nach oben verschiebt und jetzt bei etwa 570 m NN liegt. Das Radfahren wird durch diese klimatische Besonderheit immer früher im Jahr auch in höheren Lagen möglich.

Die schönsten Jahreszeiten für das Genussradfahren im Erzgebirge sind der Frühling, der Sommer und der Herbst. Bei meist angenehmen Temperaturen und klarer Luft können wir die Vorzüge im Gebirge Rad zu fahren und zugleich die herrlichen Aussichten genießen.

Der Sommer, besonders der Hochsommer, verlangt von Sportlern mehr Schweiß. Die klare Luft, die wir beim Radfahren lieben, ist meist nur nach Gewittern vorhanden. Trotzdem sollte auch im Sommer das Rad nicht vergessen werden. Lange, warme Abende laden zum Fahren ein.

Das Erzgebirge bietet zudem auch im Sommer kühle Wälder. Ein Abstecher zu einem der vielen Seen bzw. Freibäder ist auf einer Radtour zu empfehlen, außerdem hat der Sommer nicht nur drückende, heiße Tage. Das Ende des Sommers, der sogenannte „Altweibersommer“, ist für Radfahrer eigentlich wie geschaffen!

Sie haben nach dieser Einführung zum Thema, nun einen groben Überblick über die Urlaubsmöglichkeiten im Erzgebirge. Aber warum eignet sich besonders diese Region für das Genussradfahren? - Das nächste Kapitel soll Ihnen dies konkret erläutern. Sie werden von den Möglichkeiten, die es im Gebirge gibt, überrascht sein.

Das Erzgebirge für Radfahrer

Der Aufbau

Das Erzgebirge ist schön. Grüne Wiesen, ausgedehnte Wälder, herrliche Fernsichten von Höhenzügen und Bergen erwarten Sie. Was kann es da Besseres geben, als mit dem Rad diese Landschaft zu erkunden?

Um eine Radtour im Erzgebirge nicht mit Frust und schlechter Laune enden zu lassen, ist eine Planung des Ausfluges unerlässlich. Besonders für Urlauber, die die Gegend nicht kennen, sind einige Grundkenntnisse über den Aufbau des Gebirges notwendig.

Kennen Sie noch die alten Schulbänke oder Schreibpulte mit den schräggestellten Tischplatten? So ähnlich liegt im übertragenen Sinn das Erzgebirge vor uns. Sein Aufbau wird auch als „Pultscholle" bezeichnet. Die Nordseite ist ein leichter Anstieg, die andere, die Südseite, geht steil bergab. Die seichte Steigung erstreckt sich von der Leipziger Tieflandsbucht über das Mittelsächsische Hügelland, dem Erzgebirgsvorland, der Erzgebirgsnordrandstufe bis zum Erzgebirgskamm. Der Kamm bildet fast überall die Grenze zum „Böhmischen", wie die Erzgebirgler auch heute noch die Tschechische Republik nennen.

An den nachfolgenden Höhenangaben sehen Sie den langsamen Anstieg des Erzgebirges: Chemnitz 308 m NN - Stollberg 464 m NN - Zwönitz 550 m NN - Elterlein 620 m NN -Scheibenberg (Ort) 650 m NN - Kretscham-Rothensehma 792 m NN - 914 m NN Oberwiesenthal - 1215 m NN der Fichtelberg.

Aus der Höhendifferenz und der Entfernung von ca. 55 km von Chemnitz nach Oberwiesenthal (Autostrecke B 95) errechnet sich ein Anstieg von ca. 1,1 %. Beziehen wir den Steilanstieg am Fichtelberg mit ein, beträgt die durchschnittliche Steigung ca. 1,7 %. Diese Rechnung ergibt für den Anstieg Zwickau (267 m NN) - Oberwiesenthal (Entfernung ca. 68 km) eine durchschnittliche Steigung von ca. 1,0 % und mit der Höhe des Fichtelberg 1,4 %. Auch wenn diese Rechnungen bezüglich der Entfernungen einige Ungenauigkeiten aufweisen, so zeigen sie doch, dass die Pultscholle des Erzgebirges nur sehr gering geneigt ist.

Der steile Südhang fällt in die Tschechische Republik ab. Zwischen Chomutov (355 m NN) und Reitzenhain (776 m NN) errechnet man, bei einer Entfernung von ca. 15 km Luftlinie, einen durchschnittlichen

An- bzw. Abstieg von ca. 3 %. Die ca. 11 km Abstieg vom Grenzübergang Oberwiesenthal (1083 m NN) nach Ostrov (398 m NN) ergeben durchschnittlich ca. 6,3 %.

Wenn wir die beiden Hänge des Erzgebirges anhand der Steigungszahlen vergleichen, ist der Nordhang für Genussradfahrer kein Problem, den Südhang überlassen wir, bis auf wenige ausgewählte Strecken, den Mountainbikern. Leider können wir es uns aber nicht so leicht machen. Viele natürliche Kräfte haben die Scholle des Erzgebirge umgestaltet. Durch Regen und Schmelzwasser wurden Täler eingewaschen, der Wind hat Erde davongeweht, Eis und Frost sprengten Steine, ja selbst der Mensch schüttete Berge auf oder trug sie ab. Das widerstandsfähigere Gestein ist als Höhenzug erhalten geblieben. Das ganz harte Gestein ließ die großen Berge (Bärenstein, Pöhlberg usw.) bestehen. Wind und Wasser konnten ihnen wenig anhaben.

Die Höhenzüge weisen somit, in Abhängigkeit von der Erosion, ein ähnliches Gefälle wie die Pultscholle auf. Aber auch das Wasser sucht sich einen Weg zum Fuß des Gebirges. Dabei kann es sich nicht tiefer eingraben, als dieser liegt. Somit haben selbst die Flussläufe, außer in der Nähe vom Erzgebirgskamm, fast das gleiche geringe Gefälle wie die Pultscholle.

Damit stehen bereits zwei Möglichkeiten für das Genussradfahren zur Verfügung. Die Höhenzüge und die Flusstäler bieten sich beide dafür an, wobei Radtouren auf den Höhenzügen - auch wenn die Ideallinie ein paar „Schrammen“ aufweist - durch die beeindruckenden Aussichten schöner und reizvoller sind. Die mögliche Abfahrt ins Tal bietet dann dazu den leicht fahrbaren Abschluss. Genau diese Ausblicke über die Landschaft sind es, was eine Radtour im Gebirge von einer im Flachland unterscheidet. In der Ferne das Ziel der Radtour bereits erkennen können, den Blick über Täler schweifen lassen, am Horizont die Spitzen des Erzgebirges fast schon greifen können und doch mit relativ geringer Mühe dahin rollen und die Fahrt geniessen. Man könnte ins Schwärmen kommen...

Von West nach Ost ändert sich auch die Topographie des Erzgebirges. Die Grenze zwischen den Landschaftsgebieten des West- und des Osterzgebirges ist das Flöhatal. Das Westerzgebirge ist stark gegliedert und erreicht große Höhen. Die Hochflächen sind kleiner, die Landschaft ist von tiefen Tälern durchschnitten. Das Osterzgebirge dagegen ist vor allem durch ausgedehnte, langsam ansteigende Flächen geprägt. Dadurch ändert sich die landwirtschaftliche Nutzung der Regionen und der Anteil des Waldes auf den Flächen verringert sich.

Der Aufbau des Erzgebirges:

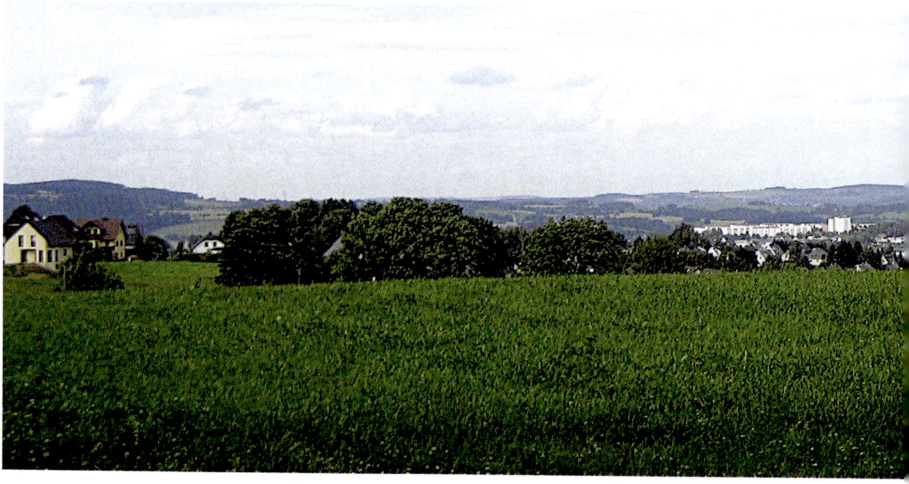

Bild oben: *Der Augustusburger Kamm ist der Höhenzug zwischen der Zschopau und ihrem Nebenfluss der Flöha. Hier sehen wir den Kamm über Annaberg-Buchholz hinweg vom Höhenzug zwischen Zschopau und Sehma aus. Nach der Stadt liegen die Täler der Zschopau und ihrer Nebenflüsse Preßnitz und Pöhlbach. Dahinter sperrt der Augustusburger Kamm wie eine Wand das Westerzgebirge von den mittleren und östlichen Teilen des Gebirges ab. Somit ist dies der schwierigste Teil für eine Erzgebirgsquertour. Das folgende, sehr große Tal wurde durch die Flöha hervorgebracht, welche bereits im Osterzgebirge entspringt. Das bewaldete Massiv links, gehört zum Höhenzug zwischen Wilitsch und Zschopau. Das Erzgebirge ist eine sogenannte „Pultscholle", die langsam und stetig mit nur ca. 1 bis 1,5 % ansteigt.*

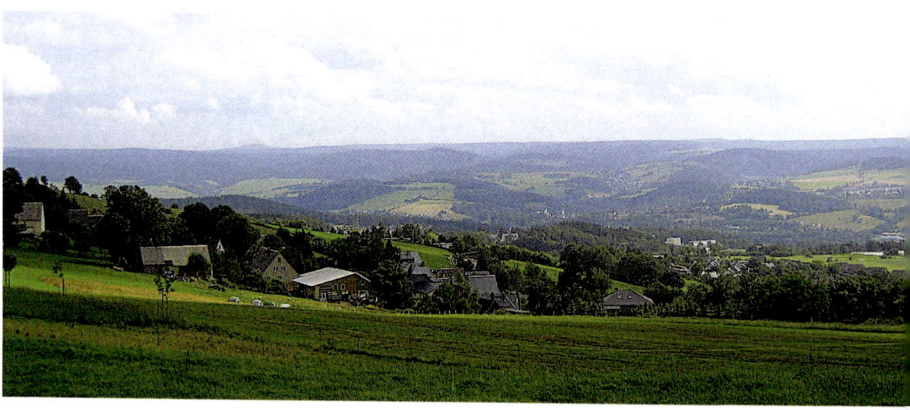

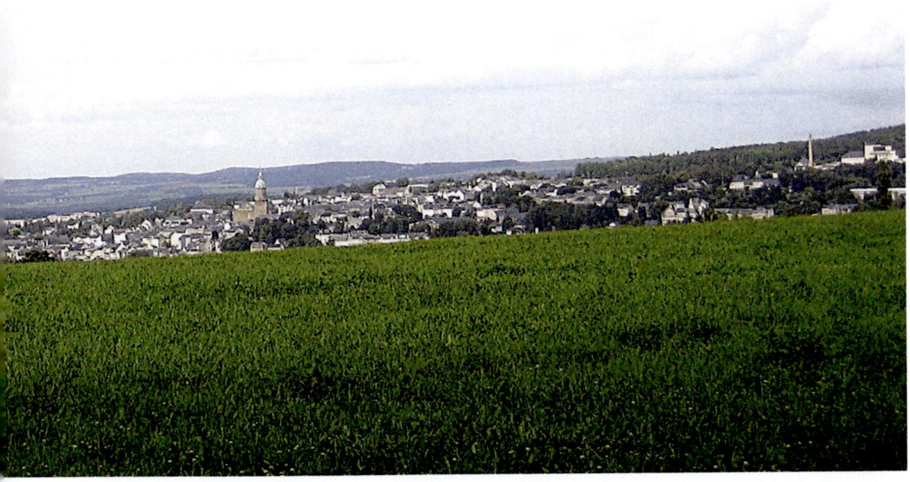

In eindrucksvoller Weise ist dies am Augustusburger Kamm zu sehen. Erkennbar ist aber auch, dass die Höhenzüge Wellen und Spitzen haben, die es zu überwinden oder zu umfahren gilt. Diese Höhenunterschiede sind aber keinesfalls mit den Fahrschwierigkeiten zu vergleichen, die wir haben würden, wenn wir versuchten, die Strecken quer zu den Bergmassiven zu bewältigen. Für die kleine Anstrengung einer Radtour längs auf den Höhenzügen, werden wir mit weiten, unvergesslichen Aussichten über das Gebirge belohnt.

Bild unten: *Das landschaftlich schöne Schwarzwassertal von der Höhe des Spiegelwaldes aus gesehen. Diese überwältigenden Ausblicke in die Täler des Erzgebirges können Sie von Ihrem Rad aus genießen.*

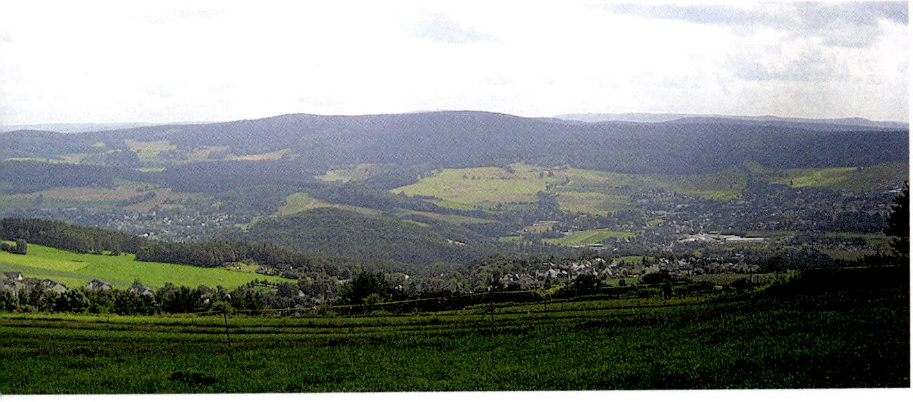

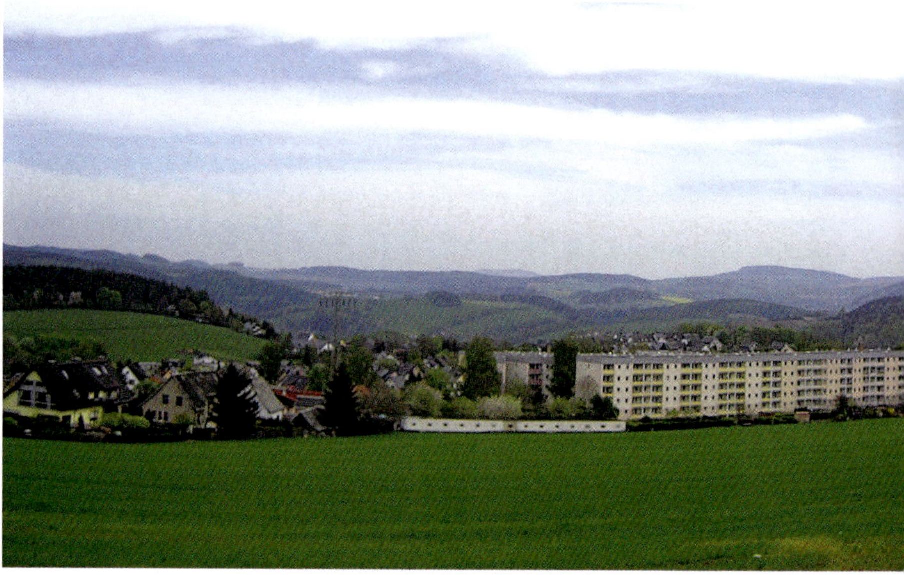

Bild oben: *Blick vom Hang der Morgenleithe über Schwarzenberg in Richtung Scheibenberg. Auch die Wasserscheide zwischen Freiberger und Zwickauer Mulde, der Höhenzug am Horizont, lässt den seichten Anstieg des Erzgebirges erkennen.*

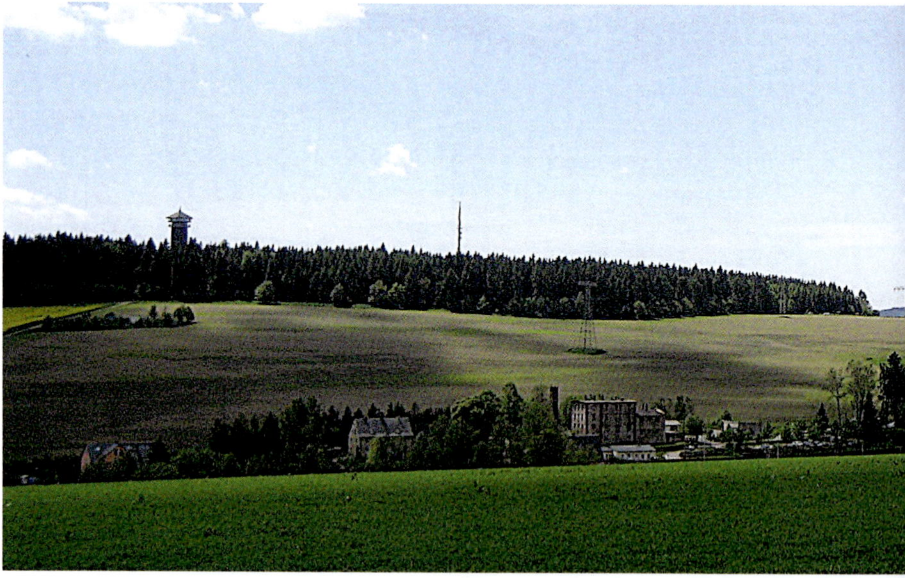

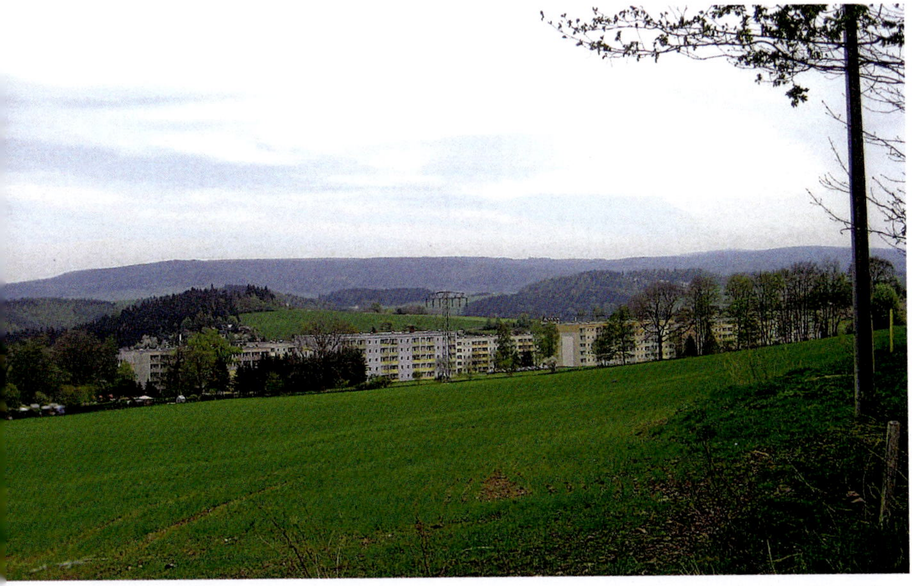

Bild unten: *Auf den Höhenzügen lassen sich teilweise auch die Aussichtstürme, wie hier auf dem Spiegelwald, leicht mit dem Rad erreichen. Im Hintergrund sind die Morgenleithe (811 m NN) und der Auersberg (1018 m NN) zu erkennen.*

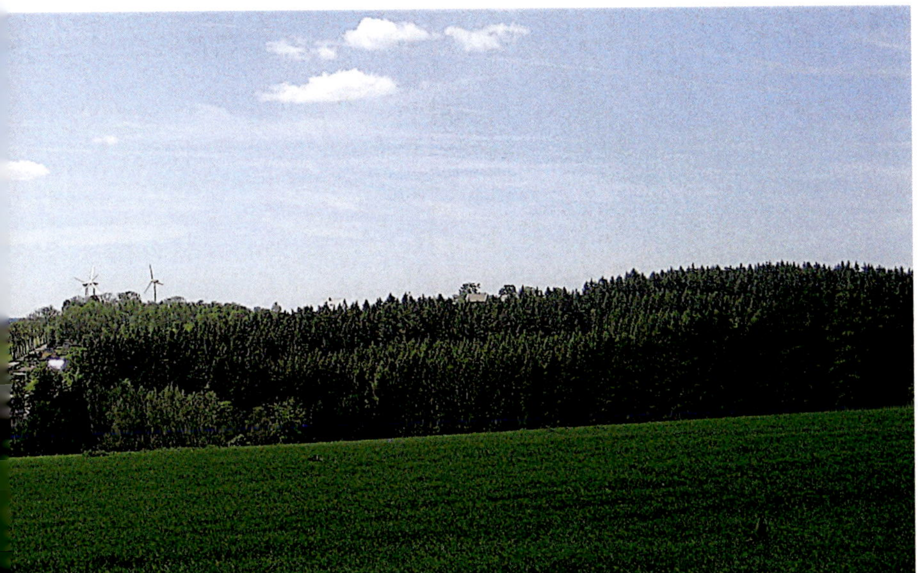

Eine Genussradtour im Westerzgebirge hinterlässt daher andere schöne Eindrücke als eine im Osterzgebirge - ein Grund, nicht nur einen Teil des Gebirges zu besuchen. Die Besonderheiten vieler kleinerer Abschnitte der Landschaften erhöhen ihre Reize.

Zwischen den beiden guten Fahrmöglichkeiten - den Flusstälern und den Höhenzügen - verwehren uns die Berghänge eine Genussradfahrt, wenn es aufwärts gehen soll. Gäbe es nun Wege, die uns erlauben würden, in einer Genussradtour die Berge langsam zu erklimmen, so hätten wir erreicht, was wir wollen: Genussradfahren im Gebirge und auf dem Gebirgskamm. Auch diese Verbindungen lassen sich in geringer Anzahl finden.

Die Abtragung des Gebirges über die Jahrtausende erfolgte nicht gleichmäßig. Kleine Bäche schlängeln sich zwischen harten Felsrücken dahin. Auf der dem Wind abgewandten Seite eines Gebirgsrückens sind die Regenfälle geringer. Das Wasser konnte sich nicht so stark eingraben, das Tal bildet entgegen der Fließrichtung der Bäche dadurch einen sanften Anstieg. Größere und kleinere Hochebenen sind erhalten geblieben, die sich seicht den Flussläufen zuneigen. Ein Beispiel dafür ist die Hochebene von Scheibenberg in Richtung Schlettau.

Ein weiteres Beispiel für einen sanften Anstieg ist das Oswaldtal von Schwarzenberg nach Grünhain. Erst auf den letzten Metern wird es steil. Wir erreichen aber fast eine andere Möglichkeit für das Genussradfahren, die stillgelegte Bahnstrecke Zwönitz - Scheibenberg.

Wir sollten deshalb auch das Wirken des Menschen nicht vergessen. Er hat langsam ansteigende Wege zum Erklimmen der Höhenzüge angelegt (z. B. den Hormersdorfer Weg von Zwönitz auf die Wasserscheide zwischen Zwönitz und Wilisch). Passstraßen über den Kamm machen die Verbindungen über das Gebirge möglich. Kunstgräben zur Versorgung der Wasserräder und zum Holzflößen wurden geschaffen. Die Bahn musste ihr Schienennetz so verlegen, das die Lok nicht ins Rutschen kam und die Räder sich nicht durchdrehten. Sie war durch die vorhandene Technik dazu gezwungen, die Steigung ihrer Schienenwege zu begrenzen. Deshalb wurden Dämme aufgeschüttet, Einschnitte ins Gebirge gegraben, Tunnel gebohrt und Brücken gebaut. Alle diese Veränderungen an der Natur beseitigten Unebenheiten im Gelände, welche sie in Jahrtausenden geschaffen hatte. Auch wir können jetzt einiges davon nutzen.

Besonders die stillgelegten Bahnlinien bieten sich als ideale Radwege für das Genussradfahren an. Die Steigung wurde auf maximal 4% festgelegt. Nur in extremen Fällen wurde eine steilere Streckenführung zugelassen (z. B. bei der „Eibenstocker Steilrampe“). In solchen Fällen mussten dann meist zwei Loks vorgespannt werden, um den Zug bewegen zu können.

Dass stillgelegte Bahnlinien ideal zu Genussradwegen ausgebaut werden können, liegt auf der Hand. In Deutschland werden bereits viele für diesen neuen Zweck genutzt. Eine interessante Aufstellung dazu finden Sie im Internet unter der privaten Homepage von Achim Bartoschek (www.achim-bartoschek.de). Er trägt seit Jahren die mit dem Rad befahrbaren Strecken in Deutschland und seit einiger Zeit auch aus anderen Ländern Europas auf seiner Webseite zusammen. Dabei ist er über jede Ergänzung und eventuell notwendige Richtigstellung dankbar. Mit seiner Arbeit ermöglicht er viele weitere Impulse und Anregungen für Radtouren.

Arbeit mit Karten

Mit dem Wissen, dass auch im Erzgebirge Genussradfahren möglich ist, könnten Sie munter losradeln. Damit Sie aber nicht nach der zweiten Tour „die Nase voll“ haben, wäre eine genauere Planung angeraten. Wie schnell sind Sie in ein Tal hinab gefahren - aufwärts geht es schwerer. Wie leicht haben Sie die Umfahrung für einen Berg verpasst und müssen Ihr Rad dann über den Berg schieben. Bereits am Anfang des Buches wurde darauf hingewiesen: Das Geheimnis des Genussradfahrens im Gebirge ist die Streckenauswahl. Dazu hier noch einige grundlegende Hinweise:

Für die Vorbereitung der Touren benötigen Sie natürlich eine Karte, am besten eine Wander- bzw. Radwanderkarte, manchmal auch einen Stadtplan. Der Handel bietet dazu die verschiedensten Ausführungen an.

Karten werden in der Regel immer für einen bestimmten Zweck gedruckt. Für den Markt werden deshalb politische, topografische und weitere Karten hergestellt. Sinnvoll sind für uns Karten, auf denen Berge, Straßen und Wanderwege genau gekennzeichnet sind. Zweckbestimmte Karten werden für das Autofahren, für das Radfahren und auch das Wandern angeboten. Sie unterscheiden sich im Maßstab aber auch im Inhalt der zusätzlichen Angaben.

Übliche Maßstäbe zum Wandern (W) und Radfahren (R) sind:

W	1:10000	1 cm auf der Karte = 100 m / 0,1 km in der Natur
W+R	1:25000	1 cm auf der Karte = 250 m / 0,25 km in der Natur
W+R	1:35000	1 cm auf der Karte = 350 m / 0,35 km in der Natur
R	1:50000	1 cm auf der Karte = 500 m / 0,5 km in der Natur
R	1:75000	1 cm auf der Karte = 750 m / 0,75 km in der Natur
R	1:100000	1 cm auf der Karte = 1000 m / 1 km in der Natur

(Die Maßstäbe 1:25000, 1:35000 und 1:50000 können für das Genussradfahren empfohlen werden.)

Die Auswahl sollte in Abhängigkeit der Verwendung erfolgen. Ob Sie mit dem Rennrad nur auf Straßen fahren oder mit dem Mountainbike unterwegs sind, ob wir als Genussradler nur leichte Strecken bevorzugen und mit der gleichen Karte auch Wandern wollen - wir haben bei jeder Art der Fortbewegung andere Anforderungen an den Maßstab, der Höhen- und der Straßendarstellung.

Radwanderkarten beinhalten auch die Angaben der offiziellen Radwanderwege. Diese werden vom Land, den Landkreisen, den Städten und Gemeinden in den jeweiligen Gebietsentwicklungsplänen festgelegt. Einige Verlage ergänzen diese Angaben auf ihren Karten noch mit zusätzlichen Radtourenvorschlägen. Viele der offiziellen Radwege sind nicht unter dem Gesichtspunkt des leichten Fahrens, sondern unter anderen Aspekten, z. B. des Auffindens von Museen, entstanden.

Häufig wird dabei vergessen, dass wir Radfahrer unser Fahrzeug mit Muskelkraft bewegen. Wir haben keinen Motor, auch wenn wir eine Gangschaltung haben. So leicht es aussieht, wenn die Radprofis in den Wettkämpfen „heranfliegen", der einfache Tourist und Freizeitsportler ist kein Leistungssportler. Er wäre dankbar, wenn die Radwege und touristischen Radtouren möglichst ohne großen Steigungen geplant und gebaut würden.

Damit z. B. viele Gäste ein Museum besuchen und damit dessen Einnahmen erwirtschaftet werden können, wird die Radroute zu diesem Standort geleitet, ob der Weg dabei bergauf und bergab führt, ist dabei in gewisser Weise uninteressant. Durch diese zweckbestimmte Führung des Radweges erlebt der Benutzer keine Erholung sondern Frust auf seinem Rad. Kann die Strecke aber ohne kräfteraubende Anstiege gefahren werden, wird der entsprechende Weg zwangsläufig häufiger genutzt. Ein möglicher Abstecher zu Sehenswürdigkeiten, die u. a. auf Hinweisschildern angekündigt werden, ist dann viel wahrscheinlicher, auch wenn diese nicht direkt am Radweg liegen.

Es werden Brücken über die Täler für den Autoverkehr gebaut, der Radfahrer soll aber durch die Talsohle fahren. Ähnliches gilt beim Abtragen von Bergen: Der motorisierte Verkehr bekommt eine breite Schneise in den Berg geschlagen, für den Radfahrer aber ist weiter der Weg über den Hügel vorgesehen. Für den oft geringen Mehraufwand des Anlegens eines zusätzlichen Radweges fehlt angeblich das Geld oder eine Förderung durch den Staat ist nicht möglich, da hier in der Planung noch kein solcher Weg vorhanden war. Wo sollte er auch herkommen, wenn an der entsprechenden Stelle noch keine Fahrmöglichkeit bestand?

Aus den Radwanderkarten lässt sich selten entnehmen, ob der Radweg eine eigene Fahrspur auf oder neben der Straße hat oder ob wir uns zwischen den Kraftfahrzeugverkehr drängeln müssen. Für eine touristische Nutzung ist das ein großer Mangel! Gerade Familien können nicht garantieren, dass ihr Kind immer auf die Autos achtet. Auf Orts- und sehr wenig befahrenen Kreisstraßen kann eine Radstrecke durchaus auch die Fahrbahn nutzen, dagegen ist die Fahrbahn von Staats- und Bundesstraßen kein guter Ort für Radtouren. Wenn ich dort fahren will, dann sollte dies mein eigener Wille sein, die Führung der Radroute sollte mich nicht dazu zwingen. Wenn es aber unumgänglich ist, Straßen mit hohem Verkehrsaufkommen in die Tour einzubeziehen, dann sollte mindestens in den Karten erkennbar sein, ob man zusammen mit dem Straßenverkehr fährt oder ob der Radweg über eine gesonderte Spur verfügt.

Wie ein Radweg von den Touristen angenommen wird, hängt von vielen Feinheiten ab - auch von seinem Anteil an Straßen mit hoher Verkehrsbelastung. Aus der Anzahl der Radler auf einer Route auf die Notwendigkeit eines Ausbaues oder Nichtausbaues des Weges zu schließen, wie es die „Radverkehrskonzeption 2005 für Sachsen“ vorsieht, ist nur bedingt richtig. Im touristischen Bereich müssen wir mit unternehmerischem Gespür in Vorleistung gehen. Sollen Radurlauber für länger als ein Wochenende in eine Gegend „gelockt“ werden, dann müssen mehrere Radwege „ziehen“. Diese müssen nicht unbedingt asphaltiert und auf höchstmöglichem Ausbau-Niveau sein. Sie müssen aber viele Ziele auf unterschiedlichen und abwechslungsreichen Routen bieten. Ein einziger sehr gut ausgebauter Radweg besitzt nur Anziehungskraft für einen Wochenendurlaub.

Wir Genussradfahrer werden zwar vielen offiziellen Radwegen folgen, sollten aber unsere Touren kritisch planen. Der weitere Teil des Buches will Ihnen dabei behilflich sein.

Nun zurück zum erforderlichen Kartenmaterial. Wir als Genussradfahrer wollen natürlich wissen, wie die ausgewählte Strecke verläuft. Geht sie bergauf, bergab oder seicht dahin? Können wir sie überhaupt bewältigen oder muten wir uns zuviel zu?

Zur Darstellung der Berge wird in einigen Karten die sogenannte „Schummerung“ verwendet. Ein fiktives schräges Licht lässt dabei die eine Bergseite im Licht (hell), die andere im Schatten (grau) erscheinen. Dadurch wird die Karte plastisch und gibt uns einen Eindruck vom Gebirge. Je nach Intensität der Schummerung wissen wir jetzt, ob wir am Hang oder quer dazu fahren; ob das wirklich unserem Leistungsniveau entspricht, wissen wir jedoch nicht. Um genau zu erfahren, ob der Weg noch flach genug ist, um ihn mit Genuss fahren zu können, ist diese Methode zwar hilfreich und in jeder Karte eines Gebirges empfehlenswert, aber für die Vorbereitung einer Tour nicht ausreichend.

Eine andere Darstellungsform der Höhenunterschiede bietet die verschiedenfarbige Kennzeichnung der Höhen über NN, die Ihnen vielleicht noch aus dem Schulatlas bekannt sind. Diese Form wird oft auf Übersichtskarten genutzt. Im Erzgebirge sind dafür drei Farben zutreffend: 200 bis 500 m über NN = gelbe Färbung, 500 bis 1000 m = hellbraune Färbung und wenige Stellen am Kamm in dunklerer Färbung. Für unsere Zwecke ist diese Höhenangabe als alleinige Information ebenfalls nicht von großem Nutzen. Wir benötigen genauere Angaben.

Eine konkretere Möglichkeit der Steigungsbestimmung unserer Radtour wird uns durch die Höhenlinien in den Karten gegeben. Durch sie kann die Aussage getroffen werden, ob die Steigung zu bewältigen ist oder ob eine andere Fahrroute besser wäre. Die Steigung wird in Prozent angegeben. Der Wert sagt aus, welcher Höhenunterschied auf einer Entfernung von 100 Metern überwunden wird.

Höhenlinien sind um eine Erhebung umlaufend gedachte und in der Karte dargestellte Verbindungen aller Punkte mit gleicher Höhe über NN. Zur besseren Übersichtlichkeit werden diese Linien in den Karten in gleichmäßigen „Höhensprüngen“ dargestellt. Je nach dem Zweck der Karte und nach der Auffassung des Verlages, der die Karte veröffentlicht hat, wählt dieser einen gleichmäßigen Wert an Höhenmetern für den Abstand dieser Hilfslinien untereinander. Zur besseren Orientierung erhalten einige davon den konkreten Höhenwert als Angabe. Häufig ist die Darstellung größerer Höhenabstände in gleichmäßigen Schritten intensiver dargestellt.

Der Abstand der Höhenlinien in den topografischen Karten des Landesvermessungsamtes Sachsen entspricht bei einem Maßstab von 1: 25000 einer Höhendifferenz von 5 m. Das ist eine sehr genaue Angabe. Immer wenn sich das Profil des Geländes um 5 m verändert hat, erscheint dieser Punkt auf einer anderen Höhenlinie der Karte. Sich aus diesen Strichen einen Eindruck vom Relief der dargestellten Region zu machen, verlangt etwas Übung. Zusammen mit der Schummerung ergibt sich aber ein lesbares, verständliches Bild.

Solche Karten, die uns Informationen zur Veränderung der Höhe erst nach Sprüngen von mehr als 25 m angeben, sind für uns Genussradfahrer zur Bestimmung der Steigung wenig brauchbar. Um ohne größere Anstrengung bei einer Steigung von 2,5% 25 m Höhenunterschied erklimmen zu können, müssen wir einen Kilometer fahren. - Was ist aber z. B. bei einem Abstand der Höhenlinien von 50 m alles möglich? Wie oft müssen Sie auf und ab? Sie sehen es nicht in der Karte. Eine engere Angabe der Höhenlinien würde Ihnen auch einen besseren Eindruck vom Geländeverlauf geben. Es wäre dann ersichtlich, wo sich noch eine Senke oder ein Anstieg befindet.

Ob wir bei diesen Geländegegebenheiten genussvoll fahren können, ob ein Berg zu steil für uns ist und wir vom Rad steigen und schieben müssen, oder ob wir leicht dahinrollen, hängt davon ab, welche Steigung wir überwinden müssen. Je größer diese ist, desto mehr Energie muss aufgebracht werden, um sie zu überwinden. Ob unsere Kräfte ausreichen, hängt nicht zuletzt auch von unserer Fitness ab. In dieser Beziehung unterscheiden sich Sportler und Genussradfahrer.

Zur Berechnung der Steigung werden der Höhenunterschied und die Entfernung zwischen zwei Orten an einem Hang benötigt. Zur Vereinfachung werden Punkte auf den Höhenlinien genutzt. Den Abstand dieser Punkte messen wir in der Karte und errechnen daraus mit Hilfe des Maßstabs der Karte die Entfernung. Generell lässt sich die Steigung mit Hilfe der Höhenlinien wie folgt errechnen:

$$\text{Steigung in Prozent} = \frac{\text{Höhenunterschied (in m) x 100}}{\text{Abstand der Messpunkte (in m) auf verschiedenen Höhenlinien}}$$

(Der Abstand ist entsprechend des Maßstabes auszurechnen.)

Der Höhenunterschied muss eine Bergrichtung, steigend oder fallend, ausdrücken. Schauen Sie sich deshalb den Verlauf der Höhenlinien genau an. Führt unsere Fahrstrecke schräg zu diesen Linien, relativiert sich die Steigung, der Weg wird flacher. Verläuft unsere Tour parallel zu den Höhenlinien, haben wir einen Weg vor uns, der wahrscheinlich ohne Steigung ist. Eng verlaufende Linien lassen einen steilen, größere Abstände der Linien einen flachen Anstieg erkennen.

Aus den Karten ist aber nicht ablesbar, ob der Weg zwischen den Höhenlinien dabei auf und ab verläuft. Somit ist die Steigung für uns ein ausreichender, aber kein genauer Richtwert. Überraschungen sind deshalb nicht ausgeschlossen, besonders dann, wenn der Schritt zwischen den Höhenlinien in den Karten durch den Hersteller sehr groß gewählt wurde. Da die Planung unserer Radtour kein wissenschaftliches Werk werden soll, ist das Ergebnis für unsere Zwecke aber durchaus ausreichend.

Damit wir uns eine Vorstellung machen können, in welchen geringen geometrischen Winkelbereichen wir uns bei der Auswahl von Genussradwegen bewegen, finden Sie hier eine Aufstellung darüber, welche Winkelabweichung zur Horizontalen welche Steigung entspricht:

Steigung in %	1	2	3	4	5	6	7	8	9	10
Winkel in °	0,57	1,15	1,72	2,29	2,86	3,43	4,0	4,57	5,14	5,71

Hier das entsprechende Diagramm zur Berechnung der Steigung:

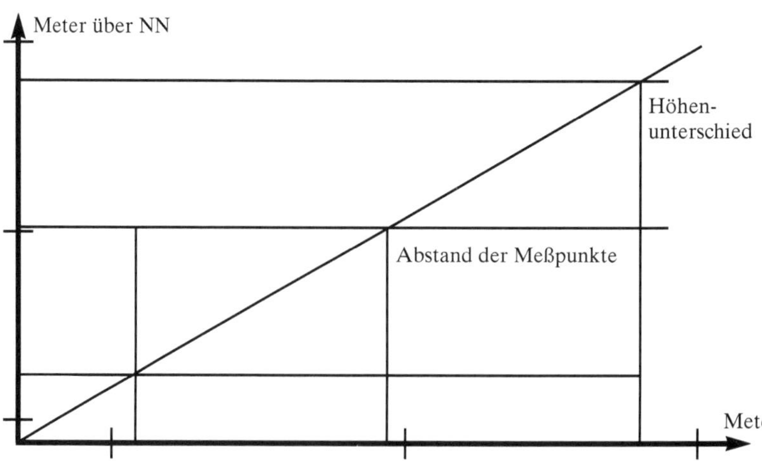

Auch die wirklichen Entfernungen zu den Zielen sind im Gebirge nicht genau aus der Karte zu entnehmen. Der Abstand von zwei Punkten auf der Karte entspricht nicht genau der Strecke, die dann mit dem Rad zurückzulegen ist. Der Abstand in der Karte ist die Luftlinie. Die zu fahrende Strecke verläuft aber auf Straßen und Wegen, die natürlich auch Kurven haben. Dazu kommt noch das Auf und Ab in der Landschaft. Durch Zusammensetzen einzelner Streckenabschnitte kann das Ergebnis genauer werden. Für eine Radtour ist nicht nur ein Berg- bzw. ein Streckenabschnitt zu betrachten. Eine Tour besteht aus vielen Teilen mit verschiedenen Bedingungen. Als Genussradfahrer im Gebirge sollten wir unsere gesamte Tour im Blick haben.

Eine Möglichkeit, die Schwierigkeit einer Radstrecke festzustellen, liefern die Streckenprofile. In einigen Tourenbeschreibungen werden diese auch angegeben. Teilweise werden sie durch die Summe der zu fahrenden Höhenmeter ergänzt und uns wird der zu fahrende Höhenunterschied dadurch plastisch vor Augen geführt. In einem Diagramm ist die Höhe über NN auf der Y-Achse und die zu fahrende Strecke auf der X-Achse angeführt. Diese Darstellungsart ist sehr hilfreich. Sie sehen dabei genau, wie oft Sie bergauf fahren müssen und wie oft Sie die Beine entspannen können. Oft ist es sinnvoll, die Fahrtrichtung einer Tour so zu wählen, dass wir die Anstiege zu Beginn mit voller Kraft bewältigen, am Ende aber ohne Anstrengung ausrollen können. Auch bei dieser Entscheidung hilft Ihnen diese Darstellungsart.

Sind die Anstiege der geplanten Route in der „Genussradfahrer - Leistungsklasse“? Die prozentuale Steigung an den verschiedenen Abschnitten des Streckenprofils sollte sich hier jeder selbst errechnen, um bei der Tour keine bösen Überraschungen zu erleben.

Leider sind die wichtigen, erwünschten Angaben zu den Anstiegen als Steigungsdiagramme nur bei den Mountainbikern zu finden. Dort werden sie bei der Wettkampfvorbereitung zur Planung der Kräfteeinteilung genutzt. - Auch wir müssen mit unseren Kräften haushalten. Steigungen werden im Diagramm mit Linien nach oben, Gefälle mit Linien nach unten dargestellt. Einige Veranstalter wählen auch eine verschiedenfarbige Darstellung von Anstieg und Abfahrt in einer Richtung der Koordinaten.

Durch die Darstellung der Steigung werden nicht nur die kräftezehrenden Anstiege ersichtlich, sondern auch die notwendigen Regenerierungs- und Ruhephasen. Die Einteilung der Kräfte bis zum Ende der Tour ist somit besser möglich. Wir als Genussradfahrer können auf diese Weise einschätzen, ob sich die Streckenabschnitte im grünen, blauen, roten oder schwarzen Bereich der Schwierigkeiten befinden. Diese farbige Art der Darstellung des Streckenverlaufs wäre für uns sehr hilfreich. Vor allem die Steigung entscheidet über die Eignung einer Strecke für das Genussradfahren. Eine passende Radtour für uns, setzt sich sind in der Regel aus vielen Abschnitten mit geringen Anstiegen, wenigen, kurzen Strecken, auf denen wir unser Rad schieben müssen, langen ebenen Etappen und schönen Abfahrten zusammen.

Das unten dargestellte Diagramm zeigt Ihnen an einem Beispiel den Zusammenhang von Streckenprofil und Steigungsdiagramm. Beachten Sie auch, wie sich die Eignung der Strecke für das Genussradfahren durch die Fahrtrichtung der Tour ändert. Steigungen werden dabei zu einer Abfahrt und umgekehrt.

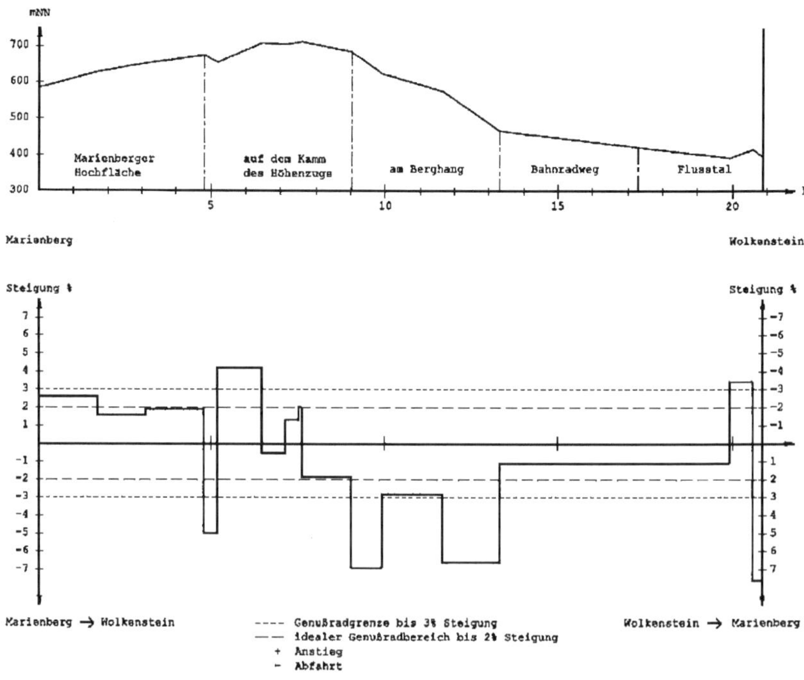

Der Zusammenhang von Streckenprofil und Steigungsdiagramm.
Die Fahrtrichtung der Tour bestimmt, ob ein Berg für Sie ein Anstieg oder eine Abfahrt ist. Diese Darstellung vernachlässigt dabei den fließenden Übergang der Steigungen.

Wir können nicht immer einer vorgegebener Strecke eines Veranstalters oder Tourismusverbandes folgen. Verschiedene Gründe halten uns vielleicht davon ab: Die Strecke ist zu steil, sie folgt überwiegend Straßen mit viel Verkehr, es befindet sich keine vorgegebene Tour im Angebot, sie ist allgemein nicht für Genussradfahrer geeignet oder unser Wunschziel ist nicht dabei. Nicht immer haben wir deshalb ein Streckenprofil oder Steigungsdiagramm zur Hand. Was wir aber unbedingt dabei haben sollten, besonders wenn wir in einer Gegend fremd sind, ist eine Karte.

Natürlich wäre es wichtig, wenn wir aus den vorgegebenen Radwegen in den Wander- und Radkarten konkrete Rückschlüsse auf deren Streckenverlauf ziehen könnten. Die übliche Darstellung der Radwege in den Karten ist die punktierte Linie. Diese könnte aus meiner Sicht auch variiert werden; möglich wäre z. B. eine dicke Linie, wenn der Radweg nicht auf der Fahrspur einer Bundes-, Staats- oder viel befahrenen Kreisstraße verläuft und deshalb besonders für eine Familientour geeignet ist. Übrigens drückt sich auch an solchen „Kleinigkeiten“ Familienfreundlichkeit aus.

Dort, wo keine andere Streckenführung möglich ist, als die auf vielbefahrenen, gefährlichen Straßen, könnte eine dünne Punktlinie den Streckenverlauf des Radweges anzeigen. Damit wäre uns der Verlauf der Tour angezeigt und wir würden auf mögliche Gefahren aufmerksam gemacht. Wir wüßten dann, dass für uns Radfahrer keine separate Fahrspur vorhanden ist und könnten uns darauf einstellen.

Stellen Sie sich vor, die Punktlinie wäre farbig, entsprechend der Steigung. Sinnvoll wären diesbezüglich z. B.:

- Grüne Färbung bis 2 % Steigung: Strecke sehr leicht, idealer Bereich für Genussradfahrer, besonders für Anfänger geeignet.
- Blaue Färbung bis 3,0 % Steigung: Strecke leicht, Grenzbereich für das Genussradfahren, nicht für lange Touren geeignet.
- Rote Färbung bis 5% Steigung: Strecke mittelschwer, kurze Anstiege erfordern für Genussradfahrer Kraft und Anstrengung, absteigen und schieben sind keine Schande, lange Strecken des Schiebens sollten aber vermieden werden, denn sie zehren an der Moral und tragen nicht gerade zur guten Laune der Tourteilnehmer bei.
- Violette Färbung bis 8 % Steigung: Strecke schwer, für Genussfahrer ungeeignet, diese Abschnitte, auf denen das Rad geschoben wird, sollten nur zum Verbinden von zwei Genussradstrecken genutzt werden.
- Schwarze Färbung über 8% Steigung: Strecke sehr schwer, auch diese Schiebestrecken sollten nur kurz, zum Verbinden von zwei Genussradstrecken genutzt werden, sie sind auch als Abfahrt zu meiden.

Wie dankbar wären wir Genussradfahrer über eine solche Hilfe in den Karten und auch die Mountainbiker würden sie bestimmt nicht ablehnen. Die angegebenen Werte für die Steigungen können auch zur Beurteilung einer Tour mit Hilfe des Steigungsdiagramms herangezogen werden. In den Skigebieten ist die farbige Kennzeichnung des Schwierigkeitsgrades einer Abfahrt fast in jedem Fall vorhanden, warum nicht auch für Radrouten? Bedenkt man, dass viele Radwege im Winter ideale Langlaufstrecken sind, hätten wir einen weiteren Nutzen festgestellt. Auch Langlauftouren könnten damit besser geplant werden. Die zu steilen Abfahrten für Gelegenheitsläufer könnten durch die farbige Gestaltung der Routen, entsprechend der Steigung, auch hier leicht erkannt und evtl. gemieden werden.

Uns Radfahrern bleibt nur die Hoffnung, dass ein Kartenverlag diese Vorschläge aufnimmt und in den Schriften der Tourismusorganisationen und Tourenveranstalter neben Streckenverlauf und -profil der Radtouren auch das Steigungsdiagramm angegeben wird.

Schauen Sie sich Karten, die Sie erwerben wollen, vor dem Kauf genau an. Eine Radwanderkarte mit Tourenvorschlägen und Kilometerangaben ist zwar hilfreich, ist in ihr aber auch der Streckenverlauf in der bergischen Landschaft erkennbar? Können wir uns vom Gelände einen Eindruck machen? Wie wurde der Abstand der Höhenlinien gewählt? Dieser sollte, wie bereits angesprochen, für das Genussradfahren einer Höhendifferenz von 20 m in der Natur oder besser noch geringer entsprechen.

Achten Sie bitte auch auf die Legende in der Karte. Sind Schneisen, Feld-, Forst- oder auch sonstige Wege nur in einer Auswahl dargestellt, könnten Sie ein Orientierungsproblem bekommen. Die Anzahl der Wege auf der Karte sollte schon mit der realen Anzahl der Wege übereinstimmen, so dass Sie die richtige Strecke „abzählen" können. Viele Forst- und Landwirtschaftswege können Sie nicht von den „offiziellen" Wegen unterscheiden. Auch diese sind, soweit sie nicht ausdrücklich gesperrt sind, häufig gut zum Radeln geeignet, enden aber teilweise im Ungewissen.

Weiterhin sollten Sie auf die farbliche Gestaltung und die Breite der Linien für die Nebenstraßen und -wege achten. Kann ich leicht einen Unterschied von Wegen zu Pfaden erkennen? Sind die Wege von den Höhenlinien zu unterscheiden? Sind die Höhen der Gipfel und Aussichtspunkte angegeben? Sind auch in den Tälern und Städten (z. B. in der Ortsmitte) Höhenangaben vorhanden? (Letztere sind kaum zu finden, helfen aber Fehlentscheidungen zu vermeiden.) Mit den konkreten Zahlen der Höhenunterschiede lassen sich auch wagemutige Mitfahrer von einer unnötigen Abfahrt abbringen. Eine gute Karte hilft Ihnen, sich schnell zurechtzufinden. Eine nicht optimale ist aber immer noch besser, als in fremder Umgebung ohne Karte zu fahren.

Außer den Karten gibt es noch weitere Möglichkeiten, sich zu orientieren. Natürlich nutzen wir die Ausschilderungen für die Wanderer, die der offiziellen Radwege sowie die des Autoverkehrs.

Neue technische Möglichkeiten werden von den Profis und von der Jugend genutzt, setzen sich aber auch immer mehr bei der älteren Generation durch. Deshalb sollen erwähnt werden: Die Bestimmung des eigenen Standortes auf der Tour mit Hilfe des von Satelliten gestützten Navigationssystems GPS (dazu ist der Besitz eines Empfänger notwendig) bzw. das vorherige Aufzeichnen des Streckenverlaufs mit deren Hilfe. Die Daten der Radrouten zuvor anhand des Navigationssystems aufzuzeichnen ist besonders bei geplanten langen Ausflügen empfehlenswert.

Die digitale Kartenserie „Top 50“ der Landesvermessungsämter bietet Ihnen gute Vorraussetzungen, sich Streckenprofile für Ihre Tour selbst zu erstellen. Durch die in diesem Computerprogramm vorhandenen Möglichkeiten des Geländeschnitts können Sie diese abrufen und sich ausdrucken. Vielleicht wird in der nächsten Version auch das Steigungsdiagramm angezeigt, wünschenswert wäre es. Es besteht zusätzlich die Möglichkeit, die Strecke zur weiteren Verwendung in elektronischen Geräten als Overlay-Datei zu speichern und dann weiterzuverarbeiten. Darüber hinaus können Sie sich in diesem Programm das Relief des Geländes mit allen Informationen der Karten dreidimensional betrachten. Damit wird es Ihnen helfen, Fehlentscheidungen bei der Streckenauswahl zu vermeiden. Als weitere Firma für digitale Karten sei noch „MagicMaps“ erwähnt.

Mit Luftaufnahmen sind erste, meist geringe Eindrücke für eine Tour zu gewinnen. Die bekannteste Möglichkeit hierzu ist Google Maps bzw. Google Earth im Internet.

Die Internetauftritte der Orte, die wir besuchen wollen, geben uns viele Hinweise im Vorfeld einer Tour. Besonders die Sehenswürdigkeiten, Gaststätten und Feierlichkeiten können wir diesem Auftritt konkreter und aktueller entnehmen als manchen Büchern. Hier sind aber in Qualität und Umfang der Datenbereitstellung große Unterschiede feststellbar.

Welche Steigung sollte eine Genussradstrecke haben?

Um diese Frage zu beantworten, ist eine konkrete Antwort kaum möglich. Nicht nur die Fitness und die Ausrüstung jedes Radlers ist verschieden, sondern auch die Erwartungshaltung. Die persönliche Einstellung und auch die der Mitfahrer sind nicht zuletzt entscheidend.

Die von mir zur Steigung gemachten Aussagen möchte ich hier erläutern., denn einige Grundsätze sollten dazu beherzigt werden:

1. Leichte Abfahrten sind kein Problem, sie sind erholsam, bauen die Kräfte wieder auf. Die Betonung liegt aber auf leicht. Leider ist nach einer Abfahrt auch wieder ein Anstieg notwendig, den Sie bewältigen müssen. Den „Globuseffekt" (an jeder Stelle der Erde geht es bergab) gibt es nicht. Sie können sich den Weg aufwärts natürlich erleichtern, wenn Sie auf Bahn, Auto, Seilbahn usw. zurückgreifen können. Nutzen Sie ruhig diese Erleichterungen! Wir sind Genussradfahrer und keine Profis.
2. Ebene Strecken sind für jeden einfach zu bewältigen; auch eine Steigung von 1 -2 % ist akzeptabel.
3. Steigungen von 3 % sind bei stillgelegten Bahnstrecken noch normal, aber selten. Ansonsten sind Radwege auf diesen Strecken der Garant für leichtes Fahren. Eine langgezogene Steigung von 3 % macht sich schnell in den Beinmuskeln bemerkbar.
4. Die seltenen Bahnstrecken mit bis zu 5 % Steigung sind bereits anstrengend, können aber, wie andere Wege mit diesem Anstieg, kurzzeitig befahren werden. Für alle noch steileren Strecken sind auch die Füße ein gutes Fortbewegungsmittel - anders ausgedrückt: Schieben ist erlaubt, doch zu lange Distanzen dieser Art nehmen Ihnen, wie bereits angemerkt, den Spaß an der Tour. Legen Sie deshalb notwendige lange Schiebestrecken am besten an den Anfang der Route. Ihr Gemüt ist dann noch voller Erwartungen an den Tag. Ausserdem ist Ihnen damit für das Ende des Ausflugs eine Abfahrt fast sicher und so können Sie, angenehm abgekämpft und mit einem Hochgefühl für die geschaffte Tour, den Tag beschließen.
5. Für längere Touren ist ein gewisses Auf und Ab im Gebirge nicht zu vermeiden. Bei der Streckenauswahl können sie auch die Richtung der Rundtour bestimmen. Jeder bevorzugt seinen eigenen Kurs. Ich selbst schiebe das Rad lieber eine kurze Strecke mit einer großen Steigung bergauf, als das ich mir einen langen, 5 %igen Anstieg zumute, bei dem ich nicht weiß ob ich mein Rad schieben oder fahren soll.

Welche Tourenlängen sind im Gebirge zu empfehlen? Welche Zeit brauche ich?

Auch diese Fragen sind nicht einfach zu beantworten. Es liegt an der Route, die Sie ausgewählt haben. Sind viele Kilometer mit nur 1 - 2% Steigung zu fahren, kann sich die Tour länger, auch bis zu 40 km erstrecken. Geübte Fahrer legen auch 80 km zurück. Leider sind diese höchst angenehmen Touren auch auf der in diesem Buch vorgestellten Streckenauswahl nicht als zusammenhängende Routen zu finden. Selbst bei sorgfältigster Auswahl sind Berg- und Talfahrten nicht ganz zu vermeiden. Genussradfahrer sollten deshalb zum Beginn der Saison oder des Urlaubs mit kurzen Halbtagestouren beginnen. Ein gutes Maß dabei sind 15 bis 20 km Gesamtstrecke. Auch eine Pause, verbunden mit einer Stärkung, etwa zur Hälfte der Tour, sollte nicht vergessen werden. - Hat sich unser Körper an die neue Belastung gewöhnt, kann der Ausflug auch länger dauern. Für Genussradfahrer ist eine Strecke von 40 km als Tagestour völlig ausreichend. Das Genießen der Landschaft soll ja auch nicht zu kurz kommen. Für Urlauber darf am Ende eines 14-tägigen Urlaubs die Abschlussfahrt nicht länger wie ca. 30 km geplant werden. Denn Sie wollen doch erholt aus dem Urlaub kommen und gern an diesen zurückdenken!

Einigen Lesern wird auffallen, das diese Streckenlängen auch für geübte Wanderer geeignet wären. Stimmt, ein geübter Wanderer schafft eine solche Strecke auch per Pedes. Aber während diese viel Ausdauer und Kraft dafür brauchen, können sich Genussradfahrer ohne vorheriges Training auf der Tour erholen, wenn die Strecke nicht nur bergauf führt. Und noch einen Vorteil haben wir: Auf ebenen oder abschüssigen Geländeabschnitten lassen wir unser Rad ohne viel Kraftanstrengung einfach rollen.

Welche Durchschnittsgeschwindigkeit können wir für unsere Tour einplanen, wenn wir die notwendigen Pausen und Besichtigungen von Sehenswürdigkeiten mit berücksichtigen? Gehen wir von einer „durchwachsenen" Tour mit leichten Anstiegen und Abfahrten aus, so werden wir mit den Leistungswanderern mithalten können, also eine Durchschnittsgeschwindigkeit von 5-6 km/h erreichen. Ist die Strecke sehr flach wie im Erzgebirgsvorland, kann diese Geschwindigkeit auch 7-8 km/h betragen. Eine Durchschnittsgeschwindigkeit von 10 km/h im Gebirge verlangt schon etwas mehr Training. Entscheidend für die Geschwindigkeit sind aber auch die Anzahl, die Fitness und die personelle Zusammensetzung unserer Mitfahrer. Wenn Kinder dabei sind, viele Ungeübte mitfahren und die Gruppe größer ist, sinkt zwangsläufig die Durchschnittsgeschwindigkeit. Deshalb planen Sie für die ersten Touren nicht zu viele Kilometer ein. - Nicht bei jeden Kilometer müssen wir unbedingt selbst fahren. Nutzen Sie für schwere Streckenabschnitte Hilfsmittel wie die Bahn, den Bus oder ähnliches.

Da sich in den vergangenen Jahrzenten viel Industrie im Erzgebirge angesiedelt hatte, war es mit vielen Bahnstrecken durchzogen. Selbst nach der Stilllegung einiger Strecken, die jetzt zum Genussradfahren prädestiniert sind, besteht die Möglichkeit, den Ausgangspunkt unserer Tour mit der Bahn zu erreichen. Diesen günstigen Umstand sollten wir nutzen. Besonders lassen sich so auch Ausflüge mit dem Rad verwirklichen, die fast nur bergab führen.

Wenn die Wegstrecken nicht unterbrochen sind und das Wetter mitspielt, kann die Durchschnittsgeschwindigkeit auch höher sein, als oben angeführt. Aber wir Genussradfahrer sollten nie vergessen, was der Effekt unserer Tour sein sollte: Neue Kraft für den Alltag zu sammeln beim Genießen der Landschaft, dabei Neues kennenzulernen und auch etwas für die Allgemeinbildung zu tun. Unser Ziel ist es nicht, mit durchgeschwitztem Hemd möglichst viele Kilometer zu „schruppen", sondern in erster Linie Freude am Fahren zu haben.

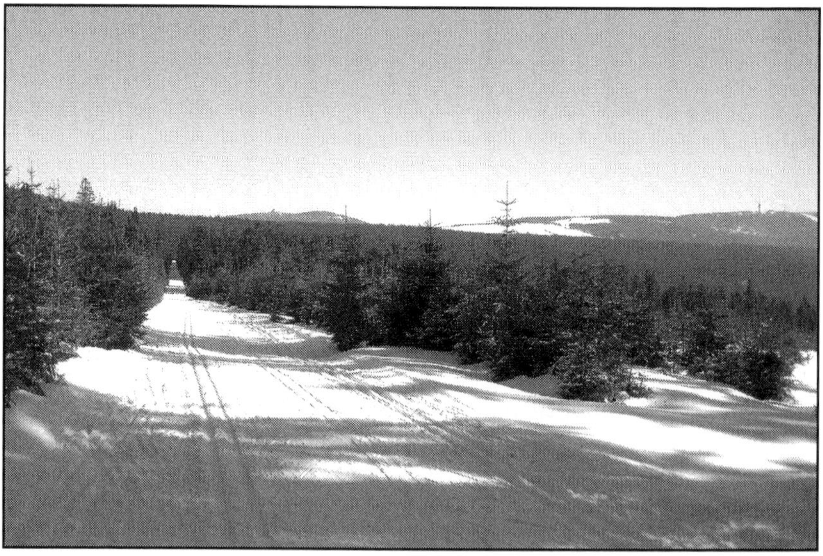

Viele Abschnitte der Skimagistrale Erzgebirge - Kruné hory können im Sommer auch als Radweg genutzt werden. Im Hintergrund der Fichtelberg (1215 m NN) und der Klinovec (Keilberg, 1244 m NN).

Die Tour beginnt ...

Grundsätze

Damit das Genussradfahren im Gebirge ein erholsames Erlebnis wird, sollte man sich einige Grundsätze zu Eigen machen. Genau wie bei großen Sportarten wird der Erfolg auch beim leichten Radfahren als erstes im Kopf entschieden. Unser größtes Problem ist oft, sich die notwendige Leichtigkeit und Unbeschwertheit zu bewahren. Gegenüber unseren permanent unter Leistungsdruck stehenden Schwestern und Brüdern der Sport-, Trimm-dich-, Midlifecrisis- und Abmagerungsgilde haben wir uns ständig zu verteidigen und zu rechtfertigen: „Wisst Ihr überhaupt, was Schwitzen ist? Ehe Ihr am Ziel seid ist das Wasser im Glas verdunstet!"

Doch selbst Mitbürger, die keiner der vorgenannten Gruppen angehören, erwarten von jemandem, der etwas macht, ständig Leistung. So kann es vorkommen, dass Sie von einem, der Sport nur vom Zuschauen kennt, wegen einer kleinen Radtour belächelt werden: „Wegen der flachen Tour lohnt sich das Aufstehen nicht." - Machen Sie sich nichts daraus. Genussradfahren ist eine Geisteshaltung. Und nicht nur das, es schafft Selbstbewusstsein, hebt das Selbstwertgefühl, bildet und nicht zu vergessen: es ist gesund. Deshalb Antworten Sie diesen Buhmännern am besten mit einem Scherz: „Sie können ja inzwischen neues Wasser bestellen!" oder: „Besser einmal aufgestanden als wund gelegen". - Dennoch können alle diese Sprüche nerven und einem die Lust nehmen.

Hier einige „geistige" Grundsätze für Genussradfahrer:

1. Ich will Radfahren wie es mir Spaß macht! Deshalb lasse ich mich nicht von anderen zu Touren überreden, von denen ich im Voraus erkenne, dass sie zu anstrengend für mich sind.
2. Grundsätzlich ist das Schieben des Fahrrades erlaubt. Wenn die Strecke zu steil verläuft - lieber absteigen, auch wenn die Tour dadurch 5 Minuten länger dauert. Wer sein Rad schiebt, sieht mehr von den Besonderheiten der Natur. Schieben ist deshalb keine verschenkte Zeit, sondern bringt uns ungewohnte Details der Landschaft.
3. Nicht so viel Kilometer wie möglich zu absolvieren ist unser Ziel, sondern die Natur zu betrachten, schöne Aussichten zu genießen, uns körperlich und geistig zu erholen. Es lohnt sich, Zeit für die Umgebung zu haben und öfters anzuhalten.

4. Wenn Sie in Gruppen unterwegs sind, bestimmt der Langsamste das Tempo, auch er hat sich eine Pause verdient. Deshalb nicht gleich weiterfah ren, wenn er aufgeholt hat, sondern ihm die notwendige Ruhe gönnen.
5. Mit Begleitern, die selbst im Flachland nicht Radfahren möchten, kann ich im Gebirge nicht die erste Tour planen - sie würde mit Streß enden.
6. Vermeiden Sie es, gewonnene Höhenmeter durch zusätzliche Abfahrten zu verschenken. Stehen Sie spontanen Kursänderungen skeptisch gegenüber und beurteilen sie offizielle Radwege kritisch.
   Die Routen offizieller Radwege wurde meist nicht nach dem Aspekt des leichten Fahrens festgelegt. Der Tourist soll möglichst an vielen Museen, historischen Punkten und ähnlichem vorbei und dabei oft auch durch den Stadtkern geführt werden. Ob es dabei mehrfach bergauf und -ab geht, oder ob es eine sichere Stadtdurchfahrt gibt, ist für den Planer des Radweges nicht immer relevant. Der Fahrer aber kann sich dabei unter Umständen „kaputt" strampeln. Für Sie als Genussradfahrer hinterlässt so eine Route einen bitteren Beigeschmack, der Ihnen die Freude an der Fahrt nehmen kann. Leider wird bei dieser Art von Routenplanung oft das Leistungsniveau trainierter Sportler zugrunde gelegt, an Hobbyradfahrer oder Familien mit Kindern wird kaum gedacht.
   Werden bei der Planung der Strecken Vereine oder Verbände einbezogen, dann haben deren Vertreter oft kein Verständnis für Genussradfahrer. Selbst wenn diese berechtigte Einwände zur Streckenführung vorbringen, werden diese oft nicht gehört. Ein Beispiel dafür ist der Mulderadweg von Hartenstein nach Bad Schlema über Wildbach. In der Radverkehrskonzeption des Freistaates Sachsen ist hier eine Streckenführung mit bis zu 20 % Steigung vorgesehen. Sie wird durch den ADFC in seiner Stellungsnahme zum Entwurf abgelehnt. Der Veranstalter eines großen Straßenradrennens trieb die Fahrer auf einer Tour zweimal die Steilauffahrt zum Spiegelwald hinauf. Selbst diese Leistungssportler stellten die Fahrt wegen dieser sinnlosen Höhenmeter in Frage. Im Anschluß gab es darüber viele kritische Diskussionen. Der Veranstalter ließ verlauten, nicht noch einmal eine solche Streckenführung zu wählen.
   Legen Sie den Verlauf Ihrer Tour selbst fest, auch wenn sie den offiziellen Radweg verlassen müssen. Sie haben ja eine Karte dabei. Besser einen Umweg auf einer Höhenlinie mit Genuss fahren, als schwitzend über Berge und durch Täler radeln. Wollen Sie eine Sehenswürdigkeit ansehen, so wählen Sie diese selbst aus. Ziel und Weg Ihrer Tour muss Ihre eigene Entscheidung sein.Achten Sie aber bei ausgewählten Wegen darauf, dass sie durchgängig und befahrbar sind.

7. Wichtig ist, sich als Anreiz ein konkretes Ziel vorzunehmen. Das kann ein besonderer Aussichtspunkt, ein Museum, ein Freibad oder eine Gaststätte sein. Ohne „Belohnung" wird Ihre Fahrt jedesmal kürzer.
8. Innerhalb einer Tour müssen Sie nicht jeden Gipfel oder Aussichtspunkt erklimmen. Viel entscheidender ist es, möglichst auf einer Höhenlinie zu bleiben. Besonders die Bergkuppen der Höhenzüge haben meist eine Umfahrung und bieten ebenfalls reizvolle Aussichten.
9. Die Strecken, die wir fahren, sind häufig auch Wanderwege, teilweise auch Reitwege, Wirtschaftswege und auch Straßen. Diese gemeinsame Nutzung verlangt einen fairen und gleichberechtigten Umgang Aller miteinander. Haben Sie nicht ständig die Hand für „Platz da" an der Fahrradglocke. Ein „Danke", wenn ein Wanderer für uns beiseite getreten ist, damit wir ungehindert vorbeifahren können, bricht uns keinen „Zacken aus der Krone". Eine Klingel gehört aber zur Grundausstattung unseres Rades. Den Arbeitsfahrzeugen, ob Forst- oder Landwirtschaft, sollten wir immer die Vorfahrt gewähren. Denken Sie daran, bei einem Zusammenstoß sind wir die Schwächeren.

Praktische Tipps

Das Genussradfahren im Gebirge unterscheidet sich auch praktisch etwas vom Radfahren in der Ebene. Durch die Hangabtriebskraft finden wir kraftraubende Anstiege und immer schneller werdende, gefährliche Abfahrten. Auch wenn wir uns bemühen, nur flache Strecken zu fahren, werden wir oft einen Berg vor uns haben. Besonders die Bergabfahrt liegt ja auch in unserem Interesse, wobei wir auch hier eine seichte Abfahrt vorziehen sollten. Auch wenn es Spaß macht, schnell den Berg hinunterzubrausen, das Rad muss dabei beherrscht werden und die Bremsen in Ordnung sein. Für einen Blick in die Natur haben wir bei rasender Fahrt kaum Gelegenheit und dürfen es auch nicht.

Im Laufe unserer Tour haben wir mit jedem erklommenen Höhenmeter Energie „auf die hohe Kante gelegt", die wir bergab wieder abrufen können. Eine flache Abfahrt ist eine Erholung und je länger diese währt, umso wohler fühlen wir uns. Geht es aber doch steil abwärts, sollten wir einiges beachten:

Eine Vorraussetzung für eine sichere Abfahrt sind zwei Bremsen am Rad, die auch in jeder Situation funktionieren. Dabei sollten wir mit jeder Bremse einzeln zum Stehen kommen, auch wenn das Gefälle

20% beträgt. Kontrollieren Sie bitte die Bremsen vor dem Antritt der Fahrt. Die Bremshebel der Handbremsen dürfen sich dabei nicht bis auf den Lenkergriff durchdrücken lassen.

Bedenken Sie, dass die Bremsen bei ununterbrochener Benutzung bei längeren Abfahrten heiß werden. Besonders bei Fahrrädern mit Rücktritt dehnt sich die Nabe bei Hitze aus, der Rücktritt lässt sich in dieser Gefahrensituation langsam durchtreten. Hier hilft nur eines, sofort anhalten und die Bremse abkühlen lassen. Es ist deshalb ratsam, möglichst die Handbremse und den Rücktritt abwechselnd zu nutzen, um ein Überhitzen während der Fahrt zu vermeiden. Ich habe mir bei meinem Rad zu meiner zusätzlichen Sicherheit zum Rücktritt noch eine Felgenbremse für das Hinterrad anbauen lassen. Aus Schaden wird man klug - als „2-Zentner-Mann".

Nicht alle Radwege im Gebirge sind asphaltiert. Wir werden viel auf sandigen und steinigen Wegen und mit Gras überwachsenen Pfaden fahren. Besonders nasses Gras und Laub sind bei Abfahrten eine Gefahr. Räder, die beim Bremsen blockieren, rutschen auf feuchtem Gras wie Skier auf einer Schneepiste. Sie können Ihr Rad nicht mehr steuern. Fahren Sie deshalb bei solchen Fahrbahnbedingungen langsam und vorsichtig.

In meiner Kindheit hatte ich diesbezüglich ein unvergessliches Erlebnis: Zwei meiner Freunde mußten mit Gehirnerschütterung und Platzwunden ins Krankenhaus eingeliefert werden, nachdem sie ca. 100 m mit ihrem Rad auf einem Wiesensteig gerutscht und dann gestürzt waren.

Bei schlechten Wegstrecken ist Absteigen und Schieben keine Schande. Wurzeln, Steine, Pfützen usw. können ähnlich problematisch wie nasses Gras werden. Radfahren auf nicht ausgebauten Strecken, wie sie nicht nur im Gebirge vorkommen, verlangt ein sensibles Fahren.

Besonders vorsichtig sollten Sie über die Wasserrinnen auf den Wegen fahren. Schräg zum Hang sind oft Naturrinnen, sogenannte „Abschläge" bzw. auch Holz- oder Metallrinnen, in die Straße eingebracht. Es besteht immer Sturzgefahr. Bei tiefen Naturgräben werden Sie mit dem Rad geradezu hineingestaucht. Deshalb hier unbedingt langsam fahren. Die Gefahr, dass sich Ihr Vorderrad in eine der Metall- bzw. Holzrinnen verfängt, ist ebenfalls nicht zu unterschätzen. Diese Hindernisse fahren Sie am sichersten im Winkel von 90° an. Vermeiden Sie es, auf solchen Rinnen die Richtung zu ändern. Natürlich könnten, wenn von den Verantwortlichen dieser Straßen an die Radfahrer gedacht würde, diese Rinnen und die Abschläge ohne große Zusatzkosten anders gestaltet werden.

Hunde sind beim Radfahren besser nicht mitzuführen. Dies sollte nur absolut sicheren Hundeführern vorbehalten bleiben. An der Leine sind die Tiere für den Radler eine Gefahr. Der Vierbeiner könnte durch eine Ablenkung seitlich ausweichen wollen und Sie umreißen. Ist der Hund nicht an der Leine, kann er für andere ein Problem sein, nicht nur für Menschen, sondern auch für andere Tiere. Wir durchfahren mit unseren Rädern auch viele Naturschutzgebiete, in denen das Anleinen des Hundes normal sein sollte. Bedenken Sie auch, Ihre braven vierbeinigen Lieblinge können von dritten Personen ganz anders eingeschätzt werden, als Sie es tun. Dass Sie die Exkremente des Vierbeiners vom Weg verschwinden lassen, sollte selbstverständlich sein - mit einer kleinen Spielzeugschaufel, die in jede Jackentasche passt, läßt sich diesbezüglich viel erreichen.

Wenn Sie Radfahren und zugleich Ihren Hund mit in den Urlaub nehmen wollen, nutzen Sie eine Übernachtungsmöglichkeit, in der Sie den Hund in Ihrer Radfahrzeit in einen Zwinger geben können. Auch wenn es nicht viele Urlaubsunterkünfte mit diesem Service gibt - sie sind buchbar. Ein Beispiel dafür ist der Landgasthof mit Pension „Berghaus am Katzenstein“ in Pobershau mit 13 Zwingern.

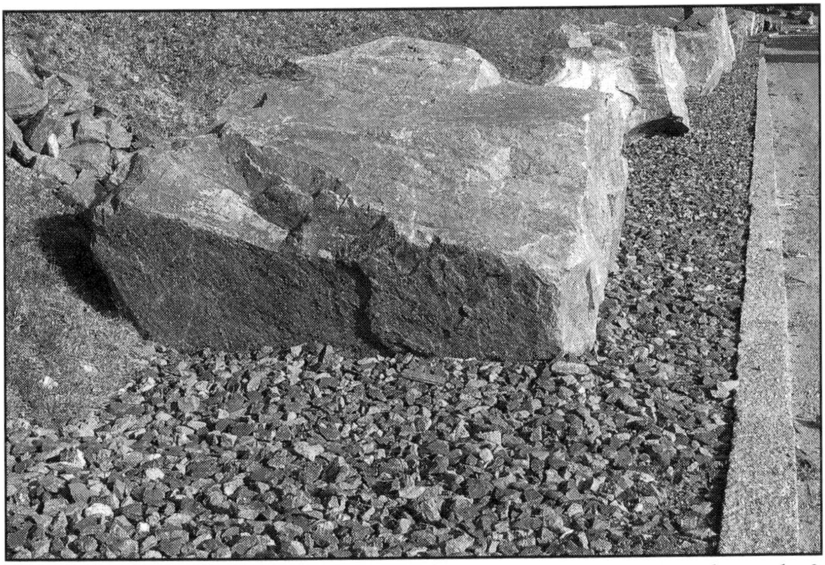

Eine der häufig verschenkten Möglichkeiten für Wander- und „park & ride"-Parkplätze. - Warum liegen hier Steine? Wurde diese Fläche vielleicht an einen privaten Nutzer verkauft?

Die Auswahl des Rades

Welches Rad sollten Sie zum Genussradfahren im Gebirge nutzen? Muss es ein Mountainbike sein? Brauche ich Radbekleidung? Ist ein Helm notwendig? Alle diese Fragen sollten wir als Genussradfahrer nicht überbewerten. Entscheidend ist der Spaß, den wir auf unserer Tour haben. Die Art des Rades und der Kleidung sind nicht entscheidend. Wir können also mit dem Rad fahren, welches wir besitzen; und die Kleidung sollte einfach nur zweckmäßig sein.

Auch sonst sollten wir den Aufwand nicht übertreiben. Natürlich gibt es einige notwendige Dinge, die uns das Leben beim Radfahren leichter machen. Da wir trotz intensiver Streckenauswahl ein paar Steigungen nicht vermeiden können, empfiehlt es sich, dass das Rad über eine Gangschaltung mit wenigstens 7 Gängen verfügt. Durch das Schalten können Sie ihre Kraft gleichmäßig abgeben. Ob es eine Ketten- oder eine Nabenschaltung ist, spielt dabei keine Rolle. Sie sollten aber damit umgehen können und keine Angst haben, sie zu benutzen.

Ich bevorzuge die Nabenschaltung. Diese ist aus meiner Sicht durchaus unkompliziert und Sie wissen immer, in welchen Gang sie fahren. Zusätzlich können Sie hierbei normalerweise noch den Rücktritt als Bremse nutzen. Für schwergewichtige Personen besteht damit die Möglichkeit, sich durch drei Bremsen am Fahrrad abzusichern. Es gibt allerdings auch „coole" Radler, die halten die Nabenschaltung für veraltet, obwohl gerade hier exklusive Varianten angeboten werden. Mit der Kettenschaltung haben Sie natürlich viel mehr Möglichkeiten der Kraftübertragung auf das Hinterrad, Voraussetzung ist jedoch, dass Sie diese Schaltung auch beherrschen.

Ein Mountainbike mit sehr vielen Gängen und dicken Reifen muss es also nicht unbedingt sein. Ein Rennrad ist für das Genussradfahren wenig geeignet. Die dünnen Reifen sinken auf Forstwegen ein und halten dem Gelände außerhalb der Straße nicht stand.

Sollten Sie sich ein Fahrrad ausleihen müssen, wählen sie sich eines

- mit einer Gangschaltung
- mit Reifen, die eine Laufspur für leichtes Fahren auf Straßen haben, aber auch Profil besitzen, um nicht zu schnell zu rutschen
- mit einem weichen Sattel und keinen, wie ihn Sportler nutzen
- mit nur wenig Gewicht, um z. B. Bergauffahrten mit weniger Kraftaufwand fahren zu können. (Lassen Sie sich dabei nicht täuschen, ein Aluminiumrahmen kann schwerer wie einer aus Stahl sein.)

- mit einer Ausstattung entsprechend den gesetzlichen Anforderungen für den Straßenverkehr
- dessen Reifen ausreichend Luftdruck besitzen. (Abhängig vom Reifentyp zwischen 3 und 5,5 bar.

Weil nicht überall und zu jeder Zeit Werkstätten auf Sie warten, sollten Sie zumindest einen „Platten" reparieren können. Ein Schlauch oder Flickzeug, eine Luftpumpe und Werkzeug zum Rad aus- und einbauen, sollten mindestens bei einer Person der Radgruppe vorhanden sein.

Wer nicht als Leistungssportler Rad fährt, muss nicht unbedingt professionelle Radlerkleidung tragen. Sie sollten aber in Abhängigkeit von der Jahreszeit zweckmäßig gekleidet sein. Das heißt Sportschuhe, eine Kopfbedeckung (Helm) sowie eine Regenjacke im Gepäck gehören zur Grundausstattung. Empfohlen werden noch eine Wasserflasche, etwas Verpflegung und eine Karte.

Auch wenn viele der Meinung sind, dass sie keinen Helm brauchen, ist diese Kopfbedeckung dennoch zu empfehlen. Einer unserer Mitradler musste bei einem tragischen Sturz sein Leben lassen, da er keinen Helm getragen hatte.

Noch ein Wort zur Sicherheit Ihres Rades vor Diebstählen. Auch wenn im Erzgebirge relativ wenige Fahrräder gestohlen werden, sollten Sie es mit einem Schloss sichern. Es gibt immer Menschen, die ein ungesichertes Rad „nur zum Spaß" benutzen und wegfahren. Solange Fahrraddiebstahl in der Rechtsauffassung dieses Landes als Kavaliersdelikt behandelt wird, kann der Verlust Ihres Rades nicht ausgeschlossen werden. In der Rechtsprechung soll in der Regel die Erziehung der Strafe vorgezogen werden. Wenn aber eine Verurteilung auf Bewährung der anderen folgt, ist das Gerichtsurteil eine Farce. In Großstädten ist daher der Diebstahl von Rädern aus Abstellräumen in Wohnhäusern und aus Garagen leider an der Tagesordnung.

Für das Genussradfahren ist der Trend der Fahrradindustrie, Räder mit Fahrhilfen anzubieten. Sogenannte „Pedelecs" und „E-Bikes" unterstützen durch einen Elektromotor den Radler. Je nachdem, wann die Unterstützung beim Fahren erfolgt, können sie unterschieden werden. Der Motor des „Pedelecs" hilft nur, wenn ich in die Pedale trete, „E-Bikes" helfen auch ohne mein Zutun.

Als Genussradfahrer soll das Fahren Spaß machen. Für Eltern mit Kinderanhänger am Rad, für Radlergruppen mit großen Leistungsunterschieden oder auch für ältere Menschen kann ein solches Rad deshalb empfohlen werden und auch hilfreich sein, ihnen lange Zeit die Freude am Radfahren zu erhalten. Junge Menschen sollten ihre Fitness aber doch trainieren und kräftig in die Pedalen treten. Damit dies auch ohne Stress geschehen kann, werden in diesem Buch vielfältige Anregungen gegeben.

Sollten Sie ein Elektrorad nutzen wollen, vergessen Sie nicht, sich über die gesetzlichen Bestimmungen zu informieren. Je nach Leistung des Motors, der möglichen Höchstgeschwindigkeit sowie Ihres Geburtsjahres kann eine Versicherungs- und Führerscheinpflicht bestehen.

Möglichkeiten zum Genussradfahren

Wir als Genussradfahrer wollen möglichst auf gerader Strecke dahinfahren. Und das im Gebirge! - Dies ist tatsächlich möglich. Einige Fahrmöglichkeiten bieten sich dazu an:

- Die besten Strecken sind meist die Begleitwege sogenannter „Kunstgräben“. Andere Bezeichnungen für diese Wasserläufe sind: Holzflöße, Floßgraben, Graben, Industriegraben. Nicht alle werden von einem Pfad begleitet und nicht jeder Steg ist so gut ausgebaut, dass er bereits ein Weg ist, der sich zum Fahren eignet. Ihre Länge ist meist sehr begrenzt. Trotzdem sind einige ideal für unsere Zwecke geeignet.
- Stillgelegte Bahnstrecken sind ebenfalls bestens zum Genussradfahren geeignet. Auch längere Abschnitte können auf ihnen genutzt werden. Ein fast zusammenhängendes Netz dieser Strecken ist im Erzgebirge vorhanden. Nachteilig ist, dass nach der Stilllegung erst die Schienen entfernt werden müssen und weitere Arbeiten nötig sind, um sie als Fuß- oder Radweg nutzen zu können.
- Die Flüsse haben sich meist einige Kilometer nach ihrem Quellgebiet in das Gebirge eingegraben und fließen dann gemächlich dahin. Bei ausreichender Breite, sind die Straßen und Wege in den Tälern ebenfalls zum Genussradfahren bestens geeignet.
- Da das Erzgebirge in topografischen Sinn eine leicht schräg gestellte Platte von ca. 1 - 2 % Steigung ist, sind die nur wenig oder gleichmäßig durch Erosion veränderten Höhenzüge ebenfalls für das Genussradfahren prädestiniert.
- Im Erzgebirge sind Wege vorhanden, die entlang der Höhenlinien verlaufen. Hierzu zählen zum Beispiel Rundwege, die um einige Talsperren herumführen und auch solche, die sehr langsam einen Hö-

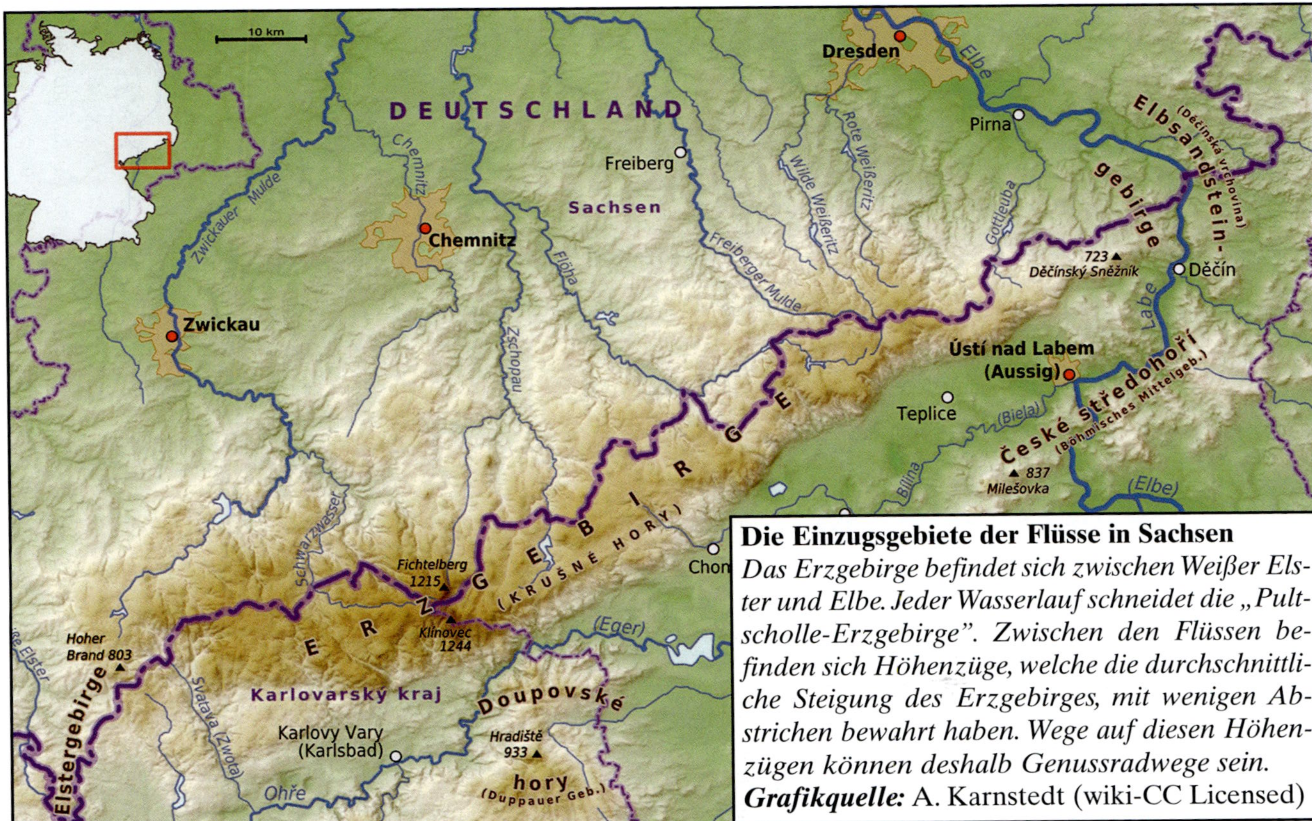

Die Einzugsgebiete der Flüsse in Sachsen
Das Erzgebirge befindet sich zwischen Weißer Elster und Elbe. Jeder Wasserlauf schneidet die „Pultscholle-Erzgebirge". Zwischen den Flüssen befinden sich Höhenzüge, welche die durchschnittliche Steigung des Erzgebirges, mit wenigen Abstrichen bewahrt haben. Wege auf diesen Höhenzügen können deshalb Genussradwege sein.
Grafikquelle: A. Karnstedt (wiki-CC Licensed)

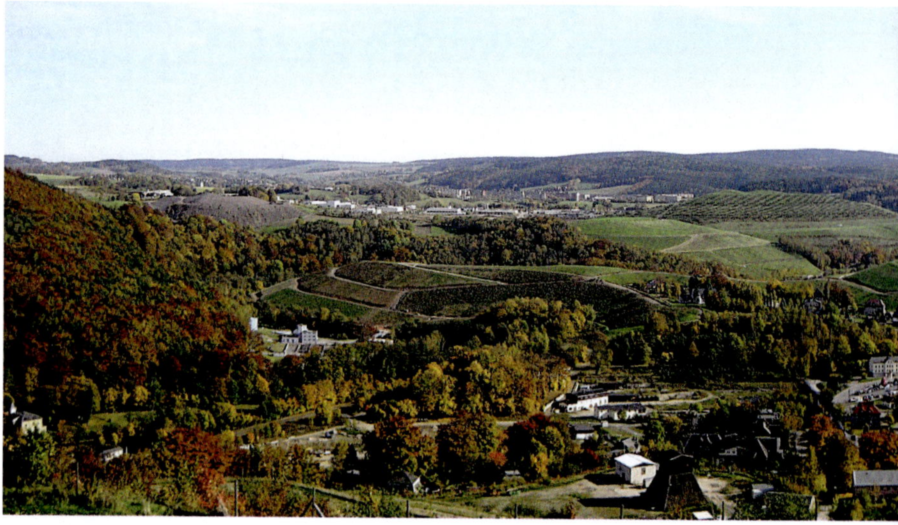

Zum Bild:

Das Tal der Zwickauer Mulde an einem schönen Herbsttag vom linken Berghang - einer rekultivierten Abraumhalde bei Schlema aus - in Richtung Aue fotografiert. Das Bild zeigt uns weitere Möglichkeiten für das Genussradfahren. Auf vielen der rekultivierten Halden wurden Wander- und teilweise auch genussradfahrertaugliche Wege angelegt. Von Aue aus erkennen wir, wie der neue Autobahnzubringer seicht ansteigend das Gewerbegebiet Alberoda erreicht. Leider müssen wir Radfahrer uns, wenn wir diese Straße nutzen, mit dem häufigen Autoverkehr abfinden. Dies ist eine verpasste Chance für Aue, ein Drehkreuz für das Radfahren zu werden und für uns, leicht auf die Höhen zu kommen. Gut zu erkennen ist, dass durch Aue das Tal der Zwickauer Mulde führt und noch weitere Täler abzweigen. Der Floßgraben am linksseitigen Hang der Mulde (rechts im Bild, der Verlauf kann nur erahnt werden), führt uns Genussradfahrer ebenfalls nach Oberschlema. Die stillgelegte, leider noch nicht ausgebaute Bahnstrecke Schlema - Schneeberg führte durch das Tal rechts.

Wind, Sonne, Schnee und Regen wirkten auf die „Pultscholle Erzgebirge" ein. Sie formten das Gebirge. Tief eingeschnitten bringen die Täler das Wasser zum Meer. Auch wenn sich die Flüsse und Bäche am Anfang ihres Laufes tief eingegraben haben, ist danach ihr Lauf sehr flach. Damit ergeben sich viele flache Wege an ihren Ufern für das Radfahren. Der Mulderadweg ist gerade im Entstehen.

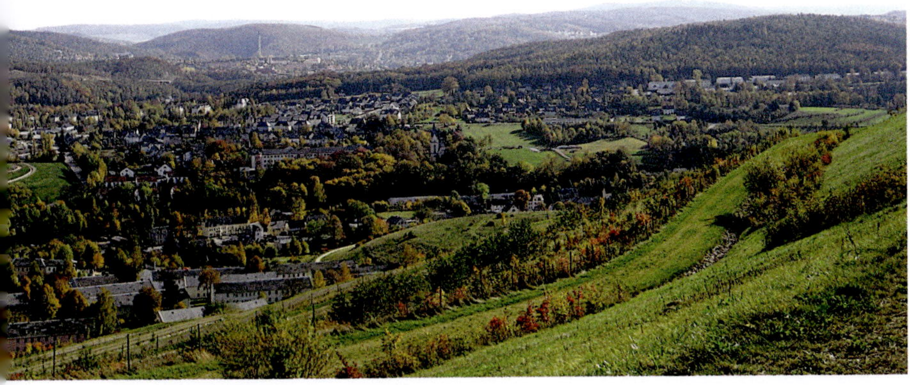

henzug erklimmen. Auch diese sollten wir in unsere Möglichkeiten des Genussradfahrens einbeziehen.
- Jeder Radfahrer kennt die Vorzüge der Abfahrten. Auch wenn wir, als Leichtstreckenfahrer, diese nicht bergauf fahren würden, ein Genuss beim Bergabfahren sind sie auf jeden Fall.

Im Folgendem wollen wir uns einige dieser ebenen und leichten Strecken näher ansehen.

Kunstgräben

Das Erzgebirge ist klimatisch, besonders am Kamm, rauer als sein Vorland. Die strengen Winter bedeuteten in den vergangenen Jahrhunderten oft ein Überlebenskampf für die Menschen. Die Besiedlung erfolgte deshalb relativ spät. Der landwirtschaftliche Ertrag auf den Bergflächen war gering und es gab aus diesem Grund viele arme Bauern. Trotzdem war das Erzgebirge für die Siedler ein Segen. Es gab ihnen die Möglichkeit, als freie Bauern und nicht nur als Knechte zu leben. Da neben der Landwirtschaft später auch der Bergbau zum Unterhalt beitrug oder zum Haupterwerb wurde, hatten sie ihr Auskommen.

Aller Eigenbedarf wurde möglichst selbst hergestellt, um auch im Winter überleben zu können. Außerdem wurde neben der Landwirtschaft oft ein weiterer Erwerbszweig in den Familien geschaffen. Verschiedene Gewerbe entstanden, durch die sich zum täglichen Brot etwas dazu verdienen ließ. Durch Schnitzen, Klöppeln, Besenbinden, Spinnen, Weben usw. wurde das Überleben gesichert und eine gewisse Unabhängigkeit erreicht. Dadurch war die Leibeigenschaft im Erzgebirge weniger ausgeprägt als im Flachland. Aus der Herstellung von Gebrauchsgegenständen, dem Bergbau, der Verarbeitung des Erzes sowie des Holz- und Materialbedarfs dieser Gewerbe entstanden Fabriken. Der Energiebedarf dieser wurde mit Holz bzw. Holzkohle und Wasser bzw. Wasserkraft gedeckt, die zu den Verarbeitungsstätten gebracht werden mußten. Hierfür entstanden die bau- und vermessungstechnischen Meisterleistungen der Kunstgräben. Diese versorgten die Bergwerke mit Aufschlagswasser, die Wassermühlen der Pochwerke und Erzhämmer mit der notwendigen Energie. Das Holz wurde in den Gräben aus dem Gebirge ins Tal befördert und sogar der Erztransport erfolgte auf einigen von ihnen.

Auch die Wassergräben für die Kornmühlen sollten nicht vergessenen werden. Der aufmerksame Besucher findet in vielen Orten Reste von ihnen. Einige sind mit Hinweisschildern und historischen Beschreibungen gekennzeichnet. Sie werden von den Städten, aber auch privat von Bürgern, erhalten. Teilweise wurden sie wieder mit Wasserrädern oder anderen Wasserspielen versehen und werten somit die Lebens- aber auch Urlaubsqualität auf.

So entstanden auch größere und längere Grabensysteme die heute Interessenten und Touristen anziehen; andere wiederum verfielen. Eine Eigenschaft haben die Gräben größtenteils gemeinsam: Ihr Gefälle ist seicht. Sie erfordern deshalb einen gewissen Aufwand an Pflege, um Verstopfungen durch Laub und Geäst zu verhindern, Dammbrüche auszubessern und Versandungen zu beseitigen. Einige Gräben wurden streckenweise durch den Berg geführt (Röschen) und waren besonders von Verstopfungen gefährdet. Andere wurden abgedeckt, um zu verhindern, dass Blätter und Äste den Wasserlauf behinderten.

Zur Pflege und Instandhaltung begleiten die Wasserläufe häufig Wege. Wurde der Graben zum Holzflößen genutzt, war ein Begleitpfad für das Weiterschieben verkeilter Stämme unbedingt notwendig. Diese Wege sind bei ausreichender Breite wie für das Genussradfahren geschaffen. Nur bei den Röschen läuft das Wasser durch den Fels, der Weg aber über den Berg. Er kann dort sehr steil oder auch schlecht befahrbar sein.

Im Folgenden werden einige Beispiele für Kunstgräben beschrieben. Die Tauglichkeit zum Genussradfahren wurde nicht überall geprüft. Von den Tourismusverbänden wird oft nicht darauf aufmerksam gemacht, dass ihr Radweg an einem Kunstgraben verläuft, obwohl sie gerade damit für einen leicht fahrbaren Weg werben könnten. Für den historisch Interessierten sind die Gräben auf jeden Fall lohnenswerte Ziele für schöne Radtouren. Soweit es mir möglich war, sind die Fahrmöglichkeiten an den aufgeführten Kunstgräben angegeben.

Kiel-Flößgraben zwischen Muldenberg und Mühlleiten
Dieser Kunstgraben ist eine Meisterleistung unserer Vorfahren. Über die Wasserscheide zwischen der Zwota und der Zwickauer Mulde hinweg wurde eine Verbindung für die Holzflößerei geschaffen. Über den folgenden Kunstgraben von Muldenberg nach Hammerbrücke konnte das Holz sogar zur Göltzsch und dann bis in die Weiße Elster gebracht werden. Mit diesem durchdachten System des Holztransportes auf den Flüssen und anderen Kunstgräben wurde es bis zur weiteren Nutzung nach Leipzig befördert. Das Einzugsgebiet der Holzgewinnung für den Bergbau und der Industrie wurde dadurch beträchtlich erweitert.

Die Zwota ist das einzige, nennenswerte, sächsische Wasser im Erzgebirge, welches nach Süden in den Eger fließt. Sie grenzt aber auch das Erzgebirge vom Elstergebirge ab.

Der Begleitweg zum Kielfloßgraben ist ein empfehlenswerter Radweg mit herrlichen Aussichten. Er ist für uns Genussradfahrer auch die Verbindung zum Kammweg des Erzgebirges.

Kunstgräben bei Muldenberg und Hammerbrücke
Außer dem bereits erwähnten Graben zu den Rißfällen, mit der Verbindung zur Göltzsch, wurden noch weitere zum Heranschaffen des Holzes in diesem Gebiet angelegt. Einen Teil der Begleitwege befahren wir im Kapitel über die Höhenzüge. Einige Namen der Gräben in dieser Gegend sind:

- Oberer Floßgraben; zu den Rißfällen, mit dem Floßgrabenweg,
- Alter Floßgraben; (am NSG Alter Floßgraben) mit Weg,
- Unterer Floßgraben; den eine Nebenstraße in Hammerbrücke begleitet.

Die Begleitwege der Kunstgräben sind meist flache Strecken zum Genussradfahren

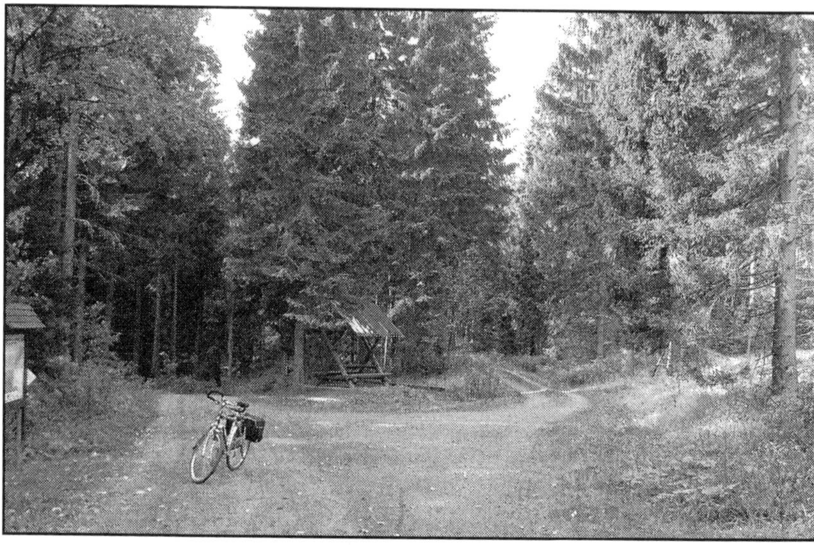

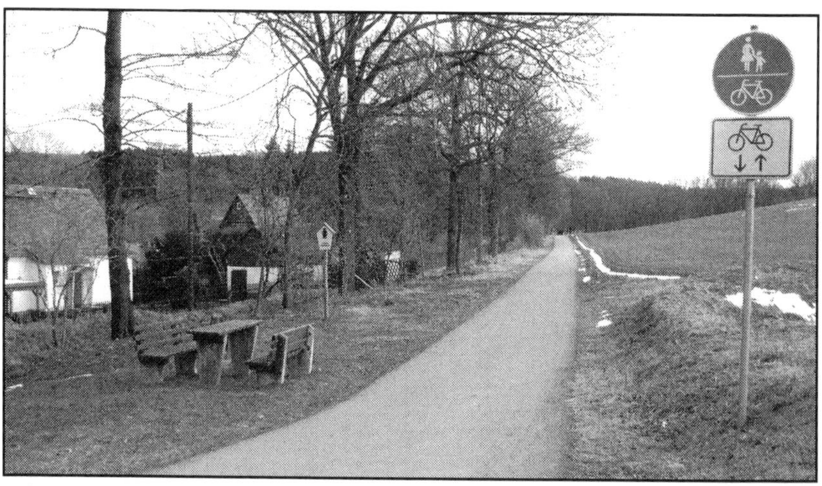

***Oben:** Die Neugrabenflöße Fleyh - Clausnitz wird von einem Forstweg (re) begleitet. Mit den weiteren Möglichkeiten des Genussradfahrens: Stillgelegte Bahn, Ringelstraße, Tal der Freiberger Mulde und dem Erzgebirgskamm ist Holzhau ein lohnendes Ziel. **Unten:** Am Mühlgraben der ehemaligen Buschmühle bei Zwönitz an der Elterleiner Straße (S 283). Das Einbinden auch kleiner, kurzer Kunstgräben in die Planung von Radwegen ist von Vorteil.*

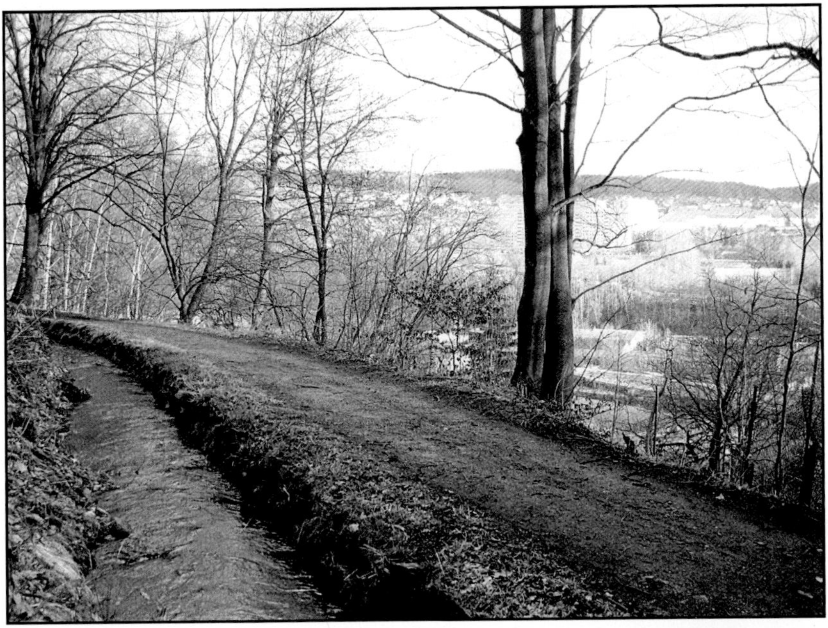

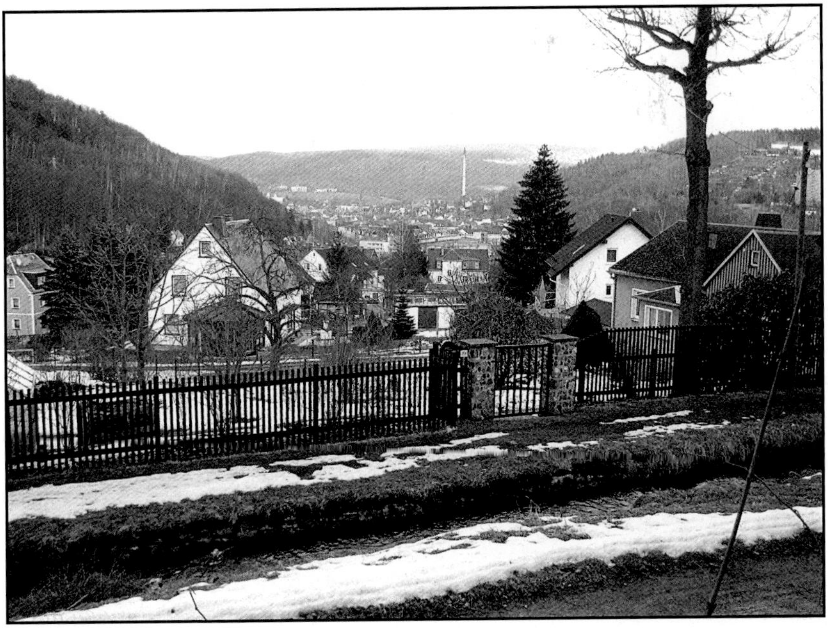

Floßgraben -Albernau - Schlema mit schönen Aussichten auf Aue.

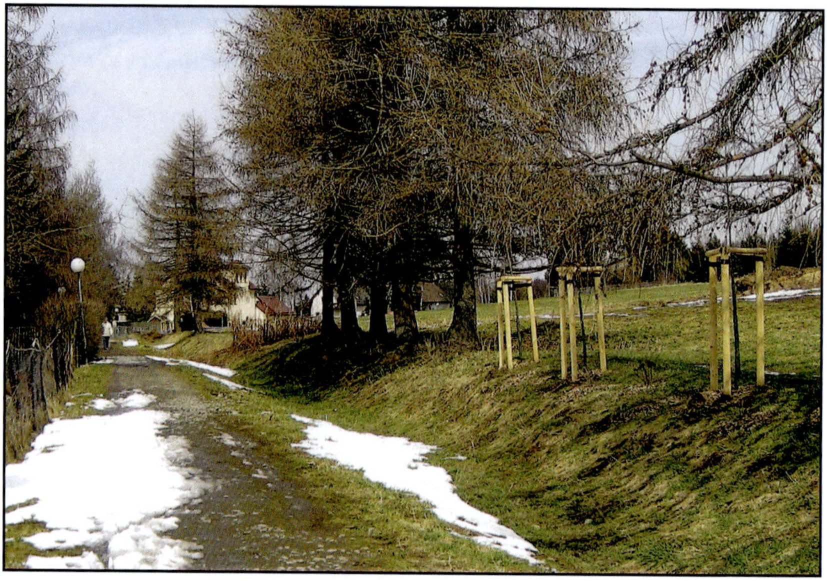

Floßgraben am Hang des Pöhlberges mit Begleitweg.

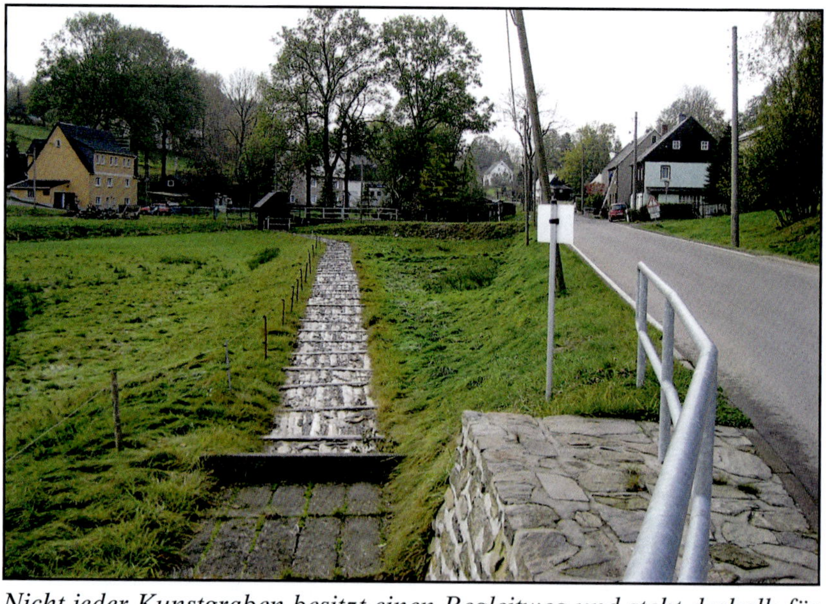

Nicht jeder Kunstgraben besitzt einen Begleitweg und steht deshalb für das Genussradfahren zur Verfügung. Der abgedeckte Kunstgraben in Zethau wird von der RWA Freiberg genutzt.

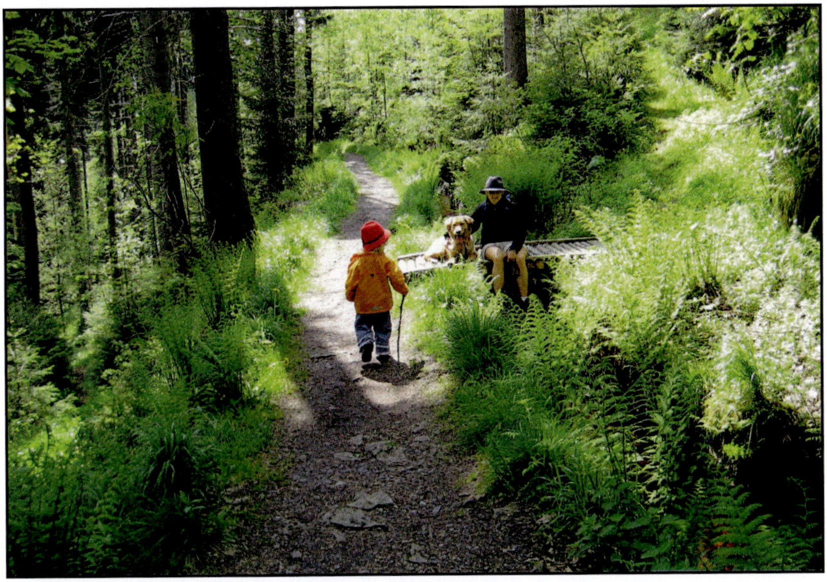

Am Grünen Graben in Pobershau.

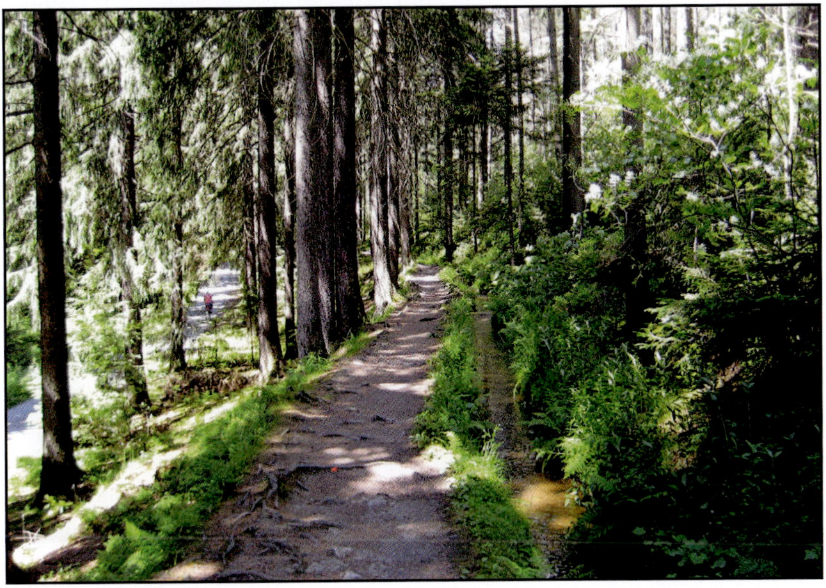

Am Röhrgraben nach dem Greifenbachstauhweiher. Der Weg am Graben ist im ersten Abschnitt für Radfahrer gesperrt. Der Radweg ist hier die Forststraße etwas unterhalb des Grabens.

Grüner Graben bei Eibenstock

Bereits im Jahre 1555 wurde dieser Kunstgraben angelegt. Er führte über 8 km Wasser von Wildenthal nach Eibenstock. Der Graben wurde von der großen Bockau abgezweigt, um Aufschlagwasser in das ehemalige Bergbaugebiet nördlich von Eibenstock zu leiten Er verläuft von Wildenthal aus entlang der S 275 durch den Wald. Bis hierher müssen wir leider der verkehrsreichen Staatsstraße folgen. Ab den Waldhäusern (Gaststätte) können wir bis Eibenstock durch Wiesen, Wald und Felder dem begleitenden Wanderweg folgen und auch radeln.

Betriebsgraben mit Blauenthaler Wasserfall bei Eibenstock (höchster Wasserfall Sachsens)

Im Tal wird er von einem Forst- und Wanderweg begleitet. Dieser ist natürlich befahrbar und ist auch als touristischer Radweg ausgewiesen. Er besitzt jedoch nicht das leichte Gefälle des Grabens.

Floßgraben am Pöhlberg (Annaberg)

Der Graben liegt oberhalb der B 95 direkt am Pöhlberg. Die ihn begleitende Floßgrabenstraße ist gut befahrbar. Außerhalb der Ortslage wurde er verfüllt und zum Bau der Bahnlinie Königswalde - Annaberg ob. Bhf. genutzt. Diese Bahnstrecke ist stillgelegt. Sie könnte Teil des notwendigen Radweges Pöhlberg/Annaberg - Königswalde - Bärenstein bzw. Annaberg - Oberwiesenthal werden! Der Ausbau zum Radweg wurde begonnen.

Plattner Kunstgraben zwischen Bozi Dar und Horni Blatna

Er liegt auf der tschechischen Seite des Erzgebirges. Der Weg am Graben ist restauriert und auf ca. 14 km Gesamtlänge begehbar. Für das Genussradfahren sind aber hier auf der Hochebene die wenig befahrenen Nebenstraßen besser geeignet.

Kunstgräben bei Schneeberg (Wolfgangsmaßen)

Der Hauptkunstgraben führt vom Filzteich bis zur Fundgrube „Peter & Paul“ und wurde 1818 bis nach Wolfgangsmaßen verlängert. Ein Begleitweg ist vorhanden und auch befahrbar. Weitere Gräben sollen wieder entstehen und wahrscheinlich auch die Begleitwege.

Roter Löwe Kunstgraben bei Schwarzenberg (unterh. d. Morgenleithe)

Der Graben ist kein Wasserlauf mehr. Er war schon sehr verfallen. In den letzten Jahren wurde er in den Bergbau-Lehrpfad Roter Löwe

Kunstgraben einbezogen. Dabei entstanden auch wieder begehbare Pfade. Ein Teil der Wege am Graben, z. B. der Dreitannenweg, wird aber schon lange als Forststraße genutzt. Im Bereich des Grabens (ca. 1,5 km) ist er auch für uns befahrbar, danach wird er steiler. Der etwas oberhalb verlaufende Auerhahnweg erfüllt unsere Bedürfnisse besser.

Grüner Graben Kühnhaide bis Pobershau, Länge 8 km
Der Begleitweg ist ein herrlicher Wanderweg. Er wird auch von vielen Radfahrern genutzt. An einigen Stellen ist er sehr schmal. Auf der einen Seite befindet sich der Wassergraben und auf der anderen Seite geht es steil bergab. Dreimal müssen wir über Metallgitter fahren bzw. das Rad über einen Umweg schieben. Ich empfehle den Weg nicht an den Wochenenden zu befahren, um mit den vielen Wanderern zu dieser Zeit nicht in Konflikt zu geraten.

Reitzenhainer Zeuggraben, Reitzenhain - Marienberg, Länge ca. 15 km
Der Zeuggraben leitete Wasser aus der Schwarzen Pockau zu den Bergwerken um Marienberg. Das Gebiet zwischen Reitzenhain, Pobershau und Marienberg hat viel Potential für das Genussradfahren. Neben dem Begleitweg des Zeuggrabens, den wir teilweise als Radweg nutzen, finden wir auf dieser Hochebene weitere Reste von Wassergräben (z. B. Alte Flöße). In Verbindung mit der stillgelegten Bahnstrecke von Marienberg nach Reitzenhain und weiter bis Krimov, 750 m NN (ehem. Krima-Neudorf) in der Tschechischen Republik bzw. des Begleitweges an ihr, bieten sich hier viele sehr gute Genussradstrecken an. Es könnten sogar noch weitere ausgewiesen und ausgebaut werden.

Röhrgraben Geyer - Ehrenfriedersdorf (Gefälle ca. 0,4%)
Kurz unterhalb des Greifenbachstauweihers wird vom Greifenbach der Wassergraben abgezweigt. Er versorgte die Zinngrube am Sauberg in Ehrenfriedersdorf mit Wasser. Der Röhrgraben ist wahrscheinlich der älteste Kunstgraben im Erzgebirge. Nicht benötigtes Wasser wurde weitergeleitet und der Graben war Wasserspender für das Seifenbachtal östlich vom Sauberg.

Heute fließt das Wasser bereits nach Ehrenfriedersdorf in die Wilisch. Der Begleitweg ist von Beginn an im Greifenbach bis etwa auf Höhe der Greifenbachmühle nur für Fußgänger freigegeben. Wir können aber im Tal am Greifenbach den Forstweg nutzen, der auch als Radweg ausgeschildert ist. Ab der Mühle nutzen wir wieder den Weg am Röhrgraben. Er ist durch die Siedlung Mönchsbad bis zur B 95 gut befahrbar. Nach dem Überqueren der Straße ist er etwas vernachlässigt und schwer zu befahren. Dabei wäre er die ideale Verbindung zwischen dem Erholungsgebiet Greifenbachstauweiher und der Zinngrube mit dem Museum. Dafür ist aber noch etwas Pflege notwendig. Auch Vorstellungen, dem Weg von hier aus wieder ein attraktives Aussehen bis ins Seifenbachtal zu geben, sind vorhanden. Hoffentlich bleibt es nicht nur bei diesen.

Die Verbindung Greifensteine / Greifenbachstauweiher, Zinngrube mit Museum und Besucherbergwerk, dazu das idyllische Seifenbachtal mit der Gaststätte „Sommerfrische" und weiter, das über den „Planetenradweg" erreichbare Drehbach mit den Krokus-Wiesen und dem Planetarium, könnte eine interessante „Kulturmeile" sein. Die Genussradfahrer würden es den Verantwortlichen durch reichliches Fahren auf diesen Weg und häufiges Besuchen der Einrichtungen danken.

Kunstgraben zur Silberwäsche, Antonsthal

Wer das Schwarzwassertal ab Schwarzenberg aufwärts fahren will, wird als Radfahrer meist auf die Straße geschickt. Von der Silberwäsche in Antonsthal ausgehend, kann der Genussradfahrer aber entlang des 3,5 km langen Kunstgrabens fahren. Dieser ist nicht als Radweg ausgewiesen, aber sehr gut zum Genussradfahren geeignet. Danach treffen wir wieder auf die Straße Schwarzenberg - Johanngeorgenstadt.

Floßgraben zwischen Albernau und Schlema
(Länge ca. 16 km, Höhenunterschied ca. 70 m, Gefälle ca. 0,4%)

Der Begleitweg des Floßgrabens ist wohl der schönste Wander- und Genussradweg des Erzgebirges. Das Wasser wird bei der Gaststätte „Rechenhaus", die zu Albernau gehört, von der Zwickauer Mulde abgeleitet und fließt am Hang der Albernauer Seite des Tales. Weiter folgt er dann dem Berg in einer Schleife. Durch diesen führt ein Tunnel der ehemaligen Bahnstrecke Aue - Blauenthal - Adorf. Diese kürzt dabei ein großes Stück im Vergleich zum Wasserlauf des Grabens ab. Die Bahnstrecke wird zur Zeit als Teil des Mulderadweges ausgebaut. Auch der Tunnel wird ein interessanter Teil davon.
Der Floßgraben verläuft dann weiter an den Höhen um Aue. Von hier aus bieten sich aus drei verschiedenen Richtungen imposante Ausblicke auf die Stadt. Der Weg verlässt Aue an den Höhen des Muldetals und erreicht zuletzt das Kurbad Schlema.

Wenn die stillgelegte Bahnstrecke Aue - Blauenthal zum Radweg ausgebaut ist, ergibt sich eine herrliche Rundtour für Genussradfahrer: Aue - Bahnstrecke - „Rechenhaus" - Floßgraben Aue.

In Schlema endet der Graben. Hier fehlt leider eine Durchfahrt durch den Kurpark. Eine Weiterfahrt nach Schneeberg über Lindenau in das Gebiet des Filzteiches ist um ein paar Ecken herum möglich.

Flößgraben Fleyh - Clausnitz (Ortsteil v. Rechenberg-Bienenmühle)
Die Neugrabenflöße führt von der Flöha bei Fleyh (Flaje, Tschechische Rep.) bis zur Rachel, einem Nebenfluss der Freiberger Mulde, bei Clausnitz. Sie diente zum Transport von Rohholz für den Bergbau.

Bis auf einige Unterbrechungen zu Beginn des Grabens im Grenzgebiet der Tschechischen Republik und kurz vor seiner Mündung in die Rachel ist der Begleitweg des Grabens begehbar, aber im tschechischen Gebiet nicht befahrbar. Auf deutschem Gebiet können wir auf ihm zur Zeit noch ohne Probleme fahren. Da er nicht als Radweg ausgewiesen ist, wird dieser jedoch nicht als solcher gepflegt.

Für die Strecken in der Tschechischen Republik, die wir nicht fahren können, werden uns andere schöne, nicht so leichte Wege angeboten.

Der Graben führt, ohne durchgängig fließendes Wasser, vom Fuß der Staumauer der Talsperre Fleyh und verläuft rechtsseitig der Flöha am Hang entlang. Der Begleitweg ist hier vorhanden, verlangt aber bereits von den Wanderern Trittsicherheit.

Als Radweg müssen wir mit der wenig befahrenen Straße vorlieb nehmen, die von der Krone der Mauer kommt. Wir fahren entlang der Flöha. Das ist für uns nicht der erwartete ideale Weg, aber als Abfahrt annehmbar. Die Strecke befindet sich am Beginn eines Flusstals und hat die dafür typische Steigung von ca. die 4 - 5 %.

Auch der Wanderweg verlässt den Graben nach ca. 3,5 km und führt bergab zum Ort Cesky Jiritin. Dieser Abstieg blieb uns vor ein paar Jahren nicht erspart, da wir zum Grenzübergang mussten. Der Beitritt der Tschechischen Republik zum Schengener Abkommen eröffnet aber neue Möglichkeiten des Grenzübertritts. So ist es jetzt auch möglich, bergan den Weg nach Horni Ves zu nehmen und die Grenze am Battleck zu überschreiten. Dies erspart uns eine Abfahrt in das Tal von über 50 Höhenmeter.

Der Radweg überquert die Grenze bei Deutschgeorgenthal. Er folgt dann dem Rauschenbach aufwärts auf dem Grenzweg. Leider ist eine ca. 3 km lange 3 %ige Steigung zu anstrengend, um sie mit Genuss zu fahren. Nach ca. 3,5 km erreichen wir wieder den Fahrweg an der Neugrabenflöße. Hier ist der Graben auch teilweise wieder mit stehendem Wasser gefüllt. Kurz vor der Einmündung in die Rachel verlässt unser Radweg dann den Graben. Wir nutzen den Parkplatz und haben vielleicht hier unser Auto stehen. Links zweigt auch ein schmalerer Weg entlang des Alten Floßgrabens ab. Er zeigt einen früheren Verlauf des Endstücks des Wasserlaufs an.

Der Grenzübergang zwang uns leider im Tschechischen, unsere Ideallinie am Graben zu verlassen. Aber auch die Bodenvertiefung selbst ist am linken Hang vom Rauschenbach kaum zu finden, da sie dort kein Wasser führt. Wo kein Graben gepflegt wird, braucht es auch keinen Weg zur Unterhaltung. Im Grenzbereich ist der Graben zwischenzeitlich verfallen.

In der Tschechischen Republik hat sich jedoch ein Verein gegründet der sich dem Graben annimmt. Es besteht deshalb die Hoffnung, dass wir wieder durchgängig an ihm entlang wandern und vielleicht auch fahren können. Dies wäre notwendig, um den mühsamen Aufstieg vom Grenzübergang aus zu vermeiden und auf einem Höhenniveau fahren zu können. Die offenen Grenzen würden jetzt auch einen Grenzübertritt am Kunstgraben zulassen.

Ungeachtet der genannten Schwierigkeiten haben wir hier trotzdem eines der schönsten Genussradreviere des Erzgebirges vor uns. Neben der Neugrabenflöße bieten sich die Wege an der Talsperre Flaje sowie der Rauschenbachtalsperre und der Flöha fast als Rundtour an. Weiterhin sollte auch der sogenannte „Ringel“, die asphaltierte Ringelstraße, sowie die Wege bzw. Straßen an der Freiberger Mulde, der Weg von Holzhau nach Most an der ehemaligen Bahnlinie und der Kammweg zwischen Chemnitzbach und Freiberger Mulde (Alte Poststraße / Geleitsstraße) dabei nicht vergessen werden.

Aschergraben von Zinnwald nach Altenberg mit Aschergrabenweg

Der Graben wurde bereits zwischen den Jahren 1452 und 1458 angelegt. Es ist dabei immer wieder erstaunlich, wie mit den geringen vermessungstechnischen Mitteln aus den vergangenen Jahrhunderten ein Graben von über 7,4 km Länge mit einem Gefälle von nur 0,6 % gebaut werden konnte. Dies ist eine der Meisterleistungen, die für den Bergbau vollbracht wurden. Mit dem Graben wurde die Energieversorgung, also das Aufschlagswasser, für die erzverarbeitenden Pochwerke und Schmelzhütten in Altenberg gesichert.

Der Grabenweg ist heute ein beliebter Wander- und Genussradweg zwischen Zinnwald und Altenberg. Der Weg ist, außer im Grenzgebiet zur Tschechischen Republik, überall gut begeh- und auch befahrbar. Auf dieser Strecke sind wir, historisch betrachtet, in bester Gesellschaft. Bereits Goethe beging 1813 diesen Weg. Eine Gedenktafel mit Versen von ihm erinnert daran:

„Es wirkt mit Macht der edle Mann
Jahrhunderte auf seines Gleichen.
Denn was ein guter Mensch erreichen kann
Ist nicht im Raum des langen Lebens zu erreichen.
Drum lebt er auch nach seinem Tode fort
Und ist so wirksam als er lebte.
Die gute Tat, das schöne Wort
Es strebt unsterblich wie er sterblich strebte."

In und um Altenberg gibt es noch weitere Kunstgräben. Davon haben einige einen Begleitweg. Ist dort ein solcher vorhanden, ist dieser auch meist zum Genussradfahren geeignet. Beispiele hierfür sind der Quergraben (teilweise mit Begleitweg), der Neugraben und der Grenzgraben. Die Aufzählung ist unvollständig; Sie können auch noch neue Wege entdecken.

Revierwasserlaufanstalt Freiberg (RWA)
Besonders der Großraum Freiberg ist reich an Kunstgräben. Das Wassereinzugs- und Grubenwasserableitungsgebiet der RWA führt vom Erzgebirgskamm bis nördlich von Freiberg. Gegenüber dem Westerzgebirge oder dem Kammgebiet ist die Landschaft hier von anderem Aussehen. Verlaufen dort die Gräben an steileren Flusshängen, führen sie hier meist über freies, leicht hangiges Gelände, das landwirtschaftlich bewirtschaftet wird. Die Unterhaltung der Gräben kann deshalb von den Feldern aus erfolgen. Um sie vor Verschmutzungen zu schützen, wurden die Gräben teilweise zusätzlich abgedeckt. Besonders dann, wenn kein Holztransport auf dem Wasser erfolgte, war dies sinnvoll. Begleitwege waren deshalb hier nicht überall nötig.

Da diese Wege nicht vorhanden sind, ist hier auch kein Genussradfahren an den Kunstbauten möglich. Die Gräben selbst führen noch Wasser und viele werden deshalb auch heute noch genutzt. Sie sind und bleiben aber auf jedem Fall eine Bereicherung unserer Kulturlandschaft.

Wie wir erfahren haben, kann an Kunstgräben leicht mit dem Rad gefahren werden. Ein Blick in die Karte ist dabei immer zu empfehlen. Aber können wir auch im Bereich der Revierwasserlaufanstalt Freiberg, Wege an den Gräben abschnittsweise zum Genussradfahren nutzen? - Kurze Abschnitte bestimmt!

- Kunstgräben bei Großhartmannsdorf und Obersaida: Einer von ihnen ist der ***Kohlbach Kunstgraben***, der weiter nach Müdisdorf führt, aber nichts mit dem nachfolgenden Graben zu tun hat.
- ***Müdisdorfer Kunstgraben***
- ***Zethauer Kunstgräben:*** Ein kleiner, im oberem Ortsteil, und der große Zethauer Kunstgraben, dessen Wasser nach Großhartmannsdorf zum Großen Teich fließt.
- ***Zuger Wäschgraben***
- ***Himmelfahrter Kunstgraben*** im Gebiet von Freiberg.
- ***Hohe Birke Kunstgraben*** (der Teil eines Systems von ca. 70 km Länge ab Neuwernsdorf)
- ***Kunstgraben, der zur ehemaligen Grube „Churprinz Friedrich August“ führt***
- ***Kunstgraben bei Großvoigtsberg und Hammerbrücke*** mit den Resten der Kahnhebeanlage (die wahrscheinlich älteste Anlage dieser Art in Deutschland). Ein Radweg führt an der Mulde entlang bis zum Kahnhebehaus des „Erbschachtes“. Ein Kunstgraben, der auch für den Erztransport geeignet war, führte von der Erzwäsche bis nach Halsbrücke.
- ***Grabentour im Bobritzschtal v. Krummhennersdorf n. Reinsberg.*** Wer sich mit dem Wandern in Sachsen beschäftigt, wird bestimmt in einer Veröffentlichung auf diese Grabentour stoßen. Der Wanderweg mit 3,5 km Länge hat bergbau-historische Wurzeln. Manche bezeichnen ihn als einen der schönsten Wanderwege Sachsens. Der Kunstgraben verschwindet an einigen Stellen im Berg, dem sogenannten „Röschen“; der Wanderweg umgeht diese. Das Genussradfahren ist auf der Grabentour möglich.

Heidegraben Seifen

Er ist ebenfalls einer der großen Kunstgräben. Da er keinen Begleitweg hat, spielt er für uns Radfahrer keine Rolle. Für alle aber, die Reste unserer industriellen Entwicklung suchen, ist er ein interessantes Beispiel für die Leistungen unserer Vorfahren.

Kleinere Kunstgräben
Neben den großen Kunstgräben des Bergbaus und der weiterverarbeitenden Industrie, sind es auch die Begleitwege kürzerer Kunstgräben für örtliche Mühlen und Fabriken wert, in die Genussradwege einbezogen zu werden. Sie lockern das häufige Auf und Ab vieler Radwege durch ebene Strecken auf. Hier einige wenige Beispiele:

- ***Steingraben bei Elterlein*** (ab dem Schwarzen Teich). Es sind ca. 400 m in den Radweg zwischen der alten Bahnstrecke Zwönitz - Scheibenberg und dem Geyerischen Wald einbezogen.
- ***Mühlgraben der ehemaligen Buschmühle*** bei Zwönitz an der Elterleiner Str. (Wasserfall). Für den Radweg an der S 283 ist für ca. einen halben Kilometer ein Verlauf am Graben gewählt worden.

Die Aufzählung der Kunstgräben ist nicht vollzählig. Sie zeigt aber, dass die Menschen im Erzgebirge an vielen Stellen Wasserläufe und Wege ins Gebirge gelegt haben, welche die Täler und Höhen der Landschaft überwanden. Wir als Genussradfahrer müssen diesen Wegen nur folgen und ihre verstärkte Nutzung und deren Ausbau vorantreiben.

Stillgelegte Bahnstrecken

Die wohl besten Möglichkeiten für das Genussradfahrens im Gebirge besitzen die stillgelegten Bahnstrecken. Zwar haben die Kunstgräben meist das geringere Gefälle, jedoch sind die Begleitwege nicht immer gut befahrbar. Röschen, schmale Wege, auch die häufig geringe Länge der Gräben und besonders die relativ kleine Anzahl von Begleitwegen läßt uns nach weiteren Fahrwegen suchen.

Mit den stillgelegten Bahnstrecken bieten sich besonders gute Möglichkeiten an. Einige Strecken oder Teile davon sind von den Schienen befreit und haben als Wirtschaftswege eine neue Aufgabe. Auch Radfahrer nutzen sie. Andere Streckenabschnitte sind sogar als Genussradwege ausgebaut, während Dritte noch einen Dornröschenschlaf halten oder leider zerstört wurden.

Das Erzgebirge gehört zu den dicht besiedelten Gebieten Europas. Im 19. Jahrhundert verlangte die aufstrebende Wirtschaft mit Bergbau, Industrie und Handwerk den Ausbau der Transportwege für den immer größeren Bedarf an Transportmitteln für Erz, Material, Waren und auch der Arbeiter. Ein dichtes Schienennetz war deshalb zur Versorgung der vielen

Menschen und ihren Arbeitsstätten notwendig. Jeder Ort versuchte, Anschluss an das Eisenbahnnetz zu bekommen. Selbst wenn nur ein kleiner Teil der Gemarkung an einen Schienenstrang reichte, wurde ein Bahnhof oder wenigstens ein Haltepunkt eingerichtet. Unternehmer finanzierten teilweise die Strecke mit, um ihren Betrieb *„an die Bahn zu bringen"*.

Abgeleitet von der Spurweite der Postkutschen entstand die Normalspurweite der Eisenbahn von 1435 mm (Abstand der Innenweite der Schienenköpfe). Für schwieriges Gelände, aber auch um die strengen Normen der Normalspur zu umgehen sowie aus Kostengründen, wurden die Nebenstrecken als Schmalspurbahnen gebaut. Dabei wurden drei verschiedene Schmalspurweiten verwendet: 600 mm für Feld- und Parkbahnen, 750 mm für die allgemein übliche Schmalspurbahnen und 1000 mm für Straßen- und Rollbockbahnen. Die Spurweite ist für uns Radfahrer nur insoweit relevant, da sie die Gleisbettbreite festlegte. Damit werden in geringem Umfang auch die Maße des Radweges bestimmt, die bei einer Nachnutzung der stillgelegten Strecken möglich sind.

Der Bau der Bahnen erfolgte nach der Notwendigkeit und entsprechend des Druckes, den die damalige Industrie auf die Regierung ausübte. Meist wurde in den Tälern größerer Flüsse mit dem Bau begonnen, erst danach erfolgte die Planung der Nebenstrecken. Was später eine untergeordnete Strecke wurde, konnte damals eine Hauptstrecke sein. Die Bahnstrecke Schlema - Schneeberg, die heute stillgelegt ist, wurde z. B. noch vor der Strecke Chemnitz - Aue gebaut, die heute noch befahren wird. Ausschlaggebend war der Bedarf der regionalen Wirtschaft. Zusätzlich zu den Normalspur- und Schmalspurbahnen im Linienverkehr gehörten und gehören weitere Bahnen wie Industrie-, Werksanschluss-, Versorgungs-, Feldbahnen und andere zum umfangreichen Schienennetz im Erzgebirge. In jüngster Zeit kommen dazu noch die Bahnen, welche von Vereinen, auch mit Unterstützung von Kommunen, vor der Stilllegung bewahrt oder wieder neu aufgebaut werden. Diese fahren meist ebenfalls nicht im regelmäßigen Linienverkehr, sondern für touristische Interessen.

Auch heute haben sich die Gründe für den weiteren Ausbau der Verkehrswege im Erzgebirge nicht geändert. Es wird das Projekt geplant und baulich umgesetzt, was mit dem größten Nachdruck gefordert wird. Daher werden die Autobahnen und Bundesstraßen entsprechend des Bedarfs der nationalen und globalen Wirtschaft erweitert. Die regionale Wirtschaft besitzt dazu aber häufig andere Ansichten.

Viele möchten direkt an eine dieser Straßen und nicht erst über Umwege erreichbar sein und wünschen eine Änderung der Linienführung. Die Gefahr durch die Zerstörung der Umwelt und des besonderen Flairs der Region Erzgebirge lässt z. B. die Tourismusbranche zum Gegner einzelner Bauprojekte werden. Weitere Ängste werden auch durch die schnellere Erreichbarkeit mit Waren und Dienstleistungen aus den Wirtschaftsregionen verbreitet, die nicht mit überzogenem Bürokratismus in allen Teilen der Gesellschaft sowie ungleichen Steuern in ihrer Leistungskraft gehindert werden. Die ungleichen Wettbewerbsbedingungen können eine Gefahr darstellen. Die Politik hat die Aufgabe zwischen den verschiedenen Interessen einen Kompromiss zu finden. Die Grundlage für ein glückliches Leben für Familien und Kinder muß dabei im Mittelpunkt stehen, auch wenn diese keine Lobby in unserer manchmal gnadenlosen Leistungsgesellschaft haben. Es dürfte nicht falsch sein, an dieser Stelle einen grundsätzlichen christlichen Ausspruch aus dem Matthäus-Evangelium der Bibel zu zitieren: *„Was nützt es, wenn du die ganze Welt gewönnest und nähmest doch Schaden an deiner Seele?“*

Jede der Interessengruppen versucht die Politik zu beeinflussen. Die Einen tun dies sehr erfolgreich mit großen Spenden an die Parteien und mit sogenannter „Lobby-Arbeit“. Andere bearbeiten die Abgeordneten ihres Wahlkreises. - Wir Radfahrer müssen die letztere Möglichkeit zur Durchsetzung unserer Ziele nutzen, denn auch unsere Stimmen werden gebraucht. Denken Sie daran, Wahlen sind auch Personenwahlen, wir können die Stimmen auch zwischen Partei und Person teilen und es darf bei kommenden Wahlen anders gewählt werden als bisher. Wir sollten dem „C”, dem „S”, dem „F” usw. der Parteien nicht ungeprüft vertrauen oder unkritisch gegenüberstehen. Aus drei Parteien des Bundestags der alten Bundesrepublik sind inzwischen einige mehr geworden. Die Aufmerksamkeit, welche die Umweltpolitik genießt, ist nicht wie von selbst entstanden, denn es gehören immer Menschen dazu, die sich für etwas einsetzen. Auch wenn nicht jede kleine Partei mit ihren Ideen in die Parlamente einzieht: Wenn ihre Gedanken von vielen Menschen getragen werden, können auch die etablierten Interessenvereinigungen nicht daran vorbeigehen. Wer aber nicht zur Wahl geht, hat eigentlich keine Ziele und sollte sich auch nicht darüber aufregen, dass Änderungen in unserer politschen Kultur angebracht wären...

Die Stilllegung der Bahnstrecken geht in umgekehrter Reihenfolge vor sich, wie die Strecken einst aufgebaut wurden. Nicht immer ist im Güterverkehr für die Bahn kein Bedarf mehr vorhanden, aber die Bundesbahn hat eine eigene Spedition aufgebaut, mit der sie die Belieferung der Nebenstrecken vornimmt. Über Sinn oder Unsinn mancher Stilllegung lässt sich streiten, ist aber nicht Inhalt dieses Buches. Als Radfahrer müssten wir uns eigentlich freuen, denn jede stillgelegte Strecke kann neue Möglichkeiten des Genussradfahrens bringen. Aber fahrende Bahnen bringen uns zu den Ausgangspunkten unserer Radtouren z. B. auf Höhenzüge und wir können nicht auf sie verzichten.

Was passiert eigentlich mit den stillgelegten, für manchen dann nutzlosen, Bahnlinien? - Unsere Vorfahren veränderten ihre Umwelt, um die Bahnstrecken zu bauen. Sie trugen Berge ab und füllten Täler aus, um dadurch ihre Wirtschaftschancen und ihr tägliches Leben zu verbessern. Sie schufen also Mehrwert und betrieben dadurch eine beachtenswerte Wertschöpfung. Der Mehrwert wird wie bekannt beim Verändern der Natur zum Wohle des Menschen geschaffen. Er entsteht keinesfalls durch das Erheben einer Steuer. Er entsteht auch nicht durch das Verwalten der Arbeit oder an der Börse. Verwaltung verbraucht Mehrwert. An der Börse werden Begehrlichkeiten bedient und Gelder umverteilt, aber es erfolgt keine Wertschöpfung. Der Wert einer einer Ware ist erst dann verbraucht, wenn keiner sie besitzen oder einsetzen will.

Für stillgelegte Bahnstrecken ist ein großer Bedarf vorhanden. Angefangen von der weiteren Nutzung durch den Tourismus als Nostalgiebahn, der Verwendung als Wirtschafts- oder Wanderweg bis zum Ausbau als Radweg sind verschiedene Bestimmungen möglich. Dass für die Umnutzung der Strecken ebenfalls Finanzmittel notwendig und nicht immer vorhanden sind, ändert nichts am allgemeinen Interesse an diesen nicht mehr befahrenen Bahnlinien.

Die technischen Meisterleistungen unserer Vorfahren können wir also weiter sinnvoll nutzen oder auch zerstören. Gerade bei vielen der stillgelegten Strecken wird, obwohl eine weitere Bestimmung dieser zum Wohle der Allgemeinheit möglich wäre, nur kurzsichtig gedacht. Wirtschafts- und Radwege bedürfen Strecken mit gutem Unterbau und geringer Steigung. Werden aus vorhandenen Wege- oder Straßennetzen Teilabschnitte herausgelöst, verkauft oder verbaut, ist die Nutzung der dabei entstehenden großen Reststrecke, z. B. auch als Radweg, wieder mit erheblichen baulichen und finanziellen Aufwand verbunden.

Die Strecken und die Grundstücke sind Eigentum der Bahn. Der Eigentümer der Bahn ist der Staat. - *„Eigentum verpflichtet. Sein Gebrauch soll zugleich dem Wohle der Allgemeinheit dienen“*, ist dazu treffend im Grundgesetz zu lesen.

Teile dieser stillgelegten Bahnstrecken wurden an Privatpersonen verkauft. Eigentlich ein normaler Vorgang, wenn nicht Steuermittel für den Bahnbau eingesetzt worden wären und der Eigner der Bahn der Staat ist. Wäre eine Nutzung durch die Allgemeinheit da nicht sinnvoller?

Manche Kommunen wollen auf diesen Strecken Radwege anlegen. Sie müssen aber diese von der Bahn abkaufen. Wollen sie diese Strecken nur für ihre Bürger oder kann nicht auch hier die Allgemeinheit darauf Radfahren? Die Bahn wird jährlich mit großen Summen durch die Allgemeinheit unterstützt. Es wäre daher nur logisch, dass nicht benötigte Teilstrecken wieder der Allgemeinheit zurückgegeben werden. Hier ist die Bundespolitik gefragt, Gesetze zu erlassen, die eine Umnutzung stillgelegter Bahnstrecken in Radwege ermöglicht. Diese Gesetzesvorlagen können übrigens auch die Länder einreichen.

Unabhängig davon, wie die Eigentums- oder Nutzungsfrage geklärt ist, wird die Politik immer für den Ausbau von stillgelegten Bahnstrecken gebraucht. Nur die Gemeinden, Städte, Landkreise und Länder können die Vorraussetzungen für die Umgestaltung der Bahntrassen schaffen, Eigenmittel dafür aufbringen und eine Förderung beantragen. Alle ungenutzten Strecken sollten als Rad- oder andere öffentliche Wege in die Gebietsentwicklungspläne aufgenommen werden, um eine nicht gewollte Verwendung und Zerstörung zu verhindern. Es ist notwendig, dass die Länder die Linien in ihre Radverkehrskonzeptionen aufnehmen. - Wir als Radler sollten bei passender und auch bei unpassender Gelegenheit die Entscheidungsträger: Bürgermeister, Landräte, Landtags- und Bundestagsabgeordnete und deren vorbereitende Dienststellen, Mitarbeiter in den Ministerien, Straßenbauämtern, Amtsleiter, Dezernenten, Beigeordnete und andere immer wieder daraufhin ansprechen.

Im Erzgebirge ist das Netz der stillgelegten Bahnstrecken dicht. Damit sind die mit diesem vorbereiteten Gelände verbundenen Möglichkeiten groß. Es werden viele Versuche unternommen, mehr Touristen einzuladen. Der Ruf des Erzgebirges als „Weihnachtsland“ bringt im Winter viele Besucher, in den Sommermonaten ist der Andrang aber geringer. - Was kann das Erzgebirge aber im Sommer außer Wandern noch bieten? Eine Möglichkeit ist: Genussradfahren im Gebirge, nicht Mountainbiken, sondern das Fahrvergnügen auf gut ausgesuchten und leicht fahrbaren Wegen. In vielen Teilen Deutschlands werden stillgelegte Bahnstrecken bereits als Radwege genutzt. Warum eigentlich bisher nur wenig im Erzgebirge? Einige davon haben einen besonderen Vorteil. Sie verlaufen auf den bzw. über die Bergzüge und bringen uns damit Genussradtouren auf einzigartigen Panoramawegen. Dort genießen Sie landschaftlich unvergessliche Aussichten, die wir uns z. B. in den Alpen in mühsamer Kletterarbeit zu Fuß erkämpfen müssten. Hier genießen Sie diese mit Ihren Tourenrad.

Natürlich können keine Brücken in der Größe der Bahnviadukte neu gebaut werden, aber es wäre möglich, die flachen Teilstücke durchs Tal zu verbinden bzw. mit den Straßenbrücken über das Tal zu führen, zugewachsene Stücke frei zu legen und verbaute Strecken zu umgehen.

Wenn die Anliegergemeinden sich des Potentials bewusst werden, welches die Zielgruppe „Genussradler“ für den Tourismus bildet, hoffe ich auf einen weiteren Ausbau dieser Radwege. Auch viele Eisenbahninteressierte würden dann auf das Rad steigen, um die Reste der ehemaligen Strecken zu erkunden. Für sie ist ein genutzter Weg auf einer Bahnstrecke, an dem etwa die Kilometersteine noch stehen, besser als das das Verschwinden jeglicher Erinnerung an diese.

Im Zusammenspiel mit den Radwegen auf den Höhenzügen (z. B. Eisenweg, Firstweg usw.) mit den Floß- und Industriegräben (z. B. Floßgraben bei Aue, Röhrgraben bei Ehrenfriedersdorf) und mit anderen leicht fahrbaren Wegen, lässt sich ein Netz von Genussradwegen über das Erzgebirge spannen - dafür gibt es die besten Voraussetzungen.

Machen wir eine Bestandsaufnahme: Wir werden auch dank der bereits befahrbaren alten Bahnstrecken feststellen, das es sich jetzt bereits lohnt, das Erzgebirge als „Genussradfahrland“ zu besuchen. Unter „www.stillgelegte.de“ können Sie sich über einige Strecken informieren. Bedenken Sie aber, dort werden die Reste der Bahn gesucht und keine Radwege.

Strecken von Schmalspurbahnen - Spurweite 750 mm

Preßnitztalbahn Wolkenstein - Jöhstadt

24,38 km, 391 m NN - 701 m NN, 1892-1986 alt / neu 1992 Steinbach - Jöhstadt als Museumsbahn, Steigung max. 2,5 %, Spur 750 mm.

Die Bahnstrecke verläuft im Tal und zweigte von der Zschopautalbahn Flöha - Annaberg-Buchholz ab. Diese wird heute noch befahren. Die Schmalspurbahn verlief ab Wolkenstein ca. 1,5 km bis zur Zschopaubrücke in der Normalspurbahn. Dieser Streckenteil war ein Drei-Schienen-Gleis. Danach zweigte sie in das Preßnitztal ab. Die stillgelegte Strecke ist von Streckenwalde bis Steinbach (ca. 11 km) als eine wirkliche Genussradstrecke sehr gut ausgebaut. In Streckenwalde ist ein Parkplatz für die Radfahrer vorhanden. So können Sie mit dem Auto anreisen und dann losradeln. Von Steinbach nach Jöhstadt fährt seit 1992 wieder die Schmalspurbahn. Auf einem Begleitweg der Bahn können wir aber weiter bis Jöhstadt fahren (ca. 8 km). Dass die Bahn und unser Weg in Schmalzgrube die Preßnitz verlässt und entlang des Jöhstädter Schwarzwassers verläuft, sei nur am Rande erwähnt. Diese Radtour in einer Länge von ca. insgesamt 19 km ist durchaus einen Ausflug wert. Viele Gaststätten an der Strecke haben sich auf die Radfahrer eingestellt.

Mulda - Sayda

15,48 km, 429 m NN - 681,5 m NN, 01.07.1897 - 17.07.1966, Steigung max. 4 %, Spur 750 mm.

Die Bahnstrecke verlief im Tal des Chemnitzbachs von Mulda nach Sayda. Sie wurde 1966 stillgelegt. Mulda liegt an der betriebenen Bahnstrecke Freiberg - Holzhau. Die Schmalspurbahn Mulda - Sayda ist aber erst ab der Haltestelle Voigtsdorf (nicht im Ort, sondern kurz nach dem Ortsausgang Dorfchemnitz) zum Wanderweg ausgebaut und so auch als Genussradweg befahrbar (ca. 6 km). Von Mulda nach Voigtsdorf können verschiedene Kleinabschnitte der Strecke benutzt werden. Hoffentlich wird noch die gesamte ehemalige Bahnstrecke zum Radweg ausgebaut. Der offizielle Radweg ist die Straße Mulda - Dorfchemnitz. Bei einem Straßenausbau sollte der Radverkehr auf die alte Bahnstrecke gelegt werden.

Wilkau-Haßlau - Carlsfeld

41,9 km, ca. 280 m NN - 816,5 m NN, Steigung max. 5 %, Spur 750 mm.

Die Strecke wurde 1881 bis nach Kirchberg gebaut. Später wurde sie in Abschnitten bis nach Carlsfeld (1897) erweitert. Sie war die längste Schmalspurbahn mit den steilsten Streckenabschnitten in Sachsen. Die Stilllegung erfolgte 1967.

Der Mulderadweg führt von Zwickau nach Wilkau-Haßlau. Wenn man von diesem abzweigt, könnte man aus Zwickau bequem mit dem Rad auf der alten Bahnstrecke ins Gebirge fahren. Am Ende der Strecke erwartet Sie die Schönheider Museumsbahn, die seit 1993 wieder auf einigen Kilometern der Strecke betrieben wird, zu einer Fahrt. Es gibt Erweiterungspläne an denen ständig gearbeitet wird.

Da aber die drei großen Stahlviadukte bei Stützengrün und Schönheide in den 1980er Jahren abgerissen wurden, ist die Erweiterung der Museumsbahn nur in Richtung Carlsfeld möglich. Das Ziel des Vereins „Museumsbahn Carlsfeld-Schönheide-Stützengrün e.V.“ ist es, von

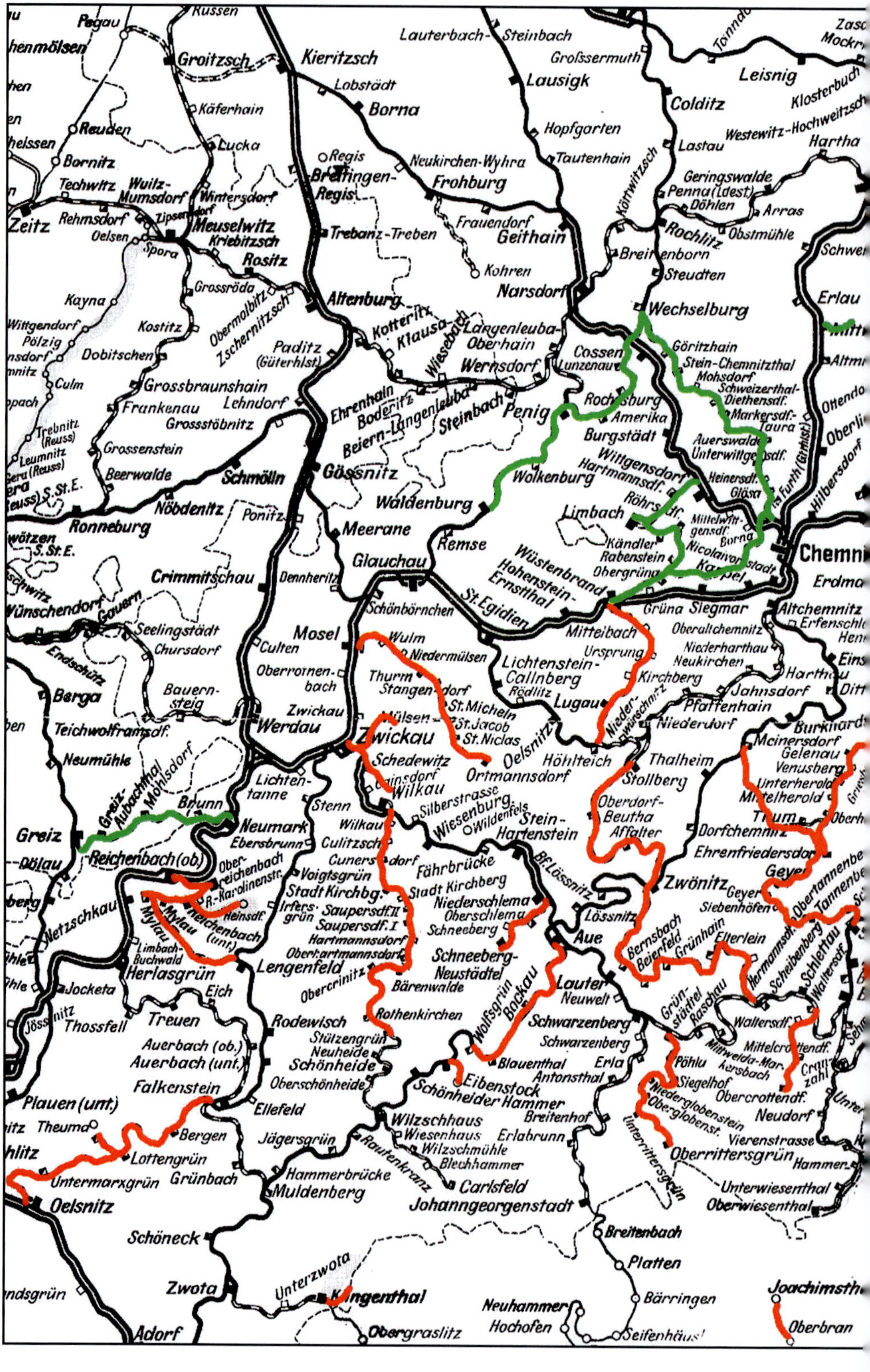
Pegau
Russen
Groitzsch
Kieritzsch
Lauterbach-Steinbach
Großsermuth
Lausigk
Leisnig
Lobstädt
Borna
Colditz
Käferhain
Hopfgarten
Lastau
Westewitz-Hochweitzschen
Hartha
Reuden
Lucka
Bornitz
Regis
Breitingen-Regis
Neukirchen-Wyhra
Frohburg
Tautenhain
Körtwitzsch
Geringswalde
Penna (Ldest)
Döhlen
Arras
Techwitz
Wuitz-Mumsdorf
Wintersdorf
Zeitz
Rehmsdorf
Zipsendorf
Meuselwitz
Kriebitzsch
Oelsen
Spora
Trebanz-Treben
Frauendorf
Geithain
Rochlitz
Obstmühle
Rositz
Kohren
Breitenborn
Steudten
Grossröda
Narsdorf
Kayna
Obermolbitz
Zschernitzsch
Altenburg
Wechselburg
Erlau
Wittgendorf
Pölzig
Kostitz
Kotteritz
Klausa
Wiesebach
Langenleuba-Oberhain
Dobitschen
Paditz (Güterhlst)
Cossen
Lunzenau
Göritzhain
Stein-Chemnitzthal
Mohsdorf
Schweizerthal-Diethensdf.
Culm
Grossbraunshain
Wernsdorf
Frankenau
Lehndorf
Ehrenhain
Boderitz
Beiern-Langenleuba
Steinbach
Penig
Rochsburg
Amerika
Markersdf.-Taura
Grossstöbnitz
Trebnitz (Reuss)
Grossenstein
Burgstädt
Auerswalde
Unterwittgensdf.
Leumnitz
Gera (Reuss)
Beerwalde
Schmölln
Gössnitz
Wittgensdorf
Hartmannsdf.
Heinersdf.
Furth (Gtrhlst)
Wolkenburg
Glösa
Ronneburg
Nöbdenitz
Ponitz
Waldenburg
Röhrsdf.
Limbach
Mittelwittgensdf.
Borna
Meerane
Remse
Kändler
Rabenstein
Nicolaivorstadt
Chemni
Crimmitschau
Dennheritz
Glauchau
Wüstenbrand
Hohenstein-Ernstthal
Obergrüna
Kappel
Wünschendorf
Gauern
Schönbörnchen
St. Egidien
Grüna
Siegmar
Altchemnitz
Seelingstädt
Chursdorf
Mosel
Wulm
Niedermülsen
Mitteibach
Oberaltchemnitz
Culten
Ursprung
Niederharthau
Endschütz
Oberrothenbach
Thurm
Stangendorf
Lichtenstein-Callnberg
Neukirchen
Kirchberg
Harthau
Berga
Bauernsteig
Zwickau
St. Micheln
Rödlitz
Lugau
Niederwürschnitz
Johnsdorf
Pfaffenhain
Teichwolframsdf.
Werdau
Mülsen
St. Jacob
St. Niclas
Niederdorf
Burkhardt
Neumühle
Mohlsdorf
Zwickau
Oelsnitz
Meinersdorf
Venusberg
Schedewitz
Ortmannsdorf
Höhlteich
Thalheim
Lichtentanne
Cainsdorf
Wilkau
Stollberg
Unterherold
Mittelherold
Greiz-Aubachthal
Brunn
Silberstrasse
Wiesenburg
Wildenfels
Oberdorf-Beutha
Affalter
Thum
Greiz
Neumark
Stenn
Wilkau
Stein-Hartenstein
Dorfchemnitz
Ebersbrunn
Culitzsch
Ehrenfriedersdorf
Dölau
Reichenbach (ob.)
Oberreichenbach
Cunersdorf
Fährbrücke
Bf. Lössnitz
Geyer
R.-Karolinenstr.
Voigtsgrün
Stadt Kirchberg
Zwönitz
Netzschkau
Mylau
Reichenbach (unt.)
Heinsdf.
Stadt Kirchbg.
Irfersgrün
Saupersdf. II
Saupersdf. I
Niederschlema
Oberschlema
Schneeberg
Lössnitz
Siebenhöfen
Obertannenberg
Tannenberg
Limbach-Buchwald
Hartmannsdorf
Oberhartmannsdorf
Schneeberg-Neustädtel
Aue
Bernsbach
Beierfeld
Grünhain
Elterlein
Hermannsdf.
Scheibenberg
Schlettau
Herlasgrün
Lengenfeld
Obercrinitz
Bärenwalde
Wolfsgrün
Bockau
Lauter
Neuwelt
Jocketa
Eich
Grünstädtel
Raschau
Walthersdf.
Jössnitz
Thossfell
Treuen
Rothenkirchen
Schwarzenberg
Schwarzenberg
Auerbach (ob.)
Auerbach (unt.)
Rodewisch
Stützengrün
Neuheide
Schönheide
Blauenthal
Erla
Pöhla
Mittweida-Mar.
Aersbach
Mittelcrottendf.
Antonsthal
Siegelhof
Falkenstein
Oberschönheide
Eibenstock
Schönheider Hammer
Obercrottendf.
Plauen (unt.)
Ellefeld
Niederglobenstein
Oberglobenst.
Neudorf
Theuma
Bergen
Wilzschhaus
Wiesenhaus
Wilzschmühle
Breitenhof
Erlabrunn
Unterrittersgrün
Vierenstrasse
Jägersgrün
Rautenkranz
Lottengrün
Grünbach
Blechhammer
Oberrittersgrün
Hammer
Untermarxgrün
Hammerbrücke
Muldenberg
Carlsfeld
Unterwiesenthal
Oberwiesenthal
Oelsnitz
Johanngeorgenstadt
Breitenbach
Schöneck
Platten
Zwota
Unterzwota
Klingenthal
Bärringen
Joachimsthal
Neuhammer
Hochofen
Seifenhäusl
Adorf
Obergraslitz
Oberbran

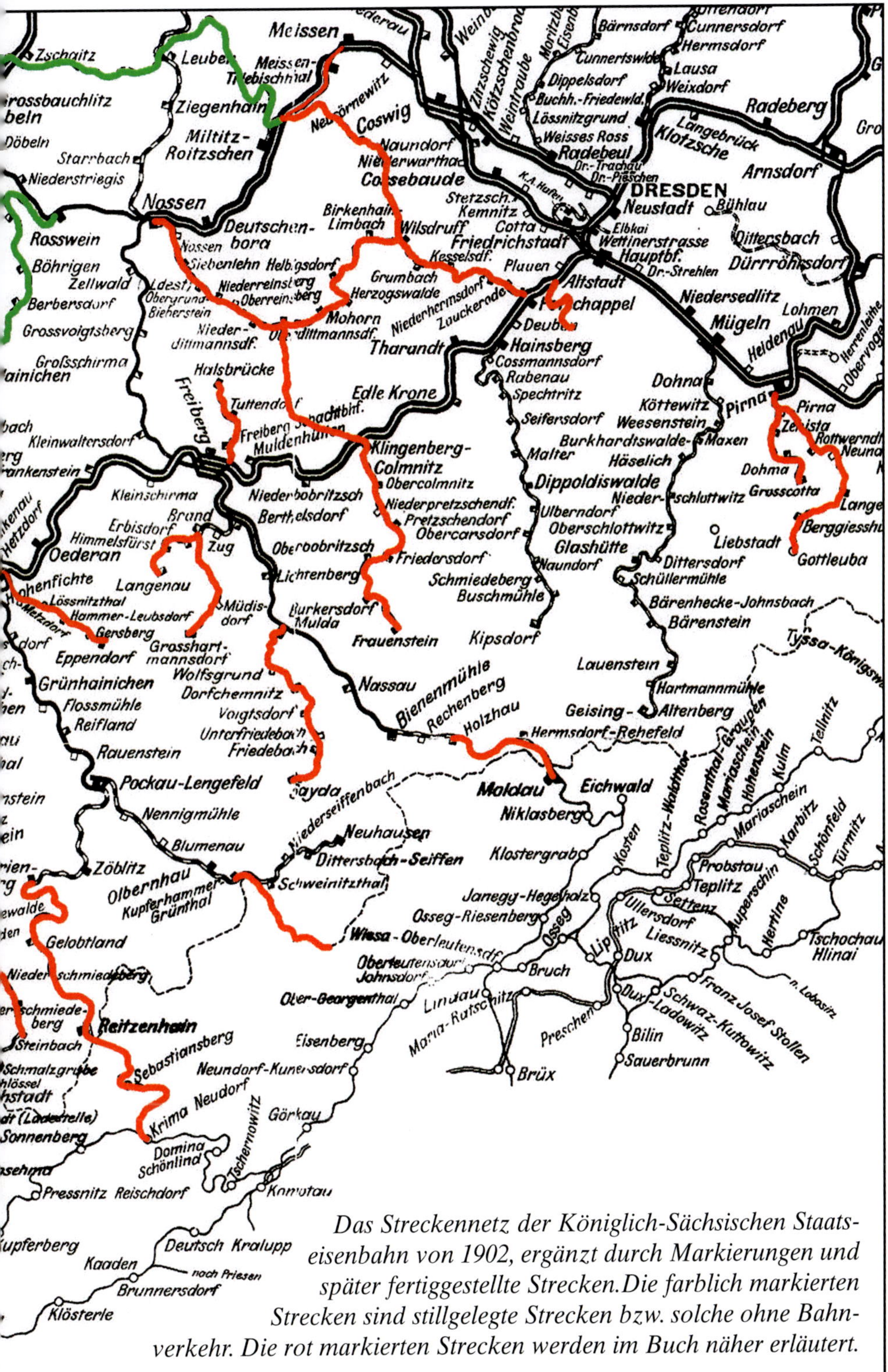

Das Streckennetz der Königlich-Sächsischen Staatseisenbahn von 1902, ergänzt durch Markierungen und später fertiggestellte Strecken. Die farblich markierten Strecken sind stillgelegte Strecken bzw. solche ohne Bahnverkehr. Die rot markierten Strecken werden im Buch näher erläutert.

Stützengrün bis Carlsfeld wieder durchgängig mit der Bahn fahren zu können. Aktuelle Zeitungsmeldungen aus der „Freien Presse“ Aue vom 24.3.2010 berichten von Erweiterungsplänen bis nach Wernesgrün. Das wäre eine ganz neue Richtung und sehr begrüßenswert.

Die Bahnstrecke folgte in vielen Bereichen der Straße. Bis zum Kilometer 10 sind nur noch wenige Abschnitte erkennbar. Breitere Gehwege als üblich, aber auch Reste von Bahndämmen, könnten mit anderen Flurstücken zum Radweg zusammengeführt werden. Im oberen Bereich sind Streckenabschnitte als Genussradweg befahrbar (Hartmannsdorf, Bärwalde, Forstrevier Herlagrün). Wenn der Wille der Verantwortlichen vorhanden wäre, könnte mit einigen Umfahrungen von ca. Kilometer 10 bis Stützengrün ein Genussradweg entstehen. Viele Bahndämme und Einschnitte sind noch vorhanden. Sie müssten geräumt und mit einer Sandschicht versehen werden, der Unterbau ist bereits gegeben.

An einigen Stellen in der Nähe bzw. parallel zur Strecke verlaufen auch Wirtschaftswege mit ebenfalls geringer Steigung. Werden diese in den Radweg eingebunden, ist ein zusammenhängender Wegeverlauf möglich. Stützengrün, Rothenkirchen Crinitzberg und Bärenwalde können so fast ausschließlich auf der alten Bahnstrecke verbunden werden. Der Rest der Tour wäre auf den „Spuren der Bahnstrecke” mit geringer Steigung ebenfalls auf Alternativen möglich.

Hetzdorf - Eppendorf - Großwaltersdorf

Hetzdorf, 292 m NN - Eppendorf, 428 m NN 01.12.1893 - 01.01.1968, - Großwaltersdorf, 465 m NN 01.11.1916 - 1951, 13,56 km, Steigung max. 2,5 %, Spur 750 mm.

Da diese Bahn nur eine geringe Bedeutung hatte, war sie eine der ersten, die in Etappen stillgelegt wurde. Dementsprechend ist auch der Grad der Zerstörung und Verbauung groß. Trotzdem sind noch einige Kilometer des Bahndammes erhalten. Diese Stücke verlaufen oft parallel zur Straße. Bevor die Genussradler auf der Straße um das „Überleben“ kämpfen, könnten sie auf dem Bahndamm fahren. Dafür müsste die Nutzung des Bahnkörpers zum Radweg untersucht, geplant und gebaut werden. Es sollte mehr auf dieser stillgelegten Bahnstrecke möglich sein, als es jetzt der Fall ist - die letzten 500 m als Inliner-Strecke. Eine große Bedeutung könnte ein Radweg auf dieser ehemaligen Bahnstrecke für einen Genussradweg längs durch das Erzgebirge, quer zu den Tälern haben. Mit ihm wäre der Aufstieg aus dem Flöhatal auf den Höhenzug und dann hinab zur Freiberger Mulde eine Genussradtour.

Mülsengrundbahn Mosel - Ortmannsdorf
13,997 km, 257 m NN - 339 m NN, 1885 - 1951, Spur 750 mm.

Diese Bahnstrecke liefert das typische Beispiel, wohin kurzfristiges Denken führt. Die Bahn wurde, als sie keine Funktion mehr hatte, als eine der ersten Schmalspurbahnen stillgelegt. Damit begannen aber auch der rigorose Rückbau der Anlagen, der Überbauung der Bahndämme und deren Zerstückelung.

Seit 1993 gibt es im Mülsengrund am zweiten Sonntag im Mai den „Radlersonntag“, an dem die Straßen zum Radweg werden. Er ist ein wichtiger Tag für alle Genussradfreunde. Der langgestreckte Ort Mülsen, der sehr eben ist, bietet sich daher zum Genussradfahren an. Mit zunehmender Verkehrsdichte wäre ein separater, immer nutzbarer Radweg wünschenswert. Zum Glück kann man hier auf Nebenstraßen ausweichen.

Im Internet sind unter *www.sachsenschiene.de* auch neuere Bilder dieser Bahnstrecke hinterlegt. An vielen Stellen des ehemaligen Bahndamms sind Nebenstraßen angelegt worden. Es ist dort auch zu sehen, dass der Damm etwa zwischen Wulm und Niedermülsen als Radweg genutzt wird.

Die Bahn verlief größtenteils in der Nähe der Ortsstraße. Es ist deshalb möglich, die befahrbaren Teile der Strecke, die Nebenstraßen und dazu eine Radfahrspur an der Ortsstraße zu einem durchgängigen Radweg „Auf den Spuren der Schmalspurbahn” zusammenzufügen. Auf vielen Teilstücken ist das bereits geschehen. Für die touristische Vermarktung dieses schönen Ortes, wäre es für die Genussradfahrer ein sichereres Argument zum Wiederkommen, als der einzige verkehrsfreie Sonntag im Jahr. Die gute Stimmung des Radlersonntages könnte so über das ganze Jahr aufrechterhalten werden. - Der Ort hat darüber hinaus noch vieles mehr zu bieten, z. B. das Passionsspiel am Karfreitag in der Kirche des Ortsteils Ortmannsdorf oder den bekannten Konzert- und Tanzsaal „Amorsaal“ im Ortsteil Mülsen-St. Niclas.

Anlässlich des Jubiläums „125 Jahre Schmalspurbahnen in Sachsen“ wurde ein Gleisstück von ca. 10 m der 1885 eröffneten und 1951 stillgelegten Mülsengrundbahn Mosel - Ortmannsdorf wieder aufgebaut. Im Bereich des ehemaligen Haltepunktes Niedermülsen am Streckenkilometer 4 bauten Eisenbahnfreunde im Jahr 2006 die Gleise in der Spurbreite 750 mm auf. Nun hat auch die Schmalspurbahn Mosel - Ortmannsdorf ein kleines, aber feines Denkmal erhalten.

Pöhlwassertalbahn Grünstädtel - Oberrittersgrün; *9,36 km, 1889-1971, 441,38 m NN - 606,87 m NN, Steigung max. 3,33 %, Spur 750 mm.*

Auch diese Schmalspurbahn wurde wegen Unrentabilität geschlossen, obwohl im Personenverkehr noch Nachfrage bestand. Spuren der Bahn sind noch auf ihrer gesamten Länge zu finden. Ab der Einfahrt Pöhla bis Unterrittersgrün ist die Bahnlinie fast durchgängig als Genussradweg ausgebaut und gut befahrbar. Abwärts zwischen Pöhla und Grünstädtel kann der Radfahrer eine Nebenstraße linksseitig des Pöhlwassers befahren und erreicht somit den Begleitradweg der Bundesstraße B 101. Auch wenn hier leider einige Meter Radweg fehlen, lässt sich von Schwarzenberg ausgehend eine schöne Radtour nach Rittersgrün starten. Es wäre gut, wenn der Weg ab der Bundesstraße bis zur stillgelegten Bahnstrecke ausgebaut würde. Welcher Fremde findet sonst ohne Anleitung diesen schönen Radweg? Ein Parkplatz an der Bundesstraße für den Radtour-Einstieg brächte noch mehr Radler auf diese Strecke in Richtung des Urlaubsortes Rittersgrün.

Das sächsische Schmalspurbahn-Museum Rittersgrün und die Parkbahn am Ende der Tour sind nur einige der Höhepunkte, welche die Leute anziehen könnten. Beide sollten daher an einem weiteren Radwegeausbau auf der Bahnstrecke zwischen Unterittersgrün und dem Museum besonderes Interesse haben. Viele Eisenbahnfreunde erkunden die alten Bahnlinien mit dem Rad und wären demzufolge potentielle Interessenten, wobei auch andere Radler das Museum dann intensiver nutzen würden. - Noch ein nicht unbedeutendes Argument für den Weiterbau des Radwegs ist der Umstand, dass die Brücken auf diesem letzten Stück noch vorhanden sind. Durch den Radwegebau könnten sie erhalten oder instand gesetzt werden. Sonst ist es nur eine Frage der Zeit, bis diese verrottet oder in die Hände eines Schrotthändlers gefallen sind. Insbesondere die Rittersgrüner und ihre verantwortlichen Kommunalpolitiker sind gefragt, diese Chancen zu nutzen, bevor es zu spät ist. Hier wäre es möglich, Träume wahr werden zu lassen und fast wie mit einem Zug ins Museum einzufahren.

Thumer Netz

Spur 750 mm, besteht aus den drei Streckenabschnitten: Wilischthal - Thum, Schönfeld - Wiesa - Thum und Thum - Meinersdorf.

Das Thumer Netz war damals nicht als solches geplant worden. Es entwickelte sich aus den verschiedenen Teilstücken. Die Textil- und Papierindustrie verlangte den Anschluss an die überregionalen Eisenbahnstrecken. Mit zunehmender Verkehrsdichte war dann die Verbindung der Teilstücke nur eine logische Konsequenz. An den Jahreszahlen der Inbetriebnahme der Streckenabschnitte lässt sich diese Entwicklung nachvollziehen.

Die Stilllegung und der Rückbau des Thumer Netzes erfolgte im Hinblick auf die Wirtschaftlichkeit der Bahn. Wurden Streckenteile für die Industrie noch gebraucht, wie die Anschlussgleise der Papierfabriken, so blieben diese auch erhalten.

Wird von Wirtschaftlichkeit gesprochen, ist darunter zu verstehen, dass die Bahn auf profitables Arbeiten angewiesen ist und Erträge erzielen soll. Vom Tourismus und den vielen gewerblichen Steuerzahlern, deren Existenz nicht unmittelbar messbar von der „Attraktion Bahn" oder der Nachnutzung z. B. als Radweg abhängt, wird kaum gesprochen. Aber auch für die Wirtschaftlichkeit von Hotels, Pensionen und Gaststätten muss etwas getan werden. Wenn sich Gäste einstellen sollen, ist das Flair einer Region entscheidend. Ein Gastronomie-Zertifikat bringt noch keine neuen Gäste. Den verlorenen Reiz der Kleinbahn eines Gebietes, könnten die Radwege auf den ehemaligen Bahnstrecken zurückbringen. Eingebunden zwischen Annaberg, Wolkenstein, Greifensteingebiet und Zwönitztal ist das Thumer Netz die Verbindung vieler erholsamer Urlaubsorte auf engen Raum.

Für uns Genussradfahrer hätte der weitere komplette Ausbau dieser relativ leicht befahrbaren Strecken eine besondere Bedeutung. Da diese Eisenbahnlinien auch über Bergrücken geführt wurden, können wir auf ihnen weitere Möglichkeiten zum Genussradfahren erreichen: die Höhenzüge. Ebenso wichtig ist die Verbindung der großen Gebirgsflusstäler Zwönitztal, Wilischtal und oberes Zschopautal. Für ein Genussradfahrnetz im Erzgebirge ist das Thumer Netz eine ganz wichtige Verbindung. Betrachten wir uns deshalb den Zustand der Teilstücke:

1. Teilstück des Thumer Netzes: Wilischthal - Thum

1886 - 1972, 13,54 km, 340 m NN - 507 m NN, Steigung max. 2,9 %.

Während ein Teil der Strecke bereits 1972 stillgelegt wurde, waren 1300 m für die Belieferung einer Papierfabrik noch bis 1991 in Betrieb.

Der Ausbau des zuerst stillgelegten Streckenabschnitts zum Radweg erfolgte bereits. Leider ist die Zufahrt zu diesem kaum ausgeschildert und nur von Insidern zu finden. Das erste Teilstück muss deshalb noch unbedingt zum Radweg ausgebaut werden. Die Brücke über die Zschopau steht noch. Sie könnte somit in den Weg einbezogen werden. Ein direkter Anschluss an den Zschopautalradweg und die Möglichkeit sofort am Bahnhof Wilischthal in den Radweg einzusteigen, würden diesem die Bedeutung bringen, die er verdient hat.

Kurz nach der Papierfabrik beginnt der gut ausgebaute Wilischthalradweg, ein Genussradweg, der bis nach Herold führt. Bis auf ein paar wenige, nicht konsequent ausgebaute Stellen im Bereich des ehemaligen Haltepunktes Weißbach, ist der Weg bis Herold sehr gut befahrbar. Wie so oft, wird innerhalb des Ortes die Ausschilderung des Radwegs vernachlässigt. Benutzen Sie deshalb nach dem Ende des erkennbaren Weges nicht die Ortsdurchfahrtsstraße, sondern die Dorfstraße. Sie ist eine Fahrbahn „in der zweiten Reihe", auf der nur wenige Fahrzeuge unterwegs sind. Sie stößt dann auf die Verbindungsstraße Herold - Thum. Damit haben wir das Ende unseres Radweges ohne großen Verkehrsfluß erreicht. Die ehemalige Bahnstrecke ist ab hier die Verbindungsstraße der Orte. Hoffen wir, dass bei einer Reparatur der Straße ein Rad- oder wenigstens ein Fußweg für die Kinder die Lücke im Thumer Radwegenetz schließt.

Bis zur Erweiterung der Bahnstrecke nach Thum im Jahre 1906 verlief dieses 1. Teilstück des Thumer Netzes von Oberherold nach Ehrenfriedersdorf. Auf 2,6 km überwand die Bahn einen Höhenunterschied von 58 m (ca. 2,3 % Steigung). Das ehemalige Bahnhofsgebäude (516 m NN) ist noch existent. Auch Reste des Bahndammes sind noch zu finden. Wer von uns Radfahrern noch träumen kann, radelt auch hier auf einen revitalisierten Bahndamm. Wer etwas für den Tourismus in Ehrenfriedersdorf tun will, macht sich für einen Radwegeanschluss von Ehrenfriedersdorf an den Wilischthalradweg, ohne den Umweg über Thum, bzw. einer Fahrt auf einer S-Straße, stark. Die kulturelle Aufwertung des Radweges ist durch die Ausschilderung der vorhandenen, ansprechenden Ziele und Gaststätten notwendig. Für die Ehrenfriedersdorfer Attraktionen, wie das Greifensteingebiet, das Zinnbergwerk und den Greifenbachstauweiher wäre der Radweg der Zubringer aus dem Zschopautal. Die komplette alte Bahnstrecke und nicht nur die vorhandenen, gut ausgebauten Teilstrecken, könnten so als der Radweg für die Verbindung der Anziehungspunkte des Erzgebirges im Greifensteingebiet und des Zschopautals dienen.

2. Teilstück des Thumer Netzes: Schönfeld - Geyer - Thum

Schönfeld (494 m NN) - Geyer (608 m NN, 1888), 1906 bis 1968, Papierfabrik Schönfeld bis 1986 (als Schmalspurbahn), 17,23 km, Steigung max. 3,4 %.

Der letzte Rest der Strecke, eine ca. 1,5 km lange Anbindung der Papierfabrik Schönfeld, bestand noch, umgebaut in Normalspur, bis 1993, dann ereilte auch diesem Stück, wie bereits dem Rest der Strecke, die Stilllegung. Der Siegeszug des Autos war nicht aufzuhalten. Auch der Bahnkörper von Schönfeld nach Tannenberg wurde dem neuen Verkehrsmittel aufgrund einer Straßenverbreiterung geopfert.

Für einen Radfahrer, welcher nicht zwischen den Kraftfahrzeugen „eingeklemmt" werden will, ist der Beginn der Radstrecke deshalb direkt im Ort Schönfeld. Wir erreichen Tannenberg entlang des Zschopautalradweges, der hier ein Genussradweg ist. In Richtung Geyer folgen wir der alten Bahnstrecke, die hier etwas forsch bergan führt. In Geyer ist unser Radweg zu Ende und wir werden alleingelassen. Wer sich auskennt, kann aber auf Nebenstraßen die Höhe in Richtung Gewerbegebiet auf den Spuren der Bahn relativ mühelos erklimmen. Eine offizielle Führung der Radler wäre an dieser Stelle gut. Vor und nach dem ehemaligen Bahnhof, der auch mit einigen Ausstellungsstücken an die Strecke erinnert, ist in einigen Gärten noch die Trassenführung erkennbar. Es würde einigen baurechtlichen Aufwand bedeuten, diese wieder der Öffentlichkeit zugänglich zu machen. Die Touristen und Radfahrer würden es den Bürgern von Geyer aber danken, könnten sie eine Streckenführung ohne große Steigung, frei von Autos, für den weiteren Weg durch die Stadt nutzen.

Wir können erst wieder an der „Morgensonne", unterhalb der Eigenheimsiedlung auf der Bahntrasse fahren. Auf der weiteren Strecke befand sich der Greifenbachviadukt, mit 35 m Höhe und 188 m Länge die größte Stahlträgerbrücke der sächsischen Schmalspurbahnen. Auch sie wurde abgerissen. Wir folgen deshalb einem asphaltierten Weg zum Auslauf der Schanzen. Der Aufstieg an der östlichen Seite der abgerissenen Brücke könnte für einige von uns bedeuten, das Rad zu schieben. Aber von 35 m Höhenunterschied lassen wir uns den Spaß nicht verderben. Wir kreuzen dabei den Kunstgraben „Röhrgraben", an dem uns die kleine Gaststätte „Greifenbachstollen" zu einer Rast einlädt.

Auf dem weiteren Weg fahren wir neben bzw. in einiger Entfernung von der Bahnstrecke nach bzw. durch Ehrenfriedersdorf. Leider wird, wie fast immer in kleinen Städten, die Ausschilderung für die Radfahrer im Ort vergessen. - Auch hier fahren wir wieder auf Nebenstraßen in Richtung Thum zum Ausgang des Ortes. Die Verbindung Ehrenfriedersdorf - Thum auf der alten Bahnstrecke ist dann wieder ein lohnender Genussradweg. Informative Ausschilderungen lassen dabei einen Rückblick auf die Zeit der Bimmelbahn zu.

Die künftige Ortsumgehung um Ehrenfriedersdorf sollte durch einen begleitenden Radweg unsere Situation verbessern und nicht schmälern.

In Thum trafen dann alle drei neueren Teilstücke der Schmalspurbahn zusammen. Die Fortsetzung unserer Tour könnte kann von hier aus zum 3. Teilstück des Thumer Netzes erfolgen.

3. Teilstück des Thumer Netzes: Thum - Meinersdorf
507,39 m NN - 418 m NN, 1911 -1976, Steigung max. 3,4 %.

Der höchste Punkt der Strecke ist die Hormersdorfer Höhe mit 617 m NN auf der Wasserscheide zwischen Zwönitz- und Wilischthal.

Von Thum nach Meinersdorf ist gut mit dem Rad zu fahren, auch wenn dies leider nicht immer auf der alten Bahnstrecke erfolgen kann. Bereits im unteren Teil von Jahnsbach müssen wir, wegen fehlender Brücken, Nebenstraßen entlang der Bahnlinie nutzen. Wenn deren Ausschilderung für Radfahrer auf den Spuren der alten Bahn in Ordnung gebracht wäre, ist die Strecke fast durchgängig für Genussradfahrer gut geeignet. Ab Mitte Jahnsbach bis zum ehemaligen Bahnhof ist sie befestigt, teilweise asphaltiert und gut befahrbar. Einige Fehlstellen sind bis zur Hormersdorfer Höhe vorhanden. Verbauungen der ehemaligen Bahnlinie können auf akzeptablen Wegen umfahren werden. Trotzdem ist es bereits jetzt mit etwas Schweiß möglich, die Höhe zu erreichen. Ein Sprung ins Jahnsbacher Bad, dem Mühlteich, schafft dabei die notwendige Abkühlung. Durch sein klares Wasser und ohne Eintrittsgeld ist er ein Geheimtipp für Radler, die hier vorbeikommen.

Die Jahnsbacher (Thumer) hätten die Möglichkeit, ihre Bahnstrecke zur perfekten Genussradstrecke zu gestalten und im Umfeld des Greifensteingebietes mehr vom Tourismus zu profitieren.

Auf der Hormersdorfer Höhe erreicht der Bahnradweg eine „Kreuzung“ für Genussradfahrer. Die Bahnstrecke quert den Höhenzug zwischen den Wassereinzugsgebieten der Zwönitz und der Wilisch. Höhenzüge bieten ebenfalls gute Möglichkeiten des Genussradfahrens. Hier besteht die Möglichkeit, mit relativ geringem Anstieg in das Greifensteingebiet zu fahren. In anderer Richtung sind wir auf der Eisenstraße durch den Burkhartswald unterwegs nach Chemnitz oder wir besuchen Gelenau unterhalb des Thumer Forstes.

Die Bahnstrecke führt weiter nach Auerbach, Gorns- und Meinersdorf. Auf dem größten Teil der alten Strecke ist das Radfahren möglich. Nur im unteren Teil von Gornsdorf und auf einigen Zwischenstücken ist noch vieles für ein angenehmes Fahren zu tun.

Leiter kann man sich des Eindrucks nicht erwehren, dass man hier, in unmittelbarer Nähe der Greifensteine und des Greifenbachstauweihers, sich noch nicht bewusst ist, welches Kleinod die stillgelegte Bahn ist. Der Ausbau wurde zwar auf vielen Streckenstücken begonnen, leider fehlt jedoch die Zusammenführung. Ein Genussradfahrer fährt lieber kurzzeitig zwischen Garagen, wenn der Weg dort flach ist, ehe er sein Rad schiebt. Fehlende Ausschilderungen bringen Frust und keine zufriedenen Gäste. Trotzdem ist die Strecke als besonderer Genussradweg vorzumerken. In Meinersdorf besteht Anschluss an die Erzgebirgsbahnlinie Chemnitz - Aue.

Wilsdruffer Netz

Spur 750 mm, besteht aus den vier Streckenabschnitten: Wilsdruff - Meißen-Triebischtal, Klingenberg-Colmnitz - Frauenstein, Klingenberg-Colmnitz - Oberdittmannsdorf und Freital-Potschappel - Nossen.

Was das stillgelegte Thumer Schmalspurnetz, mit allen Erweiterungsmöglichkeiten im Westerzgebirge, sein kann, könnte das Wilsdruffer Netz mit seinen Möglichkeiten im Osterzgebirge darstellen. Hoffen wir, dass die Verantwortlichen für Tourismus diese Chancen erkennen und den notwendigen Lückenschluss der Streckenteile vorantreiben.

Betrachten wir uns die vier stillgelegten Abschnitte im Einzelnen:

1. Teilstück des Wilsdruffer Netzes: Wilsdruff - Meißen-Triebischtal

Wilsdruff (278 m NN) - Meißen-Triebischtal (110 m NN)1909-1966/69, 17,55 km, Steigung max. 3,5 %.

Für viele Genussradfahrer, die den Elberadweg Auf und Ab gefahren sind, taucht irgendwann die Frage auf: Wo kann ich noch fahren? Wie kann ich ohne zu schieben, radelnd auf die Elbhänge kommen. Es gibt nicht nur zwei Himmelsrichtungen!

Eine Möglichkeit wäre, die stillgelegte Bahnstrecke von Meißen aus zu nutzen. Sie ist eine Bahnstrecke, die ins Erzgebirge führt. Als Teil des Wilsdruffer Netzes kann so, auf nur seicht ansteigendem Weg, auf stillgelegten Bahnstrecken bis auf die Höhen des Erzgebirges, nach Frauenstein oder auch über Freital auf die Höhen über Dresden gefahren werden. Aber auch kürzere Touren in das idyllische Triebischtal und Kleine Triebischtal sind es wert, den weiteren Ausbau der Strecke zum Radweg voran zu treiben.

Zur Zeit dämmert jedoch der Bahndamm neben der Normalspurstrecke von Meißen bis Garsebach vor sich hin. Wir können aber auf der Hauptstraße oder auf Nebenstraßen Garsebach erreichen.

Ab hier, im Tal der Kleinen Triebisch, sind viele Streckenabschnitte mehr oder weniger gut befahrbar. Einige sind bereits jetzt gute Genussradwege. Die fehlenden Brücken, von denen die Träger teilweise noch vorhanden sind, könnten für die geringe Belastung durch Radfahrer sicherlich repariert oder erneuert werden. Wenn die zugewachsenen Stücke des Bahndamms mehrere Jahre von Wildwuchs frei gehalten werden, würden Wanderer und Radfahrer den Bahndamm sicher gern nutzen. Etwas Feinsplitt auf das Schotterbett der Bahnstrecke bewirkt dann Wunder.

Oberhalb vom Triebischtal, unter der Autobahnbrücke hindurch bis Wilsdruff, sind noch einige Streckenabschnitte vorhanden. Neu zu schaffende Radwege an den Straßen müssen die fehlenden Abschnitte ersetzen. In Zeiten, in denen landwirtschaftliche Flächen stillgelegt werden, sollte auch an den Rückkauf der Bahnlinien von den jetzigen Eigentümern gedacht werden. Eine Nutzung der Strecken für den Tourismus brächte mehr als nur schöne Radwege. Die Flurbereinigung bringt dafür noch mehr rechtliche Möglichkeiten.

2. Teilst. des Wilsdruffer Netzes: Klingenberg-Colmnitz-Frauenstein

Klingenberg-Colmnitz (436 m NN) - Frauenstein (654 m NN), 1898-1971/72, 19,7 km, Steigung max. 3,1 %.

Besonders durch den ständigen Einsatz der Stadt Frauenstein und zusätzlichem Geld aus privaten Kassen, kamen die Mittel zum Bau dieser Bahnstrecke zusammen. Der Betrieb der Strecke war im Winter durch zahlreiche Schneeverwehungen, besonders im Bereich Burkersdorf, kompliziert. Sie schlängelte sich größtenteils durch Wiesen und Felder der flachen Hochebene und war den Winterstürmen mit Schnee und Eis unmittelbar ausgeliefert.

Ihren Bestand verdankte die Strecke auch den Urlaubern in Frauenstein, die immer für eine gewisse Auslastung sorgten. Da trotzdem die Rentabilität weiter zurückging, wurde nach einer Zugentgleisung 1971 der Verkehr nicht wieder aufgenommen und 1972 auch offiziell eingestellt. Die Strecke wurde bis 1978 abgebaut und dabei einige Teilstücke wieder der Umgebung angepasst. Besonders am Anfang der Strecke befinden sich viele eingeebnete Streckenabschnitte; aber bereits durch Pretzschendorf ist sie ein Wirtschaftsweg. Danach ist der Bahndamm bis zum Bahnhof Friedersdorf ca. 2 km zu einem Wanderweg ausgebaut und damit auch für uns ein Genussradweg.

Die weitere Bahnstrecke von Friedersdorf nach Oberbobritzsch ist noch vorhanden. Der Bahndamm ist mit Gras bewachsen. Sogar die

Brücken harren dort einer Wiederbelebung, vielleicht nicht mit tonnenschweren Loks, aber einer Belastung durch Radfahrer halten die Träger auf jeden Fall stand.

Burkersdorf nutzt den ehemaligen Schienenstrang als Wirtschaftsweg. Er ist auch mit dem Rad befahrbar. Bis nach Frauenstein fehlen vielleicht 200 m der ehemaligen Bahnstrecke. Diese Lücke wieder zu schließen, wäre eine lohnenswerte Aufgabe.

Liebe Frauensteiner, Eure vorangegangenen Generationen haben gekämpft, um diese Bahnstrecke zu bekommen. Jetzt ist es Eure Aufgabe, das Erbe der Väter sinnvoll weiter zu nutzen. Diese Bahnstrecke bietet sich direkt als Zubringer für Gäste mit dem Rad an. Andere Städte wären dankbar, könnten sie mit so geringen Aufwand einen echten Genussradweg erstellen.

3. Teilstück Wilsdruffer Netz: Klingenberg - Colmnitz - Oberdittmannsdorf

Klingenberg-Colmnitz (436 m NN) - Oberdittmannsdorf, (335,36 m NN), 1921-1971, 18,47 km, Steigung max. 3,2 %.

Für diese Bahnlinie können wir nicht die Übersichtskarte des Streckennetzes Sachsen der Sächsischen Staatseisenbahnen von 1902 heranziehen, denn in dieser ist sie noch nicht enthalten. Die Strecke wurde als eine Querverbindung, zur Vervollkommnung des mittelsächsischen Schienennetzes zwischen der Linie Klingenberg-Colmitz - Frauenstein und der Strecke Freital-Potschappel - Nossen errichtet. Sie hatte nur ein geringes Verkehrsaufkommen und ihre frühe Stilllegung war deshalb eine logische Folge.

Uns als Genussradfahrer brachten aber ihr Bau und die Stilllegung die Vorraussetzung für einen schönen Wander- und Radweg durch den Tharandter Wald. Weitere Stücke, etwa in Falkenberg und Haida, werden als Wirtschaftswege genutzt, die wir auch mit dem Rad befahren können. Aus anderen Abschnitten z. B. bei Naundorf, sollten noch befahrbare Wege werden. Für Bereiche, die nicht instant gesetzt werden können, bieten sich immer Fahrstrecken als Umgehungen an, die nur ausgewiesen werden müssen. Hier bestehen Möglichkeiten, das sächsisch-erzgebirgische Genussradwegenetz noch enger zu stricken.

4. Teilstück des Wilsdruffer Netzes: Freital-Potschappel - Nossen

Freital-Potschappel (ca. 162 m NN) - Nossen (ca. 220 m NN)1886 - 1973, 38,8 km, Steigung max. 3,3 %.

Dieser Strecke erging es wie vielen Bahnlinien. Zu Beginn des Zeitalters der Industrialisierung wurde von den anliegenden Orten Druck auf die Regierung zum Bau der Strecke ausgeübt. Der wirtschaftliche Aufschwung brachte auch die Rentabilität. Mit der Zunahme des Straßenverkehrs verlor auch diese lange Kleinbahn an Bedeutung und wurde in einzelnen Etappen stillgelegt. Je nachdem, ob die örtlichen oder auch staatlichen Entscheidungsträger eine Vision für die Zukunft hatten oder ob sie die Reste der Bahnstrecke nur als lästig empfanden, wurde mit ihnen verfahren. Es kam an einigen Abschnitten zum Ausbau der Strecke zum Weg, andere wurde eingeebnet, durch neue Nutzungen zerstückelt oder blieben, Gott sei Dank, zum Teil auch unzerstört. In der Gegenwart entsteht langsam das Bewusstsein, dass genau diese Bahnlinien einen großen Beitrag zur Förderung des Radtourismus im Umland von Dresden und Freital bringen können. Davon werden nicht nur die Anliegerorte profitieren.

Auch auf dieser Strecke gibt es viele gut befahrbare Stücke, die der Zusammenführung harren. Der Wanderweg Freital - Kesselsdorf verläuft zum großen Teil auf dem Bahnkörper. Somit besteht für uns auch hier die Möglichkeit des Genussradfahrens. Der Abschnitt Kesselsdorf - Wilsdruff verlief immer entlang der damaligen Straßen. Jetzt müssen wir für unsere Fahrt B 173 bzw. S 192 nutzen. Das Stück von Wilsdruff zur ehemaligen Haltestelle Birkenhain/Limbach fehlt. Im Blatt 30 der Topographischen Karte des Landesvermessungsamtes Sachsen aus dem Jahr 2002 ist der Abschnitt nach Kessels- und Helbigsdorf als *„Wanderweg geplant“* ausgewiesen. Ich hoffe das sich an diesem Vorsatz auch heute nichts geändert hat! Die S 36 muss uns jetzt zum Haltepunkt Birkenhain bringen. Ab dem Haltepunkt bis zum Forst Struth können wir wieder fahren. Die nächste Genussradstrecke befindet sich im schönen Triebischtal und führt bis auf die Höhe von Mohorn. Bis auf wenige Abschnitte, für die es aber immer eine Umfahrung gibt, können wir unsere Genussradtour bis Nossen fortsetzen.

Besonders interessant wird diese Bahnstrecke, wenn wir den weiteren Abzweig der stillgelegten Bahnstrecke, der o. g. Strecke Klingenberg - Colmnitz - Oberdittmannsdorf betrachten. Dazu kommt noch die weiterführende, ebenfalls stillgelegte Strecke Klingenberg - Colmnitz - Frauenstein.

Welche hervorragenden Möglichkeiten für ein Genussradwegenetz Erzgebirge bietet das stillgelegte Wilsdruffer Schmalspurnetz! Freital, Nossen, Frauenstein, ja sogar ins Elbetal nach Meißen könnte der Genussradfahrer gemütlich radeln.

Wir müssen nicht immer neidisch auf den Tourismus der Alpenregion schauen, sondern sollten endlich beginnen, unsere Möglichkeiten besser zu nutzen und dies nicht noch mit Steinen verbauen, wie es auf manchem Bahndamm geschieht. Selbst wenn „nur" ein junges Pärchen nicht mit dem Rad, sondern mit dem Auto zu einem Schäferstündchen auf eine stillgelegte Bahntrasse fährt, haben wir mehr erreicht, als die „sittsam" abgelegten Steine es derzeit zulassen.

Bahnstrecken von Schmalspurbahnen - Spurweite 1000 mm

Klingenthal - Sachsenberg-Georgenthal

Klingenthal (ca. 553 m NN) - Sachsenberg-Georgenthal (611,77 m NN), 1916 - 1964, 4,11 km, Spur 1000 mm, Steigung max. 5 %.

Ob die Strecke als Straßen-, Schmalspur- oder als Rollbockbahn eingeordnet wird, ist für die Eisenbahnfreunde relevant. Für uns Radfahrer ist interessant, dass innerhalb des Ortes Klingenthal durch diese Bahn breite Fußwege entstanden sind. Ob diese auch als Radweg nutzbar sind, ist nicht bekannt, müsste aber möglich sein. Etwa zwischen Kilometer 3 und 4,2 ist die Strecke als Genussradweg ausgebaut.

Rollbockbahn Reichenbach - Oberheinsdorf

Reichenbach Unt. Bhf. (335,34 m NN) - Oberheinsdorf (383,25 m NN), 1902-1962, 5,4 km, Spur 1000 mm, Steigung max. 4,0 %.

Um die Industrie im Heinsdorfer Grund bei Reichenbach an die Bahn anzubinden wurde 1902 die Strecke Reichenbach Unterer Bahnhof - Oberheinsdorf eröffnet. Damit die Waren in Reichenbach nicht auf Schmalspurwagen umgeladen werden mussten, wurde der Rollbockverkehr eingeführt. Die Wagen der Normalspur lud man dabei auf Rollböcke um, so konnten sie auf der 1000 mm Spur befördert werden. In die Gestaltungen zur Landesgartenschau 2009 in Reichenbach wurde auch der Heinsdorfer Grund einbezogen. Auf dem alten Bahnkörper ist von Reichenbach bis Oberheinsdorf ein herrlicher Genussradweg entstanden.

Strecken von Normalspurbahnen

Eibenstocker Steilrampe

Eibenstock Unt. Bhf. (512,69 m NN) - Ob. Bhf. (640,99 m NN), 1905 - 1975, 3,145 km, Steigung max. 5 %.

Die steilste Bahnstrecke Sachsens wurde 1905 in Betrieb genommen und 1975 für die neue Talsperre Eibenstock stillgelegt. In Deutschland werden Hauptbahnen mit einer Neigung von mehr als 2,5 % (1:40) und Nebenbahnen mit einer Neigung über 4 % (1:25) als „Steilstrecke“ bezeichnet. Für diese gelten besondere Vorschriften. Die Steilstreckenvorschrift für eine Steigung von mehr als 4 % wird für die jeweilige Bahn gesondert festgelegt. Verschiedene Bestimmungen, wie eine besondere Bremsanlage, ein sogenanntes „Sandgleis“, oder dass die Lok sich immer auf der Talseite befinden muss u. a. m. sind Beispiele des Reglements. Übrigens ist das „Sandgleis” eine Erfindung des Ingenieurs Claus Köpcke, der viel für den Ausbau des Eisenbahnwesens in Sachsen getan hat. Der Verein zur Förderung der Sächsischen Schmalspurbahnen (VSSB) ehrt dieses Engagement zum Erhalt der sächsischen Bahnen mit dem „Claus-Köpcke-Preis”.

Jetzt liegt der Untere Bahnhof von Eibenstock unter dem Wasserspiegel der Talsperre. Damit ist für uns Genussradfahrer der Aufstieg aus dem Muldetal nach Eibenstock auf der alten Bahnstrecke nicht mehr möglich. Beim Ausbau der stillgelegten Bahnstrecke Aue - Blauenthal als Teil des Mulderadweges müssen deshalb andere Lösungen gefunden werden. Ich hoffe, es ist eine genussradfreundliche Variante dabei, die dem neuen Radweg angemessen ist. Der Aufstieg auf der Staatsstraße S 283, wie in den Karten angegeben, ist keine Lösung für Familien. Ich fahre dann doch lieber über Blauenthal und dem Zimmersacher. Vielleicht könnte auch der lange Weg über das Wolfsgrüner Schlößchen bis Eibenstock für Radfahrer fit gemacht werden. In Eibenstock wird viel für den Tourismus getan. Der neue Aussichtsturm auf dem Bühlberg und die sehenswerten Badegärten sind nur zwei Beispiele dafür. Der Ort und seine Ortsteile sind auf jeden Fall eine Reise wert. Trotzdem bleiben einige Fragen offen: Gibt es einmal einen umlaufenden Talsperrenweg? Ist ein Aufstieg mit dem Rad vom Wasserspiegel der Talsperre nach Eibenstock auf den Resten der alten Bahnstrecke möglich oder findet sich eine bessere Lösung?

Aue - Blauenthal - Wolfsgrün

Aue (347 m NN) - Blauenthal (471 m NN) - Wolfsgrün (482 m NN), (Teilst. d. Str. Chemnitz-Aue-Adorf), 1875-1975, 13 km, Steigung max. 2,5 %.

Die zusammenhängende Bahnstrecke Chemnitz - Aue - Adorf wurde 1975 für den Bau der Talsperre Eibenstock geopfert und dafür zwischen Wolfsgrün und Schönheide-Ost unterbrochen. Der Streckenverlauf zwischen diesen Bahnhöfen liegt jetzt auf dem Grund der Talsperre. Die entstandenen Sackbahnstrecken hatten damit auch ihre überregionale Bedeutung verloren und die Wirtschaftlichkeit war nicht mehr gegeben. Deshalb wurde 1979 auch der Zugverkehr zwischen Schönheide-Ost (Schönheiderhammer) und -Süd (Wilzschhaus) und 1982 auch der regelmäßige Verkehr bis Muldenberg eingestellt.

Seit 2007 ist aber wieder eine Museumsbahn des Fördervereins „Historische Westsächsische Eisenbahn" (FHWE), der „Wernesgrüner Schienen-Express", zwischen Schönheide-Süd und Rautenkranz, jetzt bis Hammerbrücke, auf der Spur. Ein weiterer Ausbau ist geplant.

Auf der anderen Seite der Talsperre, vor der Staumauer, erfolgte der Personenverkehr bis Blauenthal und der Güterverkehr bis Wolfsgrün. 1995 wurde der Zugverkehr auf der Strecke Aue -Wolfsgrün eingestellt.

Der Gedanke, stillgelegte Bahnstrecken in Radwege umzuwandeln, wird von vielen Bürgern geäußert. In den Orten Aue, Eibenstock, Lauter, Bockau, Sosa und Zschorlau fiel er auf fruchtbaren Boden und wird in die Tat umgesetzt. Sie bildeten einen Zweckverband, dessen Ziel es ist, die ehemalige Bahnstrecke Aue - Blauenthal zum Radweg umzugestalten. Dieser Weg ist Teil des Mulderadweges und im „SachsenNetz Rad" integriert. Der Ausbau hat begonnen und die ersten Kilometer in Aue wurden bereits eingeweiht. - Auf dieser Strecke könnte auch ein Radweg quer durch Aue führen. Ich hoffe, dass diese Möglichkeit nicht in einer Straßenverkehrskonzeption zugunsten der Autofahrer untergeht. Der Tunnel, durch den ebenfalls gefahren werden soll, bringt der Strecke den „besonderen Kick". Lassen wir uns überraschen!

Walthersdorf - Crottendorf Ob. Bhf.

Walthersdorf (587,98 m NN) - Crottendorf Ob. Bhf. (650,23 m NN), 1889 - 1996, 5,17 km, Steigung max. 2,69 %.

Die Bahnstrecke wurde 1889 als Abzweig der Strecke Schwarzenberg - Annaberg eröffnet. Personenzüge verkehrten aber ab der größeren Stadt Schlettau, auch wenn sie erst in Walthersdorf von der Hauptstrecke abbogen. Zwischen den beiden Orten wurden deren Gleise mit genutzt.

Die Strecke diente dem Transport von Holz und des bekannten Crottendorfer Marmors. Da sie aber eine Sackbahnstrecke war, verlor sie durch den sich ausweitenden PKW- und LKW-Verkehr ebenfalls an

Bedeutung und wurde 1996 stillgelegt. Glücklicherweise wurde die Strecke nicht sofort den allgemeinen Straßenverkehr geopfert. Dies hätte sich bei ihrem Verlauf innerhalb der Ortslage Crottendorf angeboten. Es fanden sich im „Annaberger Land" Menschen mit Visionen, Befürworter für den Ausbau der Bahnlinie zum Radweg. So konnte die Bahnstrecke ins „SachsenNetz Rad" als Teil des Zschopautal-Radweges aufgenommen werden. Ab 2005 erfolgte dann der Ausbau zum Radweg, der inzwischen abgeschlossen ist. Die Strecke Walthersdorf - Crottendorf ist in vorbildlicher Weise ein Genussradweg.

Da die Bahnstrecke Schwarzenberg - Annaberg fast nur noch touristisch, aber dann als empfehlenswerte Erlebnisbahn genutzt wird, ist sie nicht Zubringer zum Genussradweg, sondern Ziel unserer Tour.

Schlematalbahn

Schlema Unt. Bhf. (332 m NN) - Schneeberg/Neustädtel (427 m NN) 1859 - 1959/1965, 5,152 km, Steigung max. 2,63 %.

Die Strecke wurde aus Sicherheitsgründen wegen des oberflächennahen Bergbaus 1959 stillgelegt, nie wieder aktiviert und inzwischen wurden die Schienen entfernt. Die Strecke ist für uns Genussradfahrer besonders interessant. - Sie wäre der ideale Abzweig vom Mulderadweg. Damit bestände die einzigartige Möglichkeit, in Schlema auf den Floßgrabenweg (Schlema - Albernau) zu gelangen. Sie könnte der Beginn zum Aufstieg auf die Hochebene um den Filzteich sein. Nach der Bahnstrecke könnten wir dann weiter, etwas steiler als auf einem geebneten Bahndamm, über Lindenau ins Filzteichgebiet fahren.

Leider ist die Strecke, wie auch in Schneeberg noch nicht ausgebaut und im Bereich des Kurparks Schlema bereits heute verbaut. Aber trotzdem wäre noch die Möglichkeit gegeben, Reste der Bahnstrecke oder auch andere leicht fahrbare alternative Wege, die nicht auf der Hauptstraße verlaufen, zu einem Genussradweg „Schlematalbahn" zusammenzuführen.

Plattentalbahn

Wiesenbad/Abzw. Plattenthal (421 m NN) - Königswalde Unt. Bhf. (515 m NN), 1914 - 1971 (1995), 7,875 km, Steigung max. 1,7 %.

Die Strecke war eine Abzweigung der Bahnstrecke Annaberg - Flöha und diente dem Anschluss der einheimischen Industrie. Der erste Abschnitt bis Plattenthal-Ladestelle wurde 1914 in Betrieb genommen. Ihr endgültiger Ausbau bis Königswalde war 1928 abgeschlossen. Die Stilllegung begann bereits ab 1951. Im Jahr 1995 fuhr der letzte Zug auf den

Stillgelegte Bahnstrecken bieten beste Möglichkeiten für das Genussradfahren

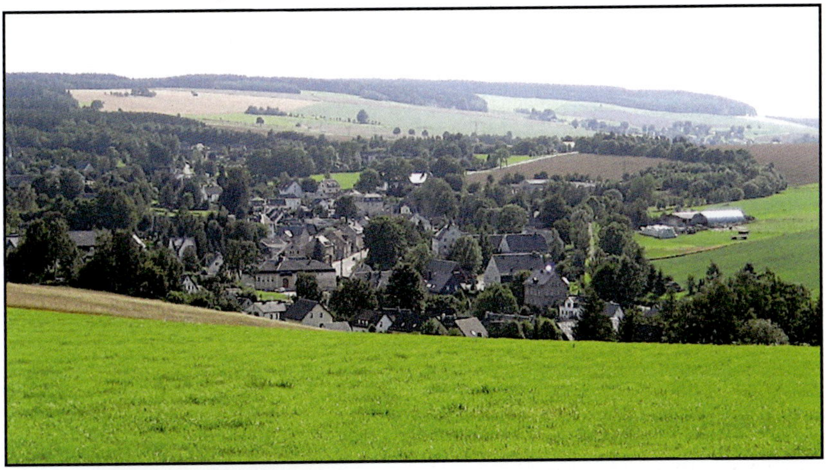

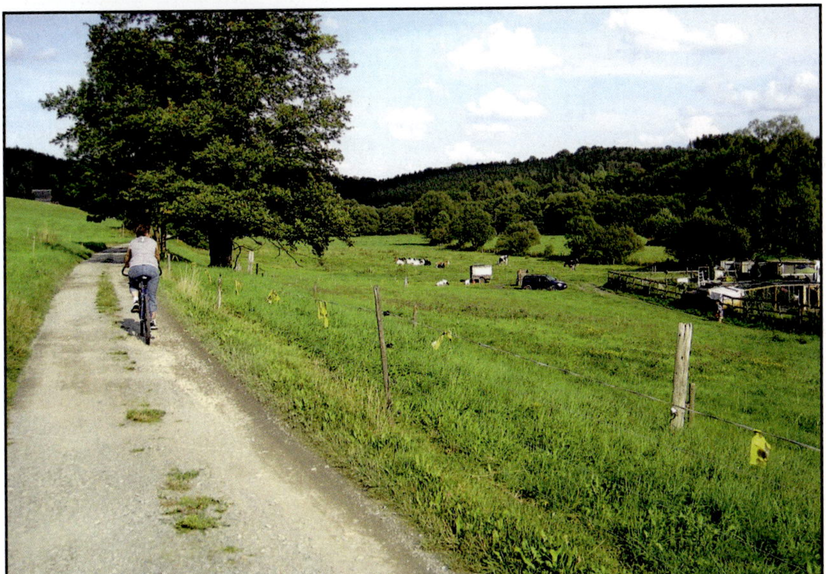

Das **Thumer Netz** *bietet die Möglichkeit, aus den Tälern auf den Höhenzug des Greifensteingebietes zu kommen:* ***Oben:*** *Das Teilstück Thum - Meinersdorf, die Strecke auf der Höhe von Auerbach (Buschreihe). Auch wenn man nicht immer der alten Bahnstrecke folgen kann, Umfahrungen sind immer möglich.* ***Unten:*** *Das Teilstück Wilischthal - Thum (Wilischthalradweg).*

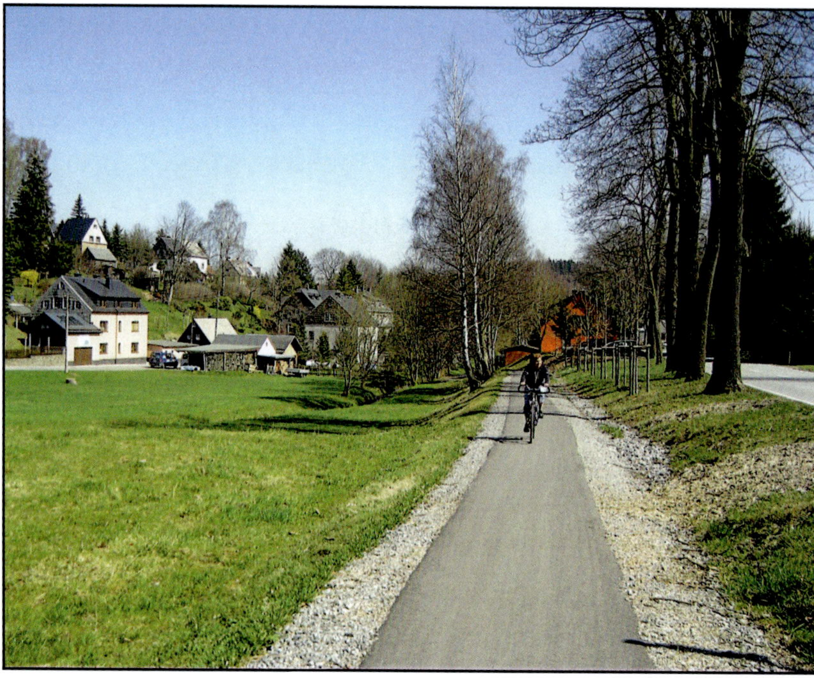

Thumer Netz: *Teilstück Schönfeld - Geyer - Thum (Tannenberg - Geyer)*

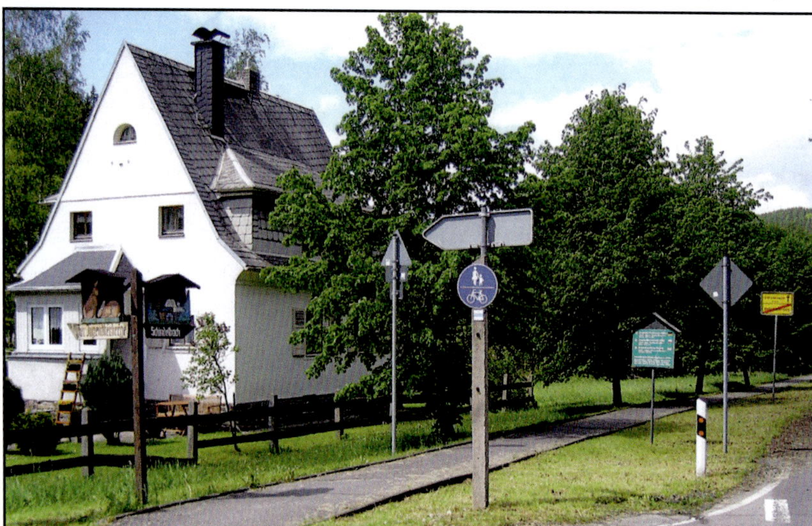

Der Radweg im Preßnitztal auf dem stillgelegten Abschnitt der Bahn.

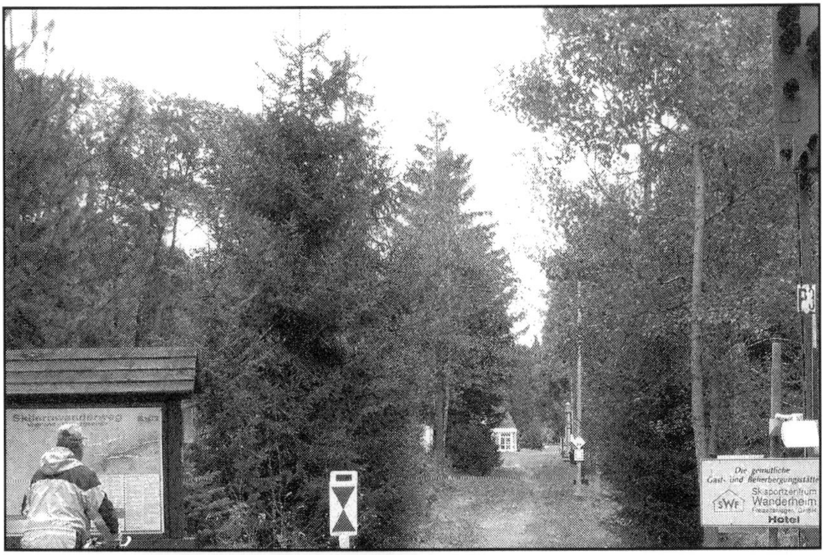

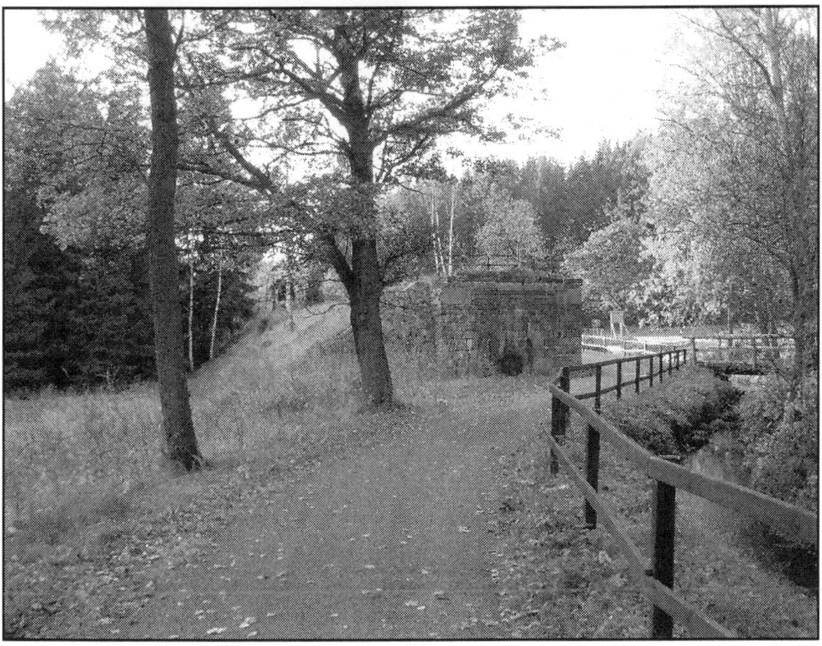

oben: *Auf der Trasse der stillgelegten Bahnstrecke Holzhau - Moldava befindet sich die Osterzgebirgsloipe.* ***unten:*** *Der Radweg verläuft in Richtung Moldava neben der stillgelegten Bahnstrecke und ist gut befahrbar.*

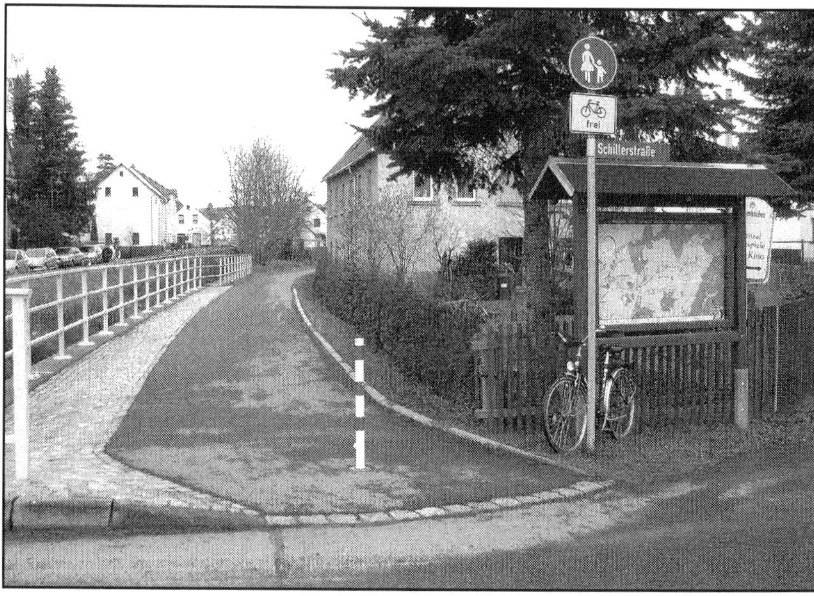

Die ehemalige Bahnstrecke Waltersdorf - Crottendorf ist ein Teil des Zschopautalradweges, der ein vorbildlicher Genussradweg auch im Ort ist.

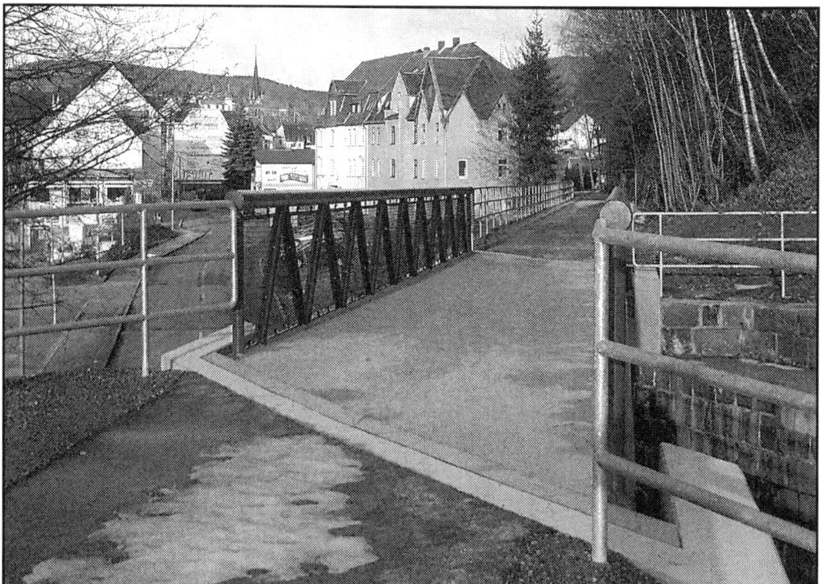

Auf der stillgelegten Bahnstrecke Aue - Blauenthal.

noch verbliebenen Schienen. Einige Abschnitte wurden seitdem beräumt. Etwa 2,5 km der Strecke sind im „Annaberger Landring" als Genussradweg integriert. Die Bahnstrecke könnte durchgängig zum Genussradweg werden und damit das Tal für Radfahrer an den Zschopautalradweg anschließen. Die Absicht dazu nimmt bereits konkrete Vorstellungen an. - Diese Strecke, dazu die Ortsdurchfahrt in der zweiten Reihe und weiter die Strecke Königswalde Ob. Bhf. - Annaberg Ob. Bhf. könnten zusammengeführt einen der schönsten gipfelerklimmenden Genussradwege ergeben.

Stellen Sie sich vor, Sie fahren von Wiesenbad das landschaftlich reizvolle Plattenthal aufwärts, durch das malerisch gelegene Waldhufendorf Königswalde und biegen mit einem, etwas steilen Anstieg Richtung Königswalde Oberer Bahnhof ab. Oder Sie fahren an der Gaststätte „Brettmühle" vorbei, weiter nach Bärenstein, um dann die Bahn bis zum Oberen Bahnhof zu begleiten. Die weitere Genussradtour lässt Sie auf der stillgelegten Bahnstrecke auf der „Annaberger Höhe" die weite Aussicht genießen. Sie erklimmen per Rad, oder vielleicht dann doch besser zu Fuß, den Pöhlberg. Es erwartet Sie dort bei guter Küche ein einmaliger Rundblick über das gesamte Erzgebirge. Sie besuchen Annaberg und seine Sehenswürdigkeiten und fahren dann wieder auf dem „Annaberger Landring" entspannt abwärts zurück in das Plattenthal. Das wäre eine unvergeßliche Tour!

Königswalde Ob. Bhf. - Annaberg Ob. Bhf.

Königswalde Ob. Bhf. (702,28 m NN) - Annaberg Ob. Bhf. (658,62 m NN), 1906 - 1995, 5,88 km, Steigung max. 1,66 %.

Die Strecke diente vorrangig dem Gütertransport. Ihre Hauptfunktion war die Versorgung von Annaberg und später des gesamten Kreises Annaberg mit Kohle. Personenverkehr wurde nur minimal betrieben und war oft für Jahre unterbrochen. Der letzte Güterzug verkehrte 1994 und 1995 erfolgte die offizielle Stilllegung sowie der Rückbau.

Seit 1999 existiert ein Vorschlag, mit Hilfe eines Drei-Schienen-Gleises die Schmalspurbahn Cranzahl - Oberwiesenthal bis nach Annaberg zu verlängern. Das Ziel dabei ist, die Attraktivität der Tourismus-Region zu erhöhen. Der immense Aufwand für die Verlegung neuer Gleise, die Schaffung einer Wendeschleife, der Eingriff in die Bahnstrecke Flöha - Annaberg - Bärenstein usw. bedarf bestimmt eines größeren Druckes auf die Entscheidungsträger, als durch den Tourismus als Wirtschaftsfaktor ausgeübt werden kann. Besonders unter dem Aspekt, dass die Bahnstrecke Schwarzenberg - Annaberg und die Bimmelbahn nach Oberwiesenthal den eisenbahnbegeisterten Gästen bereits erlebnisreiche Dampfeisenbahnromantik bieten, hat der Vorschlag kaum eine Chance in die Tat umgesetzt zu werden.

Realistischer ist der Ausbau der Strecke Königswalde Ob. Bhf. - Annaberg Ob. Bhf. zum Genussradweg, dessen Planung bereits erfolgt. Auch der Ausbau hat begonnen und die Gaststätte „Morgensonne“ des Ortes Cunersdorf erreicht. Die Notwendigkeit ist auch mehr als gegeben, denn auf dem Höhenzug von Annaberg nach Bärenstein bis Oberwiesenthal fehlt eine Genussradverbindung. Mit dem Radweg wäre es möglich, die Verbindung vom Pöhlberg zum Bärenstein und zum Fichtelberg herzustellen und damit eine neue Attraktion für Urlauber und Radwanderer zu schaffen. Der Weiterbau der Radstrecke muß schnellstens über das Entwurfsstadium hinauskommen.

Flöhatalbahn

Teilstrecke Marienberg (587 m NN) - Reitzenhain (776,29 m NN), 1875 - 1999, Marienberg - Reitzenhain stillgelegt, ca. 17,6 km; Steigung max. 2 %.

Die Flöhatalbahn beginnt in Flöha. Sie zweigt dort von der überregionalen Strecke Werdau - Dresden ab. Ihre Aufgabe war, die Orte des oberen Erzgebirges an die Schiene zu bringen. Von ihr zweigt die bereits stillgelegte Schmalspurbahn Hetzdorf - Eppendorf - Großwaltersdorf ab. Im Bahnhof Pockau-Lengefeld teilt sich die Bahnstrecke. Ein Strang führt weiter über Olbernhau (Abzweig der Schweinitztalbahn) nach Neuhausen, der andere weiter über Marienberg nach Reitzenhain. Von dort aus wurde der Zugverkehr bis Komotau (Chomutov) in Tschechien weitergeführt. Diese Linie ist von Marienberg bis Reitzenhain, auch auf der tschechischen Seite bis Krima, stillgelegt.

Die Bahnstrecke überwindet auf dem Weg zum Erzgebirgskamm beachtliche Höhenunterschiede z. B. von Marienberg-Gelobtland (715 m NN) und Reitzenhain (776 m NN) 61 m, ohne dabei extreme Steigungen aufzuweisen. - Nach dem 2. Weltkrieg wurde auf der Strecke der grenzüberschreitende Verkehr in die Tschechische Republik eingestellt. Hinzu kam der Ausbau des Straßennetzes. Reitzenhain ist auch ein Grenzübergang für den Schwerlastverkehr. Damit verlor die Reststrecke Marienberg - Reitzenhain ihre Bedeutung. Die geringe Auslastung der Bahn führte 1978 zur Einstellung des Personenverkehrs; 1999 wurde auch offiziell der Güterverkehr eingestellt.

Inzwischen wurde der Schienenstrang durch einen Kreisverkehr unterbrochen. Auch wenn immer wieder einige Interessenten von einer Reaktivierung der Strecke nach Chomutov sprechen, ist diese wohl nicht mehr zu erwarten. Wenn man sich tatsächlich zu einer Reaktivierung entschließen könnte, wäre ein Radweg auf dem Gleiskörper ein guter „Platzhalter" für die dann neu zu konzipierende Bahnlinie. Zur Zeit besteht aber eher die Sorge, dass das Gegenteil passieren könnte. Dass heißt, kein neuer Bahnverkehr, sondern ein Verkauf des Streckengeländes in Marienberg zur Bebauung. Für uns Genussradfahrer wäre es das Schlimmste, was mit den Resten der Bahnlinie hier geschehen könnte. Denn der leichte Aufstieg von Marienberg aus in das Naherholungsgebiet Rätzteich wäre, ob für die Bahn oder als Genussradweg, auf der Strecke versperrt.

Die stillgelegte Bahnstrecke könnte das gute Radfahrangebot oberhalb Marienbergs als langer Genussradweg nach Tschechien erweitern. Alternativ wäre ein Rundradweg Marienberg - Reitzenhain mit der Rückfahrt entlang des Kunstgrabens möglich. Auch diese Strecke könnte zu einer der schönsten Genussradtouren des Erzgebirges werden.

Schweinitztalbahn

Olbernhau (-Grünthal) (ca. 467 m NN) - Deutschneudorf (613 m NN), 1927 - 1969, ca. 8,2 km, Steigung max. 2,5 %.

Die Strecke hatte die kürzeste Betriebszeit in Sachsen. Sie führte 1270 m parallel zur Bahnstrecke in Richtung Neuhausen, dann auch ein kurzes Stück über tschechisches Gebiet nach Brandau (Brandov). Die Grenzbrücke über die Flöha ist noch vorhanden. Bei Hirschberg wird nach Überquerung des Flusses Schweinitz, welcher der Bahnstrecke ihren Namen gab, wieder deutscher Boden erreicht. Mit aufwändigen Einschnitten, Stützbauwerken, Bahndämmen und Brücken wurden die Höhenmeter erklommen. Leider ist die Strecke nur von Niederlochmühle (Kilometer 4,3) bis Oberlochmühle (Kilometer 6,3) und nach dem Viadukt von Kilometer 6,6 bis 7,4 (Deutschkatharinenberg) ca. 3 km zum Genussradfahren geeignet. Sie wurde aber dafür nicht ausgebaut. Viele weitere Streckenteile sind von Unkräutern überwuchert. Die befahrbaren Abschnitte werden in die Familienstrecke der Olbernhauer Radtour, die jährlich im August veranstaltet wird, einbezogen. Die S 214 begleitet die Bahnstrecke parallel. Sie kann wie jede Straße für das Radfahren genutzt werden. Für Familien mit Kindern ist diese Strecke allerdings gefährlich und ungeeignet.

Gerade diese Bahnstrecke mit vielen noch erhaltenen Brücken und wilder Erzgebirgsromantik im Erholungsgebiet Olbernhau / Seifen / Deutschneudorf könnte durch die Möglichkeit des Genussradfahrens in den Sommermonaten zusätzliche Gäste hierher bringen.

Den Bahndamm freizulegen, wäre nicht nur für die Radfahrer sinnvoll, auch die Wanderer erfreuen sich gern an den Resten der Eisenbahn. Einige Optimisten vermuten, dass das bekannte Bernsteinzimmer in Deutschneudorf versteckt ist. Ein realistisches Schmuckstück wäre jedoch die zum Radweg ausgebaute Bahnstrecke. Sie würde die Gegend aufwerten und die Olbernhauer Radtour könnte sie bekannt machen.

Obererzgebirgische Aussichtsbahn: Stollberg - Zwönitz - Scheibenberg
Stollberg (444,25 m NN) - Zwönitz (548,15 m NN), 1889 -1947, 1949-1967, 16,6 km. Zwönitz - Scheibenberg (623,27 m NN), 1900 - 1947 (Zwönitz - Elterlein) - 1966 (Elterlein - Scheibenberg) 26,239 km, Steigung max. 2,5 %, höchster Punkt 672,86 m NN am Streckenkilometer 11,192 zwischen Beierfeld und Grünhain.

Nun kommen wir zu den zwei der schönsten und landschaftlich attraktivsten Bahnstrecken im Erzgebirge. Auch wenn jede für sich schon reizvoll ist, sollten wir sie im Zusammenhang betrachten. Denn wenn es uns endlich gelänge die vielen fahrbaren Teilstücke zu einer durchgängigen Strecke zu verbinden, hätten wir als Genussradstrecke mit einer Länge von ca. 43 km einen der landschaftlich reizvollsten Panoramawege des Erzgebirges vor uns. Die Bahnlinie führte nicht umsonst den Namen „Obererzgebirgische Aussichtsbahn“. Auch wenn diese Bezeichnung heute für die durch touristischen Zugverkehr genutzte Strecke Schwarzenberg - Annaberg verwendet wird, führte das Original dennoch von Stollberg nach Scheibenberg. Im Buch „Die Obererzgebirgische Aussichtsbahn“ von E. Schramm ist sie ausführlich beschrieben.

Natürlich können auch hier keine großen Brücken und Viadukte für den Radweg neu gebaut werden, aber kleinere Brücken für die Radfahrer, z. B. zur Überwindung eines unterbrochenen Bahndamms, sollten möglich sein. Wenn wir doch wegen Fehlstellen vom Bahnkörper abweichen müssen, finden sich akzeptable Umfahrungen.

Fahren wir diese ehemalige Bahnstrecke von Stollberg aus aufwärts in Richtung des Gebirgskamms. Sie ist nicht durchgängig ausgeschildert, aber eine Orientierung entlang des Bahndamms ist möglich. Wir können mit der Citybahn von Chemnitz nach Stollberg fahren oder mit dem PKW anreisen und das Auto am Bahnhof parken.

Wir fahren entlang der B 169 in Richtung Aue. Ein Radweg wäre hier gut und auch möglich. Eine fehlende Brücke verhindert leider den Bahndamm zu nutzen. Die B 180 queren wir an einer Ampelkreuzung.

Auch hier wäre die Einbindung eines Rad- und Fußweges in das Verkehrsgeschehen möglich. Je mehr die Gewerbegebiete in Stollberg ausgebaut werden, desto mehr nutzen auch Fußgänger die Übergänge dieser Straße, und sei es nur zur Pausenversorgung der Angestellten der anliegenden Betriebe. An der Signalanlage dieser Kreuzung, oder besser noch an der Zufahrt zum Gewerbegebiet, wird dringend ein Fußgängerübergang benötigt. Der Radweg könnte diesen dann auch nutzen. Um auf das Höhenniveau der Bahnstrecke zu kommen, könnte der Weg weiter auf den Stufungen des Gewerbegebietes geführt werden. Der Bahndamm ist auch nach der B 180 nicht ausgebaut und leider nicht befahrbar. Auch ein Fußweg ist auf ihm nicht vorhanden. Abgesehen von einer fehlenden Brücke, wäre hier mit einem Bagger zum Abziehen der Grasnarbe und einer festgerüttelten Schicht Split viel zu erreichen. Auf die kostentreibende Gewährleistung der ausführenden Baufirma können wir mit etwas Kontrolle verzichten und haben damit garantiert mehr erreicht, als das Projekt nicht anzugehen. Zur Zeit bleibt uns nur die gefährliche Möglichkeit, die B 169 abwärts bis zum Abzweig Mitteldorf (ca. 500 m) und dann den Ort aufwärts zu fahren.

Ab der Kreuzung der Neuwürschnitzer Straße in Oberdorf, die wir bis zur Bahnstrecke nutzen, ist unsere stillgelegte Bahn aber als Genussradweg geeignet. Wir erleben hier den ersten Vorgeschmack für einen attraktiven Panoramaweg mit aufwändig ausgebauter Fahrbahn.

Eine fehlende, genussradfähige Verbindung auf dem Höhenzug nach Stollberg verhindert aber die Massenwirksamkeit des Radweges. Es reicht nicht aus, ein gutes Stück Radweg in die Landschaft zu stellen, um die Genussradfahrer anzulocken. Wenigstens die Nutzer der anliegenden Grundstücke und die quer zu den Höhenzügen fahrenden Mountainbiker können sich aber darüber freuen.

Die Trasse verläuft hier auf dem Höhenzug zwischen dem Beuthenbach und Mittel- bzw. Oberdorf. Unvergessliche Ausblicke in die Orte bieten sich uns. An der Kreuzung mit der Straße nach Beutha (Hartensteiner Str.) müssen wir den Bahnverlauf verlassen. Hier wurde das Bahngelände verkauft und ist auch für uns nicht nutzbar. Wir fahren deshalb, um diese Fehlstelle in der Strecke zu umgehen, kurz auf der Straße in Richtung Beutha. Nach dem Pfarrwald biegen wir links ab und erreichen über einen Wirtschaftsweg wieder die Bahnstrecke.

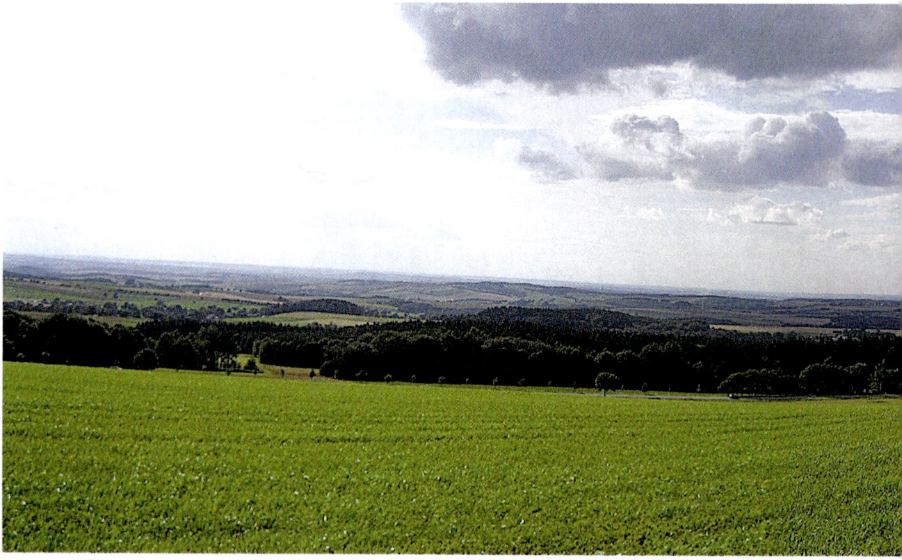

***Bild oben:** Blick vom Katzenstein auf das Erzgebirgsvorland. Der Verlauf der Bahnstrecke im Bereich von Stollberg nach Affalter (Ortsteil Grüna) befindet sich in der Talsenke hinter dem Wald. Sie umrundet unseren Standort auf dem den Katzenstein.* ***Bild unten:** Unterhalb des Katzensteins wird die Talsenke von der S 283 begleitet und sollte durchgängig zum Panoramaradweg ausgebaut werden. Als „Erzgebirgische Aus-*

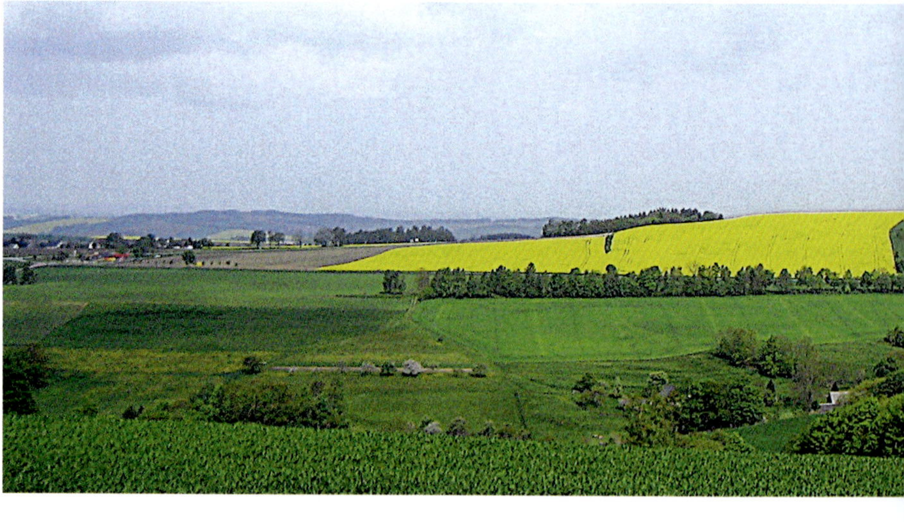

(die original „Obererzgebirgische Aussichtsbahn“)

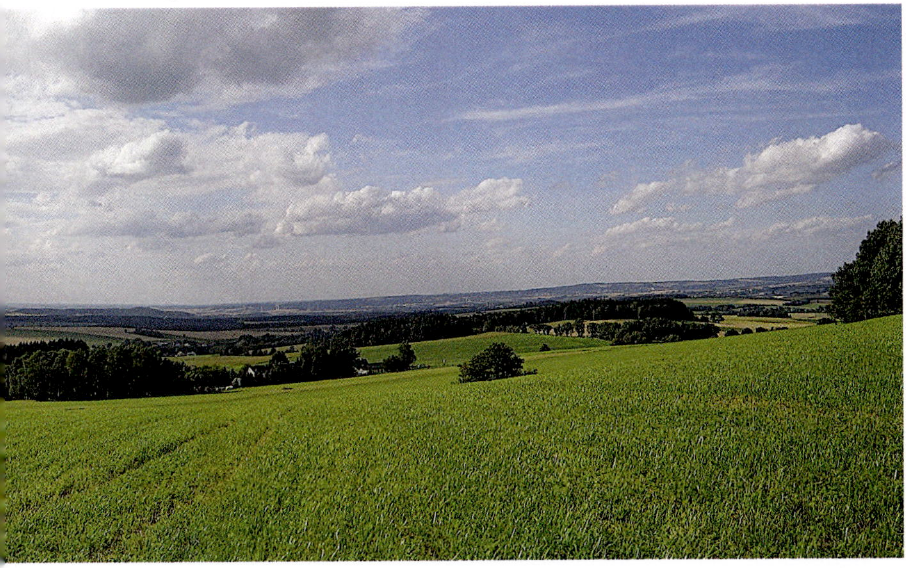

sichtsbahn“ wird jetzt die Bahnstrecke Schwarzenberg - Scheibenberg - Annaberg bezeichnet. Sie hat ebenfalls schöne Aussichtspunkte und es fahren noch Sonderzüge - ihren Namen hat sie sich verdient. Das Original aber könnte jetzt der „Obererzgebirgische Aussichtsradweg“ werden, wenn die vielen gut fahrbaren Strecken zusammengeführt würden. Eine Tour auf dieser Strecke ist aber bereits jetzt ein lohnendes Erlebnis.

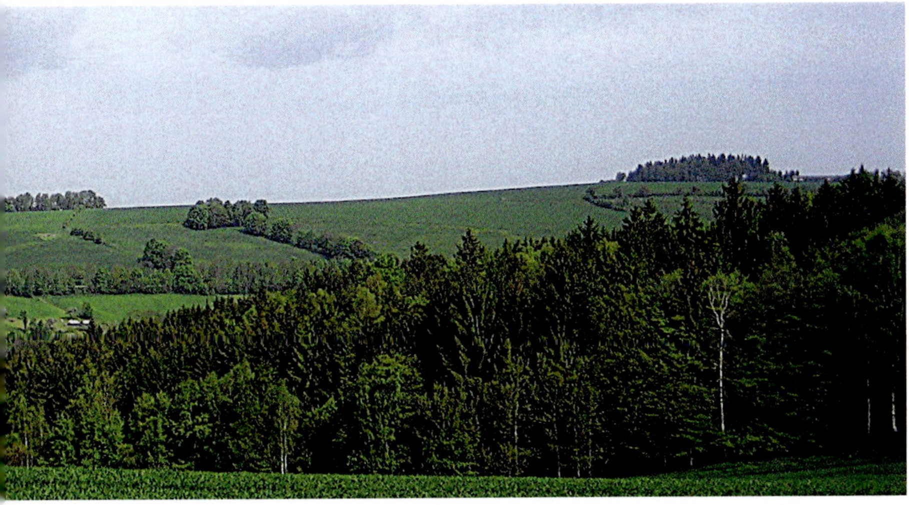

Die Umfahrung ist nicht ausgebaut, in Bezug auf die Steigung aber ein Genussradweg. Ebenso ist die Bahnstrecke bis zur Dorfstraße von Lößnitz, Ortsteil Grüna, nicht befestigt, aber der entstandene Fußweg auf ihr ist, je nach Jahreszeit, relativ gut befahrbar.

Wir befinden uns auf einer Hochebene, die mit der Wasserscheide der großen Gebirgsflüsse Zwickauer Mulde (mit Schwarzwasser, Chemnitz usw.) und der Freiberger Mulde (mit Zschopau, Flöha, usw.) verbunden ist. Dieser Höhenzug führt vom Fichtelberg über den Scheibenberg zum Schatzenstein, dann über den Katzenstein, der Höhe oberhalb von Zschocken und weiter, immer flacher werdend, bis zum Zusammenfluss der Chemnitz in die Zwickauer Mulde.

Auf der stillgelegten Bahnlinie haben wir den Höhenzug erreicht. Er bietet uns weitere Möglichkeiten des Genussradfahrens. Über die Bedeutung der Bergrücken erfahren Sie Näheres im weiteren Teil des Buches.

In Grüna ist die Bahnstrecke mit dem Feuerwehrhaus und einem Spielplatz verbaut. Über einen schmalen Fußweg kommen wir trotzdem weiter auf ihr zur B 169. Die Brücke über diese ist wie erwartet nicht mehr vorhanden. Auf der anderen Seite der Straße können wir auf dem Bahndamm bis zum Schützenhaus fahren. Dort wird der Bahneinschnitt als Schießplatz genutzt. Wenn es zu einem Ausbau der Bahnstrecke zum Radweg kommt, wäre ein Weg entlang des Waldes bis zur Ampelkreuzung an der B 169 die beste Lösung der Streckenführung. Wir Genussradfahrer brauchten keine Höhenmeter zu verschenken und der Übergang über die Bundesstraße könnte in die Kreuzung integriert werden. Auch für die Einwohner der beiden Ortsteile von Lößnitz, Grüna und Affalter, könnte damit endlich eine sichere, gut begehbare Verbindung geschaffen werden.

Gegenwärtig müssen wir der Ortsanbindung von Grüna an die B 169 folgen und auf dieser ca. 500 m inmitten des Fernverkehrs bis zur Kreuzung fahren. An dieser biegen wir nach links auf die S 283 ein. Sie ist eine stark befahrene Straße mit vielen, an schwere Unfälle erinnernden Kreuzen am Rand. Nach ca. 200 m können wir aber mit unserem Rad wieder über einem Feldweg den Bahndamm erreichen. Die Strecke ist mit Einschränkungen befahrbar, aber nicht ausgebaut. Sie befinden sich nun auf einem landschaftlich reizvollen Panoramaweg oberhalb von Affalter und werden mit den schönsten Aussichten über den Ort und das Lößnitztal belohnt. Die Bergwelt des Westerzgebirges liegt vor Ihnen: Auersberg, Gleesberg, Steinberg, Kuhberg und oberhalb von Ihnen der Katzenstein.

Der Feldweg und die alte Bahnstrecke müssten zum Fuß- und Radweg ausgebaut werden. Die S 283 würde so von Fußgängern und Radfahrern freigehalten werden und die Lößnitzer Ortsteile wären endlich auch gefahrlos für Nichtmotorisierte verbunden. Nicht zuletzt würde dadurch eine neue touristische Attraktivität entstehen. Zur Zeit ist der Weg zwar frei, aber mit Gras bewachsen und deshalb schwer zu befahren. Wenn ihn mehr Radfahrer benutzen würden, bliebe das Gras kurz und die Notwendigkeit zum Ausbau der Strecke wäre für die Planer zähl- und abrechenbar.

Ab dem Ortseingang Affalter nutzen wir die Straße, die Kinder den Fußweg. Auch für eine Rast bieten sich, je nach Tageszeit und Wochentag, verschiedene Möglichkeiten in Gaststätten an. Die alte Bahnstrecke ist leider durch einen Grundstücksverkauf und durch eine fehlende Brücke unterbrochen und endet auf dem Feld. Wir verlassen nun die S 283. Durch die Siedlung Streitwald fahren wir linker Hand auf der größeren Ortsstraße bergauf. Hier werden wir ca. 200 m schieben müssen. Dann führt unser Weg rechts der flachen Dorfstraße entlang. Außerhalb des Ortes halten wir uns immer am Waldrand. Von hier aus haben wir wieder eine herrliche Sicht auf das Westerzgebirge und auf den nahen Katzenstein. Ein Abstecher zu ihm lohnt sich.

Der Berg ist das westliche Ende eines Höhenzuges, auf dem der Eisenweg, ein bekannter Wander- und Genussradweg, beginnt. Von hier aus haben Sie einen traumhaften Blick über das westliche Erzgebirgsvorland. Die unverkennbaren, jetzt eingeebneten Bergbauhalden von Ronneburg konnte man bei gutem Wetter sehen. Wir befinden uns auf der sogenannten „Erzgebirgsnordrandstufe“. Das Gebiet nördlich vor uns senkt sich einige Höhenmeter hinab. Wir können sehr gut das langsame Ansteigen, die ersten größeren Berge und Orte des Gebirges sehen. Hohenstein, Lichtenstein, Kirchberg, Schneeberg usw. sind einige dieser markanten Städte. Sie bekunden uns bereits durch ihre Namen, dass wir uns im Gebirge befinden und es hier bergauf geht. Ändern wir die Blickrichtung nach Süden, erreicht unser Auge den Erzgebirgskamm mit den „Großen” des Gebirges: dem Fichtelberg, dem Bärenstein u.a.m.. Wir verlassen den Katzenstein, auf dessen Gipfel die Gebäude des ehemaligen Fernsehumsetzers verfallen. Der Stein wäre es würdig, wieder bessere Zeiten zu sehen.

Versuchen wir nun wieder den Bahndamm zu erreichen, vorbei an den Resten des Schieferbergbaus, den Schieferlöchern. Auch wenn uns jetzt nur ca. 100 m von der Bahnlinie trennen, müssen wir doch einen kleinen Pfad am Waldrand nehmen. Wir durchqueren einen sumpfigen Wald auf notdürftig ausgelegten Brettern, wo wir unser Rad etwa 150 m schieben müssen, um kurz darauf wieder auf den Bahndamm zu gelangen.

Vielleicht kommt einmal eine Zeit, in der sich die Lößnitz und Zwönitz, Land- und Forstwirtschaftler, verschiedene Eigentümer und die Umweltschützer an einen Tisch setzen, um eine bessere Lösung zur Verbindung von Streitwald und der Bahnstrecke ohne den Weg durch das sumpfige Biotop zu finden. Ein Ausspruch wie: „Es war einmal, als wir auf Brettern das Rad schieben mußten..." ist längst überfällig.

Unweit vom Bahndamm finden wir die St.-Anna-Kapelle und die Quelle „Bad Guter Brunnen". Ein „gutes Wasser" entspringt hier, das der Sage nach einem Mädchen das Augenlicht wiedergab. Darum wurde damals der Ursprungsbau der heutigen, neu gebauten Kapelle errichtet. Aus dem Wasser wurde auch Limonade hergestellt. Leider verfüllte man einen halben Kilometer oberhalb bereits vor Jahren eine Lehmgrube mit Müll. Die Kosten der in neuerer Zeit notwendigen täglichen Wasseranalyse zwangen den Eigentümer die Limonadenproduktion aufzugeben.

Das „gute Wasser" indes fließt, in einen neuen Brunnen gefasst, weiter. Viele trinken es trotz der angebrachten Warntafel. Die Kapelle ist täglich zum Gebet geöffnet. Für viele Radfahrer ist sie ein Anlaufpunkt; eine Radfahrerkirche, ohne dass sie offiziell diesen Namen trägt. Am 24. Juli 2008, am Tag des Heiligen Christophorus, dem Schutzpatron aller Autofahrer und Verkehrsteilnehmer, erfolgte hier das erste Mal an dieser Kapelle auch eine Radfahrersegnung.

Wir kehren zurück auf den Bahndamm, der Genussradstrecke, und nach dem Verlassen des Waldes bekommen wir einen ganz anderen Eindruck von der Landschaft: Hatten wir vor noch vor wenigen Kilometern das Westerzgebirge vor uns, schauen wir jetzt nach Osten. Wir befinden uns auf der anderen Seite der Wasserscheide. Der Blick geht ins Zwönitztal mit Zwönitz, seinen Dörfern und auf den Geyerischen Wald. Die Strecke entlang des Ortes ist gut befahrbar. Mehrere Abzweigungen entlang der Bahnstrecke bringen uns in den Ort und auch wieder heraus. Verschiedenartige Museen und empfehlenswerte Gaststätten, darunter auch ein Brauereigasthof, laden in Zwönitz, einem freundlichen erzgebirgischen Ort, zum Verweilen ein.

Sie können auch erst ab Zwönitz auf der stillgelegten Bahnstrecke fahren. Die Erzgebirgsbahn bringt sie mit der Linie Chemnitz - Aue sicher hierher, Parkplätze sind an den Haltestellen vorhanden. Die noch betriebene und die stillgelegte Bahnstrecke kreuzen sich in Zwönitz. Während die eine auf dem Höhenzug verläuft, verbindet die andere die großen Flusstäler.

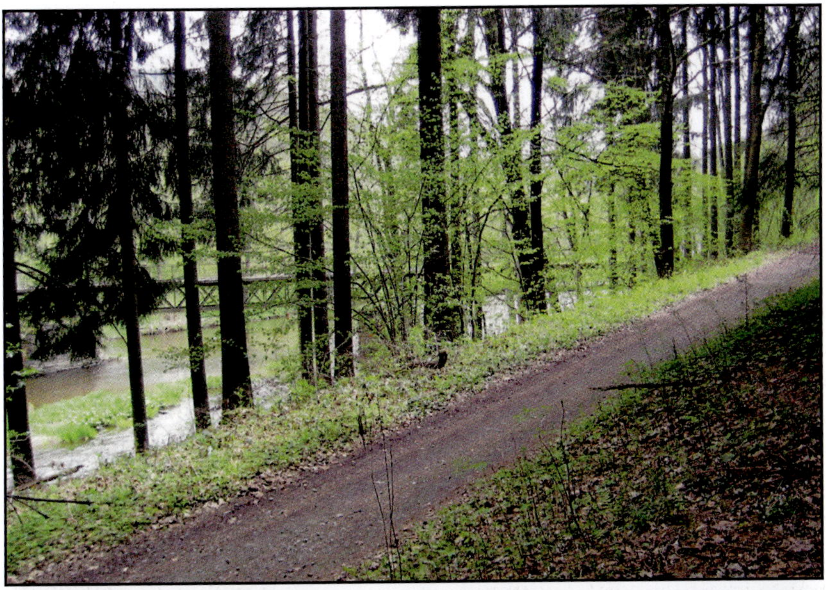

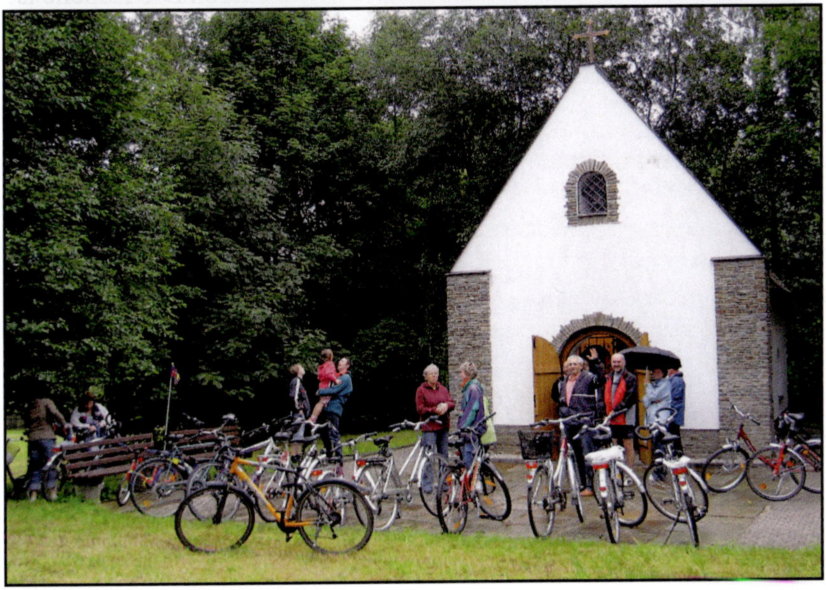

Oben: *Die Brücke einer alten Industriebahn bei Rauhenstein schimmert im Bildhintergrund durch die Bäume.* **- Unten:** *Die St.-Anna-Kapelle in Zwönitz zur Radfahrersegnung am 24. Juli 2008, dem Tag des Heiligen Christophorus, Schutzpatron aller Reisenden.*

Vom Bahnhof aus umfahren wir das Umspannwerk, das mit den letzten Schienen der stillgelegten Strecke noch an das Netz der Bundesbahn angeschlossen ist. Der Bahnkörper ist hier, neben seiner früheren Funktion, auch die Wasserscheide zwischen ost- und westwärts fließendem Wasser. Die Möglichkeit, dierekt auf der Trennlinie zwischen zwei Wassereinzugsgebieten zu radeln, bietet sich nicht noch einmal. Auf der einen Seite liegt das Zwönitztal, hier mit dem Ortsteil Kühnheide, der Ziegenberg mit dem „Reiter ohne Kopf“ und der Geyersche Wald mit dem Fernsehturm. Nach einer 180°-Drehung schweift der Blick nach Dittersdorf und ins Lößnitztal, weiter zum Gleesberg, Schneeberg, Keilberg und den Bergen des Westerzgebirges - ein Weitblick, den man selten findet!

Weiter geht es mit einer Steigung von max. 2,5 % in den Wald. Der Schotter des Gleisbetts ist noch leicht zu spüren. Links auf der Höhe sieht man den neuen Aussichtsturm an der Wetterbirke in Zwönitz-Kühnheide. Von dort aus ist nochmals das gesamte Zwönitztal zu überblicken: Katzenstein, Fichtelbergblick bei Brünlos, Günsdorfer Höhe, Geyerscher Wald und in der Ferne der Schornstein des Heizwerkes in Chemnitz.

Wir erreichen jetzt, mitten im Wald, die Fuchsbrunnenbrücke - die letzte eiserne Brücke der Bahnstrecke. Sie steht unter Denkmalschutz und ist nicht befahrbar. Bei einem fachgerechten Ausbau wäre sie aber garantiert benutzbar. Wenn diese Brücke tonnenschwere Loks getragen hat, wird sie wohl „Leichtgewichte” wie Fußgänger und Radfahrer aushalten. Hoffentlich findet sich bald ein Fachmann, der die Statik beurteilen kann und auch den Mut aufbringt, weitere Schritte zuzulassen.

Nun schieben wir unser Rad schräg am Hang in Richtung der Quelle des Baches in das Tal hinab. Ein richtiger Weg ist hier nicht vorhanden, sondern nur ein Trampelpfad. Eine Brücke über den kleinen Bach wurde trotz vieler Hinweise und Versprechungen nicht gebaut - ein unhaltbarer Zustand. Jeder muss sich selbst etwas einfallen lassen, wie er über den Bach kommt. Bei schönem Wetter ist das kein Problem, aber bei Regen sieht dies schon anders aus. Der Natur ist das nicht sonderlich zuträglich.

Der Bach ist hier auch die Ortsgrenze. Es stellt sich bei einem eventuellen Brückenbau die Frage, ob sich am finanziellen „Aufwand” für ein „Betonrohr” auch der angrenzende Ort beteiligen würde. Nicht zuletzt könnten auch mit solchen, durchaus überblickbaren Investitionen, mehr Besucher für beide Orte gewonnen werden.

Wir schieben unser Rad auf Trampelpfaden weiter bis zum anderen Brückenkopf aufwärts. Von dort führt ein schmaler Pfad am mit Unkräutern überwachsenen Bahndamm ca. 50 m weiter. Der ausgeschilderte Wander-weg mit der Kennzeichnung „ws-rt-ws“ muss auch diesen Weg nutzen. Wir kreuzen einen Fahrweg und stehen wieder auf der alten Bahnstrecke, die hier der Forstwirtschaft als Straße dient und gut befahrbar ist. An verschiedenen Stellen haben wir durch die Bäume hindurch Ausblicke aus dem Wald hinaus.

Nach dem nächsten Fahrweg, der Lößnitzer Straße, ist es leider vorbei mit dem leichten Radeln. Der Wanderpfad am Rande der Bahnstrecke lässt uns aber weiterkommen. Der Bahnkörper selbst ist bis Oberpfannenstiel zugewachsen. Da keine Schienen mehr auf der Strecke sind, könnte auch hier mit geringem Aufwand ein befahrbarer Weg angelegt werden. Er muß nicht unbedingt asphaltiert sein, denn Wanderer mögen das nicht.

Wer einen sicheren Weg bevorzugt, muss von der Bahnstrecke abweichen und den Waldweg steil aufwärts bis zum sogenannten „Rundteil“ nutzen und meist schieben. Dort kann er den Ausschilderungen der Wanderwege folgen. Wer das Abenteuer liebt, kann weiter neben der Bahnstrecke radeln. Auch wenn dieser Weg ein reiner Wanderpfad ist, kann er mit ein paar Schwierigkeiten dennoch befahren werden.

Bei der Kuttenbachbrücke, bei der nur noch die Widerlager vorhanden sind, fahren wir ähnlich wie bei der Fuchsbrunnenbrücke den Pfad erst schräg zum Hang hinab und gegenüber wieder hinauf. Genauso müsste die Streckenführung bei einem Ausbau zu einem sicheren Weg erfolgen. Weil wir auf der anderen Seite des Tales wieder auf flacher Strecke radeln, nehmen wir die kurze Fahrt durch diese Senke mit ihrer naturbelassenen Bergwiese inkauf. Auch wenn wir Genussradfahrer sind, wir können unsere Muskeln noch benutzen und wenn es notwendig ist, das Rad auch einmal schieben.

Das Argument der Verantwortlichen, dass auf der Strecke keine intakten Brücken mehr vorhanden sind oder aus Richtung Bernsbach keine Zufahrt möglich wäre, ist kein Grund, den Ausbau der Bahnlinie zum touristischen Radweg zu unterlassen. Den Eigentümern der angrenzenden Wälder sollte der Vorteil einer guten Zufahrt zu ihren Grundstücken durch solch einen Weg deutlicher gemacht werden. Auch den Forstwärtern und Jägern werden die Radfahrer auf wenigen Wegen abgenehmer sein, als wenn diese die Wälder wild durchstreifen. Ein sanfter Tourismus kann im Interesse eines jeden liegen.

Ab Oberpfannenstiel, einem Ortsteil von Bernsbach, ist wieder ein befestigter Weg zum Fahren vorhanden. Wir verlassen den Wald und werden für die zurückliegenden anstrengenden, naturnahen Abschnitte der Tour belohnt. Ein überwältigender Ausblick von Aue über Lauter bis nach Schwarzenberg und weiter bis zum Fichtelberg bietet sich uns. Bis über das tief gelegene Schwarzwassertal und auf die Höhe zur Morgenleithe schaut das Auge. Ein Stück oberhalb der Bahnstrecke grüßt uns der Gipfel des Spiegelwaldes mit dem weit sichtbaren Turm, der auch eine Gaststätte beherbergt, und den markanten drei Windmühlen.

Wir fahren weiter bis zum ehemaligen Bahnhof Bernsbach. Die Gaststätte „Bahnschlößchen", in der jeder Gast mit Handschlag begrüßt wird, lädt uns zum Verweilen ein.

Auch wenn uns links der Bahndamm grüßt, wir müssen ihn doch verlassen, denn verschiedene Abschnitte davon sind verkauft worden. Vielleicht ist ein Rückkauf durch die Gemeinde möglich oder es kann eine Nutzung vereinbart werden? - Etwas unterhalb unserer Wunschstrecke verläuft schräg zum Hang eine zweigeteilte Straße, der Panoramablick bzw. die Untere Viehtrift. Ihr folgen wir, bis wir eine Straße erreichen, die den steilen Hang erklimmt.

Bergab sollten Sie hier nur fahren, wenn Sie im Tal bleiben wollen. Der Bahnhof Bernsbach liegt auf einer Höhe von 660 m NN; der Bahnhof Lauter, der sich fast direkt am unteren Ende der Straße befindet, hat aber nur eine Höhe von 389 m NN. Die Akteure eines Radrennens mussten in einer Tagesetappe gleich zweimal diesen Hang vom Teufelsstein zum Spiegelwald fahren. Selbst diese Leistungssportler sprachen dabei von schikanösen Bedingungen. Der große Höhenunterschied zeigt aber, auf welchem abwechslungsreichem Panoramaweg wir uns auf der stillgelegten Bahn bewegen.

Nach ca. 100 Schiebemetern zweigt rechterhand die Obere Viehtrift ab. Wir folgen ihr und erreichen mehrere Gärten. Die dazugehörigen Bungalows stehen direkt auf dem Bahndamm. Wir folgen der Zufahrt zu den Gärten neben der ehemaligen Bahnlinie. Hier können wir wieder leicht Radeln. Nach dem letzten Garten führt die Strecke auf dem ehemaligen Gleisbett weiter. Hier ist Genussradfahren ein wirkliches Vergnügen: Ohne Anstrengung fahren, herrliche Aussichten auf die Berge und das Schwarzwassertal und diese mit einem Höhenunterschied, wie er auf so engen Raum im Erzgebirge sehr selten ist.

Wir fahren vorüber an den Resten der Beierfelder Seilbahn, einem Abzweig der ehemaligen Bahnstrecke, die einst auch eine Besonderheit dieser Gebirgsbahn war. Das Ende der Fahrt ist am ehemaligen Bahnhof Beierfeld eigentlich erreicht. Hier, fast am höchsten Punkt der Bahnstrecke, steht zur Erinnerung daran wieder eine Lok als Erinnerung an bessere Zeiten der Strecke. Eigentlich traurig, nicht nur für das „Dampfross", sondern auch für uns. Ein Zug wird hier nie wieder fahren - aber werden wir Radfahrer hier endlich durchgängig und problemlos von Stollberg nach Scheibenberg fahren können?

Wir können nun unsere Fahrt fortsetzen, doch der Anschlußweg ist nur schwer zu finden. Der „Alte Eisenbahnweg" auf dem teilweise verfüllten Bahndamm zum Ortsteil Grünhain kann die Stadtmenschen per Fuß und Rad zusammenführen und bringt uns über den höchsten Punkt der Strecke.

Vor uns liegt nun Grünhain und dahinter am Horizont ist der Bergzug des Schatzensteins zu sehen. Beide Hänge - der Nord-Ost-Hang vom Spiegelwald und der Südhang vom Schatzenstein - gehören zur Muldenseite der Wasserscheide. Diese schlägt hier, bedingt durch den Oswaldbach, einen Bogen um den Spiegelwald.

Durch Grünhain verlief die Bahn erst auf einem Bahndamm dann, innerhalb des Ortes auf einer langen, flachen Brücke, die nicht mehr existiert. Am Ende des Bahndamms fahren wir deshalb quer durch den Ort zur Lößnitzer Straße und dann rechts ab in Richtung Bahnhof. Eine Ausschilderung der ehemaligen Bahnstrecke durch den Ort würde nicht nur die Radler, sondern auch die Eisenbahnbegeisterten freuen. Vom Bahnhof führte eine große Brücke in Richtung Elterleiner Straße. Auch dieser Viadukt ist nicht mehr vorhanden. Einige Pfeiler zeugen noch von der Baukunst der Konstrukteure. Ein leicht fahrbarer Umweg für diesen fehlenden Übergang kann genutzt werden. Wir fahren das kleine, ehemals überbrückte Tal, fast bis zu seinem Ende, dann links ca. 200 m auf der Zwönitzer Straße entlang weiter „Am Moosbach" und rechts auf den Weg und am Waldrand auf einen Feldweg, der bald instant gesetzt werden sollte. Jetzt sind wir wieder auf der Bahnstrecke und können bis zur Elterleiner Straße weiter darauf fahren.

Auf der anderen Seite der Elterleiner Straße wird die Bahnstrecke als Forstweg genutzt, ist hier aber eine Sackgasse. Die ehemalige Flößelbrücke über das Oswaldtal fehlt. Zur Elterleiner Straße gibt es keine weitere Verbindung. Somit müssen wir leider auf der Straße bleiben. - Hier wäre eine Verbindung des Abschnitts der Sackbahn zur Elterleiner Straße für einen durchgängigen Radweg notwendig. Für eine Fortsetzung dieses Weges ohne Straßenverkehr wäre sinnvollerweise eine Strecke am oberen Ende des Tales zum gegenüberliegenden Hang als Anschluss zur Bahn zu schaffen. - Ein Radweg im Oswaldtal aufwärts wäre ebenfalls gut. Das Tal stellt fast die einzige Möglichkeit dar, einen Genussradweg vom Schwarzwassertal bis auf die Höhe der Wasserscheide zu führen. Der positive Aufschwung den die Region als Erholungszentrum durch den Radweg erhalten würde, wäre noch ein zusätzlicher Effekt.

Bei unserer Weiterfahrt queren wir auf der Straße das Oswaldtal, fahren oder schieben 300 m bergan und biegen dann rechts in einen Forstweg ein. Hier können wir mit Genuss weiterfahren. Der Weg, der in einem guten Zustand ist, bringt uns wieder auf den Bahnkörper und wir fahren weiter durch den düsteren Wald. An einigen Stellen führt der Bahnkörper durch Geländeeinschnitte. Diese ersparen uns jetzt ein stetes Auf und Ab. Für einen Blick über Waschleithe bis Beierfeld fehlt uns leider eine offene Schneise.

Der nächste Abschnitt liegt schon außerhalb des Waldes und wird von der einzigen, die Bahnlinie Zwönitz - Scheibenberg überspannenden Steinbrücke, gequert. Sie wird noch für einen Wirtschaftsweg genutzt. In einem Bogen führt uns die alte Bahnlinie an die andere Seite des Schatzensteins. Eine herrliche Aussicht belohnt unsere Fahrt bis hierher. Vor uns liegt das Schwarzbachtal mit seiner offenen Seite zum Schwarzwassertal und darüber der hohe Erzgebirgskamm. Faszinierend!

Von der Steinbrücke bis nach Elterlein besteht unser Radweg bereits aus einer aspaltierten Strecke. Die schöne Aussicht begleitet uns und bleibt uns noch eine Weile erhalten. Im Ort ist eine Rast möglich, denn es laden uns einige empfehlenswerte Gaststätten ein.

Weiter geht es nach dem Queren der Hauptstraße in einem großen Bogen um Elterlein. Einen ähnlichen Verlauf nimmt auch die neue Ortsumfahrung, die Staatsstraße S 283. An einer fehlenden Talüberquerung der Bahnstrecke führt sie mit einer neuen Brücke ca. 50 m an uns vorbei. Für Fußgänger und Radfahrer ist allerdings kein Weg auf der Brücke vorgesehen. Wir müssen froh sein, dass die Leitplanken offen gelassen wurden und wir auf der Straße über das Tal gelangen können. Bitte seien Sie an dieser Stelle vorsichtig, besonders wenn Sie mit Kindern unterwegs sind!

Auch wenn die Verantwortlichen für den Brückenbau nicht an den Tourismus und das Radfahren gedacht haben; wir haben das Tal überwunden und können sofort wieder auf dem Bahnkörper radeln. Vorbei an Teichen, die auch von Fischreihern besucht werden und mit einem Blick zurück nach Elterlein und einem zweiten voraus in Richtung Scheibenberg geht es weiter.

Einige Meter nach dem Überqueren der Straße Elterlein - Geyer, trifft unser Radweg wieder auf die Umgehungsstraße. Wir sehen gegenüber den Bahndamm im „Dornröschenschlaf", der zugewachsen

Impressionen von der stillgelegten Bahnstrecke Stollberg-Zwönitz-Scheibenberg

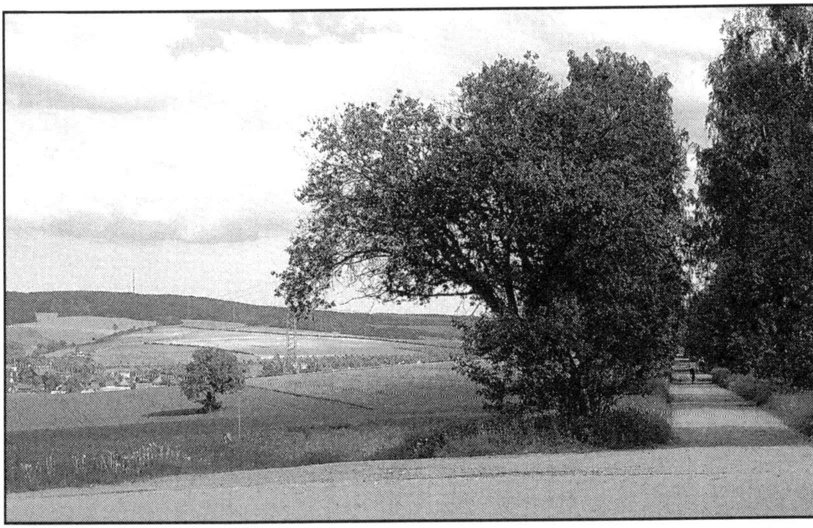

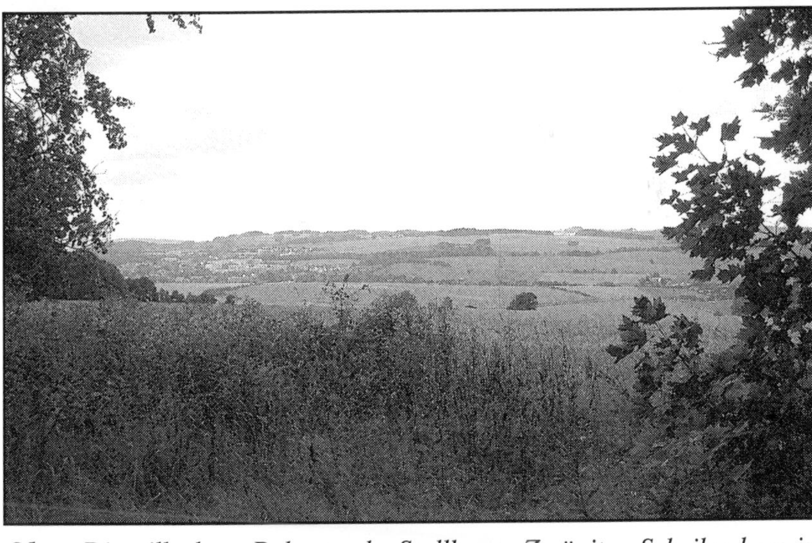

***Oben:** Die stillgelegte Bahnstrecke Stollberg - Zwönitz - Scheibenberg ist auf Zwönitzer Flur fast durchgängig befahrbar. Im Hintergrund ist der Sendeturm Geyer, (744 m NN + 192,85 m Turm) zu sehen, der uns zur Orientierung dient. **- Unten:** In Zwönitz kreuzten sich die Bahnstrecken Stollberg - Scheibenberg und Chemnitz - Adorf.*

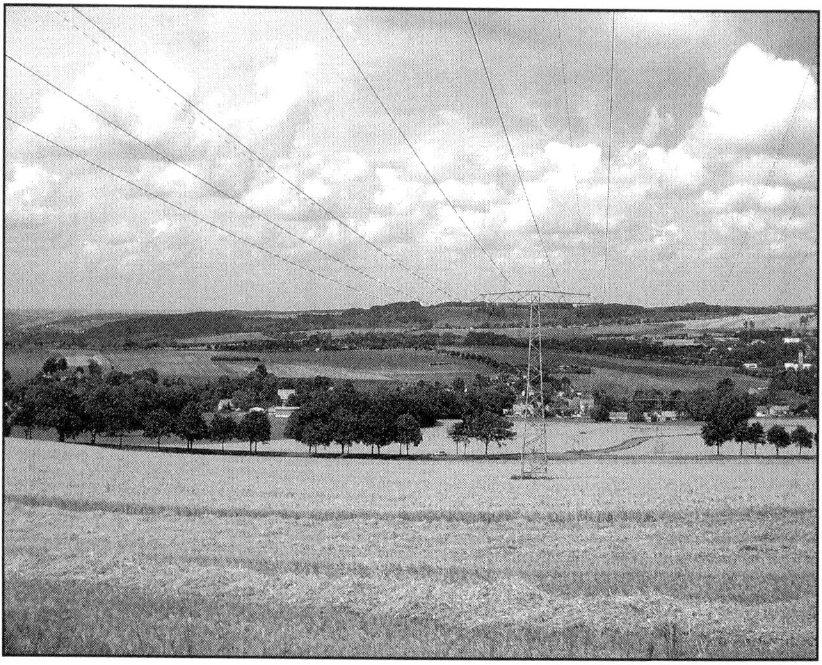

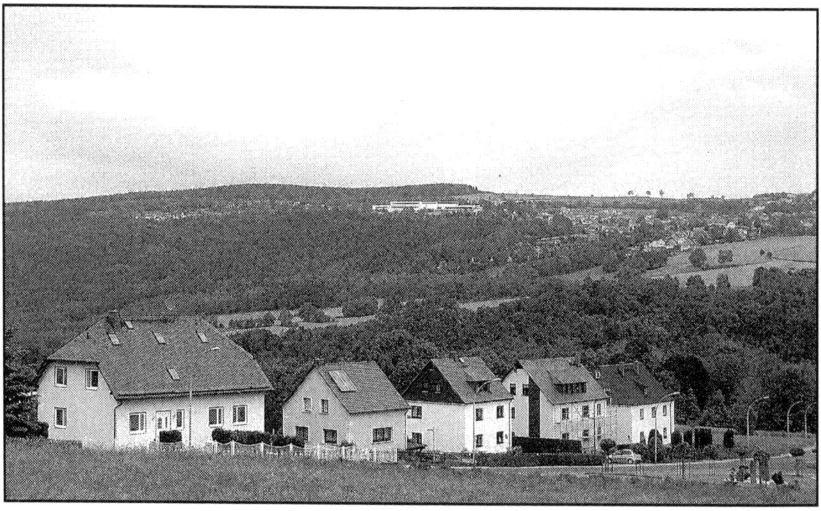

Oben: *Auf der Wasserscheide im Einzugsgebiet der Zwickauer Mulde und ihres Nebenflusses, der Zwönitz, verläuft mit eindrucksvollen Aussichten in beide Täler, die stillgelegte Bahnstrecke Stollberg -Scheibenberg.*
Unten: *Blick von Lauter auf Bernsbach und zur stillgelegten Bahnstrecke.*

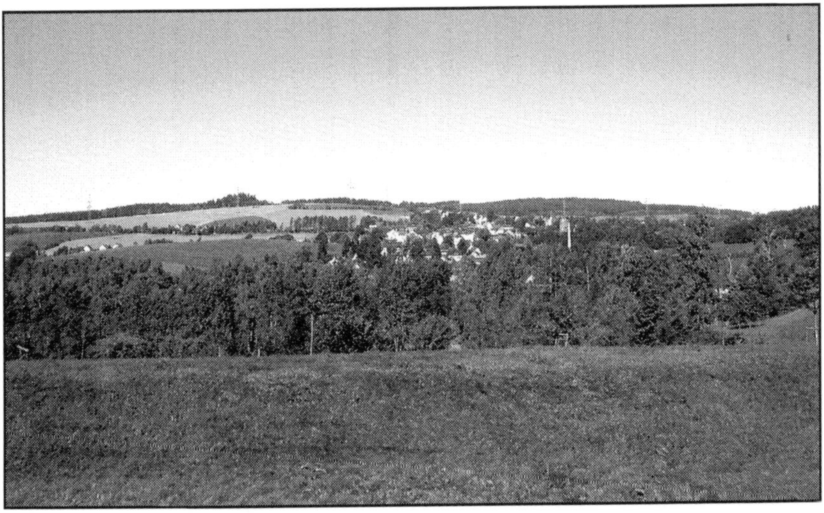

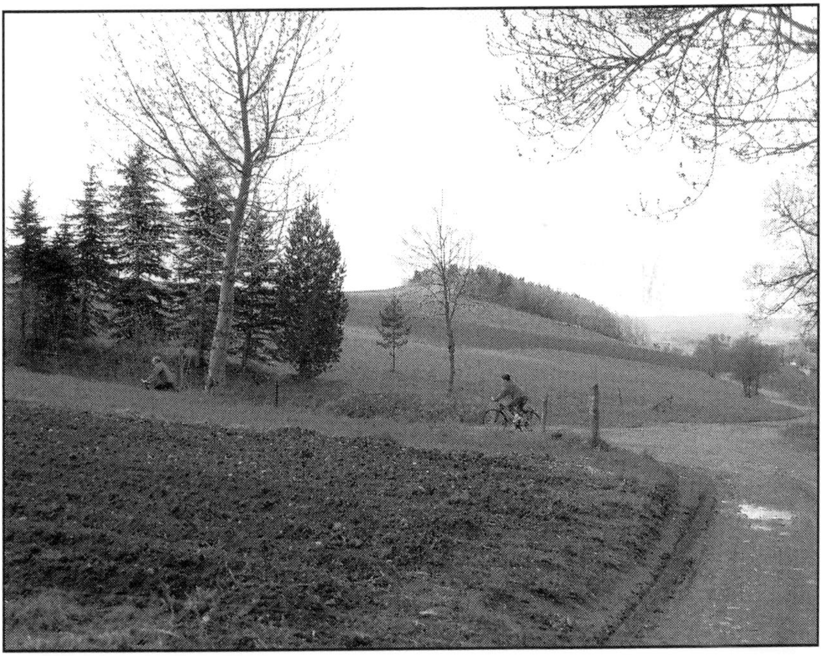

***Oben:** Ein Streckenabschnitt der stillgelegten Bahnstrecke Zwönitz - Scheibenberg aus der Ferne mit einem Blick über Elterlein. - **Unten:** Nach einer notwendigen Umfahrung biegen wir wieder in Richtung des ehemaligen Haltepunktes Hermannsdorf auf den Bahnverlauf ein.*

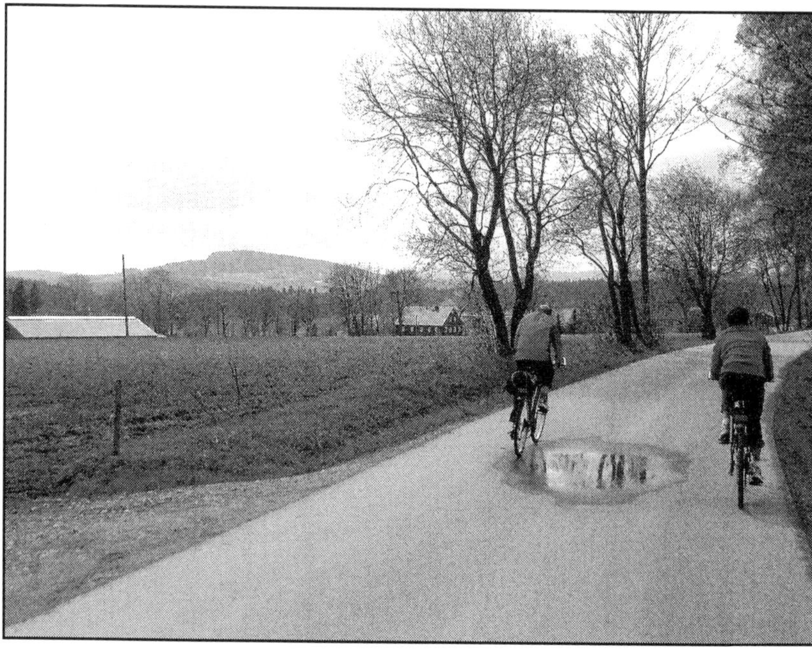

Oben: *Der Scheibenberg liegt vor uns. Bis kurz vor dem Bahnhof können wir auf der Trasse bleiben.* **Unten:** *Die ehemalige „Obererzgebirgische Aussichtsbahn" Zwönitz - Scheibenberg verläuft auf dem Höhenzug.*

ist und freigelegt werden sollte. An einer von Gärten überbauten Stelle und einer fehlenden Brücke gäbe es Möglichkeiten, diese mit einem Weg entlang des Kunstgrabens und auf einem Teichdamm zu umfahren. Nicht nur für die hier vorhandene Pension wäre es bestimmt ein Gewinn.

Nach einem kleinen Umweg ist wieder Genussradfahren möglich, auch wenn dazu nicht die ideale Fahrspur vor uns liegt. Links vom Bahndamm führt ein Wanderweg bergan, den wir nutzen müssen. Nach 100 m Schieben ist auch das Fahren wieder möglich. Wir sollten uns zum Verschnaufen auf eine der Bänke setzen und den Ausblick über die Hochebene zum Scheibenberg genießen.

Nach einem halben Kilometer treffen wir auf einen Wirtschaftsweg. Nach links steigt die Hochebene zum Geyerischen Wald an. Der Weg führt weiter in das Greifensteingebiet.

Selbst für geübte Genussradfahrer ist die von uns bereits zurückgelegte Strecke auf dieser Tour genug, um jetzt nach links abzubiegen und die Fahrt über Stollberg oder bis nach Chemnitz zu beschließen. Es war bereits eine große Rundtour für einen ganzen Tag.

Unser weiterer Weg führt rechterhand leicht bergab. Am Wildgehege fahren wir dann wieder nach rechts, entlang des Kunstgrabens, vorbei an einem zur Pension ausgebauten Bauernhof. Danach können wir wieder links auf unseren Genussradweg, die Bahnstrecke, einbiegen.

Nachdem wir die Straße Elterlein - Hermannsdorf gequert haben, finden wir eine schmale Asphaltstraße auf unserer Bahnstrecke. Wir durchfahren eine idyllische Hochebene mit verstreut liegenden Häusern und Bauernhöfen. Der alte Ausflugsgasthof „Finkenburg" lädt zum Verweilen ein. An der Durchgangsstraße, der S 258, finden wir moderne Industriebauten. In diesem besonderen Flair treffen Tradition und Moderne in genügend großem Abstand aufeinander.

An der Gaststätte „Jägersruh" quert die Bahnstrecke die Staatsstraße und wir können weiter fahren. Das Gebiet ist hier sehr wasserreich. In der Gaststätte „Teichwirtschaft" werden wohlschmeckende Gerichte mit Fischen aus eigener Zucht angeboten. Unser Genussradweg verläuft in einem großen Bogen um dieses Wassereinzugsgebiet. Da der Weg sich durch ständige Nutzung erhalten hat, aber trotz aller Bestrebungen bisher nicht für Radfahrer ausgebaut wurde, kann es vorkommen, dass wir hier noch den Schotter des Gleisbettes spüren.

Kurz vor Scheibenberg trifft die stillgelegte Bahnstrecke auf die wenig befahrene Strecke Annaberg - Schwarzenberg. Hier müssen wir den Bahndamm verlassen, denn es könnte einer der immer beliebter werdenden Traditionszüge auf dem Parallelgleis fahren. Ein inzwischen gut ausgebauter Genussradweg führt uns weiter bis Scheibenberg. Vom Weg und vom Ort aus haben wir wieder die beste Aussicht: Wir können in die tief eingegrabenen Täler in Richtung Schwarzenberg schauen und auch einen Blick zurück über die Hochebene werfen.

Den Scheibenberg sollten Sie lieber zu Fuß erobern, denn er ist sehr steil. Ein vortrefflicher Rundblick in alle Richtungen, die senkrechten Basaltfelsen - genannt „Orgelpfeifen“ - und eine verdiente Rast, nicht nur in der Gipfelgaststätte, erwarten Sie. Die stillgelegte Bahnstrecke endet in Scheibenberg. Der Höhenzug - die Wasserscheide - und damit die Möglichkeit auf einem ausgeglichenen Höhenniveau zu radeln, besteht weiter bis zum Fichtelberg (siehe auch das Kapitel „Höhenzüge“). Da diese stillgelegte Bahnstrecke keinen Zugverkehr mehr aufweist, wurde der werbewirksame Name „Aussichtsbahn“ im Jahr 2009 konsequent auf die touristisch genutzte Strecke Annaberg - Schwarzenberg übertragen. Ihr landschaftlich schönes Flair entspricht aber nicht dem der stillgelegten Strecke. Nicht der Verlauf auf einem Höhenzug, sondern das Queren von zwei Höhenrücken, die Fahrt über Berg und Tal und das prickelnde Gefühl der Fahrt über die „Streichholzbrücken” macht ihren besonderen Reiz aus. Als Urlauber sollten Sie versuchen, eine der begehrten Fahrkarten evtl. durch eine Bestellung im Internet unter *www.aussichtsbahn.de* zu bekommen.

Und was wird mit unserer stillgelegten Aussichtsbahn? Bleibt sie namenlos? Vielleicht sollten wir vom „Obererzgebirgischen Aussichtsradweg” sprechen, das ist treffend und entspricht der Wahrheit. Beziehen wir den ganzen Höhenzug in unsere Leichtradfahrerträume ein, führt der Genussradweg noch viel weiter, als wir bisher denken - siehe dazu auch das Kapitel „Höhenzüge”.

Reichenbach Ob Bf - Göltzschtalbrücke

Reichenbach Ob Bf (401 m NN) - Göltzschtalbrücke (298 m NN), 1895 - 1970 (1977 Reichenbach Ost), ca. 9,0 km, Steigung max. 2,9 %.

Lengenfeld - Mylau (Göltzschtalbrücke)

Lengenfeld (387 m NN) - Mylau (Göltzschtalbrücke) (298 m NN), 1905 (1903) - ab 1958 bis 1972, ca. 12,1 km, Steigung max. 1,7 %.

Die Bahnlinie Reichenbach - Göltzschtalbrücke verband die Industrie im Göltzschtal mit der ca. 100 m höher gelegenen überregionalen Strecke Leipzig - Hof. Die Verbindung Lengenfeld - Mylau (Göltzschtalbrücke) erweiterte die Strecke zur Linie Zwickau - Falkenstein, der heutigen Vogtlandbahn. Mit dem zunehmenden LKW-Verkehr verloren beide Strecken ihre Bedeutung und wurden stillgelegt. Für uns Radfahrer ist die Strecke von Mylau (Stadtbad) bis Lengenfeld (ca. 10 km) hervorragend als Genussradweg ausgebaut und ein Teil des Göltzschtalradweges. Von den stillgelegten Bahnstrecken sind noch weitere, teils mit Sträuchern zugewachsene, Abschnitte vorhanden, die würdig wären, zum Radweg ausgebaut zu werden - notwendig wäre es!

Falkenstein - Oelsnitz im Vogtland

Falkenstein (552 m NN) - Oelsnitz im Vogtland (391 m NN), 1865 - 1972, ca. 25 km, Steigung max. 1,3 %.

Dieses stillgelegte Stück der Bahnstrecke Herlasgrün - Oelsnitz i. V. befindet sich größtenteils im Vogtland. Die genaue Lage bzw. Grenzziehung der Regionen Erzgebirge und Vogtland unterliegt ständiger, meist politisch begründeter Veränderung. Das Gebirgsmassiv Erzgebirge reicht in den Vogtlandkreis hinein und Falkenstein befindet sich auf der Gebirgsscholle.

Für uns Genussradfahrer ist dieser stillgelegte Streckenabschnitt der Bahn besonders beachtenswert. Sein Ausbau bis Lottengrün ist bereits in Planung. Weiter wird auch die stillgelegte Bahnstrecke nach Plauen - Chrieschwitz interessant. Beide sollen helfen, die Talsperren des Vogtlandkreises Pirk, Pöhl, Falkenstein und Werda mit einem Radweg zu verbinden. Damit erhalten wir eine vielversprechende Strecke ins Gebirge. Auch von Oelsnitz aus wurde der Ausbau des Radweges begonnen, wie im Regionalteil der „Freien Presse“ vom 13.08.2010 zu lesen war. Inzwischen wurde am 27. Mai 2011 der Radweg eingeweiht.

Kohlebahn Neuoelsnitz - Lugau - Wüstenbrand

Neuoelsnitz (407 m NN) - Lugau (406 m NN) - Wüstenbrand (378 m NN), 1858 - (1996) 2003, 13 km, Steigung max. 1 %.

Die Bahnstrecke wurde ursprünglich als reine Industriebahn geplant. Ihre Aufgabe war die weitere Erschließung und Versorgung des Lugau-Oelsnitzer Kohlebergbaus. Ein Personenverkehr war dabei nicht vorgesehen. Aber bereits vier Jahre nach ihrer Eröffnung änderte sich dieser Umstand. Trotzdem war die Kohle die Existenzgrundlage für die Bahnstrecke. Eine große Anzahl von Anschlussgleisen zu den verschiedenen Gruben unterstreicht das. Als 1972 die letzte Grube, der „Karl-Liebknecht-Schacht“, vormals „Kaiserin-Augusta-Grube“, geschlossen wurde, war es nur eine Frage der Zeit bis zur Stilllegung der Bahn. Der Überlebenskampf dauerte dennoch lange. Erst der Zusammenbruch der Industrie nach der politischen Wende des Jahres 1989 brachte den Todesstoß.

Den Neuoelsnitzer Teil der Strecke nutzt heute die „Citybahn“ für die Fahrt von Chemnitz bis Meerane. Der andere und längere Abschnitt ist stillgelegt und leider nicht zum Radweg ausgebaut. Man bedenke, die Bahn begleitete die sogenannte „Pflockenstraße“ von dem Chemnitzer Stadtteil Mittelbach über Lugau hinaus bis nach Oelsnitz. Der stillgelegte Teil reicht bis ca. 100 m an das Bergbaumuseum, das aus den Resten der „Kaiserin-Augusta-Grube“ entstand, heran. Ein Radweg auf dieser Bahnstrecke wäre der perfekte Zubringer von Besuchern für das Museum - welch ein lohnendes Ausflugsziel für die Chemnitzer! Es blutet einem das Herz, wenn man diese ungenutzten touristischen Möglichkeiten sieht.

Die Pflockenstrasse ist eine Staatsstraße, aber sehr schmal und damit für Familienradtouren nur bedingt geeignet. Im Jahr 2009 hat die Stadt Lugau den Beschluss gefasst, die Bahnstrecke auf ihrem Territorium zu kaufen und zum Radweg ausbauen zu lassen. Der Anfang ist damit gemacht.

Holzhau - Moldava

Holzhau (618 m NN) - Moldava (782 m NN), 1884 - 1972, 8,3 km, Steigung max. 2,5%.

Die überregionale Bahnlinie Nossen - Freiberg - Holzhau - Moldava (Moldau) überquerte den Erzgebirgskamm und führte bis ins Tschechische. Der Abschnitt Holzhau - Moldava ist heute stillgelegt und abgebaut. Bis 1972 verkehrten die Züge noch bis zum Bahnhof Hermsdorf-Rehefeld. Die weitere Strecke bis Moldava wurde schon 1945 stillgelegt. Heute verläuft auf der Trasse die Osterzgebirgsloipe für Skifahrer. Der Radweg nimmt einige hundert Meter nach der Gaststätte „Teichhaus" in Holzhau seinen Weg in Richtung Moldava leider neben der stillgelegten Bahnstrecke. Er ist, bis auf einige „verschenkte" Höhenmeter, gut befahrbar.

Es gibt ernsthafte Bestrebungen, die Strecke wieder für die Bahn zu nutzen. Ein großes Projekt, dessen Wirtschaftlichkeit erst noch nachgewiesen werden muß. Sollte es zu einer Wiederbelebung dieser Linie kommen, hätten wir Radfahrer an die Planer des Ausbaus ein Anliegen: Bitte gestaltet eine in Frage kommende Baustraße in der Weise, dass sie danach als Radweg genutzt werden kann! Für einen Genussradweg mit der notwendigen geringen Steigung, der über den Erzgebirgskamm führt, bestehen nicht viele Möglichkeiten. Eine davon ist diese stillgelegte Bahnstrecke. Besonders der Abschnitt vom Bahnhof Holzhau zum Teichhaus sollte als Genussradweg erhalten bleiben und nicht auf die Straße verlegt werden. Daher muß beim Ausbau der Strecke ein Radweg an der Bahnstrecke entstehen.

Berthelsdorf - Großhartmannsdorf mit Abzweig nach Langenau

Berthelsdorf - Großhartmannsdorf mit Abzweig nach Langenau, 1890 - (1973, 1997), 8,58 km, Steigung max. 1,7 %.

Der 8,58 km lange Streckenabschnitt Brand-Erbisdorf (479 m NN) - Großhartmannsdorf (497 m NN) wurde 1973 stillgelegt, für den 4,34 km langen Abzweig Brand-Erbisdorf - Langenau (482 m NN) erfolgte die Stilllegung im Jahr 1997. Von Berthelsdorf bis Brand-Erbisdorf werden noch Güter gefahren.

Die Bahn, die dem Bergbau in Freiberg diente, könnte heute dem Tourismus um diese Stadt als Radweg einen zusätzlichen Nutzen bringen. Zusammen mit den Strecken der ehemaligen Grubenbahnen, den Anschlussbahnen und der stillgelegten Strecke Freiberg - Halsbrücke, gäbe es im Gebiet um Freiberg die Möglichkeit, Genussradler mehr als einen Tag lang als Touristen für diese Region zu begeistern.

Freiberg - Halsbrücke

Freiberg (ca. 412 m NN) -Halsbrücke (ca. 326 m NN), 1890 - 1995, 7,90 km, Steigung max. 2,5 %. Ca. 1,5 km der Strecke gehören zum Bahnhof Freiberg, auch die übrige Linie ist noch nicht abgebaut.

Der Streit, welche Stadt das Erzgebirge besser verkörpert: Annaberg oder Freiberg, ist für uns Genussradfahrer zweitrangig. Beide Orte sind schön und gehören schließlich zu unserer erzgebirgischen Heimat.

Für Freiberg bestände aber mit dem Ausbau dieser stillgelegten Bahnstrecke die Möglichkeit, das für uns Genussradfahrer schwierige Terrain mit weniger Anstrengungen befahren zu können. Nicht nur Touristen, sondern auch die Bewohner der Stadt fahren gern mit dem Rad.

Die Windbergbahn oder „Sächsische Semmeringbahn“

Freital Ost (ca. 156 m NN) - Possendorf (ca. 300 m NN), 1856 (1907) - 1951, 13,26 km, Steigung max. 2,5 %.

Die Trennung der Bahnstreckenbezeichnung zwischen „Industriebahn“ und „Öffentlicher Bahn“ ist schwierig. Die Bahnen entstanden immer durch wirtschaftlichen Druck. Wann die öffentliche Widmung erfolgte, wie in diesem Fall im Jahr 1907, ist für uns dabei nicht wichtig. - Die Bahn entstand bereits 1856 für den Abtransport der Steinkohle aus dem Kohlerevier rechts der Weißeritz. Sie war für die damalige Zeit eine besondere Herausforderung. Der große Höhenunterschied bis Kleinnaundorf (ca. 307 m NN) wurde auf einer relativ kurzen Strecke überwunden. Sie war die erste Gebirgsbahn Deutschlands. Ein Ausspruch des sächsischen Königs Johann, der sie mit der im Jahr 1854 eröffneten österreichischen Gebirgsbahn verglich, brachte ihr den Beinamen „Sächsische Semmeringbahn“ ein.

Gewollt oder nicht gewollt, ist der Name „Sächsische Semmeringbahn“ oder auch nur „Semmering“ im Volksmund auch für andere kurvenreiche Gebirgsbahnen verwendet worden. Die Sebnitztalbahn, aber auch die Kurven der Bahn von Aue nach Zwönitz, wurden so ebenfalls mit diesem Namen bezeichnet. Die Bahnstrecke Karlsbad - Johanngeorgenstadt wird häufig „Erzgebirgischer Semmering“ genannt. Heute ist der Name „Sächsische Semmeringbahn“ für die Windbergbahn geschützt. Wer nun den Namen „Semmering“ zurecht führt, ist für uns nicht entscheidend. Die Nutzung des Namens durch die Bevölkerung macht uns aber auf wunderschöne und interessante Bahnstrecken aufmerksam, die wir unbedingt besuchen sollten.

Ein Teil der Bahnstrecke von Freital bis Dresden-Gittersee ist noch erhalten. Der Windbergbahn e.V. kümmert sich um diese, wobei die Deutsche Reichsbahn noch der Eigentümer ist. Der Abschnitt Kleinnaundorf - Possendorf wurde bereits seit 1951 abgebaut.

Bis Possendorf sind verschiedene Teilstücke bereits als Wander- und Radweg (Genussradweg) ausgebaut. Einige Abschnitte bedürfen noch weiterer Baumaßnahmen. Trotzdem ist eine Genussradtour mit unvergeßlichen Aussichten ins Elbtal möglich, wenn diese Fahrt auch nicht immer auf dem Bahndamm verlaufen kann.

Ich hoffe, dass der Zug uns wieder auf der schönen Aussichtsstrecke von Freital nach Gittersee bringt. Eine anschließende Genussradtour nach Possendorf auf der Windbergbahn, vielleicht weiter bis zum „Herrmann-“ und „Dippoldschacht“ und dann eine lange Abfahrt ins Tal wäre dabei eine schöne Ergänzung.

Gottleubatalbahn

Pirna (ca.118 m NN) - Gottleuba (ca.328 m NN), 1880 - 1976, 17,7 km, Steigung max. 2,7 %.

Auch diese Bahn wurde in erster Linie für den Gütertransport gebaut. Im speziellen Fall waren es die Steinbrüche im Gottleubatal und im Lohmgrund, die für das Gestein eine Transportmöglichkeit brauchten. Dazu kam noch der Magnetitbergbau um Berggießhübel, der aber bereits 1892 wieder eingestellt wurde. Von der Industrie über den Bergbau (auch der „Wismut") bis zum Talsperrenbau und dem Personenverkehr für die Urlauber wurde die Bahn genutzt. Die Bedeutung der Bahn unterlag, entsprechend ihren Aufgaben, sehr großen Schwankungen. Die notwendigen Reparaturen und die Aufwendungen, welche für die Streckenerneuerung erforderlich gewesen wären, führten zur Stilllegung der Bahn. Die letzten Meter der Strecke in Pirna wurden 1999 offiziell stillgelegt.

Für die Nutzung der Bahnstrecke als Rad- und Wanderweg gibt es viele Pläne. Auch wenn der Ausbau einiger Abschnitte bereits realisiert wurde, scheitert eine generelle Lösung am Grunderwerb der Strecke. Das Gottleubatal ist in der Radverkehrskonzeption 2005 des Landes Sachsen enthalten. Hoffen wir, dass der Radverkehr dabei auf diese stillgelegte Bahnstrecke gelegt wird.

Auf der Strecke befinden sich verschiedene fahrbare Radwegstücke: In Pirna am Bad, mit Einschränkungen zwischen Langenhennersdorf und Zwiesel, zwischen Zwiesel und Berggießhübel und weiter bis nach Bad Gottleuba.

Pirna - Großcotta - Lohmgrund

Pirna (119 m NN) - Großcotta (226 m NN) - Lohmgrund (213 m NN), 1894 - 1999, 8,92 km, Steigung max. 2,9 %.

Da die Steinbrüche im Lohmgrund nicht effektiv von der Gottleubatalbahn bedient wurden, erfolgte zusätzlich der Bau dieser Bahn. Nach der Stilllegung der letzten betriebenen Streckenabschnitte wurden 2002 die Gleise abgebaut. - An einigen Stellen kann die Strecke zum Genussradeln befahren werden. Um sie in ihrer Gesamtheit zum Radfahren zu nutzen, also durch den Cottaer Tunnel (eine mögliche Attraktion) auf den Lohmgrundweg zu kommen und damit einen geeigneten Genussradrundweg ins Gottleubatal zu schaffen, ist eine phantasievolle Zukunftsplanung erforderlich. Zur Zeit könnte mit relativ wenig Aufwand viel für die Fahrstrecke erreicht werden.

Strecken von Industriebahnen

Weitere stillgelegte Bahnstrecken lassen sich unter der Rubrik „Industriebahnen“ einordnen. Hierzu zählen z. B. Feldbahnen, Bahnen die nur für ein Bauvorhaben erstellt wurden oder auch Anschlussbahnen zu Fabriken. Die Eigentümer der Strecken waren in der Regel die Wirtschaftsunternehmen, Bergwerke oder Energieversorger. Die Gleise waren oft nicht in den allgemeinen Streckennetzen der Bahn zu finden, obwohl von diesen einige längere später auch für den Personentransport genutzt wurden. Die Klassifizierung der Bahnstrecken ist deshalb von der Bestimmung her nicht eindeutig. Für uns Genussradfahrer ist auch diese Art von stillgelegten Strecken interessant.

Zwickauer Kohlebahnen - Brückenbergschachtbahn Zwickau
1872 - 1999, 7,62 km.

Diese Bahnstrecken dienten dem Transport der Steinkohle aus den Zwickauer Revieren zum Hauptbahnhof der Stadt (289 m NN). Es existierte ein weit verzweigtes System von Bahnanschlüssen zu den einzelnen Schächten. Diese sind auch als „Zwickauer Kohlebahnen“ bekannt. Eine solche war die sogenannte „Brückenbergschachtbahn“, eine andere die „Reinsdorfer Kohlebahn“. Es gab noch weitere Streckenabschnitte, die über verschiedene Nebengleise verfügten, wobei der Bereich der „Brückenbergschachtbahn“ bis zum Güterbahnhof Pöhlau zukünftig wieder für verschiedene Zwecke genutzt werden soll.

Für uns als Genussradfahrer ist aber der Streckenabschnitt Bhf. Pöhlau (305 m NN bei Kilometer 3,15) zum „Martin-Hoop-Schacht IV“ (377 m NN bei Kilometer 6,4) von Interesse. Er überwindet den Anstieg zwischen der Zwickauer Mulde und dem Höhenzug, welcher Zwickau vom Mülsengrund trennt. Ist der Höhenrücken erreicht, besteht die Möglichkeit, ziemlich bequem bis zum Erzgebirgskamm zu radeln. Der von den Genussradfahrern benötigte Abschnitt der ehemaligen Bahn ist aber für eine Reaktivierung nicht vorgesehen. Wenn die Zwickauer ihre touristisch günstige Lage am Eingang des Erzgebirges nutzen wollen, sollte er deshalb ein Radweg werden. Auf diese Weise könnten die Zwickauer mit Genuss beim Radfahren ins Gebirge gelangen. Zur Zeit wird in den Karten die Bundesstraße B 173 als Radweg für den Aufstieg auf die Höhe ausgewiesen, aber er ist für einen Familienausflug per Rad kaum geeignet und für Genussradfahrer zu steil.

Etwa am höchsten Punkt der Strecke wird die B 173 gekreuzt. Von der Bundesstraße zweigt die Hohe- oder Freitagsstraße ab, die als ehemalige Wirtschaftsstraße nun zur Ortsumgehung von Zwickau ausgebaut wurde. Für die Landwirtschaft wurde neben ihr eine neue Fahrspur geschaffen, die wir zum Radfahren nutzen können. Sie und weitere Wege führen uns als landschaftlich reizvolle Höhenwege bis auf den Höhenzug Heinrichsort - Katzenstein - Zwönitz - Fichtelberg. Hier bieten sich dann weitere schöne Radtouren an. Eine Möglichkeit für eine Tour auf einen Höhenrundweg wäre: Heinrichsort, die Burgstraße, an der Ortsumgehung Lichtenstein entlang, auf der Lichtensteiner Straße durch den Rümpfwald, dann nach Wernsdorf und wieder zurück nach Zwickau.

Eine Zeitungsmeldung sprach sogar davon, den Wirtschaftsweg der Hohestraße noch zum offiziellen asphaltierten Radweg auszubauen. Dieser Aufwand ist für die Radfahrer sicher nicht unbedingt notwendig; wichtiger wäre der Ausbau der Brückenbergschachtbahn als Aufstieg von Zwickau auf den Höhenzug.

Im Zwickauer *„Städtebaulichen Entwicklungskonzept Zwickau 2020“* ist zu lesen *„Entwicklung von Fuß- und Radwegen in Teilbereichen der ehemaligen Betriebsbahn“*. Das ist exakt das, was den Wünschen der Genussradfahrer entspricht. Ich hoffe, dass wir nicht bis ins Jahr 2020 warten müssen!

Reinsdorfer Kohlebahn

Ab 1860, ca. 5,2 km.

Sie war die ältere der hier aufgeführten Zwickauer Bahnen, denn bereits 1860 wurde der Güterverkehr aufgenommen. Zur Hauptspur kamen noch vielen Abzweigungen hinzu, die sicherlich vor allem unsere Eisenbahnfreunde interessieren. Ein kleines Teilstück der Strecke wird noch heute nach umfangreichen Baumaßnahmen genutzt. Im Gebiet von Reinsdorf sind als Reste der Strecke noch Bahndämme bis zum „Morgensternschacht“ vorhanden. Vielleicht könnte das Heimat- und Bergbaumuseum im ehemaligen „Morgensternschacht II“ bei Reinsdorf über diese Restbahnstrecke eine Zufahrt für die Genussradfahrer erhalten?

Strecken von Werks- und Bauanschlussbahnen

Zusätzlich zu den größeren Bahnstrecken, sollten auch die Werks- und Bauanschlussbahnen in die Radwegeplanung einbezogen werden. Wir können noch Geländeregulierungen der Schienenabschnitte bzw. der Baustraßen vorfinden. Sie wurden meist für einen einzigen Zweck als kürzere Schienenstränge erstellt. War dieser Grund nicht mehr vorhanden, erfolgte ihr Rückbau oder der Weiterbau wurde gestoppt. Diese Bahnabschnitte hier im Einzelnen aufzuzählen, übersteigt das Anliegen des Buches. Einige wichtige Beispiele sollen genügen. Die örtlichen Bahnhistoriker können bestimmt wesentlich mehr Abschnitte, als hier aufgeführt sind, nennen und sie unter Umständen an die Planer der Infrastruktur weitergeben. Es ist sicherlich besser, dass ein ehemaliger Schienenstrang Radfahrern Freude bereitet, als dass er, wie etwa die Werksbahn in der Nähe von Rauenstein, vergessen wird und unter Gras verschwindet.

Anschlussbahn Talsperrenbau Klingenberg
1911-1914, 3,8 km von Klingenberg-Colmnitz bis zur Staumauer der Talsperre Klingenberg.

Die Bahnstrecke wurde nur für den Zweck des Staumauerbaues erstellt und betrieben. Ein Reststück (ca. 1,5 km) zwischen Klingenberg und der Talsperre ist heute ein Wander- und auch ein Genussradweg.

Pöbeltalbahn
Da sich die Planung der Talsperre Seyde, die in die Bahnstrecke einbezogen werden sollte, verzögerte und der Bau bis heute nicht erfolgte, ist diese Bahnstrecke von Schmiedeberg nach Moldava (ca. 17,5 km) nie fertiggestellt worden. Die Bauarbeiten an der Bahn wurden bereits 1923 eingestellt. Erhalten ist bis heute der Bahndamm von Schmiedeberg nach Niederpöbel (bei Kilometer 1,25) und ein Abschnitt bei Wahlsmühle (bei Kilometer 3,6). Für die Rad- und Wanderwegplanung könnten solche vergessenen Strecken wichtig sein.

Anschlussbahn Talsperrenbau Cranzahl
1948-1951, 1,5 km.

Auch diese Bahn wurde nur für den Bau der Talsperre gebaut. Danach hatte sie ihre Aufgabe erfüllt und wurde abgebaut. Der größte Teil der Strecke ist heute ein Wirtschaftsweg und in das Wander- und Radwegenetz an der Talsperre integriert.

Die Begradigung von genutzten Bahnstrecken

Eine ganz neue Möglichkeit für uns Genussradfahrer entsteht durch die Rationalisierungsmaßnahmen der Bahn. Dabei meine ich nicht die Streckenstilllegungen, sondern Maßnahmen, die einer Verbesserung des Bahnverkehrs dienen.

Um höhere Geschwindigkeiten mit den Zügen fahren zu können, werden kurvenreiche Strecken überarbeitet und begradigt. Neue technische Möglichkeiten erlauben andere Streckenführungen. Dadurch können stillgelegte Streckenabschnitte entstehen, die nach dem Ausbau unser Genussradwegenetz erweitern. Wichtig dabei ist, dass diese sogenannten „Blindschleifen" an den Enden ins Wander- und Radwegenetz eingebunden werden oder mindestens beidseitig einen Fahrweg zum nächsten Ort besitzen. Das Viadukt bei Flöha ist dafür nur ein Beispiel.

Das Hetzdorfer Viadukt bei Flöha

Bereits im Jahre 1992 wurde eine Schleife der Eisenbahnstrecke Dresden - Chemnitz aus dem Bahnverkehr herausgelöst und durch eine geradlinige Linienführung ersetzt. Da sich in diesem Abschnitt das unter Denkmalschutz stehende Hetzdorfer Viadukt befindet, wurde dieser zum Wander- und damit auch zum Genussradweg ausgebaut. Die 328 m lange Brücke überragt die Umgebung um 43 m und gestattet einen weiten Ausblick über das Flöhatal hinaus.

Von Falkenau aus ist der Wander- und Radweg sehr zu empfehlen. Nach dem Viadukt führt er noch bis zur weiter betriebenen Bahnstrecke. Ein Fußweg verläuft noch zum Aussichtsfelsen Bastei, ein anderer wieder hinab ins Tal - für Genussradfahrer ist dies fast eine Sackgasse. Die fehlende Verbindung nach Breitenau verhindert, dass der bekannte Namen des Hetzdorfer Viaduktes tourismuswirksam wird. Dabei fehlt nicht viel, um über einen Feldpfad den Wanderweg an den Ort anzuschließen. Die Landwirtschaft würde die Möglichkeit bestimmt ebenfalls nutzen wollen. Der ins Tal führende Weg könnte, an den Flöhatalradweg angebunden, auch in einem möglichen Radweg auf der alten Bahnstrecke Hetzdorf - Eppendorf seine Fortsetzung finden. Wie viele schöne Zukunftsaussichten für Wanderer und Radler eröffnen sich hier auf engstem Raum!

Stillgelegte Strecken am Südhang des Erzgebirges

Unsere Betrachtungen zum Genussradfahren im Erzgebirge möchte ich auf den Nordhang bis zum Erzgebirgskamm beschränken. Die nachfolgenden kurzen Ausführungen sind nur eine Information oder auch eine Anregung, sich weiter mit dem Thema zu befassen und vermutlich nicht vollständig. Einige der bereits besprochenen Bahnstrecken führen über den Erzgebirgskamm ins Tschechische. Andere Bahnen fahren noch in Deutschland, aber die Weiterführung in das Nachbarland wurde eingestellt. Dazu kommen noch Strecken, die nur am Südhang des Erzgebirges verliefen oder verlaufen.

Marienberg - Reitzenhain - Krimov

Von der Strecke Marienberg - Reitzenhain (776,29 m NN) - Krimov (750 m NN) verläuft der Abschnitt Reitzenhain - Krimov in Tschechien. Auch dieser Abschnitt ist, wie bereits oben erwähnt, stillgelegt. Er böte jedoch die Möglichkeit, das Genussradfahren auch am Südhang des Erzgebirges fortzusetzen. Zur Zeit wird die Strecke aber noch für eine Wiederbelebung frei gehalten. Eine sinnvolle Nutzung durch den Radtourismus könnte diese landschaftlich schöne Gegend auch im Sommer beleben.

Schlackenwerth (Ostrov) - Joachimsthal (Jachymov)

Die Bahn Schlackenwerth (Ostrov) - Joachimsthal (Jachymov) war mit einer Neigung von 5 % die steilste in Böhmen, wobei sich der Steilstreckenabschnitt zwischen Doln (Niederbrand) und Jáchymov (Joachimsthal) befand. Er wurde bereits im Jahr 1957 stillgelegt und dann abgebaut. Auch auf dem Rest der Strecke ruht der Verkehr seit 2004.

Aktive Bahnstrecken im Erzgebirge mit ungewisser Zukunft

Das Stilllegen von weiteren, heute noch aktiven Bahnstrecken, ist ein weiterlaufender technischer und ökonomischer Prozess. Dabei spielen Wirtschaftlichkeit, politische Entscheidungen, der Zustand der Strecken u. a. m. eine entscheidende Rolle. Für den Schritt der Stilllegung selbst wird dann meist noch ein Auslöser bzw. Vorwand wie Hochwasser, ein Unfall, nicht vertraglich garantierte Transporte von Gütern oder die Kürzung bzw. Verweigerung von erwarteten Fördermitteln gebraucht. Nicht jede Entscheidung ist dabei nachvollziehbar, vor allem wenn durch eine neue Konstellation der Betreiber neue Geschäftsfelder gefunden werden.

Annaberg-Buchholz Süd - Schwarzenberg

Annaberg-Buchholz Süd (574 m NN) - Schwarzenberg (472 m NN), 1889 (1997), 24,114 km, Spur 1435 mm, Steigung max. 2,5 %.

Diese Strecke ist offiziell nicht stillgelegt, aber es gibt auf ihr nur noch sporadische Zugbewegungen. Wenn die voraussichtliche Stilllegung erfolgt ist, sind umgehend die Verantwortlichen gefordert, damit die Brücken und der Unterbau (Bahndämme, Geländeregulierungen) erhalten bleiben. Besonders die Stahlkonstruktionen in Markersbach, im Volksmund „Streichholzbrücken" genannt, sind eine technische Meisterleistung und eine Sehenswürdigkeit.

Die Strecke verbindet die Täler des Schwarzwassers über die Wasserscheide bei Scheibenberg hinweg mit dem Einzugsgebiet der Zschopau. Der Bahnhof Scheibenberg mit 623 m NN ist etwa der höchste Punkt. Damit wäre diese Strecke, sollte sie stillgelegt werden, ein wichtiges Bindeglied im Genussradwegenetz Erzgebirge.

Zum Jahresende 2008 erreichte mich die Nachricht, dass der Verein „Sächsische Eisenbahnfreunde Schwarzenberg" die Strecke im touristischen Ausflugsverkehr wenigsten an fünf Wochenenden zwischen Mai und Oktober nutzen will. Inzwischen haben viele Sonderfahrten für den Ausflugsverkehr stattgefunden, die sich immer größerer Beliebtheit erfreuen. Vielleicht kann diese Strecke damit erhalten werden und ein wünschenswerter, regelmäßiger Fahrbetrieb auch Genussradfahrer auf den Höhenzug bringen.

Flöhatalbahn, Abschnitt Olbernhau-Grünthal - Neuhausen

Über die Zukunft dieses Abschnittes der Flöhatalbahn wurde noch nicht entschieden. Zur Zeit besteht kein Personenverkehr auf der Strecke. Ob es noch Güterverkehr gibt, ist mir nicht bekannt. Auch für diese Strecke wäre nach der evtl. Stilllegung wichtig, dass sie nicht in einzelne Grundstücke zerstückelt und damit für eine touristische Nachnutzung unbrauchbar gemacht wird.

Zellwaldbahn Nossen - Freiberg

Nach der bereits erfolgten zeitweisen Stilllegung gibt es wieder sporadischen touristischen Zugverkehr. Ein neuer Betreiber wurde gefunden, so dass die Strecke vielleicht doch eine Zukunft hat.

Stillgelegte Bahnstrecken im Erzgebirgsvorland

Auch wenn wir in diesem Buch über die besonderen Möglichkeiten vom Genussradfahren, speziell im Erzgebirge sprechen, dürfen die stillgelegten Bahnen vor unserer Haustür nicht unerwähnt bleiben. Für die Bewohner des unteren Erzgebirges und dessen Besucher sind auch diese von Interesse. In der Region finden sich viele Mitstreiter, die sich uneigennützig dafür einsetzen, dass die stillgelegten Bahnen einer sinnvollen Nutzung zugeführt werden. Für uns Genussradfahrer wären das Wander- und Radwege. Auch Wirtschaftswege, die jedem zugänglich sind, könnten eine gute Lösung für diese Strecken sein. Wir benötigen viele Fürsprecher, weitsichtige Mitarbeiter in den Verwaltungen und aktive Politiker, die uns helfen, die aufgegebenen Bahnstrecken möglichst kostenfrei in das Eigentum der öffentlichen Rechtsträger zu überführen.

Das Schienennetz und besonders die stillgelegten Bahnstrecken haben nichts „an der Börse" zu suchen und dürfen nicht für private Spekulationen herhalten. Genussradfahren ist ein Sport für alle, der ein grenzenloses Land braucht und keine Projekte mit Rundstrecken gegen Eintrittsgeld oder Mautgebühren, denn dann wären die stillgelegten Bahnstrecken endgültig für die Allgemeinheit verloren.

Um viele Freunde für unser Anliegen zu gewinnen, möchte ich deshalb die stillgelegten Strecken am Rande des Erzgebirges, ohne auf Vollständigkeit zu bestehen, kurz erwähnen und damit weiteres Interesse wecken und aktives Mitarbeiten erreichen.

- Lottengrün-Plauen (stillgelegt 1972)
- Limbach - Wüstenbrand (stillgelegt 1950)
- Limbach - Wittgensdorf (teilweise stillgelegt 2000)
- Limbach - Oberfrohna (stillgelegt 2000)
- Wüstenbrand - Chemnitz-Küchwald (stillgelegt 2004)
- Muldentalbahn Glauchau - Wurzen (stillgelegt, wieder teilweise Inbetriebnahme, Zukunft ungewiss)
- Chemnitztalbahn Wechselburg - Chemnitz-Glösa (stillgelegt 2001/2, der Zweckverband Chemnitztalradweg hat große Teile erworben, der Ausbau zum Radweg hat begonnen)
- Döbeln - Lommatzsch u. Lommatzsch - Garsebach (stillg. ca. 1972)
- Mittweida Dreiwerden - Ringethal (stillgelegt 1974, letzter Teil 1992)
- Hainichen - Roßwein (stillgelegt 2001, Radweg geplant
- Neumark - Greiz (stillgelegt 1997, Radweg geplant)

Resümee

Im Erzgebirge verlaufen viele stillgelegte Bahnstrecken. Auf ihnen könnten unsere Wünsche und Träume von guten und leicht fahrbaren Radwegen Wirklichkeit werden. An vielen dieser Strecken „steht" aber das Schild „es könnte", an einigen Teilabschnitten ist schon „zu spät" zu lesen. Manche Abschnitte locken mit „besucht uns". Doch ist auch nicht zu vergessen, dass an immer mehr Strecken schon „es wird" geschrieben steht.

Eigentlich müssten wir nicht von Strecken, sondern von Abschnitten reden. Jeder Kilometer kann anders sein und jeder fahrbare Kilometer bringt mehr Spaß für uns Radler. Die Möglichkeit des Genussradfahrens auf alten Bahnstrecken besteht bereits auf vielen Abschnitten. Eingebunden in die weiteren Möglichkeiten für Radfahrer können wir damit viele schöne leicht fahrbare Radtouren zusammenstellen. Es lohnt sich nicht nur darüber zu lesen, sondern auch aktiv zu fahren.

Höhenzüge

Nachdem wir nun auf stillgelegten Bahnstrecken geradelt sind, haben wir Lust darauf bekommen, noch weitere Genussradstrecken aufzuspüren. Die landschaftlich einmaligen Aussichten über Schwarzenberg, Zwönitz und den anderen Orten des Erzgebirges lässt die Frage aufkommen, warum wir nicht auf diesem Höhenniveau bleiben ...

Auf der Landkarte des Freistaates Sachsen können wir feststellen, dass im wesentlichen die Täler des Nordhanges des Erzgebirges von vier großen Flüssen mit ihren Einzugsgebieten geprägt werden: Von West nach Ost fließen dort die Weiße Elster, die Zwickauer Mulde, die Freiberger Mulde und die Elbe. Dass diese Flüsse sich im Tiefland vereinen und dann als Elbe das Wasser zur Nordsee bringen, ist für unsere Betrachtung nicht entscheidend. Die dazwischen liegenden Höhenzüge sind die jeweiligen Wasserscheiden zu den Einzugsgebieten der Flüsse. Sie transportieren aber nicht nur das Wasser, auch Erde, Sand und Steine werden abgetragen. So entstanden die typischen Landschaftsformen des Erzgebirges mit seinen Tälern und Bergen. An den Stellen mit geringer Wasserkraft, wo das Erdreich nicht bewegt wird oder die Abtragung nur gering ist - also an den Scheidelinien der Fließrichtung des Wassers, den Höhenzügen - hat sich das ursprüngliche Gebirge erhalten. Die von Norden her leicht ansteigende Pultscholle des Erzgebirges ist hier noch wahrnehmbar. Somit ist auch die durchschnittliche Steigung auf den Höhenzügen nur leicht und entspricht dem Anstieg der Pultscholle.

Natürlich spielen bei der Abtragung, der Erosion der Gebirge, außer dem Wasser noch andere Faktoren eine Rolle. Auch der Wind, Frost und Hitze, sowie die Beschaffenheit des Gesteins und der Bewuchs sind entscheidend. So gibt es auch auf den Höhenzügen Erhebungen und Senken. Sie sind aber nicht so ausgeprägt, wie sie starke Wasserströme an den Berghängen ausgewaschen haben. Wir Genussradfahrer können aber mit diesen flachwelligen Strecken leben. Die Tatsache, dass es sich nicht um ausschließlich flache Strecken handelt, sollte aber erwähnt werden, damit Sie nicht mit zu idealistischen Vorstellungen auf den Höhenzügen Rad fahren wollen. Ich kann Sie aber beruhigen, für all die geringen Fahrschwierigkeiten auf diesen Höhenwegen werden Sie mit weiten und unvergesslichen Aussichten fürstlich belohnt. Bereits unsere Vorfahren legten ihre Handelsstraßen nicht nur in den feuchten und teilweise schmalen Tälern, sondern häufig auch auf den Bergrücken an. Die Namen historischer, heute noch genutzter Wege, künden von dieser Vergangenheit.

Für uns als Genussradfahrer bieten sich hier auf den Höhenzügen weitere Möglichkeiten des leichten Radelns an. Herrliche Ausblicke über die Täler und Höhen lassen uns geringe Schwierigkeiten schnell vergessen. Für Mountainbiker ist Radfahren auf den Höhenrücken der Alpen ein Highlight; für Genussradfahrer schafft das Erzgebirge ein ähnliches Vergnügen und Sie können es häufiger, sicherer und auch „in Familie" genießen. Sie werden zwar nicht auf einem Grat im Hochgebirge mit dem Rad unterwegs sein, aber schöne Aussichten, viele Meter über einem Flusstal, mit dem Flair der „Großen Freiheit", können Sie auch im Erzgebirge erleben. Dass Genussradler im Gegensatz zu Mountainbikern steile Abfahrten und Aufstiege, quer zu den großen Flusstälern meiden, ist selbstverständlich, denn diese Fahrweise verbraucht zuviel Energie durch verschenkte Höhenmeter.

Was für die großen Flusstäler charakteristisch ist, gilt in abgeschwächter Form auch für die Einschnitte der Nebenflüsse und Bäche. Wir müssen oft aufpassen, dass wir nicht in ein Bergauf und Bergab zwischen den kleinen Wasserläufen geraten. Deshalb sollten wir unsere Touren immer in der Nähe der jeweiligen Wasserscheide planen. Nur so ist sicher, dass wir mit unseren Kräften im Kampf mit den Höhenmetern effektiv umgehen. Die Bergkuppen sollten wir, wenn diese nicht unser spezielles Ziel sind, dabei lieber umfahren.

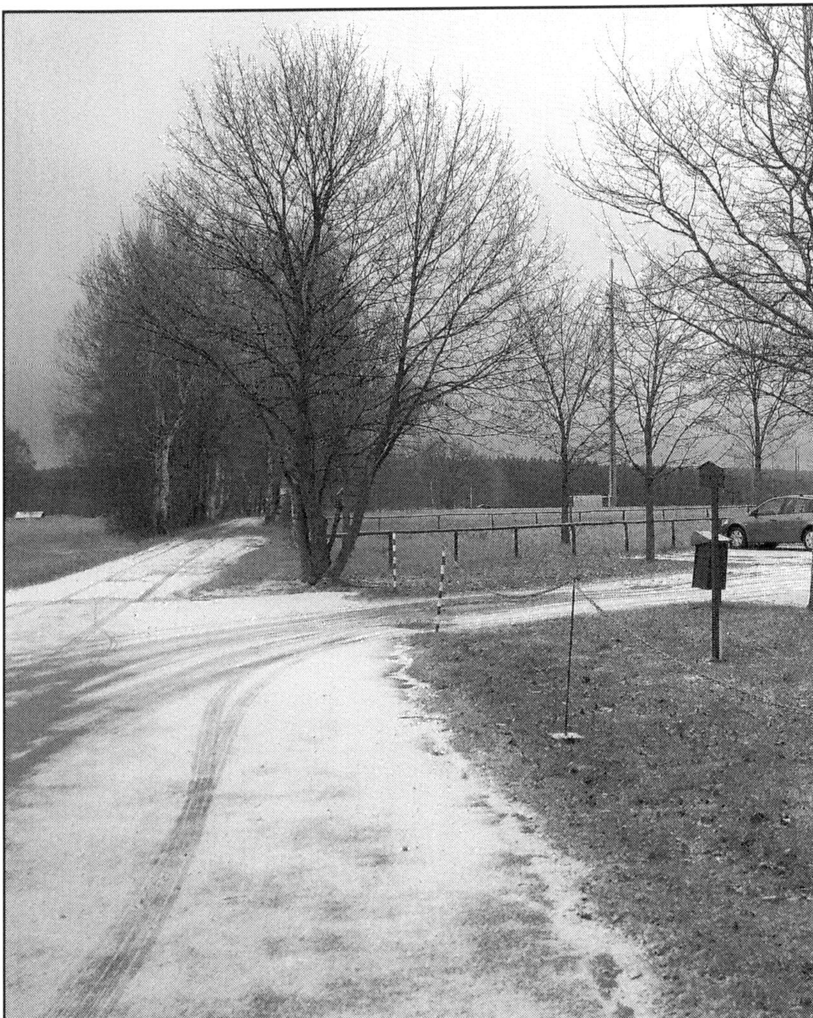

Der Eisenweg, ein alter, hochgelegener Wirtschaftsweg, hier in der Nähe der „Tabakstanne“ bei Thalheim, ist heute ein bekannter und anerkannter Radweg. Wir finden an ihm auch Möglichkeiten mit dem Auto zu parken. Auf diese Weise können wir mit unserem Rad direkt auf dem Höhenzug die Tour starten. Parkplätze für Wanderer und Radler werden nicht immer in den Planungen der Verantwortlichen berücksichtigt und wenig genutzte Plätze der Forstwirtschaft sind häufig gesperrt.

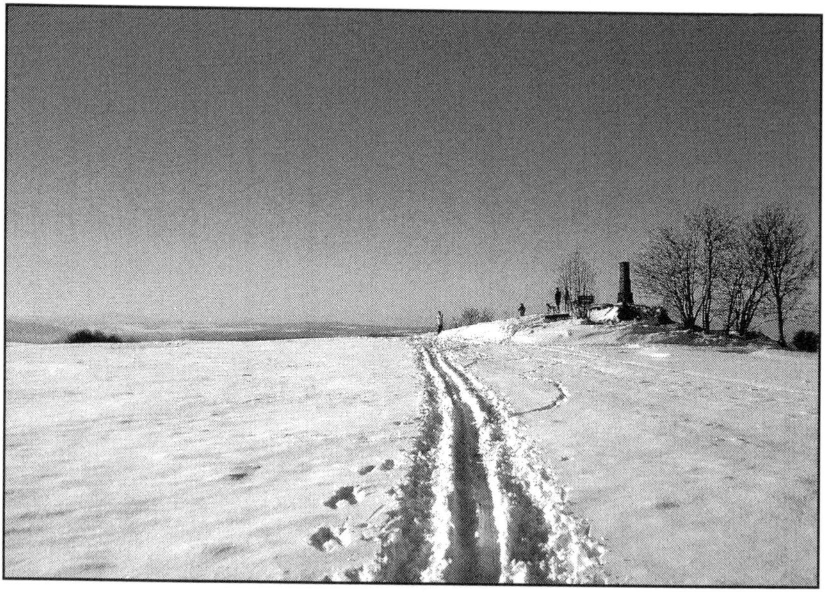

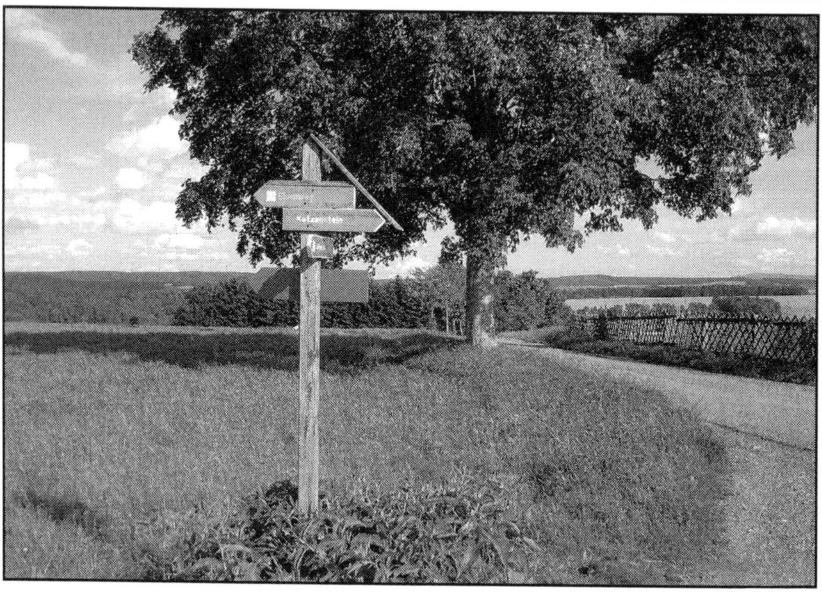

Oben: *Der Eisenweg beginnt am Katzenstein (hier im Winter) . Er bringt uns mit landschaftlich reizvollen Aussichten auf das Erzgebirge bis in die Nähe von Chemnitz. -* ***Unten:*** *Vom Eisenweg auf der Erzgebirgsnordrandstufe ist der Blick bis zum Gebirgskamm möglich.*

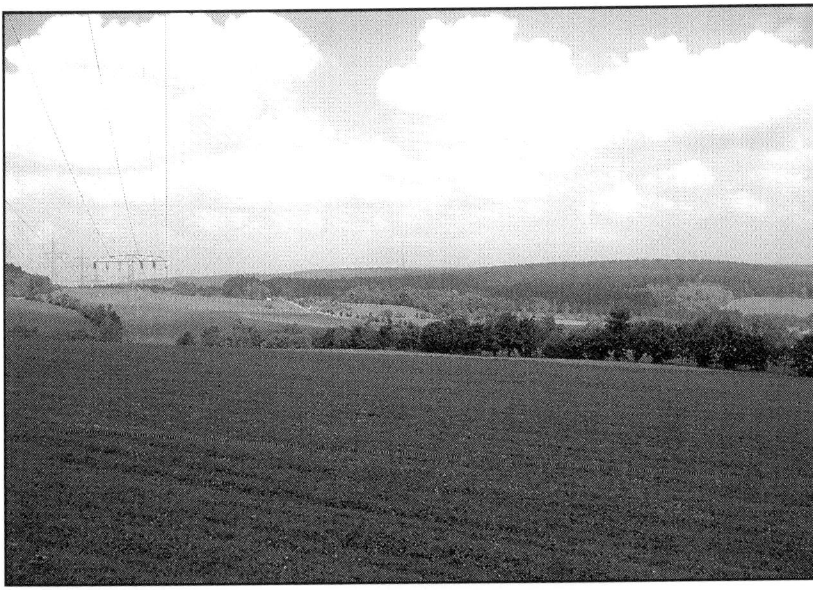

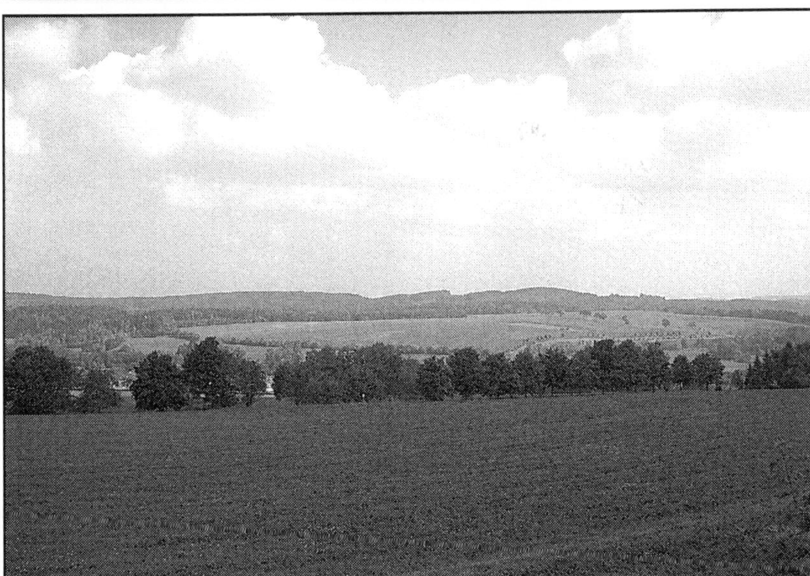

Oben: *Der Sattel zwischen Zwönitz und Elterlein ist die Verbindung der Höhenzüge und -wege von Zwickau bzw. Chemnitz nach Oberwiesenthal.*
Unten: *Links sehen wir den Geyerischen Wald, mittig den Aufstieg von Elterlein, rechts die Wasserscheide zwischen „Rote Pfütze" u. „Schwarzbach".*

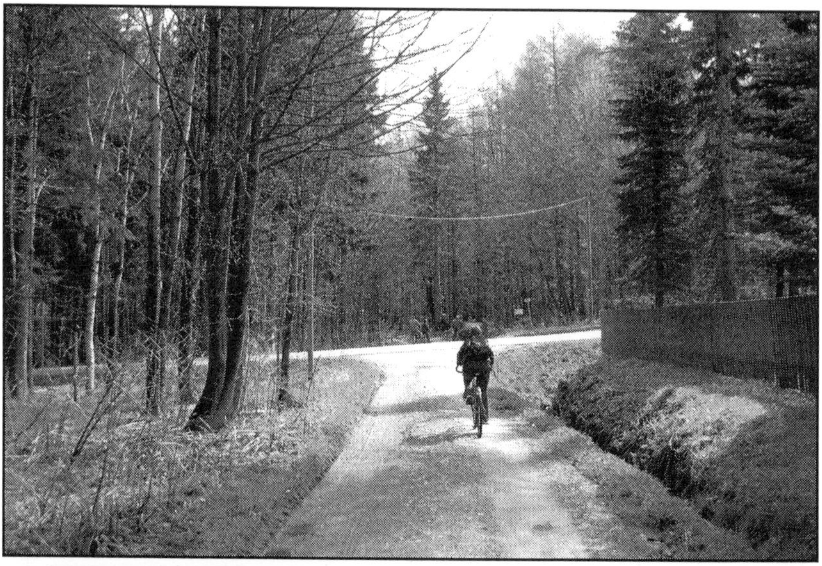

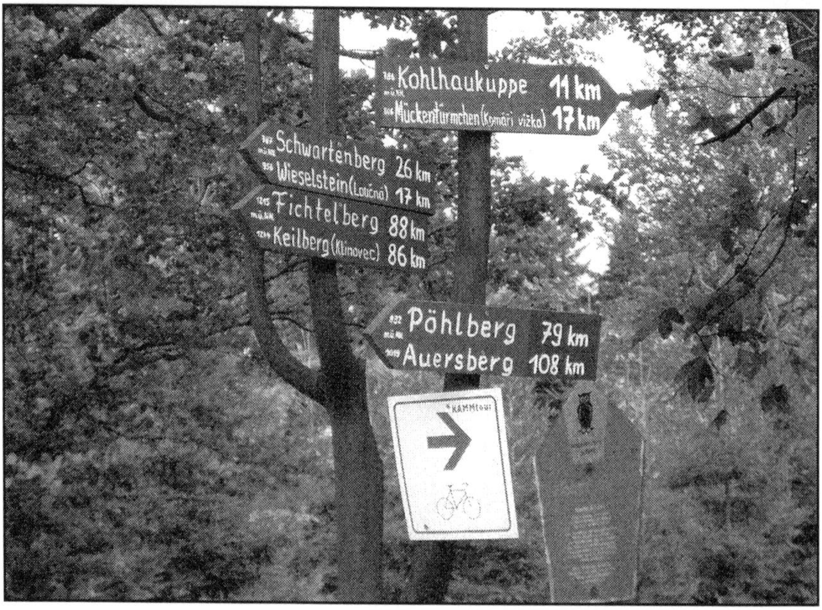

Oben: *Der Weg auf dem Sattel zwischen Zwönitz und Elterlein (Kreuzung der S 258) wird von vielen Radfahrern genutzt. -* ***Unten:*** *Die Erzgebirgs-Kammtour besitzt auch für Genussradfahrer unvergeßliche Abschnitte (hier bei Neu-Rehefeld). Ein Blick auf die Karte sollte aber vorher erfolgen.*

Aber auch zwischen kleineren Wasserläufen gibt es Höhenrücken. Für den, der sich nur „auf die Schnelle" entspannen möchte, bieten auch diese relativ kurzen Höhenstrecken zwischen zwei Bächen die Möglichkeit des leichten Radfahrens.

Beginnen wir unser Kapitel nach diesen einführenden Bemerkungen mit der Betrachtung der Höhenzüge, von West nach Ost. Unsere Übersicht legt dabei das Einzugsgebiet der jeweiligen Flüsse zugrunde. Die Grenze für unsere Westerzgebirgstouren bilden die Zuflüsse der Weißen Elster und die Zwota als Grenze zum Elstergebirge. Wir beginnen auf der rechten Seite der Weißen Elster.

Der Höhenzug zwischen Weißer Elster und Zwickauer Mulde

Der wichtigste Ort dieses Höhenzuges ist Schöneck, der zwischen drei Einzugsgebieten von Flüssen liegt. Zu den obengenannten kommt noch die Zwota hinzu, welche das Erzgebirge vom Elstergebirge trennt. Die Zwota ist der einzige sächsischer Fluss, der das Erzgebirge nach Süden zur Ohre (Eger) entwässert.

Schöneck ist ein beliebter Wintersport- und Wanderurlaubsort des vogtländischen Teils des Erzgebirges. Seit neuerer Zeit wird er auch für Radfahrer immer beliebter.

Die Hauptwasserscheide zwischen den beiden Flüssen Elster und Mulde verläuft von Schöneck in Richtung des Höhenluftkurortes Grünbach, dann nach Hammerbrücke links der Mulde und weiter zum erzgebirgischen Kuhberg. Da die Mulde hier Richtung Nord-Ost verläuft, nimmt sie das Wasser vom Erzgebirgskamm auf; das Wasser nördlich von ihr fließt aber der Göltzsch und damit der Weißen Elster zu. Der Höhenzug an der Mulde ist deshalb schmal und hat einen relativ steilen Abfall zum Fluss. Ein direkter Höhenweg ist hier nicht vorhanden. Unsere Genussradtour, die wir hier ausnahmsweise hangabwärts betrachten, müssen wir aus vielen Teilstücken zusammensetzen. Ein Abweichen von der Ideallinie ist hier leider unumgänglich. Wir können natürlich immer Teile der offiziellen Radrouten nutzen.

Wir starten die Tour in Schöneck auf der S 302 (Muldenstraße, 784 m NN). Unser erstes Ziel ist die Rißbrücke in Hammerbrücke. Wir können über verschiedene Forststege unterhalb vom Rehhübel und durch den Heroldswald auf einer reinen Waldtour unser Ziel erreichen und nutzen dafür den Begleitweg der Bahnstrecke nach Falkenstein. Auch die steilere Route zur Talsperre Muldenberg ist möglich. Der Wanderweg mit der Kennzeichnung „ws-gn-ws“ bringt uns dann oberhalb des Bhf. Muldenberg (691 m NN) auf den Weg zum Oberen Floßgraben (695 m NN). Im Hammerbrücker Ortsteil Rißbrücke (mit einladender Gaststätte), können wir in das Tal der Weißen Elster einerseits und ins Tal der Zwickauer Mulde andererseits schauen, denn wir sind direkt auf einer Wasserscheide. Mit den zusammenhängenden Floßgräben (Weiße-Elster-Flöße) erfolgte in vergangenen Zeiten der Holztransport von den Einzugsgebieten der Flusssysteme Zwota und Mulde über zwei Wasserscheiden in das System der Weißen Elster. Eine technische Meisterleistung unserer Vorfahren.

Der Wanderweg mit der Kennzeichnung „ws-ge-ws“ führt weiter durch Hammerbrücke, entlang des Alten Floßgrabens, dem Großen Riß und auf der Floßbahn. Nicht jedes Stück des Weges ist ideal, aber größere Steigungen bleiben uns erspart.

Wir queren die S 300, um auf befahrbaren Forstwegen Georgengrün zu erreichen. Der Vogtlandsee lädt zum Baden ein und der Waldpark Grünheide bietet Angebote zum Erholen oder auch zum Übernachten.

Unsere nächsten Ziele sind Zöbisch (mit Gaststätte), die „Goldene Höhe“ mit dem Carlsturm (733,6 m NN) und danach Bad Reiboldsgrün. Der Wanderweg mit der Markierung „ws-gn-ws“ führt uns weiter nach Vogelsgrün, Ortsteil Eulenberg (mit Gaststätte). Um den Spitzkegel des Laubberges (767 m NN) herum radeln wir bis zur Forststraße bei der „Ohspann“ (743,6 m NN), fahren in Richtung Schönheide und queren die S 278. Der Neuheider Weg bringt uns zum Wanderweg der mit „EB ws-rt-ws“ gekennzeichnet ist. Er leitet uns genau auf der Wasserscheide unseres Höhenzuges durch den Sattel vor dem Kuhberg (794,6 m NN, mit Aussichtsturm und Gaststätte). Wer nicht auf diesen Berg möchte, umfährt das Bergmassiv westlich oder östlich entlang der Ausgeschilderung „ws-ge-ws“.

Der Aufstieg auf Berg und Aussichtsturm lohnt sich in jeden Fall. Übrigens ist der Name „Kuhberg“ eine häufige Bezeichnung für Berge in Deutschland. Der Nächste befindet sich bereits bei Netzschkau. Auf ihm steht ein Denkmal zu Ehren Bismarcks, ein sogenannter „Bismarckturm“.

Nach dem Kuhberg müssen wir aber von der Höhe unserer Umfahrung von ca. 750 m NN auf ca. 670 m NN hinunter. Dabei ist es egal, ob wir auf dem Wanderweg mit der Kennzeichnung „ws-ge-ws“ nach Neulehn (Stützengrün) oder auf dem Wanderweg mit der Beschilderung „ws-gn-ws“ über die Kraußhäuser nach Rothenkirchen, Ortsteil Wilde Taube fahren. In jedem Fall führt unsere Fahrstrecke nördlich des Kuhbergs bergab.

Im Kuhberggebiet sammelt sich aus vielen kleinen Bächen der Rödelbach. Er ist einer der linksseitigen Nebenflüsse der Zwickauer Mulde. Die Wasserscheide zwischen Weißer Elster und Zwickauer Mulde verläuft westlich davon. Interessant für uns Genussradfahrer ist auf ihr der Steinberg mit seinem Aussichtsturm (659,4 m NN, mit Gaststätte). Wir erreichen ihn von der Verbindungsstraße Rothenkirchen - Wildenau aus. Durch Rothenkirchen verlief in früheren Zeiten auch die Schmalspurbahn Wilkau-Hasslau - Carlsfeld. Welche Möglichkeit für einen Radweg! - Nach dem Steinberg senkt sich der Höhenzug erheblich ab. Sein weiterer Verlauf führt zum Eisenberg (532 m NN), weiter links vom Irfersgrüner Bach, zum Tierpark Hirschfeld, Ortsteil Voigtsgrün. Danach beginnt bereits das Einzugsgebiet der Pleiße, deren Quelle in Ebersbrunn liegt.

Die linksseitigen Höhenzüge zur Zwickauer Mulde

Zwischen Crinitzer Wasser und Rödelbach

Um weiter gemütlich Radfahren zu können, fahren wir vom Steinberg aus Richtung Mausberg (638,9 m NN) auf „ws-ge-ws“ oder nutzen ein Stück die Verbindungsstraße nach Obercrinitz, Ortsteil Herlagrün. Kurz vor dem Ortseingang zweigt ein Weg nach rechts mit der Kennzeichnung „ws-gn-ws“ ab, der uns nördlich des Crinitzberges führt. Von hier aus können wir auf dem Höhenzug den Wanderweg („ws-ge-ws“) in Richtung Giegenstein (506,9 m NN) und dann den Weg mit der Beschilderung „ws-gn-ws“ vorbei am Geiersberg nach Kirchberg fahren.

Der Hausberg von Kirchberg, der Borberg (434 m NN), mit Aussichtsturm und Berghaus, liegt nördlich von der Stadt.

Zwischen Rödelbach und Zwickauer Mulde

Nach dem Abstieg vom Kuhberg ist unser nächstes Ziel die Hochfläche des Filzteiches bei Schneeberg. Leider müssen wir dazu von Neulehn nach Stützengrün auf der Landstraße und dann, bis zur Straße nach Lichtenau, am Imbiss „Waldhummel“, auf der B 169 fahren. Hier wäre ein Radweg sinnvoll. Ab Rothenkirchen, Ortsteil Wilde Taube könnte dieser bis Stützengrün auf der alten Bahnstrecke verlaufen. Durch die Verlegung der B 169 (Ortsumgehung Hundshübel) gibt es verkehrstechnische Veränderungen. Inwieweit sie sich bis hierher auswirken, ist noch nicht erkennbar.

Haben wir den Imbiss erreicht, kann die Tour starten. Ein landschaftlich schöner, langer Weg führt uns als echte Genussradstrecke über Lichtenau (mit Gaststätte) weiter zum Lichtenauer Flügel mit einer weiteren Einkehrmöglichkeit, der Gaststätte „Waldschänke Lindenau“. Von hier aus können wir auf der Salzstraße noch ca. 1,5 km weiterfahren, dann senkt sich das Gebirge ins Erzgebirgsbecken ab. Diese Gebirgskante mit dem Hirschenstein (610 m NN), der Griesbacher Höhe (579,5 m NN) und dem Keilberg (558,9 m NN, Aussichtsturm, Gaststätte) setzt sich östlich der Zwickauer Mulde als Erzgebirgsnordrandstufe fort.

Aus Richtung Zwickau ist die vorgenannte Salzstraße eine Zufahrt zur Hochfläche des Filzteiches. Wenn wir auf der B 93, kurz vor der Griesbacher Höhe, in die Saubersdorfer Straße einbiegen, ist sie dort zu finden. Vorbei an einigen Häusern erreichen wir sie nach ca. 750 m. Unser Auto stellen wir hier möglichst ab. Nach 1 km bergauf haben wir die Hochfläche erreicht. Für Besucher und Urlauber des Filzteiches ist das Rad auf der Hochstraße notwendig. Mit geringem Auf und Ab sind vom Filzteich aus Ziele, die auf ähnlicher Höhenlage liegen, mit Genussradtouren erreichbar: Nach (Ober-) Hundshübel über das Geleitshaus, nach Wolfgangsmaßen und weiter zum Aufstieg auf den Gleesberg (593 m NN, mit Aussichtsturm und Gaststätte), nach Lichtenau und weiter bis Oberstützengrün, nach Burkhardtsgrün zum Zollhaus (Gaststätte) über den Lindenauer Grenzweg und weiter über den Albernauer Flügel mit einem geringen Abstieg nach Albernau und natürlich nach Lindenau zur „Waldschänke“ und in Richtung Keilberg. Es stehen Ihnen auch noch weitere, schwierigere Strecken, offen.

Die rechtsseitigen Höhenzüge zur Zwickauer Mulde

Zwischen Zwickauer Mulde und Mülsenbach

Einmal quer durch die Alpen, einmal eine „Transalp” fahren. So schwärmen unsere kräftigeren Freunde auf dem Rad, die Mountainbiker. Transalp ist aber nicht gleich Transalp. Auch in diesem Bereich des Radsports sind verschiedene Schwierigkeitsgrade möglich. Eine Route hat nicht die gleiche Streckenführung und Herausforderung wie die andere.

So hoch hinaus, im wahrsten Sinne, wollen wir nicht. Aber eine schöne, längere Tour durch das Erzgebirge, etwa sogar vom Fuß des Erzgebirges bis über den Kamm, das wäre ein Traum - etwas zum „Vorzeigen” im Bekanntenkreis. Eine „Transerzgebirgstour” der Genussradfahrer - das wär's.

Als sichere Strecke für solch eine „Leistungsfahrt” für Genussradfahrer benötigen wir einen langen Höhenzug. Ausgangspunkt hierfür kann Chemnitz oder auch Zwickau sein. Beide Städte werden von einem großen Höhenrücken bzw. dessen Ausläufern tangiert. Beginnen wir in diesem Buchabschnitt mit Zwickau.

Zwischen Zwickauer Mulde und Mülsenbach bewegen wir uns hierbei auf einem Seitenhöhenzug der großen Wasserscheide von Zwickauer Mulde und ihrem Nebenfluss, der Chemnitz. Auf ihr können wir lückenlos auf die Trennlinie zwischen den Einzugsgebieten zwischen Zwickauer Mulde und Freiberger Mulde gelangen und bis zum Fichtelberg fahren.

Wir beginnen unsere Tour direkt in Zwickau. Selbst der Anstieg von 3 - 4% von Bertelsdorf aus, ist für uns Genussradfahrer mit „Abstrichen” noch machbar. Er wird auf der Höhe bei Thurm (Kreuzung mit der K 6705 / K 9305) flacher. Natürlich sind die Steigungen auf den Höhenzügen nicht ideal auf uns abgestimmt, aber ein wenig Auf und Ab der Fahrstrecke macht unsere Tour abwechslungsreicher. Auch wenn die Steigungen gering sind, ständig bergan zu fahren „schlaucht”. Abwechselnd auch mal geradeaus oder bergab zu radeln entspannt.

Über die Pohlwaldsiedlung erreichen wir die B 173. Hier treffen wir auch auf einen Zweig der stillgelegten Brückenbergschachtbahn. Hoffentlich wird sie der Genussradweg, der die Zwickauer auf den Höhenzug bringt. In der „Radverkehrskonzeption Sachsen 2005“ ist die Verbesserung der Radverkehrssicherheit für die B 173 von Zwickau auf die „Martin-Hoop-Schacht-Höhe“ bereits festgelegt. Wenn unter den Entscheidungsträgern in der westsächsischen Stadt auch einige Radfahrer, vielleicht sogar Genussradfahrer sind, ist die wünschenswerte Auffahrt nur eine Frage der Zeit.

Von der B 173 zweigt die „Hohe- oder Freitagstraße“ ab. Ein Teil davon ist die neue Ortsumfahrung von Zwickau. Sie verbindet die beiden Autobahnen A 4 und A 72. Den Planern der Straße sollte man ein Kompliment machen, denn entlang der neuen Straße oder besser gesagt, in ihrer Nähe ist wieder ein Weg entstanden, der uns als Radweg und der Landwirtschaft als Wirtschaftsweg dient. Die „Hohe- oder Freitagstraße“ bleibt uns als reizvoller Panoramaweg erhalten. Noch sind keine hohen Bäume vorhanden, aber wenn die Anpflanzungen gewachsen sind, verschwindet der kahle Eindruck, den wir zur Zeit noch haben. Die neue Straße und auch der begleitende Weg biegen in Richtung der Autobahnauffahrt Zwickau-Ost ab, wir bleiben aber auf der Freitagstraße.

Auf unserem weiteren Weg wartet eine Gaststätte auf uns. Wir kreuzen auch zweimal die A 72, umfahren dabei das Quellgebiet vom Mülsenbach auf der linken Seite und lassen rechterseits den Ort Zschocken unter uns im Tal liegen. In der Nähe des Waldstücks „Promnitzer" mit der Gaststätte erreichen wir die S 255. Nach links, in Richtung Heinrichsort, führt die Straße zurück nach Zwickau. Wir fahren jedoch nach rechts in Richtung Autobahn. Der Höhenzug und die Straße sind hier sehr schmal, deshalb vorsichtig fahren.

Die Straße ist die schnellste Verbindung von Lichtenstein zur A 72, dann auf dem Autobahnzubringer zur Stadt Aue und damit zur Wirtschaftsregion Aue / Schwarzenberg. Bald wird deshalb ein Ausbau der S 255 auch zwischen Lichtenstein und der A 72 erfolgen müssen. In der „Radverkehrskonzeption Sachsen 2005" ist für uns Radfahrer hier keine Verbesserung zu erwarten. Die Bedeutung der Höhenzüge für das Genussradfahren hat sich noch nicht herumgesprochen. Deshalb sind hier unsere regionalen Akteure gefragt. Wie sie es fertig bekommen, dass an diesem sensiblen Höhenzug ein radfahrtauglicher Weg entsteht, ist ihre Aufgabe. Vorstellbar wäre z. B., den für die Landwirtschaft nötigen Begleitweg zwischen „Hohestraße" und Autobahnbrücke durchgängig zu planen, um ihn auf diese Weise auch als Radweg nutzen zu können.

Nach der A 72 können wir bequem auf dem vorhandenen Wirtschaftsweg neben der S 255 fahren. Nach ca. 2 km biegen wir ab. Vorbei am Beuthenteich, durchqueren wir Beutha und können dann auf der stillgelegten Bahnstrecke Stollberg - Zwönitz in Richtung Fichtelberg weiterfahren.

Die weitere Beschreibung unserer „Zwickauer Transerzgebirgstour" finden Sie im Kapitel „Stillgelegte Bahnstrecken" / Strecke Stollberg - Zwönitz - Scheibenberg und den Streckenteil von Scheibenberg bis zum Fichtelberg unter der Beschreibung des Höhenzuges „Zwischen Zwickauer Mulde und Freiberger Mulde".

Zwischen Würschnitz- und Zwönitztal

Zwischen den beiden Quellflüssen der Chemnitz verläuft ein Teil der sogenannten „Erzgebirgsnordrandstufe". Sie markiert die Landschaftsgrenze (Naturraumgrenze) des Erzgebirges gegenüber dem Erzgebirgsbecken. Diese erstreckt sich mit Unterbrechungen nördlich von Freiberg in südwestliche Richtung. Sie hat an den verschiedenen Abschnitten eigene Bezeichnungen. Bei Adelsberg z. B. nennt sich die Schwelle „Der Breitenlehn". Auf einer Länge von ca. 30 km ist sie vom Südosten bis Südwesten um Chemnitz herum gut sichtbar. Die besonders erkennbare Schwelle erstreckt sich, unterbrochen durch den Fluss Zwönitz, vom Katzenberg bei Euba (471 m NN) bis zum Katzenstein bei Affalter (627 m NN). Hier ist sie gleichzeitig die Wasserscheide zwischen Zwönitz und Würschnitz.

Die Fließrichtung der beiden Gewässer ist hier etwa parallel zum Gebirgsverlauf. Damit wird die Nordrandstufe als Abhang zur Würschnitz deutlich sichtbar. Das Flusstal betont die Geländestufe zusätzlich. Im oberen Bereich wird sie durch den Gablenzbach, einem kleineren Nebenfluss der Würschnitz, an dem Stollberg liegt, bestimmt. Von diesem Ort aus verlief, auf dem kleinen Höhenzug zwischen Würschnitz und Gablenzbach, die Bahnstrecke Stollberg - Zwönitz (siehe auch im Kapitel „Stillgelegte Bahnstrecken"). Auf ihr können wir fast bis auf den Katzenstein gelangen, einen der Eckpunkte des Eisenweges.

Der Haupthöhenzug zwischen den beiden größeren Flüssen beginnt bzw. endet am Katzenstein (627 m NN). Von diesem ersten großen Gipfel des Erzgebirges haben Sie einen weiten Blick über das gesamte Erzgebirgsvorland. Auch der Kamm mit dem Auersberg, dem Bärenstein und dem Fichtelberg ist von hier aus zu sehen. Aber auch der Blick in den Talkessel von Aue, der hinab bis auf 350 m NN reicht, zeigt, welche außergewöhnlichen Ausblicke es im Erzgebirge gibt. Die vorteilhafte Lage des Katzensteins wird mit einem Sendemast für Rundfunk und Fernsehen schon lange genutzt. Auch wenn die Spitze des Berges nur durch einen Stein und nicht durch einen Aussichtsturm markiert wird, ist sie trotzdem einen Besuch wert. Bewirten lassen können sie sich anschließend in Affalter im „Schönburgischen Hof".

Die Genussradwege, die Sie von hier aus nutzen können, führen einerseits auf der alten Bahn nach Zwönitz und andererseits auf dem Höhenzug bis nach Chemnitz. Der Weg auf diesem Kamm ist der bereits einige Male erwähnte Eisenweg, auf dem eine der schönsten Genussradtouren im Erzgebirges möglich ist. Vom Katzenstein bei Affalter zum Katzenberg bei Euba verläuft der ausgeschilderte Wanderweg. Er beschreibt in etwa den Verlauf der Erzgebirgsnordrandstufe. Bis Euba reicht der Höhenzug nicht und unsere Radtour ist deshalb zuvor beendet.

Wir werden diesem Weg auf dem Höhenzug folgen. Nur in Brünlos weicht er von der Ideallinie ab, eine echte Alternative gibt es hier aber nicht. Das Gelände senkt sich zu einem Sattel, auf dem die Straße verläuft. Am besten ist es, wenn wir unser Rad auf dem kurzen schweren Stück schieben. Der Weg führt uns durch einen schönen Ort. Gaststätten und das beheizte Schwimmbad laden zum Verweilen ein. Wer Glück hat, findet beim Vorüberfahren auch die Kirche geöffnet.

Das Offenhalten der Kirchen für eine stille Andacht oder der Besichtigung für Besucher ist ein Problem - nicht nur in unserer Gegend. Um die Gotteshäuser vor Diebstahl zu schützen, aber den Menschen auch die Möglichkeit zur Andacht zu geben, wäre es wichtig, wenn wenigstens ein mit Sicherheitsglas abgeteilter und mit einer Gebetsbank versehener (Vor-) Raum dazu einladen könnte. Hier ist sicherlich eine finanzielle Förderung dieser notwendigen Einbauten und die Unterstützung durch den Landestourismusverband angebracht.

Auf der Höhe, mit großartiger Fernsicht über die Landschaft, verläuft die weitere Tour. Auf einer Seite des Höhenzuges geht der Blick über das Erzgebirgsvorland, auf der anderen Seite unseres Radweges sehen wir über Thalheim und Burkhardtsdorf und kommen dabei Chemnitz immer näher. Wir kreuzen die B 95 und bleiben noch bis Eibenberg auf diesem Höhenniveau. Von hier aus folgen wir der Straße K 6112 durch eine Senke zum Chemnitzer Stadtteil Berbisdorf (mit Gaststätte).

Neben der Kirche verlässt der Höhenweg wieder den Ort und bringt uns auf dem Kamm um das leicht besiedelte Waldgebiet „Alte Harth“ herum. Erwähnt sei hier noch das Ausflugslokal „Waldhaus“ sowie der Aussichtspunkt „Körnerhöhe“. Danach führt der Weg ins Tal, entweder über den Pfarrhübel Richtung „Chemnitz Zentrum“ oder durch die „Alte Harth“ nach Hartau. Beide Möglichkeiten sind für uns Genussradfahrer nur bergab zu empfehlen. Wer von Chemnitz ohne eine motorisierte Aufstiegshilfe und ohne zu schieben auf den Eisenweg gelangen möchte, sollte das über Klaffenbach, Adorf und der Gaststädte „Morgensonne“ tun. Der in der Beschreibung vom Eisenweg erwähnte Wanderweg bis zum Katzenberg bei Euba wird für uns Genussradler durch den Einschnitt des Tals der Zwönitz begrenzt. Dieser Berg liegt bereits auf dem nächsten Höhenzug.

Zwischen Zwickauer Mulde und Schwarzwasser

Das Schwarzwasser ist ein größerer Nebenfluss der Zwickauer Mulde im Erzgebirge. Zwischen beiden erhebt sich von Aue aus (ca. 350 m NN) ein bis auf über 1019 m NN ansteigendes Massiv bis zum Auersberg (mit Aussichtsturm und Gaststätte) bzw. bis zum Erzgebirgskamm. Das Gebiet ist als Wandergebiet sehr gut erschlossen. Auch die Mountainbiker sind hier viel unterwegs.

Für Genussradfahrer sehe ich nur eine entsprechende Möglichkeit, dieses Gebirgsstück vom Tal aus zu bezwingen: Von Aue aus fahren wir am Floßgraben entlang nach Albernau, dann auf dem Königsweg mit einem kurzen „Schiebestück” nach Bockau und weiter auf dem Erzengelweg zum „Grünen Platz“ (544 m NN). Nachdem wir hier aus dem Talkessel von Aue heraus sind, haben wir uns auf der Kante des Bergmassivs eine Rast verdient. Diese können Sie sich in der Parkwarte auf dem Heidelberg (mit Gaststätte und Aussichtsturm) gönnen. Der Rückweg wäre direkt nach Aue oder vom Grünen Platz aus quer durch den Burkhardtswald hinab in das Schwarzwassertal möglich.

Wer vom Grünen Platz aus direkt auf dem Kamm des Auersberggebietes weiterfahren will, muss einige Steigungen in Kauf nehmen. Für Genussradfahrer ist die Strecke mit einer Steigung bis zu 4,5% anspruchsvoll. Auf der Länge von 2,5 km bis zur Wegkreuzung „Ebertkreuz“ steigt das Gelände 108 Höhenmeter an; auf den ca. 1500 m bis zur Abzweigung des Auerhahnweges steigt es nochmals um 50 m (ca. 700 m NN). Die schöne Aussicht am „Waldhaus“ sollte deshalb für eine Rast genutzt werden. Wer jetzt weiter auf die Morgenleite (811 m NN, Aussichtsturm, Gaststätte) radeln möchte, sollte den Auerhahnweg nutzen und den Berg von der anderen Seite aus über den Morgenleitenweg anfahren.

In Richtung Auersberg nutzen wir folgende Wege: Wir fahren auf dem Lauterer Grenzflügel und dann wieder auf den Aue-Jägerhäuser -Flügel zur Gaststätte „Jägerhaus“ (ca. 780 m NN). Weiter geht es im Zickzackkurs immer höher hinauf: Oberer Floßgrabenweg, dann vorbei am Ochsenkopf (823,4 m NN), auf den Kobalt- und Eselsbergflügel, vorbei am Fällberg (843,4 m NN). Noch vor dem Eselsberg (867 m NN) biegen wir zur Gaststätte und Pension „Rote Grube“ ab, die unterhalb des Märzenbergs (822 m NN) liegt.

Weiter fahren wir zur Gaststätte „Riesenberger Häuser“ (ca. 840 m NN). Sie liegt unterhalb des Riesenberges (922,7 m NN). Von dort aus führt die Tour weiter auf der Sosaer Straße zum Johanngeorgenstätter Ortsteil Steinbach (ca. 840 m NN). Um auf den Auersberg zu kommen, empfehle ich Genussradlern von hier aus bis zur Gaststätte „Sauschwemme“ die Hauptstraße zu nutzen. Die offizielle Auffahrt zum Berg zweigt dort von der Hauptstraße ab.

Zum Erzgebirgskamm fahren wir auf der Eisenstraße noch bis zum Johanngeorgenstädter Ortsteil Henneberg (Gaststätte, 915 m NN). Er liegt am Kammweg, unterhalb vom Buchschuchtelberg (973 m NN). Nach diesem Berg fällt das Gebirge nach Süden wieder ab.

Das Quellgebiet der Zwickauer Mulde reicht noch bis zur Talsperre Muldenberg, die weiter westlich liegt. Südlich von Mühlleithen in Richtung Klingenthal fließt das Wasser in die Zwota und weiter in Richtung Tschechien. Die Zwota grenzt das Erz- vom Elstergebirge ab.

Das gesamte Gebiet ist eines der großen, zusammenhängenden Waldgebiete des Erzgebirges. Viele kleinere Bäche und Flüsse, wie die Große Pyra, die Große Bockau und andere speisen die Zwickauer Mulde. Zwischen ihnen liegen wieder kleinere Höhenrücken. Zum Genussradfahren sind deshalb eine weitere Anzahl kürzere und längere Wegstücke geeignet. Für lange Genussradstrecken sollten wir hier aber den oberen Teil des Gebirges, den Erzgebirgskamm nutzen.

Viele der im Text genannten hohen Berge sind bewaldete Gipfel, welche wegen ungenügend freier Sicht nicht als Aussichtspunkte geeignet sind. Den Eindruck eines großen Kammes vermittelt uns das Gebirgsmassiv an dem steilen Abfall des Auersberges nach Sosa und von Osten aus gesehen mit dem Höhenrücken der Morgenleite mit dem Aussichtsturm über dem Schwarzwassertal.

Dieser Einschnitt in das Gebirge schenkt uns einige der beeindruckendsten Aussichten. Allein wegen dieser überwältigten Panoramabilder von beiden Seiten über das Schwarzwassertal ist das Erzgebirge eine Reise wert.

Zwischen Schwarz- und Pöhlwasser

Der Höhenzug am oberen Lauf des Schwarzwassers ist wieder ein typischer Kamm. Auf ihm ist mit wenigen Einschränkungen durch Schiebeabschnitte ein durchgängig gut befahrbarer Weg von der Gaststätte „Hohes Rad“ nach Crandorf, dann bis Antonshöhe, weiter bis Breitenbrunn und nach Halbmeile auf der Joachimsthaler Straße für uns nutzbar. Wer möchte, kann einen Abstecher in etwa gleicher Höhe zum Sportzentrum Rabenberg machen. Ein Touristen-Grenzübergang lässt uns weiter ins Tschechische fahren.

Hier haben wir einen der vielen schönen Genussradwege auf den Höhenzügen vor uns. Landschaftlich unvergessliche Aussichten wechseln mit Walddurchfahrten. Für Speise und Trank ist gesorgt, was wollen wir mehr. Für den Aufstieg zum Höhenzug ist die Fahrt im PKW zu empfehlen. Die Möglichkeit, das Rad zu schieben besteht natürlich auch.

Wer den Aufstieg ohne Hilfsmittel wagen möchte, dem kann ich zwei Tourenvarianten vorschlagen, die beide in Schwarzenberg (427 m NN) beginnen. Mit Hilfe von Steigungsdiagrammen können Sie sich die angenehmste aussuchen - die Höhenmeter sind für Rundtouren gleich.

1. In Schwarzenberg benutzen wir die alte Annaberger Straße in der Nähe des Finanzamtes, um unsere ersten Höhenmeter zu erklimmen.

Ein Abzweig dieser Straße zum „Freitagsgut“ bringt uns auf einen Wanderweg und auf die Höhe zum „Hohen Rad“ (ca. 585 m NN). Der Höhenunterschied von ca. 160 m verteilt sich auf eine Länge von 2 km. Für Genussradfahrer eigentlich viel zu steil, um zu fahren, also ist Schieben die einzige Möglichkeit. Deshalb ist es günstig, wenn Sie diesen Streckenteil an den Anfang der Tour oder als angenehme Abfahrt ans Ende der nachfolgenden Rundstrecke legen.

2. Wir fahren von Schwarzenberg aus entlang der B 101 nach Grünstädtel und nutzen dann die stillgelegte Bahnstrecke nach Rittersgrün. Wir folgen dem „Kranbächel Weg“ und erreichen unseren Höhenzug am oberen Ende. Um das Schieben kommen wir aber auch hier nicht herum. Durch den schönen Panoramarückweg nach Schwarzenberg werden wir aber großzügig entschädigt.

Zwischen Pöhlwasser und Großer Mittweida

Wie das Auersberggebiet zwischen Zwickauer Mulde und Schwarzwasser ist auch das Fichtelberggebiet ein typisches Quellgebiet. Viele kleine Sickerwasser, Wasserläufe und Bäche sammeln sich zu größeren Flüssen. Zwischen diesen beginnt hier auf engem Raum jeweils ein längerer Höhenzug, fast das Abbild der Flüsse im westlichen Erzgebirge. In der Querrichtung zu den Wasserläufen durch dieses Gebiet zu fahren, bringt ein ständiges Auf und Ab mit sich.
Auch wenn diese Täler zu Beginn der Flussläufe nicht tief sind, ist oft das Schieben des Rades angesagt. Es ist besser, wir vermeiden diese Querfahrten und nutzen auch den jeweiligen Höhenrücken zwischen den Wasserläufen.

Der Höhenzug zwischen Pöhlwasser und Großer Mittweida muß unbedingt erwähnt werden, denn ihn nutzen viele Ausflügler, um am Wochenende mit dem Rad auf den Fichtelberg zu gelangen. Er führt vom Oberbecken des Pumpspeicherwerk Markersbach (848 m NN, Parkmöglichkeiten vorhanden) auf dem „Hundsmarterflügel“, weiter auf der Altpöhlaer Straße bis auf die Höhe von 1049 m NN zum „Deutschen Gehau“. Auf die Spitze des Fichtelberges führt die Fahrstrecke dann etwas steiler bergauf.

Wer möchte, kann aber auch ohne weitere größere Anstiege nach Bozy Dar (Gottesgab) weiterfahren, das Grab von Anton Günther, dem „Sänger des Erzgebirges“, besuchen und in eines der vielen tschechischen Restaurants einkehren.

Der Höhenzug zwischen Zwickauer und Freiberger Mulde

Auf dem Höhenzug zwischen der Zwönitz, deren Wasser über die Chemnitz in die Zwickauer Mulde fließt und der Zschopau bzw. deren Nebenfluss, der Wilisch, verläuft die Hauptwasserscheide dieser beiden großen Arme der Mulde. Die Zschopau ist der größte, linksseitige Nebenfluss der Freiberger Mulde.

Der Höhenzug verläuft zwischen der Chemnitz und der Zschopau, vorbei an der bekannten Autobahnraststätte „Auerswalder Blick", dem Adelsberg, oberhalb von Auerbach, durch das Greifensteingebiet, vorbei am Scheibenberg zum Fichtelberg. Da der Höhenzug ab Chemnitz durchgängig mit Wegen und wenig mit Straßen versehen ist, lädt er uns zum Genussradeln geradezu ein. Er durchschneidet die Erzgebirgsnordrandstufe und durchquert das Erzgebirge bis zum Kamm. Hier besteht wiederum die Möglichkeit, eine Transerzgebirgstour des Genussradfahrens zu starten. Auf dem Höhenzug können u. a. die Chemnitzer zum Fichtelberg radeln. Natürlich müssen sie erst diesen Höhenzug erklimmen, der östlich an ihnen vorüberzieht. Fahren wir diese Tour.

Der Start zur Transerzgebirgstour Chemnitz - Geyer - Oberwiesenthal befindet sich am Bahnhof in Chemnitz (ca. 300 m NN). Das 1. Ziel ist der Adelsberg mit dem Aussichtsturm und der Gaststätte (509 m NN). Um auf diese Höhe zu kommen, gibt es vor allem zwei Fahrmöglichkeiten: Ab dem Bahnhof Hilbersdorf über den Wanderweg mit der Kennzeichnung „ws-gn-ws" durch den Zeisigwald (Grenzweg) oder die Augustusburger Straße und dann die Adelsberger Straße entlang bis in den Stadtteil Adelsberg (ca. 5,5 km, Steigung 1,6 - 3%, bis auf eine Höhe von ca. 413 m NN).

Um das Schieben des Rades auf dem letzten Kilometer des Aufstieges zum Adelsberg kommen wir wohl nicht herum. Die Steigung beträgt hier ca. 6,5 % und ist für Genussradfahrer zu steil, für geübte Radfahrer aber kein Problem.

Weil die Anfahrt durch die Stadt lang ist, können Sie Ihr Rad auch mit dem PKW mitnehmen und dadurch den Aufstieg vermeiden. Parkplätze oder Nebenstraßen zum Abstellen des Autos sind vorhanden, z. B. der Parkplatz (485 m NN) unterhalb des Adelsberges.

Weiter geht die Fahrt von Adelsberg nach Kleinolbersdorf (Eubaer Weg, 493 m NN, Markierung „ws-gn-ws") nach Altenhain. Dabei nutzen wir den Feldweg am Erlenwald vorbei, um auf die Zschopauerstraße, die B 174, zu gelangen. Die Bundesstraße verläuft hier auf dem

Kamm des Höhenzuges. Ein begleitender Radweg ist dringend notwendig. Wir müssen der verkehrsreichen Strecke leider folgen und kommen so zum Gasthaus „Goldener Hahn" (Parkplatz 488 m NN). Unter Ausnutzung aller Nebenwege, z. B. durch das Wohngebiet an der Zschopauer Landstraße - hier wären Wegweiser zu empfehlen - fahren wir weiter auf einem Feldweg, unter der B174 hindurch und dann weiter an ihr entlang. Die neue Streckenführung der Bundesstraße scheint ohne Einbettung in ihr Umfeld geplant worden zu sein. Ab der Siedlung „Ruhebank" müssen wir die alte Fahrstraße mit vielen „verschenkten" Höhenmetern nutzen. Der ungepflegte Weg mit einem angenehmen Höhenniveau, der zur Brücke über die große Straße führt, wurde leider nicht für uns Radfahrer reserviert. Vom Waldcampingplatz aus, vorbei an der Dittersdorfer Höhe (552,9 m NN, Gaststätte, empfehlenswerte Aussicht) erreichen wir die B 180 in der Nähe der Kreuzung beider Bundesstraßen. Wurden wir an der B 174 „im Regen stehen gelassen", so finden wir an der neuen B 180 einen exzellenten Radweg vor. - Ziel ist nun der Wanderweg „Eisenstraße" in Richtung Weißbach. Die B 180 verläuft hier ca. einen Kilometer auf dieser. In der „Radwegekonzeption Sachsen 2005" war der Bereich der B 180 für eine Verbesserung der Radverkehrssicherheit *„aus sonstigen Gründen"* vorgesehen. Hier wurde Wort gehalten. Auf der Kante des Höhenzuges Rad zu fahren, macht Spaß. Eine Lücke auf der „Transerzgebiergstour des Genussradelns" ist damit geschlossen.

Einige Meter nach der Gaststätte „Zur Linde", verlassen wir die abbiegende B 180, die bald den Ortsteil Dittersdorf und das Zwönitztal erreicht. Wir fahren wenige Meter auf der S 232 und biegen rechts auf die Eisenstraße ein. Auf ihr verläuft ein Stück des „Ostsee-Saaletalsperren-Wanderweges" (Ausschilderung „ws-bl-ws"). Vorbei an einem Aussichtsberg von 531 m NN radeln wir auf der alten Handelsstraße in Richtung Greifensteingebiet und genießen dabei einen weiträumigen Ausblick über Gelenau. Am Gewerbegebiet verlassen wir den offiziellen Radweg und fahren ohne „verschenkte Höhenmeter" durch dieses hindurch. Vorbei an einer Imkerei erreichen wir den Aussichtspunkt „Weißer Stein"

Nachdem wir uns an der Gaststätte „Schwarzer Teich" vielleicht gestärkt haben, müssen wir leider ein kurzes Stück auf die K 8805. Diese Straße soll nach neuesten Standards ausgebaut werden. Für einen neben ihr verlaufenden Radweg war aus finanziellen Gründen in der Planung kein Raum. Dabei wurde der Weg im Kreistag Stollberg bereits beschlossen, doch diese demokratische Entscheidung nach zehn Minuten durch nochmalige Abstimmung rückgängig gemacht! Der dafür versprochene Radweg hinter der Gaststätte ist bis heute noch nicht entstanden. Gerade an dieser sensiblen Stelle ist der Höhenzug nur wenige hundert Meter breit. Der zugesagte Radweg ließe uns einige Höhenmeter mehr erklimmen als es ein straßenbegleitender Weg getan hätte. Noch besteht bei allem Hin und Her aber die Möglichkeit, eine ideale Streckenführung für die Genussradfahrer zu bauen.

Wir fahren auf der Straße bis zur Kreuzung mit der Thumer Straße, biegen in diese ein und nutzen nach ca. 300 m die Wirtschaftsstraße in das Gewerbegebiet der Agrargenossenschaft. Von hier aus überblicken wir das Zwönitztal, sehen auf die Greifensteine und einen Teil der Ortschaft Jahnsbach zu unseren Füßen.

Auf dem Auerbacher Rundweg erreichen wir nach dem Queren der Jahnsbacher Straße die alte Bahnstrecke Thum - Meinersdorf. Wir folgen ihr nur ca. 300 m. Dann biegen wir nach links in Richtung Greifenbachstauweiher ab.

Wer nur eine kurze Tour machen möchte, kann der alten Bahnstrecke mit ein paar Umfahrungen bis Meinersdorf folgen und von dort mit der Erzgebirgsbahn wieder zurück nach Chemnitz fahren. Auch das ist eine erlebnisreiche Genussradtour.

Auf unseren Weg erreichen wir die Straße nach Hormersdorf und können jetzt über den Ort sehen. Auf dem Silberzechenweg fahren wir weiter. Ein Abstecher zum Mühlteich kann für eine Erfrischung genutzt werden. Er ist das Freibad von Jahnsbach und für alle ohne Eintritt geöffnet. Geradeaus erreichen wir mit einem kleinen Anstieg die Höhenlage der Greifensteine (732 m NN, Aussichtsfelsen, Gaststätte), die ein lohnendes Ausflugsziel sind. Auf der Naturbühne erwarten Sie u. a. Aufführungen des „Eduard-von-Winterstein-Theaters“ aus Annaberg-Buchholz.

Wir fahren weiter zum Greifenbachstauweiher, dem bekannten Naherholungsgebiet im Westerzgebirge (Campingplatz, Strandbad). Unterhalb der Staumauer führt der asphaltierte Radweg weiter zum Geyerischen Sportplatz. Danach biegen wir auf den Weißen Weg in Richtung Fernsehturm ein. Im Wald biegen wir auf den ersten Weg, der leicht bergab führt, nach links ein und fahren auf diesem bis zum großen Wandererparkplatz an der Zwönitzer Straße.

Unser nächstes großes Ziel ist der Scheibenberg. Hierzu nutzen wir den ersten Weg in Geyer, der nach rechts abzweigt und den Namen „Lärchenweg“ trägt. Er bringt uns entlang der Höhe in Richtung der Gaststätte „Waldschänke“. Wir genießen die grandiose Aussicht über

Geyer und bis zum Erzgebirgskamm. Auf dem „O-Weg", vorbei an dem Naturschutzgebiet „Hermannsdorfer Wiesen", erreichen wir den Ortsrand von Elterlein.

Nach weiterer Fahrt in unserer Richtung gelangen wir an die bekannte Ausflugsgaststätte „Finkenburg". Wir überqueren die Straße Elterlein - Geyer und kommen nun an die alte Bahnstrecke Zwönitz - Scheibenberg. Dieser folgen wir bis zum Ort, immer mit dem einladenden Blick auf den Basaltkegel des Scheibenbergs mit Aussichtsturm und Gaststätte (807 m NN).

In der Stadt angekommen, müssen wir uns als Genussradler erst orientieren. Rechterhand führt die Straße bergab nach Oberscheibe (Tipp: Besichtigung der Brauerei Fiedler, nach Voranmeldung) und Markersbach (Tipp: Besichtigung der „Streichholzbrücken"), linkerhand senkt sich das Gelände nach Schlettau hinunter (Tipp: Schloss Schlettau). In gerader Richtung, auf unserem Höhenrücken, verläuft nur eine stark befahrene Straße in Richtung Crottendorf. Wir müssen mit dem Verkehr vorlieb nehmen; uns bleibt nur die Hoffnung, dass eines Tages ein Verantwortlicher an die Belange der Wanderer und Radfahrer denkt, die zum Fichtelberg wollen. Vorbei an den Kalkgruben zweigt rechts ein ausgeschilderter Wander- und Radweg ab. Dieser führt aber hinab ins Tal der Großen Mittweida, während wir auf dem Höhenzug bleiben wollen. Wir genießen dabei den landschaftlich reizvollen Ausblick über Oberscheibe sowie das Westerzgebirge und fahren auf der Straße in Richtung Crottendorf weiter.

Etwa 1,5 km nach dem Ortsausgang von Scheibenberg kreuzen Wirtschaftswege unsere Straße. Nach links führt die Fahrbahn nach Crottendorf, nach rechts aufwärts auf unseren Höhenzug. Bereits nach wenigen hundert Metern erreichen wir einen Aussichtspunkt. Das Zschopautal ist hier in seiner gesamten Breite und landschaftlichen Schönheit einzusehen, den Scheibenberg erblicken wir von der anderen Seite und vor uns liegt unser Ziel, der Erzgebirgskamm. Nach wenigen Metern wird unsere Fahrspur ein einfacher Waldweg. Der Fußsteig, der in manchen Karten eingezeichnet ist und auf dem Höhenzug entlangführt, ist verwachsen und deshalb (noch!) ungeeignet für unsere Tour. Wir erreichen auf dem Forstweg abwärts die Hammerstraße, auf der wir unser Rad wenige hundert Meter aufwärts zur Joachimsthaler Straße schieben. Vielleicht wird hier im Rahmen des „Integrierten ländlichen Entwicklungskonzeptes" (ILEK-Programm) eine direkte Verbindung des Höhenzuges von Scheibenberg aus geschaffen, ohne dass wir während der

Fahrt Höhenmeter verlieren. Ein Weg im Sinne der Touristen müßte entlang der Staatsstraße bis zum Wirtschaftsweg und dann auf dem Höhenzug entlangführen.

Die Joachimsthaler Straße bringt uns auf den Höhenzug, direkt zur Trainingsstrecke der Oberwiesenthaler Langläufer und zum Fichtelberg. Auf den letzten zwei Kilometern müssen wir einige Male unser Rad schieben, denn wir gehören ja nicht zu den Radprofis. Die mit Roller-Ski trainierenden Wintersportler haben auf dieser Strecke selbstverständlich die Vorfahrt. Sie sehen Radfahrer auf ihrer Route nicht gern, denn die Gefahr eines Zusammenstoßes ist groß. Eine neue Streckenführung ist in Arbeit.

Eine andere, für uns Genussradfahrer angenehmere Fahrmöglichkeit, besteht darin, unseren Weg kurz nach der Hammerstraße, nach nur wenigen hundert Metern, auf der Joachimsthaler Straße zu verlassen und auf den nächsten Höhenzug zu fahren. Über die Pension und Gaststätte „Kalkberg", die Gifthüttenstraße und den Weg unterhalb des Gifthüttenberges erreichen wir den Fuß der „Himmelsleiter" am Fichtelberg mit der Gaststätte „Waldeck" und dem Parkplatz „Rotes Vorwerk". Wir fahren weiter nach Oberwiesenthal zur Drahtseilbahn und lassen uns und unsere Räder bequem in der Gondel auf den Berg bringen und genießen mit einem stolzen Rückblick auf unsere Mühen, die Aussicht vom höchsten Berg Sachsens.

Weitere Fahrstrecken für Genussradler auf dem Erzgebirgskamm finden Sie am Ende dieses Kapitels.

Zwischen Mülsen- und Lungwitzbach

Dieser Höhenzug beginnt weit vor der Erzgebirgsnordrandstufe. Wir führen ihn hier auf, da auch er uns immer auf einem Höhenrücken bleibend, bis zum Fichtelberg führen kann. Nicht nur auf dem Höhenzug zwischen den zwei großen Flüssen, der Zwickauer und der Freiberger Mulde, können wir die Transerzgebirgstour für Genussradfahrer starten. Auch zwischen den kleineren Nebenflüssen ist ein guter Start für diese Route möglich.

Wir besteigen unser Rad am Naherholungsgebiet „Stausee Glauchau" und fahren am Kupferberg (317 m NN) vorbei zur „Voigtlaide". Auf dem Höhenniveau bleibend und die weite Aussicht genießend, erreichen wir die Alberthöhe mit der Gaststätte (422 m NN) zwischen Lichtenstein und Heinrichsort. Der wiedererrichtete Aussichtsturm beschert uns zusätzlich einen herrlichen Rundblick über die Landschaft.

Ein Abstecher nach Lichtenstein mit dem Schloss, den zwergenhaften Gebäuden in der „Miniwelt“, dem Planetarium, dem „Daetz-Centrum“, dem „Puppen- und Spielzeugmuseum“ und dem Gelände der 1. Sächsischen Landesgartenschau ist durchaus empfehlenswert.

Nach Heinrichsort, welches wir „in der zweiten Reihe” durchfahren, müssen wir leider auf der verkehrsreichen Straße S 255 radeln. Um die Schönheit des schmalen Grates dieses Höhenzuges für das Genussradfahren und damit für den Tourismus nutzen zu können, ist ein einfacher Begleitweg der Straße für alle nicht motorisierten Verkehrsteilnehmer notwendig. Er muß nicht unbedingt breit und asphaltiert sein. Einige Meter nach dem Waldstück, das nach der Gaststätte „Promnitzer“ benannt ist, trifft der Höhenzug, der sich zwischen dem Mülsenbach und dem Rödlitzbach bzw. dem Quellgebiet der Würschnitz befindet, auf den Grat zwischen Zwickauer Mulde und Mülsenbach. Der weitere Weg zum Fichtelberg ist in dem Abschnitt „Zwischen Zwickauer Mulde und Mülsenbach“ näher beschrieben.

Zwischen Lungwitzbach und Würschnitz

Während das Wasser des Lungwitzbaches nach Westen in die Zwickauer Mulde fließt, speist der Würschnitzbach die östlich fließende Chemnitz. Das Wasser beider Flüsse vereint sich weiter talwärts in der Zwickauer Mulde.

Der Höhenzug dazwischen wurde von der alten Handelsstrasse, der „Pflockenstraße“ oder auch „Flockenstraße“ und von der heute stillgelegten Bahnstrecke Neuölsnitz - Lugau - Wüstenbrand genutzt. Der Ausbau der Bahnstrecke zum Genussradweg wäre ein Gewinn für alle.

Der Bergrücken gehört zum Höhenzug, der das Einzugsgebiet der Zwickauer Mulde von dem der Chemnitz trennt. Vorbei am Waldbad Neuwürschnitz oder mit einer Rast an diesem See, können wir auf hohem Niveau bleibend, bis zum Fichtelberg fahren. Auch dieser Bergrücken trifft auf den großen Höhenzug zwischen Zwickauer Mulde und Mülsenbach.

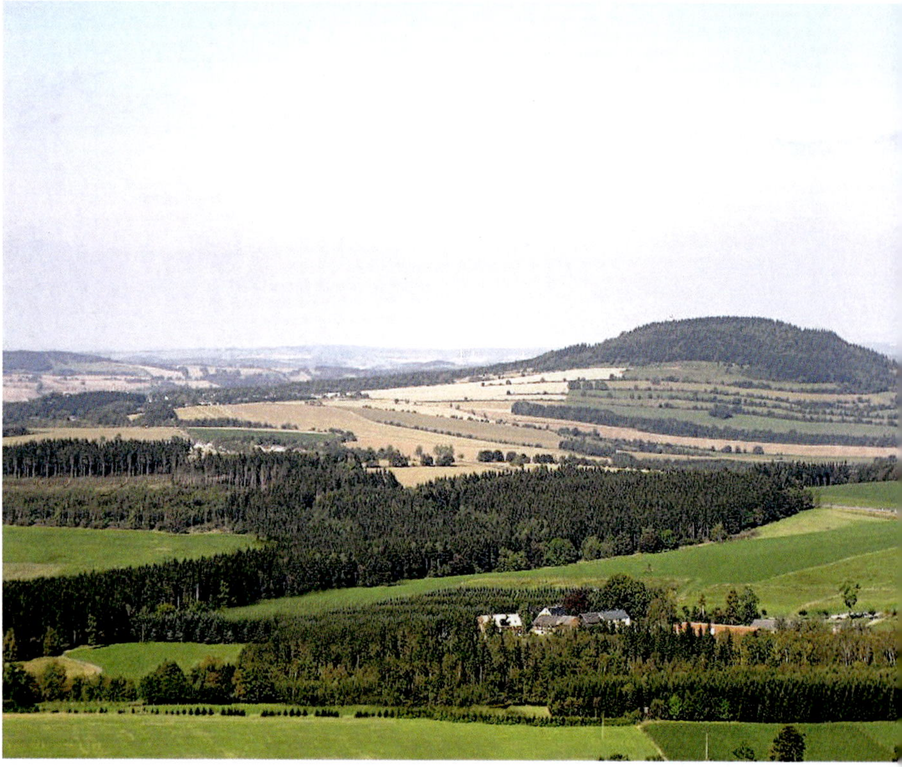

***Oben:** Der Höhenzug zwischen Sehma und Pöhlbach vom Bärenstein aus gesehen. Unterhalb des Pöhlbergs sind die B 95, die stillgelegte Bahnstrecke Königswalde Oberer Bahnhof - Annaberg Oberer Bahnhof und die noch befahrene Linie Annaberg-Buchholz - Vejprty gut zu erkennen.*

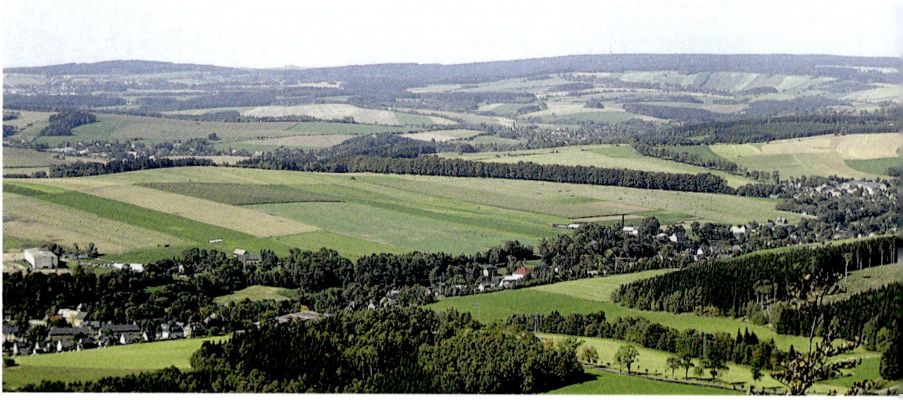

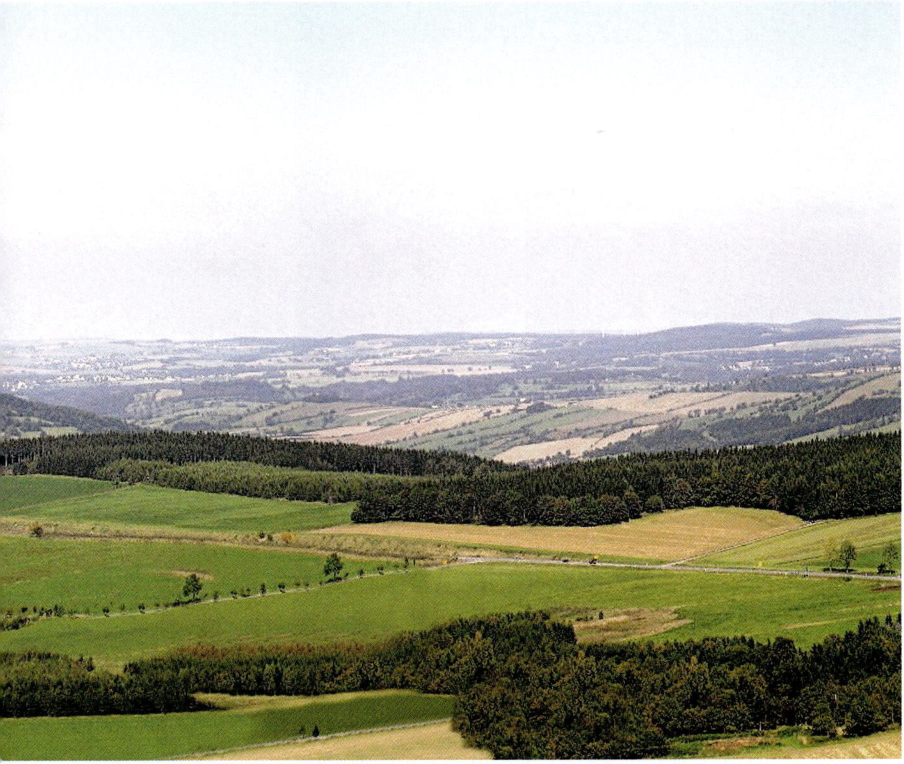

***Unten:** Blick vom Bärenstein nach Norden mit Cranzahl und dem Höhenzug zwischen Sehma und Zschopau mit dem Firstenweg. Links am Horizont zwischen Schatzenstein und dem Höhenzug des Geyerischem Waldes sieht man auf der Erzgebirgsnordrandstufe den Katzenstein.*

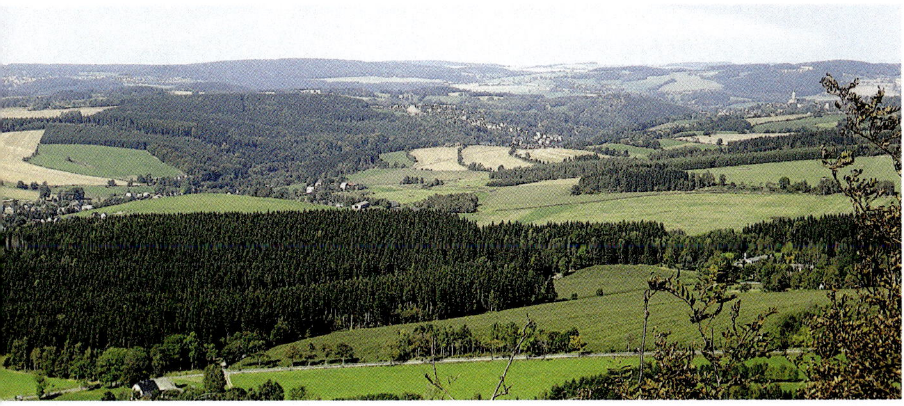

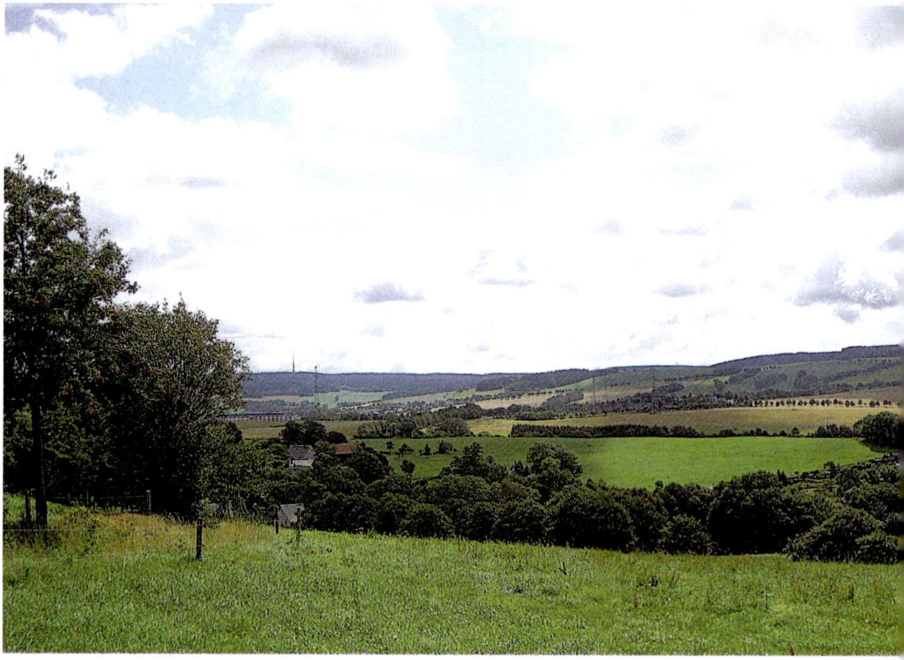

Oben: *Die Bahnstrecke Zwönitz - Scheibenberg auf der Wasserscheide bzw. dem Höhenzug des Einzugsgebietes der Zwickauer Mulde und ihres Nebenflusses der Zwönitz vom Schnepfenberg aus gesehen. Wir sehen, wie die Linie sich langsam auf die Höhe in Richtung des Spiegelwaldes erhebt (lange Buschreihe im Bildhintergrund). Die Steigung ist auch für*

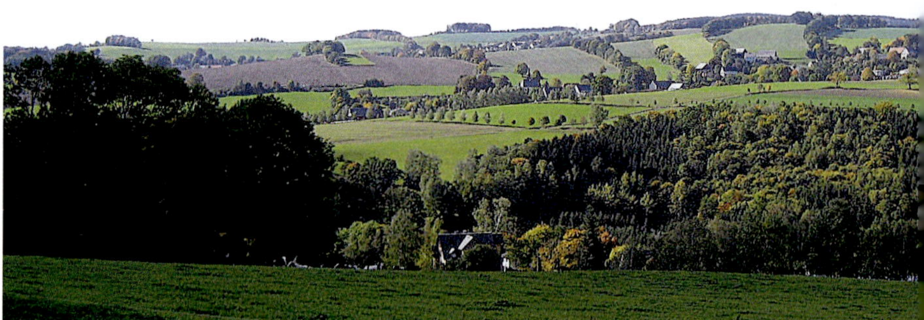

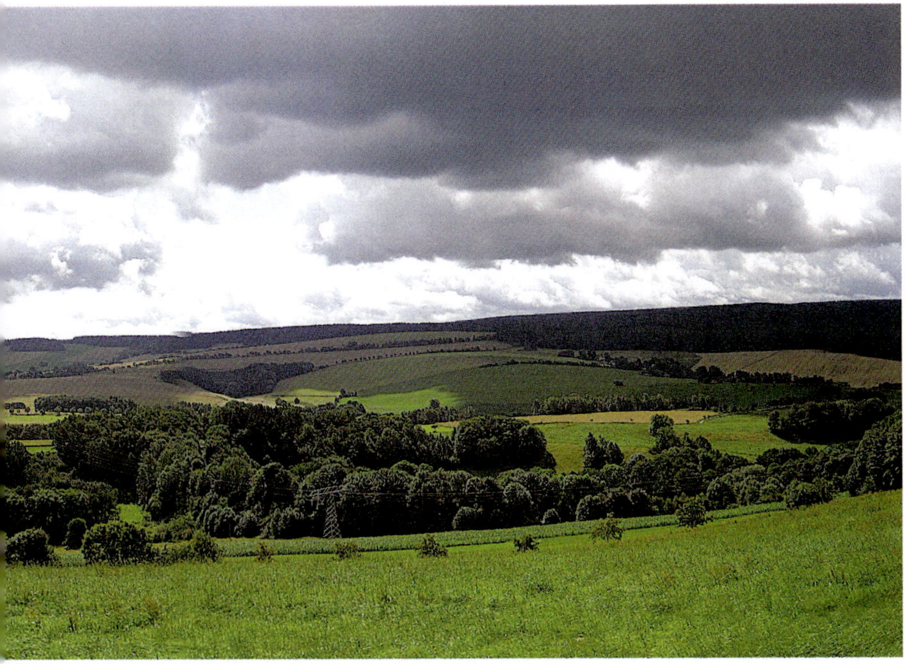

Genussradfahrer geeignet. In der Buschreihe (Bildmitte nach rechts vorn) verläuft die Bahnstrecke Chemnitz - Aue, die uns auf den Höhenzug bringt. **Unten:** *Quer durch Schönbrunn, am linksseitigen Hang der Zschopau, verläuft ein landschaftlich reizvoller Weg zum Heidelbach.*

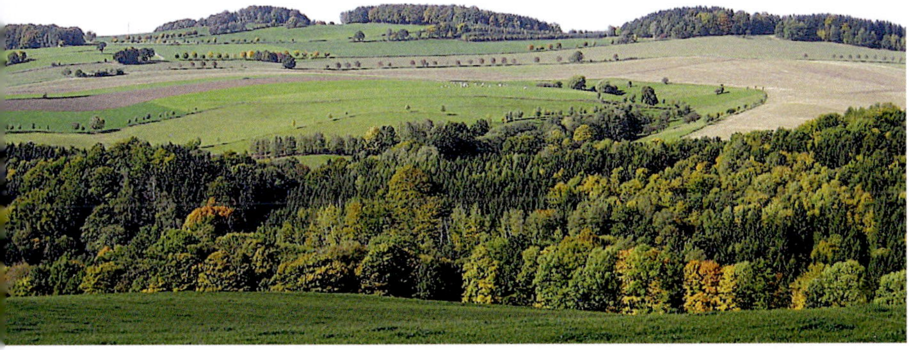

Die linksseitigen Höhenzüge der Freiberger Mulde

Zwischen Wilisch und Zschopau

Der Raum zwischen den beiden Flüssen wird durch ein breites Höhenmassiv geprägt. Im Südwesten ist es mit einem Sattel an das Greifensteingebiet angebunden und zur Zschopau hin durch Bäche zerklüftet. Der Drebacher Bach und der Heidelbach haben den Berg aufgeteilt. Durch die gestaltenden Gewässer sind separate Höhenrücken entstanden. Aber auch diese sind, wie bei allen Höhenzügen nicht ausschließlich flach aber doch für unsere Radfahr-Bedürfnisse geeignet. Der bekannteste Ort in diesem Bergmassiv ist Drebach. Die weithin bekannten Krokuswiesen locken jedes Frühjahr tausende Besucher an, um das Erwachen der Natur an den „Nackschen Jungfern" - der erzgebirgischen Bezeichnung für die Krokusse - zu bewundern. Auch das dortige Planetarium mit der Volkssternwarte ist eine Sehenswürdigkeit von besonderem Rang.

Zum Genussradfahren können wir den Höhenrücken zwischen Ehrenfriedersdorf und Drebach nutzen, denn der Planetenrad- und -wanderweg verläuft auf diesem. Der Höhenzug bietet uns landschaftlich reizvolle Aussichten. Wir erreichen ihn von Ehrenfriedersdorf aus durch das Seifenbachtal. Die Gaststätte und Pension „Sommerfrische" lädt uns hier zur Rast ein.

In der Nähe der Gaststätte traf früher der Röhrgraben, der vom Greifenbach abzweigte, auf den Seifenbach. Heute ist der Graben hier zugewachsen und eine Hecke zeigt den Verlauf an. Ein Wiesensteig, der nicht zum Radfahren geeignet ist, begleitet ihn auf einem Teil der Strecke. Ideal wäre es, wenn dieser Pfad am Röhrgraben wieder durchgängig bis zum Greifenbachstauweiher als radfahrtauglicher Weg gestaltet werden würde, denn die gesamte Region könnte touristisch davon profitieren. Der Sattel zwischen Schönfeld und Ehrenfriedersdorf ist die einzige Verbindung unseres Höhenzuges zu den umliegenden Höhen. Bei straßenbaulichen Veränderungen in diesem Bereich müssen die Radfahrer mit berücksichtigt werden. Dabei ist Feingefühl geboten. Vom Sattel aus steigt dieser Gebirgszug bis auf 702,6 m NN auf der „Franzenshöhe" in der Nähe der Gaststätte „Kalter Muff", an. Die gute Aussicht von dieser Höhe aus auf das obere Erzgebirge um Annaberg, ist für uns Genussradfahrer nur mit Anstrengung erreichbar.

Wird die Wegverbindung am Röhrgraben nicht wieder hergestellt, müssten wir Radfahrer auf der B 95 fahren, die hier besonders unübersichtlich ist. Ein Weg am Kunstgraben würde uns die Möglichkeit bieten, das Zwischengebirge mit seinen vielen Sehenswürdigkeiten in ein Genussradwegenetz des Erzgebirges einzubeziehen. Drebach, Zinngrube Ehrenfriedersdorf, das idyllisch gelegene Heidelbachtal bis hin zum Steilabfall zur Zschopau mit den Felsen der Wolkensteiner Schweiz sind empfehlenswerte Ziele.

Von der „Sommerfrische“ aus erreichen wir bergaufwärts im Wald den Zugang zum Planetenweg. Dieser führt uns auf guter Strecke, vorbei an verschiedenen Lehrtafeln zum Planetarium. Von einem Kirchsteig aus, können wir auch geradeaus weiter nach Venusberg fahren. Wir bleiben aber auf dem Weg zum oberen Ortsteil, der uns am Sportplatz vorüberführt. Über den sogenannten „Querweg“ fahren wir weiter nach Grießbach. Hier müssen wir leider hinunter ins Wilischtal, denn der Höhenzug ist zu Ende.

Der zweite Rücken auf unserem Höhenzug liegt rechtsseitig von Drebach. Südwestlich des Ortes können wir vom Planetenweg abzweigen und erreichen, auf nicht einfach zu fahrender Strecke über eine Kuppe (ca. 625 m NN) den Lindenweg (556 m NN). Ihm könnten wir folgen und weiter, über verschiedene Wege im Zickzack, immer auf der Höhe bleibend, nach Scharfenstein kommen. Auch ist es möglich, den Klingenweg zu fahren. Dieser ist Bestandteil des Zschopautalradweges, gut ausgebaut, besitzt aber einige Höhenschwankungen. Es ist also sinnvoller, wenn wir die Strecke den „härteren” Radlern, den Mountainbikern, überlassen. Als Genussradfahrer folgen wir dem Lindenweg in die andere Richtung zur Faulbrücke und weiter in das Heidelbachtal. An den Fischteichen biegen wir leicht nach rechts in Richtung Schönbrunn ab und wählen den Weg, der in der Ortsmitte endet. Bleiben wir bereits am Ortseingang auf der Straße, die etwa auf unserer Höhenlinie liegt, können wir weiter ohne Höhenverlust auf der Verbindungsstraße zur B 101 fahren. Sie kann natürlich auch Ausgangs- oder Endpunkt unserer Tour sein.

Zwischen Zschopau und Flöha - der „Augustusburger Kamm“

Der große, linksseitige Nebenfluss der Freiberger Mulde ist die Zschopau. Durch ihren rechtsseitigen, etwa gleich großen Nebenfluss, der Flöha, wird sie noch mächtiger. Zwischen diesen beiden Flüssen befindet sich ein Höhenzug, der uns bis zum Gebirgskamm führt. Dieser lange Höhenrücken, der Augustusburger Kamm, ist hervorragend für unsere Bedürfnisse, das Genussradfahren, geeignet. Seinen Namen erhielt er von der gleichnamigen Burg zu Beginn des Rückens. Abgesehen von den Bächen, die den Flüssen ihr Wasser zuführen und dabei die Seitenhänge zerfurchen, ist es ein Kamm von leicht gewellter Geländestruktur. Auf seinen Rücken und auch an vielen Stellen an den Bergflanken ist das Radfahren für uns möglich. Schon früher hatten Händler diesen leicht befahrbaren Höhenzug für ihre Zwecke entdeckt. Auf ihm wurde Salz nach Böhmen transportiert. Bevor die Kaufleute sich in den feuchten, teilweise sumpfigen Flusstälern hinauf ins Gebirge quälten, kamen sie auf dem trockenen Kammweg besser voran. Er war eine der großen Salzstraßen durchs Erzgebirge. Die Straßen der Orte reichen am Berghang bis auf den Augustusburger Kamm hinauf.

Was für die Autofahrer hier ein Vorteil ist, gestaltet sich für uns zum Nachteil: Der Radweg verläuft zum großen Teil direkt auf diesen Straßen. Es wäre erfreulich, wenn die Straßenplaner berücksichtigen würden, dass ein Radweg, der die Straßen an der Seite begleitet, weniger Gefahr für die Radler bedeutet. Der Versuch, den offiziellen Radweg an den Hang des Höhenzuges zu legen, bringt für uns Genussradfahrer nicht immer das gewünschte Fahrvergnügen.

Wer mit den Kraftfahrzeugen auf den Straßen zurechtkommt, kann diese flachwelligen Wege jedoch als Genussradstrecken fahren. Einmal absteigen und das Rad schieben, kann aber nötig sein. Bleiben Sie in diesem Fall am Straßenrand. Der motorisierte Verkehr nimmt selten Rücksicht auf schiebende Radler. Ich empfehle diesen Höhenweg für unsere Freunde mit dem Rennrad oder für unsere fortgeschrittenen Genussradfahrer. Der offizielle Radweg verläuft ebenfalls zum großen Teil auf der Straße. Der Versuch, abseits zu fahren, wird meist mit kurzen Abfahrten und dabei verlorenen Höhenmetern bestraft. Um den herrlichen Höhenzug besser als Genussradweg nutzen zu können, wäre das Anlegen von Wegen oder der weitere Ausbau von Forstwegen auf dem Kammrücken sinnvoll.

Eine interessante Strecke ist der Höhenzug in jedem Fall. Bereits der Start zur Tour kann ein Erlebnis sein. Sie fahren mit einem Zug der Erzgebirgsbahn auf der Strecke Flöha - Annaberg-Buchholz - Bärenstein bis nach Erdmannsdorf. Dort steigen Sie in die Standseilbahn nach Augustusburg um. Die Mitnahme von Fahrrädern ist in dieser Bahn möglich. Wenn Sie nicht mit dem Auto auf die Augustusburger Höhe fahren, ist dies für uns Genussradfahrer auch der einzige sinnvolle Aufstieg auf den Kamm. Allein 168 Höhenmeter erspart uns die Seilbahn, und das bei einer Steigung des Hanges von durchschnittlich 13,5 %. Innerhalb von 8 Minuten haben Sie den Ort Augustusburg erreicht. Die gleichnamige Burg auf dem Schellenberg mit Gaststätte und Museum (516 m NN) bietet für sie viel Historie, Kunst und Kultur und ist an sich schon einen Tagesausflug wert.

Als Genussradfahrer haben wir nun die Startposition für unsere Tour erreicht. Von Augustusburg über Waldkirchen, Börnichen, Hohndorf, Großolbersdorf, der Heinzebank, Marienberg, Reitzenhain, Satzungen, dem Naturschutzgebiet Kriegswiese und dem Jelini Hora (Haßberg, 994 m NN, Weg bei ca. 900 m NN) fahren wir eine Strecke von ca. 50 km mit einer durchschnittlichen Steigung von etwa 0,8 %. An den einzelnen Streckenabschnitten sieht die Realität jedoch anders aus, denn neben den Anstiegen, die im Extremfall bis 6 % betragen können, gibt es auch kurze, steile Abfahrten. Am Ende der Tour haben wir aber eine Höhe von über 900 m erreicht. Von der Kammhöhe sind fast im gesamten Verlauf faszinierende Ausblicke zu genießen. Am Wegesrand, liegen meist talwärts liebenswürdige Orte, die ihre besonderen Reize besitzen.

Nach der Heinzebank verlassen wir die B 174 in Richtung Hilmersdorf und biegen links ab, um über die Hilmersdorfer Höhe auf die „Drei Brüder Höhe“ (688 m NN, Hotel mit Restaurant) zu fahren. Hier sollten wir unbedingt auf den Aussichtsturm steigen. Er ist über 25 m hoch, überragt alle Baumwipfel und wir können rundum ins Erzgebirge blicken. Wer möchte, kann anschließend nach Marienberg weiterfahren. Wir bleiben auf dem Höhenzug und radeln auf einer asphaltierten, für den Durchgangsverkehr gesperrten Nebenstraße, weiter zum Segelflugplatz Großrückerswalde. Da wir uns auf der Wasserscheide zwischen den Einzugsgebieten von Preßnitz und Schwarzer Pockau befinden, haben wir einen einmaligen Ausblick über beide Regionen. Die Nebenstraße führt uns vorbei an der Kuppe „Altes Gericht“ (742 m NN) zum Abzweig Eisenstraße (ca. 700 m NN), der die Verbindung zum Preßnitztal (ca. 500 m NN) für uns Genussradfahrer ist. Bis auf eine 500 m lange Schiebestrecke mit einer Steigung von ca. 10 % liegen die anderen Streckenteile dieses Höhenaufstiegs mit max. 3 % Steigung bzw. nur kurzen Anstiegen im Bereich unseres Leistungsniveaus.

Auf unserem Höhenzug erreichen wir 2,5 km hinter Marienberg, wieder die B 174. Leider müssen wir auf der verkehrsreichen Straße bis nach der Gaststätte „Neues Haus“ fahren. Erst dann können wir auf einem Begleitweg der stillgelegten Bahn unseren Weg, sicher vor hupenden Autofahrern, nach Reitzenhain fortsetzen. Hoffen wir weiter, dass hier die alte Bahnstrecke einmal zu unserem Radweg wird.

Zwischen Zschopau und Sehma

Ein kurzer, den Erzgebirgskamm berührender, landschaftlich besonders reizvoller Höhenzug von ca. 20 km Länge im oberen Bereich der Zschopau, erstreckt sich zu ihrem rechtsseitigen Nebenfluss, der Sehma.

Die Zschopau und die Sehma vereinigen sich bei Annaberg-Buchholz, nahe der großen Kreuzung der B 95. Um von hier aus auf unseren Höhenzug zu kommen, müssen wir das Rad einige Meter schieben. Leichter ist es freilich, mit dem PKW auf den Höhenzug zu fahren. Die B 101, als Verbindung Schlettau - Annaberg-Buchholz, quert ihn an der ehemaligen Gaststätte „Neu-Amerika". Auch an der Verbindungsstraße von Crottendorf und Neudorf sind unmittelbar am Genussradweg Parkmöglichkeiten vorhanden. Wir können dort unser Auto stehen lassen und uns im Anschluß an einer reizvollen Panoramahöhentour erfreuen.

Der schwierige Aufstieg führt vorbei am Hotel (mit Gaststätte) „Am Sauwald". Hier beginnt auch ein Naturlehrpfad. Eine andere Möglichkeit auf die Höhe zu kommen, wäre oberhalb des Besucherbergwerkes „Markus Röhling Stollen" gegeben. Da dieser Weg sich seitlich am Hang entlangzieht, ist er eher zumutbar.

Auf der Höhe angekommen, bietet sich auch hier freie Sicht in alle Richtungen des Erzgebirges. Besonders markante Aussichtspunkte in Richtung Annaberg befinden sich am nicht begehbaren Turm am Schreckenberg (649 m NN) und an der Teufelskanzel (663 m NN). Vor uns sehen wir Annaberg-Buchholz, die heimliche „Hauptstadt" des Erzgebirges, mit der Kuppel der Annenkirche, überragt vom Pöhlberg und seinem in weiß leuchtenden Aussichtsturm. Da wir uns hier auf gleicher Höhe mit der Stadt befinden, ergibt sich ein ganz neuer Blick auf diese. Gönnen Sie sich hier in einer der Gaststätten eine Einkehr oder besuchen Sie die Garteneisenbahnanlage oder während des Aufstiegs die Naturschutzstation. Wer sein Rad wenig schieben möchte, sollte sich möglichst seitlich am Annaberger Hang entlang bewegen, um langsam den Höhenzug zu erklimmen.

Nach dem Überqueren der B 101 und der Vorbeifahrt am Tierheim, nennt sich der Höhenweg „Firstenweg", der sich wie der First eines Daches dahinzieht. Die Ostseite zeigt dabei nach Sehma, die Westseite nach Walthersdorf und Crottendorf. Dort im Tal verläuft der Zschopautalradweg auf der ehemaligen Bahnstrecke. Hier auf dem Höhenzug fahren wir nicht ohne leichte Anstrengungen. Wir sehen aber dafür die landschaftlich reizvollsten Ausblicke vom Erzgebirge, die uns im Tal nicht geboten werden.

Nun queren wir die Verbindungsstraße Walthersdorf - Sehma, dann die bereits erwähnte und fast nur noch für touristische Fahrten genutzte Bahnlinie Schwarzenberg - Annaberg und danach die Verbindungsstraße Crottendorf - Neudorf. Für alle, die mit dem PKW anreisen, sind die B 101 und die Verbindungsstraßen gute Zubringer auf unseren Höhenzug. Für uns Genussradfahrer ist der Anstieg auf den Straßen zum Fahren zu steil und zum Schieben, entlang der Leitplanken ohne Ausweichmöglichkeit, zu gefährlich. Sollten Sie nicht mit dem Auto hierher fahren, nutzen Sie am besten die Wirtschafts- und Wanderwege, um auf die Höhe zu gelangen.

Wir kommen dem Fichtelberg-Gebiet immer näher. Unser nächstes Ziel ist die Ausflugsgaststätte „Siebensäure“ mit dem unmittelbar daneben liegenden Hochmoor. Über den Kuhbrückenweg, der Gifthüttenstraße und den Seltmannweg erreichen wir mit kleinen Anstiegen den Fuß des Fichtelberges. Die Möglichkeiten, diesen mit dem Rad zu erklimmen, wurden bereits im Kapitel „Der Höhenzug zwischen Zwickauer und Freiberger Mulde“ beschrieben.

Zwischen Sehma und Pöhlbach

Die beiden Nebenflüsse der Zschopau umschließen auf der Höhe den größeren Teil der Kreisstadt Annaberg-Buchholz. Der schmale Höhenzug wird von den weithin sichtbaren Pöhlberg und dem Bärenstein geprägt. Der Höhenzug steigt mit dem Eisenberg auf 1028 m NN an. Auf der Wasserscheide am ehemaligen „Roten Vorwerk“ erreichen wir die „Himmelsleiter“ am Fichtelberg.

Dass der Höhenzug für das Radfahren ein Geheimtipp ist, wissen nicht nur die Mountainbiker - auch die Sportler mit Rennrädern haben ihn entdeckt. Für uns Genussradfahrer wäre ab dem „Kät-Platz“ in Annaberg die B 95 trotz großem Straßenverkehr eigentlich die Ideallinie für eine Radtour ohne große Steigung. Die Ausgangslage zum Ausbau eines Genussradweges auf dem Höhenzug ist gut. In der Ergänzung zwischen Kunstgraben und stillgelegter Bahnstrecke könnte ein langer Abschnitt der Tour für Radfahrer gefahrenfrei gestaltet werden. Von Annaberg bis zur Gaststätte „Morgensonne“ am Abzweig nach Cunersdorf ist die stillgelegte Schienenstrecke bereits zum Radweg ausgebaut. Mit Hilfe der alten und der befahrenen Bahnstrecke muß die Verbindung nach den Orten Kühberg und Bärenstein weiter für Radfahrer möglich gemacht werden. Auch der Bärenstein (Berg) selbst sollte für Genussradfahrer erreichbar sein. Einige Kilometer lang, etwa bis zum Abzweig Kühberg, müsste dafür die B 95 mit einem Radweg begleitet werden, dann biegt wieder ein für uns nutzbarer Weg ab. Die Verbindung der beiden Urlaubszentren Annaberg und Oberwiesenthal auf der Kante des Höhenzuges wäre nicht nur für die Radfahrer ein Gewinn.

Vom Ort Kühberg auf den Fichtelberg - so könnte die weitere Tour genannt werden. Parkmöglichkeiten für PKWs sind auch hier vorhanden. Als erstes müssen wir den Bärenstein mit der Gaststätte und dem Aussichtsturm (898 m NN) auf der Cranzahler Seite umfahren. Wer auf den Fels steigen möchte, sollte das Rad am Steinbruch bei den Bärensteiner Basaltsäulen stehen lassen. Diese sind aber nicht so einzigartig wie die bekannten „Orgelpfeifen" am Scheibenberg. Zusammen mit dem Pöhlberg bilden diese drei Gipfel die bekanntesten Basaltberge des Westerzgebirges.

Der Aufstieg zu Fuß auf den Gipfel mit seinem Aussichtsturm ist zu empfehlen - aber auch ohne Turmaussicht bietet sich Ihnen ein traumhafter Rundblick über das Erzgebirge: Unter Ihnen sehen Sie die Talsperre Cranzahl, das Sehma- und Pöhlbachtal, und am Horizont können Sie den markantesten Berg der Erzgebirgsnordrandstufe - den Katzenstein - erkennen. Eine Einkehr in das Restaurant lohnt sich.

Wir fahren weiter entlang der Ausschilderung „ws-gn-ws". Auf dem Höhenzug erreichen wir über den Stahlberg, der Feuerturmstraße und die Dorfstraße den Flecken Kretscham-Rothensema (Gaststätte). Der Ort besitzt eine Haltestelle der Schmalspurbahn. Über den Floßzechenweg und mit einem leichten Anstieg auf der Eisenbergstraße umfahren wir den Eisenberg (1028 m NN) - einen der Tausender des Erzgebirges. Wir erreichen Oberwiesenthal am ehemaligen „Roten Vorwerk".

Zwischen Schwarzer Pockau und Flöha

Ein linksseitiger Nebenfluss der Flöha ist die Schwarze Pockau. So ruhig die Flüsse in ihrem Bett dahinfließen, so können sie auch ganz anders, wie die reißenden Hochwasser 1999 und 2002 bewiesen, welche mit ihren Auswirkungen zur Tragödie wurden. Die Zerstörungen in den beiden Tälern waren groß, inzwischen wurde aber alles mit Fleiß in neuer Schönheit wieder aufgebaut. Zwischen den beiden Flüssen liegt ein Höhenzug, der bis zum Erzgebirgskamm reicht. Geprägt wird er von den Orten Zöblitz, Ansprung und am oberen Ende von Rübenau. Durch den Serpentinstein ist Zöblitz auch über seine Grenzen hinaus bekannt geworden. Das Heimatmuseum beschäftigt sich besonders mit der Geschichte und Verarbeitung dieses Steins.

Der Höhenzug fällt zu den Flüssen steil ab. Mehrere Bäche um den Ochsenkopf (793 m NN) und den Steinhübel (816 m NN) entspringen dort. Trotz der Steilheit sind verschiedene Abschnitte gut zum Genussradfahren geeignet. Von der Verbindungsstraße Sorgau - Zöblitz aus verläuft der Kammweg über die Annahöhe (684 m NN). Bis zum Ortsende von Ansprung bleiben Sie auf einer Strecke von ca. 4,5 km auf einem Höhenniveau zwischen 660 und 700 m NN.

Der weiter aufwärts führende Weg vollführt nun eine Steigung von ca. 100 m. Wir bewegen uns im Quellgebiet von Schwarzer Pockau und Natzschung. Viele kleine Bäche tragen ihnen das Wasser zu. Die Wege nach Rübenau und Kühnhaide haben Streckenabschnitte, deren Steigungen mehr als 3% betragen. Wer sich auf seinem Rad etwas zutraut, kann auch hier fahren, z. B. über den „Kühnhaider Flügel“ zur Schwarzen Pockau oder der Görkauer Straße nach Rübenau. Erwähnenswert ist auf jeden Fall auch der mögliche Aufstieg von Olbernhau aus. Durch das romantische Rungstocktal, vorbei an der Ausflugsgaststätte „Pulvermühle“ und dann etwas bergauf, erreichen wir den Höhenzug oberhalb von Ansprung.

Zwischen Flöha - Chemnitzbach (bis Mulda) und Freiberger Mulde

Das Flöhatal bildet die Grenze zwischen den Landschaftsgebieten des West- und des Osterzgebirges. Das Westerzgebirge ist stärker gegliedert und erreicht größere Höhen. Die Hochflächen sind kleiner, die Landschaft ist von tiefen Tälern durchschnitten. Das Osterzgebirge ist bis zum Beginn seines Ostabhangs vor allem durch ausgedehnte, ansteigende Hochflächen geprägt. Die erste breite Hochfläche in Richtung Osten haben wir zwischen Flöha und Freiberger Mulde vor uns. Wir haben es hier mit einem sehr breiten und damit sehr eigenwilligen Höhenzug zwischen den nordwärts fließenden Flüssen Flöha, Chemnitzbach bzw. der Freiberger Mulde zu tun. Einige größere Nebenflüsse bzw. Bäche fließen quer zur Hauptfließrichtung. Zwischen Saiden-, Biela-, Hasel- und Mörtelbach und anderen Wasserläufen befinden sich weitere Höhenrücken, die es als Genussradfahrer zu entdecken gilt.

Der Haupthöhenzug verläuft zwischen Oederan, Großhartmannsdorf sowie Obersaida zur Saidaer Höhe (729 m NN) und biegt dann nach Osten in das Quellgebiet von Flöha und Freiberger Mulde über Holzhau zum Erzgebirgskamm in das Tschechische ab. Auf der Hochfläche sind viele Orte an den kleineren Bächen angesiedelt. Die landwirtschaftliche Nutzung des Gebietes verhindert größere, zusammenhängende Waldflächen. Die Forstflächen nehmen erst zum Erzgebirgskamm hin wieder zu. Ein durchgehender Kammweg, wie wir ihn von den schmalen Höhenzügen des Westerzgebirges kennen, ist nicht zu finden, dafür sind aber viele Ortsverbindungen vorhanden. Diese oder auch Teilstücke davon, sind zum Genussradfahren geeignet.

In Mulda erreicht der Chemnitzbach die Freiberger Mulde. Zwischen diesen beiden Flüssen liegt auch ein landschaftlich reizvoller Höhenzug. Auf dessen Höhenweg, der Geleitstraße, können wir von Mulda aus über Clausnitz und weiter auf der Alten Poststraße diesem folgen. Der alte Wirtschaftsweg ist trotz einiger auf- und abwärts führenden Teilstücke, wie für das Genussradfahren geschaffen. Dafür werden unsere Kraftanstrengungen mit schönen Fernblicken belohnt. Der Aufstieg von Mulda (450 m NN) zur Bellmannshöhe (612 m NN) ist etwas anstrengend, in Clausnitz sind wir aber wieder auf einem Höhenniveau von ca. 550 m NN angekommen. Die weiteren erlebnisreichen Kilometer auf dem Panoramaweg lassen uns dann alle vorherigen Mühen vergessen. Vorbei an der „Meisenberg-Höhe“ (722 m NN) und der „König-Friedrich-August-Höhe“ (735 m NN) können wir auf dem „Ernst-Arnold-Weg“ und entlang des Mörtelbaches die Flöha erreichen. Als Genussradfahrer sollten wir uns nur Teile dieser Strecke für eine Tour vornehmen.

Die rechtsseitigen Höhenzüge zur Freiberger Mulde

Zwischen Freiberger Mulde und Gimmlitz

Markiert der Chemnitzbach linksseitig zur Freiberger Mulde einen schmalen Höhenzug, so bildet die Gimmlitz das rechtsseitige Gegenstück. Sie entspringt auf der Hochfläche zwischen Freiberger Mulde, Bobritzsch und dem Erzgebirgskamm. Der Höhenzug ist zwischen dem Stausee im Gimmlitztal, der Talsperre Lichtenberg und der Freiberger Mulde schmal und ein Weg auf dem Höhenrücken nicht vorhanden. Für das Genussradfahren ist der Dittersbacher Weg zwischen Nassau und Dittersbach trotzdem geeignet. Für die Fortgeschrittenen unter uns existieren weitere Möglichkeiten. Für angenehme Radstrecken empfiehlt es sich hier für uns, die Flusstäler zu nutzen.

Zwischen Freiberger Mulde - Gimmlitz, Bobritzsch, Sohr- und Colmnitzbach

In manchen Beschreibungen des Erzgebirges wird das Gebiet östlich der Freiberger Mulde als *„welliges Hochland“* bezeichnet. Es liegt ca. 100 m höher als das Flussbett. Auch die Täler, die durch die kleineren Flüsse und Bäche, wie Bobritzsch, Sohrbach und Colmnitzbach geschaffen wurden, sind keine tiefen Schluchten. Über die 50 bis 80 Höhenmeter hinunter zu den kleinen Gewässern würden die Mountainbiker nur lächeln. Wir aber bleiben trotzdem lieber auf dem landwirtschaftlich genutzten Höhenrücken. Die Wege auf den Höhen sind in diesem Gebiet meist gut befestigte Straßen. Zwischen Gimmlitz und Bobritzsch besteht die Möglichkeit, ab Weißenborn auf der den Höhenzug beherrschenden S 184 weiterzufahren. Wenn Sie der Autoverkehr nicht bei der Tour stört, können Sie ohne größere Höhenschwankungen von Hilbersdorf über Juchhöh und Süßenbach bis nach Burkersdorf radeln.

In Richtung Frauenstein wird es dann schwieriger. Die flachwellige Landschaft nimmt in Richtung Erzgebirgskamm und dem Quellgebiet von Flöha, Freiberger Mulde, Gimmlitz, und Wilde Weißeritz an Höhe und Tiefe zu. Es ist ein Gebiet, in denen sich die Flüsse tief eingegraben haben. Genussradfahrmöglichkeiten gibt es hier in den Flusstälern, an den Kunstgräben, auf stillgelegten Bahnstrecken und dem Erzgebirgskamm.

Der Höhenzug zwischen Freiberger Mulde und Elbe

Zwischen Bobritzsch und Wilde Weißeritz

Bei unseren Betrachtungen zu den Höhenzügen des Erzgebirges von Richtung West nach Ost, sind wir am Übergang zwischen den nordwärts zur Freiberger Mulde und den nordöstlich zur Elbe fließenden Gewässern angelangt. Am Erzgebirgskamm ist hier eine ähnlich, auffällige Konstellation der Flüsse wie am Fichtelberg im Westerzgebirge zu erkennen: Auch hier entspringen auf engstem Raum, in einem Umkreis von ca. 12 km rund um Holzhau und Altenberg, viele der größeren Flüsse des Osterzgebirges. Die Quellen von Flöha, Freiberger Mulde, Gimmlitz, Bobritzsch und der zur Elbe fließenden Wilden Weißeritz sind hier zu finden. Als Genussradfahrer müssen wir sehr darauf achten, auf einer Höhenlinie zu bleiben. Dies ist jedoch nicht in jedem Fall möglich.

Der Höhenzug zwischen dem Einzugsgebiet von Elbe und Freiberger Mulde beginnt etwa bei Neuhermsdorf und Schickels Höhe (805 m NN). An ihr finden wir wieder die S 184. Wenn wir direkt auf dem Höhenzug bleiben wollen, müssen wir der Staatsstraße über Hermsdorf hinaus bis zum Abzweig des Querwegs folgen. Wir können aber auch den Weg am Steinbruch, der Dorfstraße und dem Weg am Waldeck folgen und so, etwas schwieriger aber familienfreundlicher, den Querweg erreichen. Die S 184 führt links an der Bobritzschquelle vorbei und folgt dem Höhenzug zwischen Bobritzsch und Gimmlitz. Wir folgen auf dem Querweg dem Höhenzug, der zwischen Wilder Weißeritz als Nebenfluss der Elbe und der Bobritzsch als Nebenfluss der Freiberger Mulde liegt. In einer Höhenlage um 650 m NN werden wir durch reizvolle Ausblicke vom Höhenweg aus für die Mühen unserer Tour belohnt. Auf der einen Seite sieht man Hartmannsdorf-Reichenau, auf der anderen den Kreuz- und Bellmannswald.

Wir erreichen nach der Siedlung „Neubau“ die Kuppe mit dem Namen „Platte“ auf 615 m NN. Sie überragt den Wasserspiegel der Trinkwassertalsperre Lehnmühle um 92 m. Dieser Speicher erfüllt seit 1931 seine Aufgabe für die Dresdner Wasserversorgung. Etwas weiter bergab, nach dem Ortseingang Hartmannsdorf, können wir auf der Lehnmühler Straße die Husselsberghöhe (597 m NN) umfahren und dann weiter Richtung Röthenbach radeln. Uns laden auf dem weiteren Weg Frieders- und Pretzschendorf und die Talsperre Klingenberg als mögliche Ziele ein. Direkt auf dem Höhenzug können wir leider nicht bleiben, als Genussradwege bieten sich aber die Täler von den Flüssen und Bächen an.

Auf vielen Höhenzügen sind Wege mit geringen Höhenunterschieden vorhanden und laden zum Genussradfahren ein

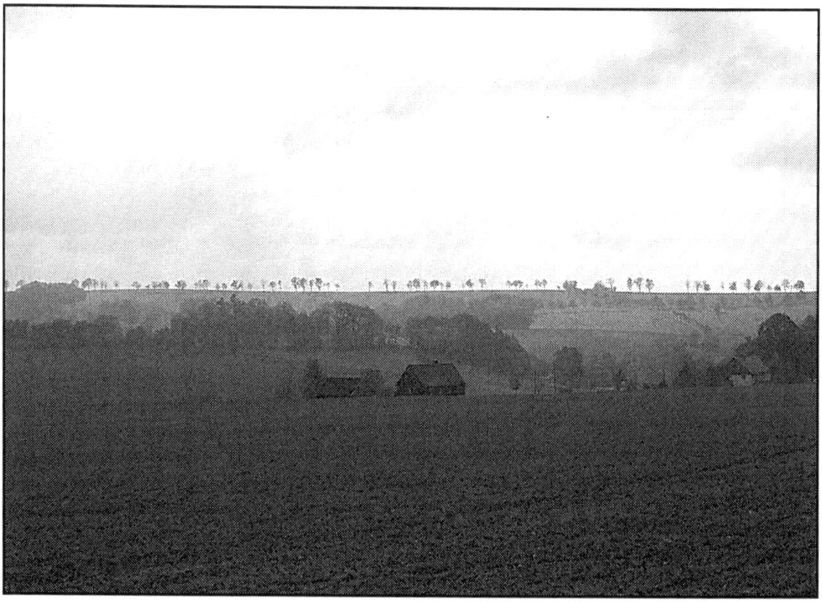

Wie flach Straßen und Wege auf den Höhenzügen sein können, zeigt uns die S 184 hier bei Frauenstein, wobei ein begleitender Radweg für Genussradfahrer ideal wäre.

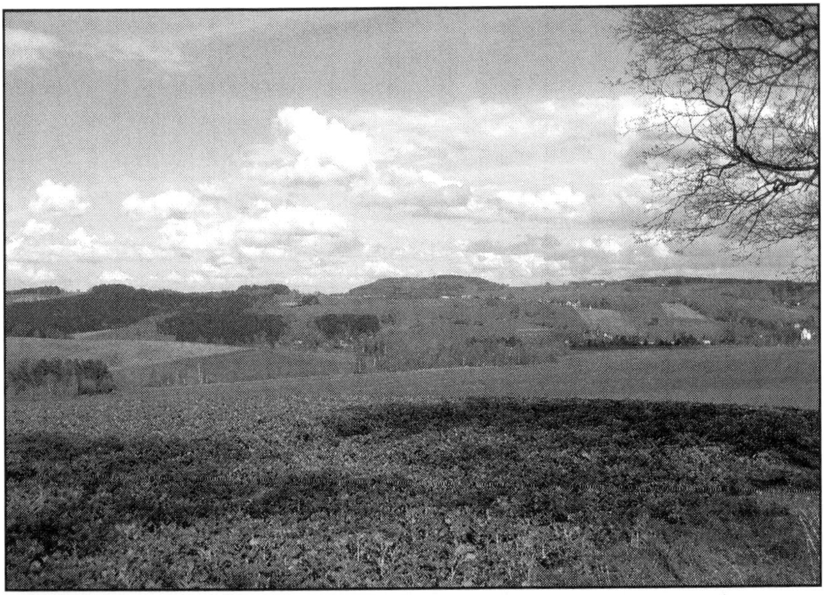

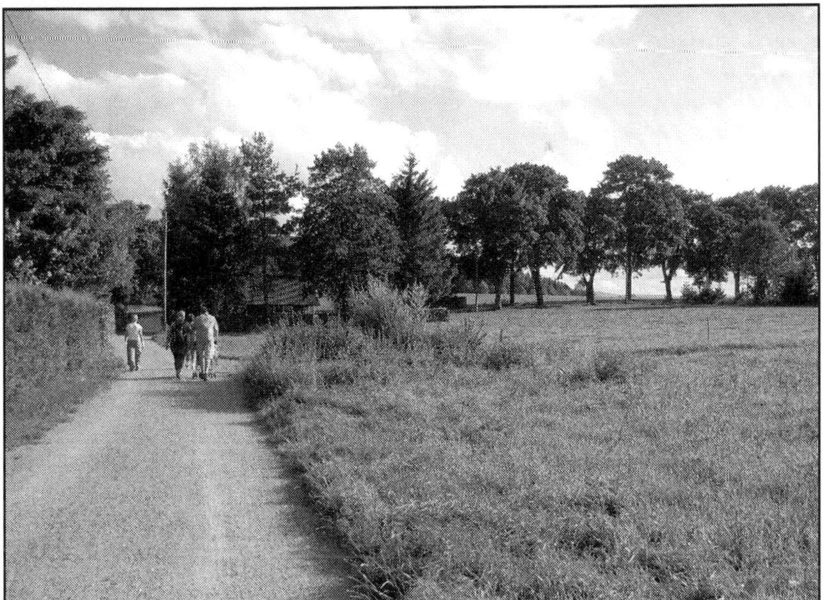

Oben: *Der Höhenzug zwischen Zschopau und Sehma wird vom dahinter liegenden Pöhlberg überragt. -* ***Unten:*** *Der Weg auf diesem Höhenzug ist nicht überall flach, aber trotzdem angenehm zum Wandern und Radfahren.*

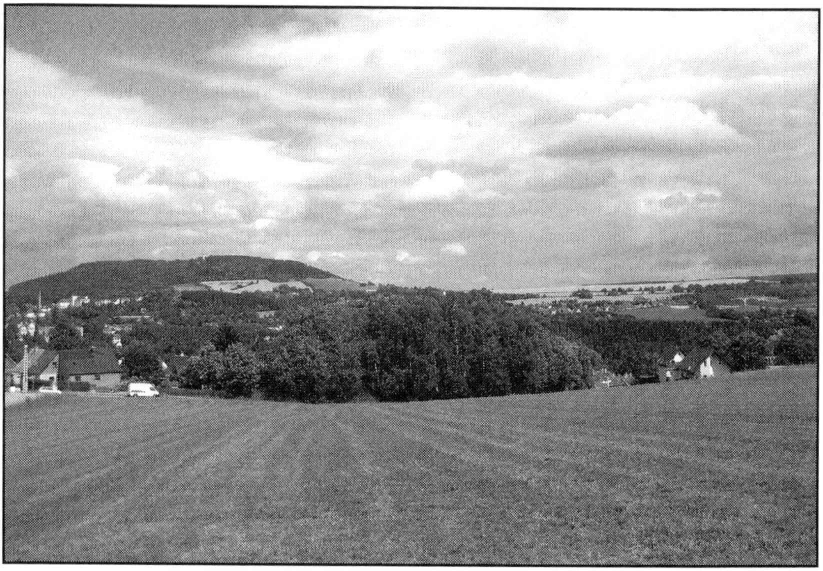

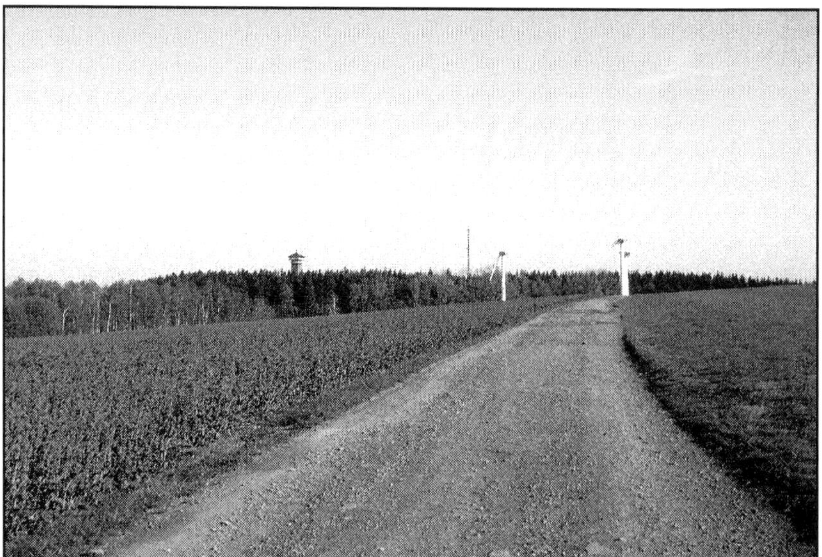

Oben: *Reizvolle Ausblicke wie hier zum Pöhlberg bietet der Weg auf dem Höhenzug zwischen Zschopau und Sehma. Der Verlauf der früheren Bahnlinie Königswalde Ob. Bhf. - Annaberg Ob. Bhf. ist erkennbar.*
Unten: *Der Spiegelwald mit überwältigender Aussicht in das Schwarzwassertal ist auch für Genussradfahrer gut erreichbar.*

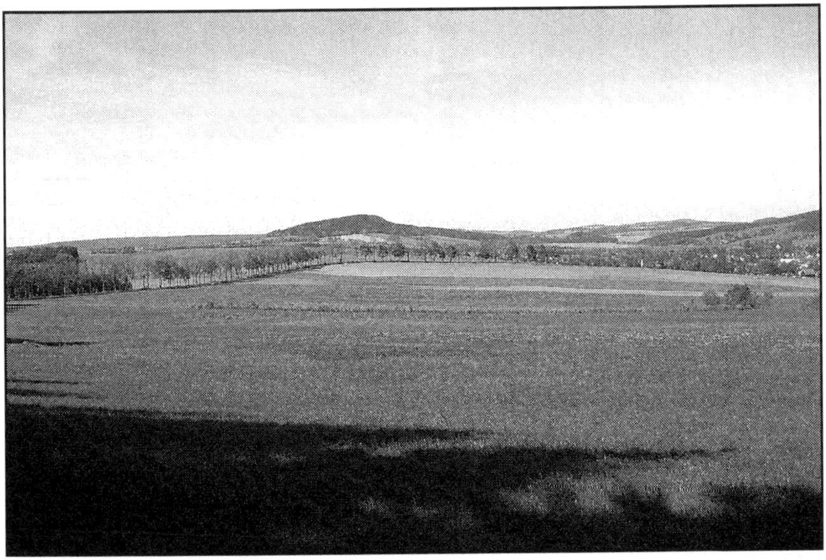

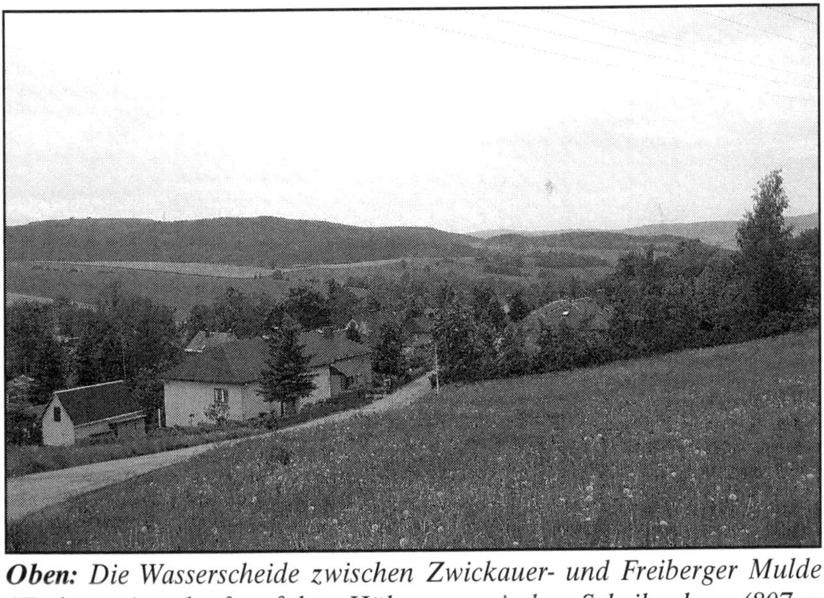

***Oben:** Die Wasserscheide zwischen Zwickauer- und Freiberger Mulde (Zschopau) verläuft auf dem Höhenzug mit dem Scheibenberg (807 m NN). Mit dem Wirtschaftsweg links am Waldrand hinter der Straße ist eine Abfahrt ins Tal nicht notwendig. - **Unten:** Der Höhenzug zwischen Pöhlwasser und Großer Mittweida ist durch das markante Oberbecken des Pumpspeicherwerkes Markersbach (848 m NN) weithin sichtbar.*

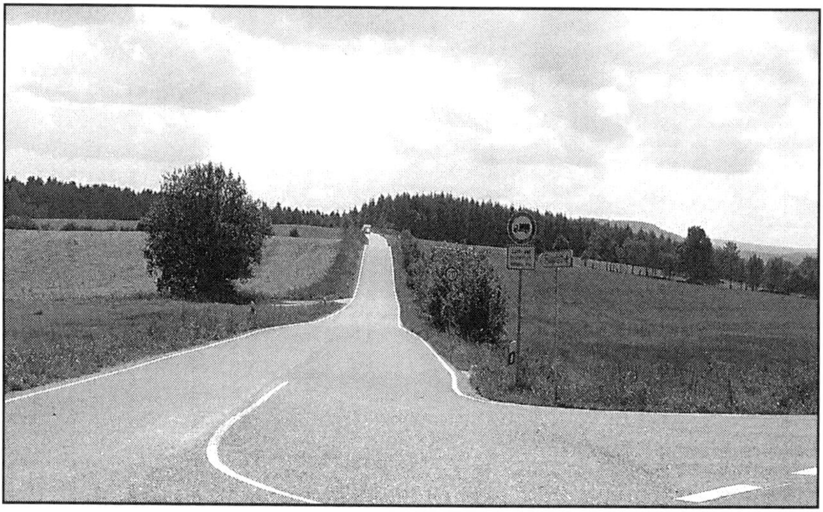

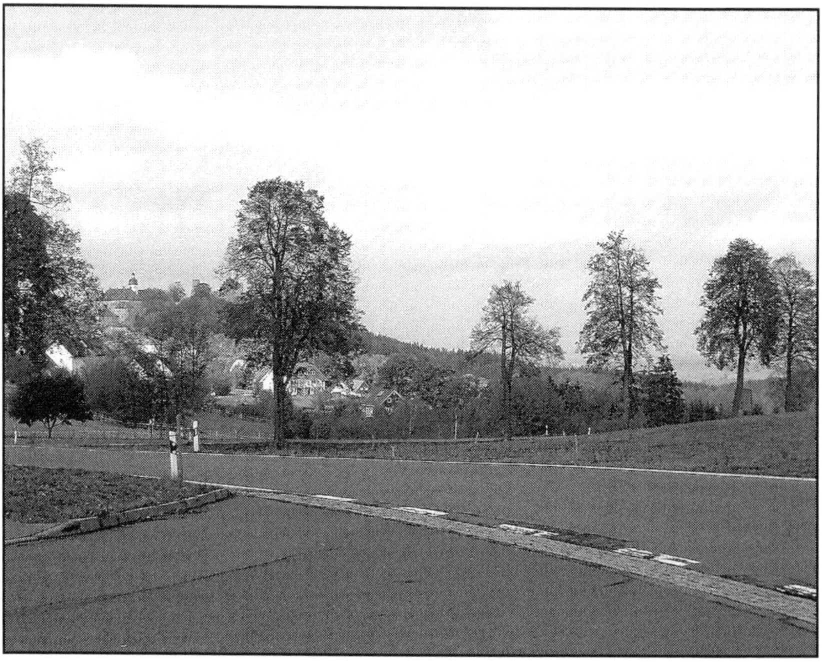

***Oben:** Der Augustusburger Kamm in Richtung Flugplatz Großrückerswalde (bei Marienberg). Rechts geht es ins Preßnitz- und Zschopautal hinab. - **Unten:** Frauenstein ist ein lohnendes Ziel auf dem Höhenzug zwischen Gimmlitz und Bobritzsch.*

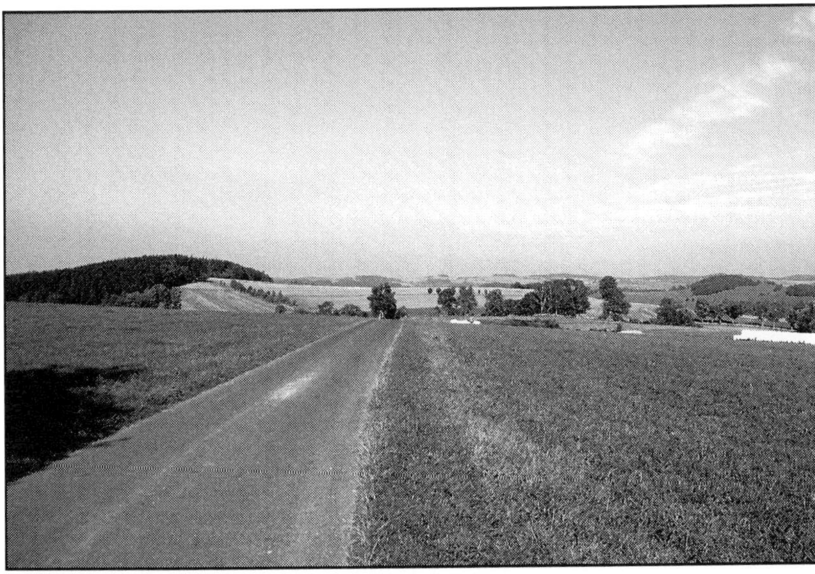

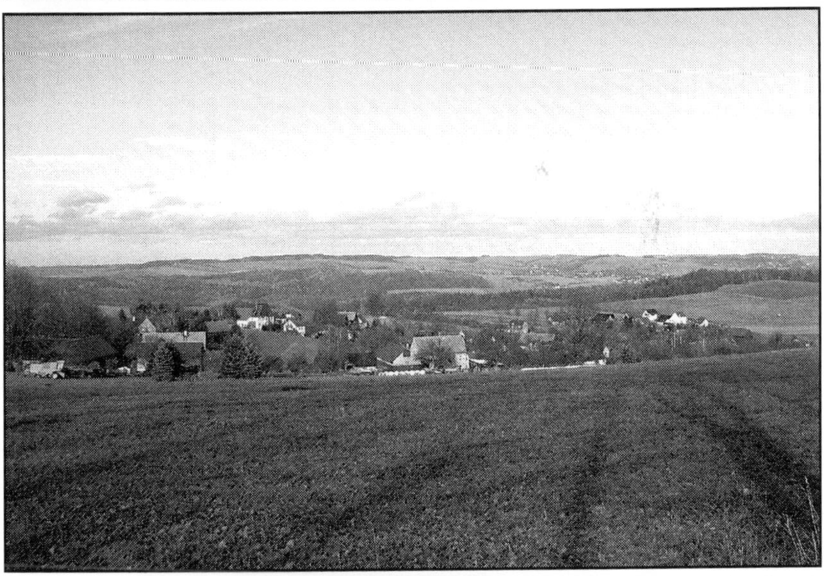

Oben: *Der Planetenradweg auf dem Höhenzug zwischen der Wilitsch und der Zschopau mit dem Höhenrücken oberhalb von Herold.*
Unten: *Ein Stück des Höhenzuges, der uns von Zwickau bis zum Fichtelberg bringt, von der Aussicht Wildbach aus gesehen. Am Horizont ist die A 72 bei Hartenstein erkennbar.*

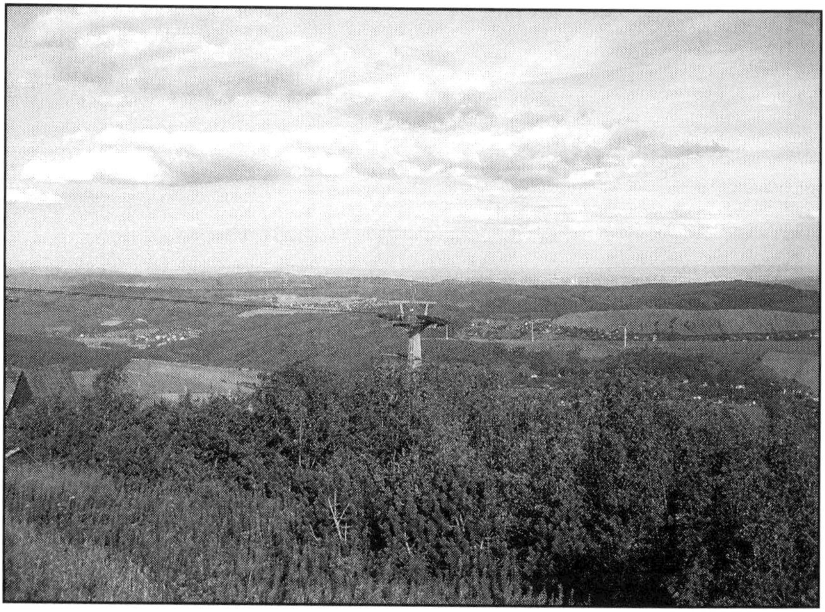

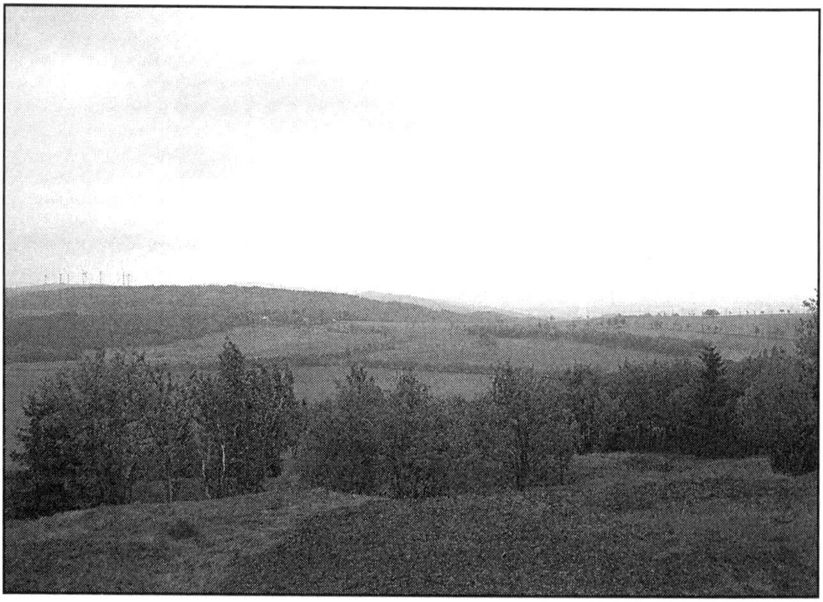

Oben: *Blick vom Fichtelberg zum Erzgebirgskamm.* - **Unten:** *Blick vom Medenec (Kupferberg) entlang des Kammes. In beiden Fotos ist der schroffe Abbruch des Erzgebirges nach Süden hin sichtbar.*

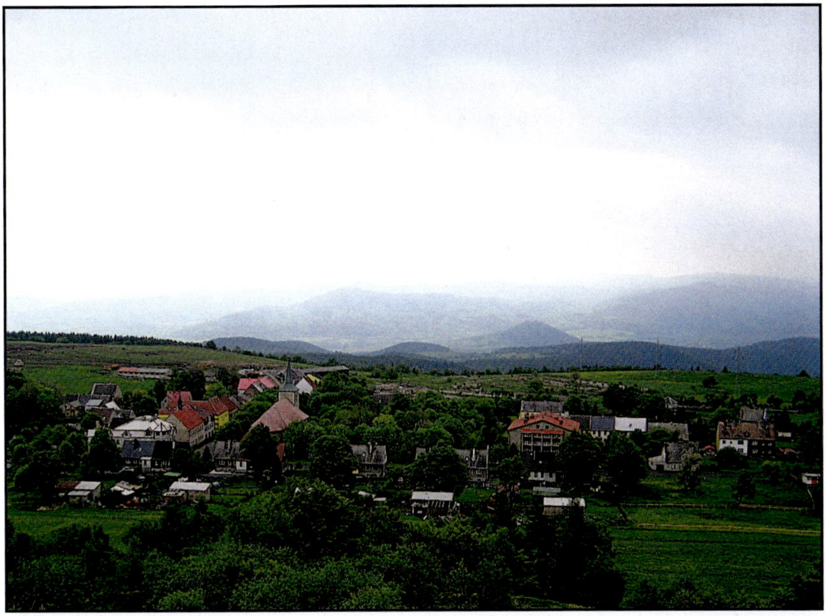

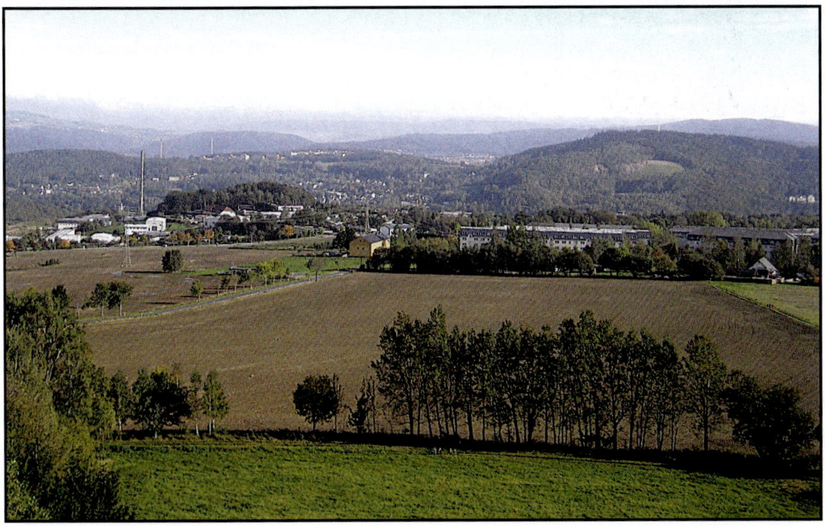

***Oben:** Der Blick vom Medenec (Kupferberg) auf dem Erzgebirgskamm in Richtung Süden lohnt sich. In der Ferne ist das Böhmische Mittelgebirge zu sehen. - **Unten:** Der Blick vom Keilberg bei Schneeberg (559 m NN) zum Gleesberg (593 m NN) zeigt uns die Schönheit des Erzgebirges in ihrer ganzen Fülle. Im Hintergrund ist der Erzgebirgskamm zu sehen.*

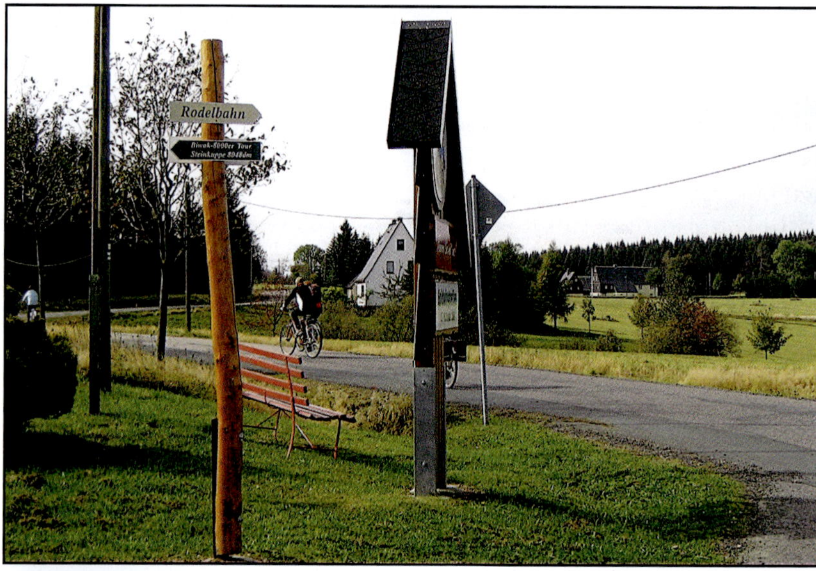

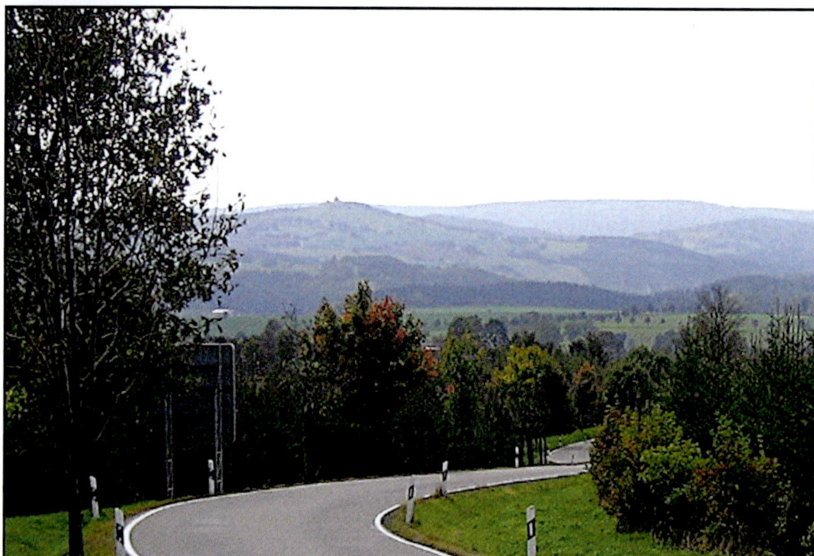

Oben: *Der Höhenzug zwischen der Freiberger Mulde und dem Rauschenbach, dem „Ringel" bei Holzhau in der Nähe der Gaststätte „Fischerbaude", ist bestens für Genussradfahrten geeignet.* ***Unten:*** *Am Ende des „Ringel" führen die Straßen K 7735 und S 211 abwärts zur Talsperre Rauschenbach. Zuvor genießen wir den Blick zum Schwartenberg (787 m NN) bei Neuhausen.*

Die Höhenzüge zwischen den Flüssen, die zur Elbe fließen

Am Osthang wird das Erzgebirge durch mehrere tief eingegrabene Flüsse entwässert. Nach einem kurvenreichen Lauf zwischen der felsigen Landschaft, ergießen sie sich direkt in die Elbe. Diese kleinen Flüsse sind nicht zu unterschätzen, wie das Hochwasser im August 2002 gezeigt hat.

Einige der bekanntesten Flüsse im Erzgebirge, die ihr Wasser zur Elbe bringen, sind die Wilde und die Rote Weißeritz, der Lockwitzbach, die Müglitz und die Gottleuba. Auch diese Flüsse haben Nebenflüsse und Bäche, die ihnen das Wasser zuleiten. Das Gebirge fällt zur Elbe hin steiler ab, als das Erzgebirge sich nach Norden hin neigt. Damit erklärt sich, dass wir hier nur wenige lange Radwege auf den Höhenzügen finden. Über die Flusstäler selbst erfahren Sie im nächsten Kapitel des Buches mehr.

Zwischen Wilder und Roter Weißeritz

Bevor sich diese beiden Flüsse, vereint als Weißeritz, der Elbe zuwenden, fließen sie zuvor getrennt erst ein Strecke nach Norden. Deshalb können wir zwischen diesen ersten Flussabschnitten eine Möglichkeit zum Genussradfahren erwarten. Schauen wir auf dic Stadt Dippoldiswalde und ihre Umgebung:

Von einigen erhöhten Punkten um den Ort herum, können wir über die Täler der Umgebung sehen. Die Höhenzüge rechts und links von Reichstädt erlauben freie Sichten. Auf vielen Wegen in Richtung Erzgebirgskamm beträgt der Anstieg aber oft um die 5 %. Für den durchschnittlichen Genussradfahrer ist das schon sehr steil.

Der lange Höhenweg zwischen diesen beiden Flüssen verläuft im westlichen Teil des Massivs. Er zwingt uns durch einige Bachtäler, die wir weitestgehend umgehen bzw. im Zickzackkurs umfahren können. Natürlich müssen wir erst die Höhe aus dem Weißeritztal von Freital nach Somsdorf erklimmen, dann aber können wir über lange Strecken mit wenig Kraftanstrengung fahren, z. B. auf der Butterstraße in die Höckersdorfer Heide, dann nach Ruppertsdorf und Beerwalde. Unser Weg führt uns auf dem Höhenzug weiter. Auf der Kante zur Wilden Weißeritz, vorbei am Kieferberg, erreichen wir bei der Kahlen Höhe die S 187. Wer diesen Streckenabschnitt des Gebirges abwärts fährt, kann den Sattel des Gebirgszuges, über den die Verbindung Ruppendorf - Reichstädt verläuft, mit einer Abfahrt abkürzen und Höhenmeter sparen. Fürstenweg, Lämmerberg, S 190, Forstweg zur Paulsdorfer

Heide, Paulshain, Wettinplatz in der Höckersdorfer Heide lauten hier die Orientierungshilfen für unsere weitere Tour.

Aufwärts führt unser Weg weiter auf der S 187 nach Sadisdorf (Oberdorf), wenige Meter auf der B 171 und auf dem Kohlweg bis zum Hennersdorfer (Wege-) Kreuz (629 m NN). Von hier aus müssen wir dann in jede Richtung bergab fahren. Wer hier einkehren möchte, dem ist das „Schützenhaus“ in Ammelsdorf, einem Ortsteil des bekannten Ferienortes Schmiedeberg, zu empfehlen.

Zwischen Roter Weißeritz und Lockwitzbach

Für Wanderer ist diese Gegend besonders empfehlenswert, denn die Dippoldiswalder Heide, der Wilisch und Hirschbachheide im Landschaftsschutzgebiet verfügen über viele naturnahe Wege. Der nicht zu übersehende Höhenrücken von Lerchenberg (425 m NN), Quohrener Kipse (452 m NN) und Wilisch (476 m NN) lässt auch Genussradtouren auf Höhenwegen mit den landschaftlich reizvollsten Aussichten über das 200 m tiefer liegende Kreischa zu. Von der B 170 über das Zscheckwitzer Holz zum Wilisch mit seinen einzigartigen schrägstehenden, sechseckigen Basaltsäulen ist z. B. eine unvergeßliche Tour. Auch ein Ausflug durch die Dippoldiswalder Heide, vielleicht auf dem Sternweg und dem Marktsteig zum „Heidehof“ (Gaststätte) wäre, ebenso wie auf dem Wanderweg mit der Grünen-Punkt-Markierung von Oberhäßlich nach Reinholdshain und weiter nach Elend, eine Tour wert. Die Hohe Straße führt uns dann nach Oberfrauendorf zum Lockwitzbach.

Zwischen Roter Weißeritz und der Müglitz

Wer ca. 1 km vor der Einmündung der Hohen Straße in Oberfrauendorf die steile Ortsstraße mit einer Steigung von ca. 6,5 % aufwärts schiebt, erreicht den Kamm des Höhenzuges, der hier weiter um die Quelle des Lockwitzbach in Richtung der Müglitz führt. Der Name des landschaftlich einzigartigen Genussradweges, der „Hochwaldstraße“, sagt bereits aus, wie reizvoll der Weg ist, der uns bis nach Falkenhain begleitet. Ein anderer, flachwelliger Weg führt uns vom Parkplatz oberhalb von Oberfrauendorf zur Eisenstraße und auf dieser nach Luchau. Der Ort liegt unter dem Luchberg (576 m NN), einem markanten, bewaldeten Basalt-Spitzkegel, welcher unter Naturschutz steht.

Der Erzgebirgskamm

Die obere Bruchkante der Pultscholle Erzgebirge ist der Grat des Gebirges, der die einzelnen Höhenzüge wie Zinken eines Haarkammes verbindet. Bereits bei der erdgeschichtlichen Entwicklung, dem Aufstellen der Pultscholle, entstand jedoch keine geradlinige Kante. Zusätzlich wirkten weitere Naturgewalten auf sie ein. Ein Weg entlang des Kammes besitzt ein deutlich geringeres Auf und Ab als einer, der die Höhenzüge und Flusstäler quert. Wenn wir manche wie aufgesetzt wirkende Berge, wie z. B. Spicak, Jelini Hora usw. umfahren, haben wir ein relativ gleichbleibendes Höhenniveau. Die Senken und Einschnitte in dieser Linie - die Pässe - wurden von den Menschen zum Überqueren des Gebirges genutzt.

Das Erzgebirge, besonders der Kamm, bildete lange Zeit eine natürliche Schranke für die Besiedlung. Das besonders im Winter rauhe Klima war nicht dazu geeignet, dass Menschen sich dauerhaft hier ansiedelten. Was uns der technische Fortschritt heute durch seine Errungenschaften leicht erscheinen lässt, war damals purer Überlebenskampf. So verwundert es nicht, dass das Kammgebiet erst spät besiedelt wurde. Es bildete sich auch zugleich das Grenzgebiet zwischen Staaten bzw. Volksgruppen südlich und nördlich des Kammes heraus. Doch über die Pässe wurde trotz aller Schwierigkeiten stets ein reger Handel getrieben. Beidseitig des Gebirges wohnte gegen Ende des 19. und Anfang des 20. Jahrhunderts deutschsprechende Bevölkerung. Im Norden lag das Deutsche Kaiserreich und im Süden der Vielvölkerstaat Österreich-Ungarn bzw. nach dem 1. Weltkrieg die Tschechische Republik.

Die Grenze verband nicht immer befreundete Staaten und der ungehinderte grenzüberschreitende Verkehr war nicht immer möglich. Besonders die Vertreibung der deutschen Bewohner nach dem 2. Weltkrieg ließ die wirtschaftliche Entwicklung im tschechischen Teil des Erzgebirges stagnieren. Ganze Ortschaften sind heute bis auf wenige Häuser aufgrund dieses Umstandes verschwunden. Der legendäre Kammweg, den es zu Beginn des 20. Jahrhunderts gab, wurde der Verwahrlosung überlassen und nicht mehr markiert. Er verläuft zum überwiegenden Teil auf dem Gebiet der Tschechischen Republik. Über weite Strecken ist hier der europäische Wanderweg E 3 identisch mit der Linienführung. Wer sich für ihn und seine weitere Entwicklung interessiert, kann dazu Informationen im Internet unter www.erzgebirgskammweg.de finden.

Der Bedarf für einen Wanderweg auf den Höhen des Erzgebirges ist vorhanden und als neuer Vorschlag wurde deshalb vor Jahren die „Kammtour" ins Leben gerufen. Wander-, Ski- und Radrouten wurden ausgewiesen und spezielle Karten erstellt. Unter www.kammtour.de können Sie vieles über den Verlauf und die Sehenswürdigkeiten auf dem Weg erfahren.

Da der historische Kammweg und die neuere „Kammtour" verschiedene Streckenführungen für das Erzgebirge beschreiben, sollten wir diese auch auseinanderhalten. Beide Routen sind ursprünglich als Wanderwege entstanden und die neue Tour trägt der Entwicklung des Tourismus in Sachsen Rechnung. Die Wanderstrecke der Kammtour wurde 2011 neu bestimmt und mit dem Schild „ws-bl-ws" und der Aufschrift „Kammweg" ausgeschildert. Sie ist jetzt auf die Bedürfnisse der Wanderer ausgerichtet, das heißt, wenig Straße und Asphaltwege, aber viel Natur und auch schmale Pfade, die zum Radfahren weniger gut geeignet sind. Die Vermarktung erfolgt als „Qualitätswanderweg Kammweg Erzgebirge - Vogtland". Die Strecken der Kammtour sind auch für die Radfahrer interessant und auch die alte Wanderstrecke sollte nicht vergessen werden. Eine Mehrfachnutzung der Wege durch Wanderer, Reiter, Radfahrer und Wirtschaft setzt gegenseitige Rücksichtnahme voraus. Lassen Sie also den „alltäglichen Egoismus" bitte zu Hause.

Der EU-Beitritt der Tschechischen Republik eröffnet uns neue Möglichkeiten, unsere Ziele zu erreichen. Vor Antritt der Fahrt sollten Sie deshalb einen Blick auf die Karte werfen: Wege, die bis dahin nicht nutzbar waren, können jetzt aufgrund des „Schengener Abkommens" ohne Grenzkontrollen befahren werden. Um möglichst mit viel Genuss auf dem Erzgebirgskamm zu fahren, werden wir die Straßen durch die nördlich und südlich verlaufenden Flusstäler vermeiden. Wir umfahren die Bergspitzen, wenn sie nicht unser Ziel sind, und vermeiden es, den Kamm zu verlassen. Dadurch finden wir die ideale Linie für die „Genussradstrecke auf dem Erzgebirgskamm". Wir können uns ungehindert nördlich oder südlich der Grenze bewegen und folgen natürlich einer Vielzahl von Streckenabschnitten der offiziellen Radwege. Die meist gute Straßenbeschaffenheit dieser Routen werden wir nutzen. Wir weichen aber von diesen Wegen ab, wenn Höhenmeter verschenkt oder Umwege für besondere touristische Ziele ausgewiesen sind, die wir nicht besuchen wollen. Fahren wir auf dem Erzgebirgskamm von West nach Ost, beginnen wir unsere Tour in Schöneck auf dem Höhenzug zwischen Weißer Elster und Zwickauer Mulde.

1. Etappe: Schöneck - Mühlleithen

Starten wir mit einer kurzen Beschreibung des ersten Streckenteils: Schöneck - Ortsteil Tannenhaus - S 301, oder besser gesagt, auf dem Kirchsteig nach Kottenheide - weiter am Ortsausgang nach links auf einen kleineren Weg, der uns auf den Schwerdtweg bringt. Von hier aus bis zur Kreuzung der Kammloipe (Wettinplatz) - weiter auf dem Schwerdtweg über die Schneidersberge - weiter nach links zum Parkplatz an der S 304. (Bitte nicht geradeaus den Bärfangweg benutzen!)

Wir befinden uns auf der Hauptwasserscheide zwischen südlicher und nördlicher Fließrichtung des Wassers des westlichen Erzgebirges, kreuzen die S 304 und biegen auf den Kielfloßgrabenweg ein. Ihn folgen wir, vorbei am Wintersportzentrum, bis Mühlleithen. Da wir den Aussichtsfelsen Schneckenstein, dem einzigen Topasfelsen Europas, (883 m NN) und den Kiel (943,3 m NN) umfahren haben, konnten wir die ca. 8 km bis zur Wasserscheide auf einem Höhenbereich zwischen 760 und 800 m NN, sowie die nächsten ca. 6,5 km immer seicht ansteigend, zwischen 760 und 860 m NN nach Mühlleithen fahren. Bis auf die letzten Meter sind nur Steigungen zu überwinden, die für uns aber ohne Probleme zu bewältigen sind.

2. Etappe: Mühlleithen - Weitersglashütte

Wir verlassen Mühlleithen auf dem leicht bergan führenden Kammweg in Richtung Grenze zur Tschechischen Republik. Ein kurzer Abstecher (ca. 1 km) zum neuen Aussichtsturm des Aschbergs (tschech.: Kamenàc, 936 m NN) lohnt sich, denn wir sind ja fast schon auf seinem Höhenniveau. - Immer weiter in Richtung Osten auf dem Schwertweg der Grenze entlang, welche der Kammweg hier ist, durchfahren wir bald das Naturschutzgebiet „Großer Kranichsee“ und erreichen dann die Talsperre Carlsfeld. Wir bleiben südlich der Wasserfläche auf dem Floßweg und fahren über die Frühbusser Straße nach Weitersglashütte (mit Gaststätte). Auch diese Strecke ist nur zu Beginn, durch den Aufstieg von Mühlleithen zur ehemaligen Grenze, und am Ende, bei der Abfahrt nach Weitersglashütte, etwas bergig.

3. Etappe: Weitersglashütte - die Grenze - Horni Blatna (CZ)

Die leichte Abfahrt der vorigen Etappe nach Weitersglashütte müssen wir auf diesem Abschnitt auf dem Hirschleckenweg wieder aufwärts fahren. Entlang der Grenze über den Jordan- und Butterweg, vorbei am Naturschutzgebiet „Kleiner Kranichseee“, erreichen wir die Siedlung und die Gaststätte „Henneberg“.

Um keine Höhenmeter zu verschenken, fahren wir nicht den gut ausgebauten Weg hinunter nach Johanngeorgenstadt, denn dieser hätte uns bis auf ca. 700 m NN ins Tal des Schwarzwassers gebracht. Wir folgen vielmehr den Zubringer zur Skimagistrale, einen kleineren Weg, der uns unterhalb des Buchschachtelberges (Bucina, 973 m NN) und vorbei am Scheffelsberg (981 m NN) entlang der ehemaligen Grenze zur „Skimagistrale Böhmisches Erzgebirge“ führt. Diese begleitet hier den Erzgebirgskamm. Nur die Berge Hranicni hora (960 m NN), Zajeci hora (Rammelsberg, 1008 m NN) und Vlci hora (946 m NN) überragen die Magistrale. Im Sommer wird sie als Radweg genutzt.
Zwischen dem Vlci hora und dem Blatensky vrch (Plattenberg, 1043 m NN, Aussichtsturm) verläuft der alte „Plattener Pass“ über das Erzgebirge, den selbst Goethe schon auf seiner Reise nach Karlsbad benutzte. Der höchste Punkt des Passes liegt zwischen Pernink (Bärringen) und Horni Blatna (Platten) etwas unter 900 m NN. Für uns als Genussradfahrer bedeutet das, wir müssen auf diese Höhenlage hinunterfahren. Dazu nutzen wir die Verbindungsstraße von Nove Hamry (Neuhammer) nach Horni Blatna. Wer möchte, kann jedoch auch bis Pernink weiterradeln. Eine Rast in einer Gaststätte und das Probieren der hier besonders würzigen Knoblauchsuppe sind durchaus zu empfehlen.
Der nächste Abschnitt unserer „Genussradtour auf dem Erzgebirgskamm” führt in das Höhenmassiv der Berge mit über 1000 m.

4. Etappe: Horni Blatna - Bozy Dar

Wir verlassen den Ort und schieben unser Rad aufwärts auf der wenig befahrenen Verbindungsstraße Horni Blatna - Bozy Dar. Vorbei an Wolfs- und Eisbinge, die sich nicht weitab von der Straße befinden, können wir nach ca. 1,3 km wieder Genussradfahren. Wir haben den Rand des Sattels erreicht. Auf dem weiteren Weg entlang des Kammes lassen wir einige Eintausender des Erzgebirges, den Blatensky vrch mit dem Aussichtsturm (Plattenberg, 1043 m NN), den Nad Ryzovnou (Wagnerberg, 1054 m NN), den Bozidarsky Spicak (Spitzberg, 1115 m NN) und den nur durch das Schwarzwasser getrennten Tetrevi Hora (Hahnberg, 1006 m NN) rechts bzw. links von uns liegen. In der Nähe des „Blatensky prikop“ („Plattener Kunstgrabens“) erreichen wir Bozi Dar (Gottesgab, 1028 m NN). Bekanntester Sohn des Ortes ist der Volksdichter und Sänger Anton Günther. Mit seinen Liedern trug er viel zur Heimatliebe und Identität der Erzgebirgler bei. Sein Grab auf dem Friedhof der Stadt wird jedes Jahr von vielen Menschen besucht.

Im Höhenmassiv der Tausender rund um Bozy Dar, der höchsten Stadt der Region, befinden sich auch die höchsten Berge des Erzgebirges. Neben den bereits genannten Gipfeln, gehören weiter zu diesen auf tschechischer Seite: Der Klinovec (Keilberg, 1244 m NN, Aussichtsturm) als höchster Berg des Erzgebirges, der Plesivec (Pleßberg, 1028 m NN, Aussichtsturm, Gaststätte), der Dub (Graustein, 1001 m NN), der Macecha (Weberberg, 1113 m NN), der Meluzina (Wirbelstein, 1094 m NN, Aussichtsfelsen), der Vysoka sec (Hoher Hau, 1006 m NN) und der Loucna (Weißes Kreuz 1019 m NN). Auf deutscher Seite zählen weiterhin der Eisenberg (1028 m NN), der Taufichtig (1001 m NN) und der Fichtelberg (1215 m NN, Aussichtsturm, Gaststätte) als höchster Berg Sachsens dazu. Auch wenn das Massiv durch den „Plattener Pass“ eine „Delle” hat, müssen wir auch den Auersberg (1019 m NN, Aussichtsturm, Gaststätte) und den Zajeci hora (Rammelsberg, 1008 m NN) nennen. Dazu kommen noch einige andere Erhebungen, die nicht so deutlich aus der weiteren Umgebung herausragen, aber ebenfalls über 1000 m NN hoch sind.

Aus diesem Tausender-Massiv entspringen auch die meisten Flüsse und Nebenflüsse, die wir in unsere Betrachtungen über das Genussradfahren einbezogen haben. Da diese Berge auch durch drei Eisenbahnstrecken erreicht werden können, ergeben sich nicht nur Genussradfahr-Möglichkeiten auf dem Erzgebirgskamm. Das Massiv der hohen Berge bietet sich auch als Ausgangspunkt für schöne, lange Abfahrten von den Höhenzügen immer den Erzgebirgshang hinab in die Flusstäler an.

5. Etappe: Bozy Dar - Medenec

Das nächste Ziel ist Medenec (Kupferberg). Wir müssen dazu über den Sattel zwischen Fichtelberg und Klinovec fahren. Dafür radeln wir ab Bozy Dar den Weg zwischen den Liften, vorbei an dem Höhenpunkt Neklid (Unruhe, 1099 m NN), immer fast parallel zur Auffahrtsstraße zum Klinovec. Diese queren wir nach dem Abzweig der Straße nach Medenec und nutzen den Wanderweg, der schräg am Osthang des Berges langsam in Richtung Süden bergab führt. Er ist flacher als die Straße und birgt auch weniger Gefahren, besonders wenn wir mit der Familie unterwegs sind. Sein Gefälle von ca. 5 % ist für uns nicht ideal, aber noch die beste Fahrstrecke ohne den Keilberg zu umrunden. Nahe der Felskuppe des Wirbelsteins treffen wir wieder auf die wenig befahrene Straße, die hier ungefähr den Bereich des Kamms bildet. Die Hochebene ist fast menschenleer, mit Mooren durchsetzt und eröffnet uns eine urgewaltige landschaftliche Kulisse. Bleiben Sie sicherheitshalber auf dem Fahrweg.

Wir sehen die Basaltkuppel des auffälligen Velky Spicaks (Großer Spitzberg, 965 m NN) und passieren auf unserer Weiterfahrt Horni Halze (Oberhals). Der Medenec (Kupferberg, 910 m NN) mit seiner Kapelle „Zur unbefleckten Empfängnis" und dem unter diesem Höhenniveau liegenden Ort weist uns dabei die Richtung. Viele Zeugen des Bergbaus, u. a. das Besucherbergwerk „Mariahilf-Stollen", lohnen einen Besuch. Lassen Sie sich dort erklären, warum es Häuser mit Eingangstüren im ersten Stock gibt und was die Sphinxfelsen sind.

6. Etappe: Medenec - Hora Sv. Sebastiana (Sebastiansberg)

Zwischen Medenec und den Resten von Kotlina (Köstelwald) können wir die Straße verlassen und den Bogen der Straße dorthin abkürzen. So wie es vielen Orten des ehemaligen deutschsprachigen Teils des tschechischen Erzgebirges ging, widerfuhr es auch Kotlina. Der Ort konnte den Verlust der deutschen Bevölkerung nicht durch den Nachzug tschechischer Bewohner ausgleichen - viele der Gebäude verfielen. Auch die wirtschaftlichen Probleme in der heutigen Zeit tragen zur weiteren Verödung bei.

Die Straße verlässt den Erzgebirgskamm und führt ca. 80 Höhenmeter abwärts zur Trinkwassertalsperre Prisecnice (vodní nádr z Prisecnice). Für uns wäre jedoch der Weg, der unmittelbar an den dort aufgestellten Windrädern vorüberführt, weitaus besser. Er hat eine geringere Neigung und die schönere Aussicht. Nicht zuletzt ist er auch frei vom immer weiter zunehmenden Straßenverkehr. Leider verläuft er nicht durchgängig und deshalb wird hier wieder einmal touristisches Potential verschenkt. Die tschechischen Tourismusexperten und unsere Europa-Abgeordneten sind in diesem Punkt gefragt. Vielleicht könnte die Förderung weiterer Windräder durch die EU auch mit Forderungen zur Verbesserung des Radverkehrs verbunden werden.

Auf dem Erzgebirgskamm sollen noch mehr Windräder aufgestellt werden. Viele Bürgerinitiativen versuchen dies zu verhindern. - Werden sie es schaffen? Oder bietet der Wind, der auf den Höhen oft und stark weht, eine neue Chance für die Wirtschaftlichkeit der Region?

Ganz gleich, wie in dieser Hinsicht die weiteren Entscheidungen der Verantwortlichen ausfallen, wenn weitere Windräder auf dem Kamm aufgestellt werden, dann sollten die Zufahrtsstraßen zu ihnen mehr als nur der Energiegewinnung dienen. Sie könnten uns die noch fehlenden Wege auf der Kante des Südhanges zum Genussradfahren eröffnen. Die Windräder als neue Monumente der Energiewirtschaft müssen sich in jedem Fall in das landschaftliche Umfeld des Erzgebirge einfügen und auch den Einheimischen einen nachvollziehbaren Nutzen bringen. Nur dann sind sie willkommen. Deshalb müssen für das Erzgebirge und seine Bewohner auch langfristig Gewinne aus der Verwertung dieser Ressourcen gezogen werden. Diese können und sollten bereits zu Beginn einer solchen Nutzung bedacht und realisiert werden. Viele kleine Maßnahmen und sensible Planung zu jedem Punkt der Landschaft können dabei helfen. Ein Versuch wäre, bessere Radfahr-Möglichkeiten auf den Höhen des Erzgebirges zu schaffen, um den Image-Schaden für den Tourismus damit auszugleichen.

Auch die Strasse 224 von Vejprty nach Klasterec nad Ohry vereint sich hier mit der 223. Das Westufer der Preßnitztalsperre ist, mit einem Radweg auf der 224, für uns Genussradfahrer wenig geeignet. Die Öffnung des Grenzüberganges in Bärenstein brachte weiteren Verkehr, der über Krimov und die Fernstraße 7 nach Chomotov fließt.

Der ausgeschilderte Radweg am Ostufer der Talsperre ist besser für uns geeignet. Das Ufergelände der Trinkwassertalsperre ist für den Zutritt gesperrt und wir sollten uns daran halten. Eine Umrundung der Talsperre ist, unter Beachtung der Gefahren der Straße 224, möglich.

Ein gut befahrbarer Weg führt nördlich des markanten, weit sichtbaren Jelini Hora (Haßberg, 994 m NN) nach Satzungen und Reitzenhain. Der Anstieg zum Haßberg ist für Genussradfahrer zu steil. Wer die Tour aber von Ost nach West fährt, dem sei auch er als Genussradweg empfohlen.

Wollen wir uns an der faszinierenden Aussicht vom Steilabfall des Erzgebirges erfreuen, müssen wir die Straße 223 nutzen. Sie führt nach Krimov und dann weiter nach Chomutov. Als eine Hauptstraße und Verbindung zur Staatsstraße 7 nach Chomutov ist sie stark befahren. Kann man bei einer Radtour die 223 in Metenec noch mit größeren Kindern befahren, ist ein solcher Familienausflug hier nicht zu empfehlen. Es ist besser, wenn wir uns als Genussradfahrer Nebenwege suchen.

Um direkt auf dem Kamm zu bleiben, nehmen wir einen kleinen Weg, der uns entlang der grenzüberschreitenden Bahn Chomutov - Vejprty - Annaberg nach Osten zu den weithin sichtbaren Windrädern bringt. Die Straße zur Preßnitztalsperre lassen wir dabei links liegen. Vorbei an der Gebäuderuine des Bahnhofes Rusova (Reischdorf), immer zwischen den Windanlagen entlang, erreichen wir die Straße 223 in Richtung Vysluni mit Gaststätte „Sonnenberg“.

Wir können auf dieser Straße weiterfahren. Sie befindet sich aber bereits an der Oberkante des Steilabfalls des Erzgebirges. Von Sonnenberg führt dann ein unbefestigter Wirtschaftsweg nach Nova Ves, einem Ortsteil von Krimov. Dort treffen wir wieder auf den Wanderweg E 3. Er führt weiter nach Hora Sv. Sebastiana (ca. 1,5 km). Mit einigen Metern Umweg müssen wir dafür nicht die Fernstraße 7 nehmen.

Der Verlauf des Erzgebirgskamms schwenkt nach dem Bahnhof Rusova in Richtung Jelina Hora. Zwischen der Kante des Erzgebirges und dem Kamm befindet sich hier eine Hochfläche. Es ist das Quellgebiet des nach Süden fließenden Prunerovsky potok. Der Wanderweg E 3 begleitet den Höhenzug des Jelina Hora an der Südflanke und ist für uns die bessere, ungefährlichere Möglichkeit nach Sv. Sebastiana zu kommen. Dazu könnten wir auf der Straße in Richtung Preßnitztalsperre fahren. Auf halber Höhe zu ihr biegen wir auf den Wanderweg E 3 Richtung Nordosten ein. Oberhalb der Bahn und sehr nahe am Erzgebirgskamm können wir auf einem unbefestigten Wirtschaftsweg mit etwas flachwelligem Höhenprofil unser Etappenziel erreichen.

Die Höhenlinie des Erzgebirges verläuft oberhalb von Sv. Sebastiana. Wir müssen wieder auf diese Höhe gelangen, weil der Fluss Chomutovka sich tief ins Gebirge gegraben hat. Das Tal zu queren, sollten wir als Genussradfahrer vermeiden. Von Nova Ves zweigte in den vergangenen Jahrzehnten die heute stillgelegte Eisenbahnstrecke nach Reitzenhain ab. Die Strecke durch diese Gebiet wäre der ideale Radweg für uns Radfahrer, denn dann könnten wir die Transitstraße Reitzenhain - Chomutov meiden. Selbst bei fehlenden großen Brücken und den damit verbundenen kleinen Ab- und Auffahrten an solch einer „Fehlstelle" kann diese Bahnstrecke zum landschaftlich reizvollen Genussradweg ausgebaut werden.

7. Etappe: Hora Svateho Sebastiana (Sebastiansberg) - Zakouti (Bernau) - Svahova

Führten die beiden vorangegangenen Etappen bereits durch wenig besiedeltes Gebiet, folgt nun ein ganz einsamer Abschnitt, der natürlich auch seinen Reiz hat. Allein sollten Sie sicherheitshalber die Tour aber nicht unternehmen. Es ist zwar nicht zu erwarten, dass Sie den aus der Geschichte bekannten Räuber des nördlichen Erzgebirges, Nikol List, treffen, der sein Unwesen in jener Region und in Norddeutschland trieb. Aber Sie sind weitab von den umliegenden Orten. Sie könnten stürzen oder ihr Rad könnte einen Defekt haben.

Auf dem Erzgebirgskamm ist an dieser Stelle der Europäische Wanderweg E 3 der sicherste, für uns Genussradfahrer aber nicht der ebenste Weg, um nach Svahova zu kommen. Er führt beinahe exakt auf dem Kamm entlang. Nur am Beginn der Tour nehmen wir den Weg oberhalb von Sebastiansberg, durch den wir den tiefen Einschnitt der Chomutovka - einem äußerst romantischen Fluss, der bis hinab nach Chomutov führt - umfahren können. Für uns Genussradfahrer gibt es an seinem Ufer eine reizvolle Bergabwärts-Tour, mit der Möglichkeit, sich wieder mit der Bahn aufwärts nach Nova Ves, ca. 2 km vor Sebastiansberg, bringen zu lassen. Diese Tour fahren wir an einem anderen Wochende...

Nach dem kleinen, aber besser zu fahrenden Umweg, treffen wir wieder auf den Wanderweg E 3. Wir passieren Novy Dum und die zwei Seen. Nach einer langen Geraden durchfahren wir Zakouti und kehren im Ortsteil Bernov (Bernau) zur Stärkung in die Gaststätte ein.

Das nächste Ziel ist Svahova. Während der Wanderweg E 3 auf 890 m Höhe knapp unter dem Gipfel des Mezihorsky vrch (916 m NN) an diesem vorbei führt, können wir auch eine andere Streckenführung nutzen. Wir müssen auf dem Weg links vom Lift den Berg 30 Höhenmeter abringen, um dann dieses leichtwellige Höhenniveau bis zur Verbindungsstraße Kalek - Bolebor (Götterdorf) zu halten. Vor uns liegt der Blahutov (854 m NN). Es ist ganz gleich, ob wir links auf dem Wanderweg Kalek - Svahova oder rechts auf dem Weg E 3 fahren - wir müssen in jedem Fall um den Berg herum. Zu unserem Etappenziel führt die Strecke leicht abwärts. Hier können wir, wenn wir neue Kräfte schöpfen möchten, in einem Hotel einkehren und übernachten. Auch wenn wir zwischen den Zielpunkten nur wenige Menschen treffen, in manchem Ort sind Einkehr- und Übernachtungsmöglichkeiten vorhanden, aber nicht in allen. Sich vorher anzumelden, ist bei einer Übernachtung jedoch sinnvoll. Unter den hier angegebenen Ortsnamen finden Sie im Internet mit einer Suchmaschine die Telefonnummern der betreffenden Hotels.

8. Etappe: Svahova - Nova Ves (Gebirgsneudorf)

Diese Etappe ist mit ca. 10 km relativ kurz, wobei sie sich die Streckenlängen natürlich selbst einteilen können. Es wurden möglichst Orte mit einem Hotel als Endpunkt einer Tour gewählt. Vergessen Sie bitte nicht die Einsamkeit dieser Region, besonders wenn Sie nicht auf den Straßen fahren.

Vom Hotel in Svahova aus können Sie ins Tal der Luzec schauen. Wir wollen aber nicht dort hinunter, denn wir müssen hinauf an die Quellen dieses Gebirgsbaches - denn dort verläuft der Kamm. Unser Ziel ist Nova Ves. Zwischen uns und dem Tagesziel liegen das Wasser mit seinem Tal und dahinter der Bergzug Lesenska Plan (920 m NN). Wir können die Strecke über seinen Gipfel nehmen, den Berg aber auch umfahren.

Eine Möglichkeit ist, auf dem E 3 weiterzuradeln. Dabei queren wir das Tal des Luzec oberhalb von Svahova. Die Strecke führt uns dann bergan zum Ort Lesna (Ladung/Langendorf). Er besteht nur noch aus wenigen Häusern und einem schönen Hotel, in dem Radfahrer willkommen sind. Hier können 41 Personen übernachten, wobei sich Gruppen vorher anmelden sollten. Eine traumhafte Aussicht ins Böhmische und eine gute Bewirtung entschädigen uns für den Anstieg.

Weiter fahren wir auf dem Wanderweg E 3 südlich des höchsten Punktes des langgestreckten Lenska Plans, auf dem sich auch Lesna befindet. Vom nächsten Ort Mikulovic (Nickelsdorf) nach Nova Ves ist es nur noch ein „Katzensprung".

Die zweite Möglichkeit - für uns Genussradfahrer eine längere aber zugleich leichtere Strecke - ist die Route auf der kleinen Straße nach Maly Haj (Kleinhan). Auch von diesem Ort und dem seitlich liegenden Rudolice v Horech (Rudelsdorf) sind nur noch Reste erhalten. Einen Eindruck von der alten Größe bekommt man nur noch durch die einsam auf der Anhöhe stehende Kleinhaner Kirche der Heiligen Dreifaltigkeit. Sie ist einen Besuch wert. Etwas weiter steht das Denkmal für die Opfer des 2. Weltkrieges und gleich in der Nähe zweigt der Weg in Richtung Mikulovic ab. Er führt uns mit etwas Schieben bergauf um den Lenska Plan. Später treffen wir wieder auf die Straße und den Wanderweg E 3.

Zu unserem Ziel müssen wir leider von ca. 850 m NN auf ca. 660 m NN hinunterfahren. Wir queren einen Einschnitt in das Erzgebirge - den Neudorfer Pass, Er ist mit ca. 735 m NN der niedrigste Gebirgsübergang des Erzgebirgskammes. Da er nach Süden aber sehr steil abfällt, wurde in vergangenen Zeiten von den Händlern auf der historischen Handelsstraße Leipzig - Prag der wenig entfernte Einsiedler Sattel bevorzugt.

In Gebirgsneudorf warten Hotels und Gaststätten und auch das Museum ist einen Besuch wert. Nova Ves liegt nahe am sächsischen Deutschneudorf. Weil bis dahin eine stillgelegte Bahnstrecke führt, wäre diese ein guter Anschlusspunkt des sächsischen Genussradwegenetzes sowie der Kammtour an die „Genussradstrecke auf dem Erzgebirgskamm".

Als Genussradfahrer vermeiden wir es Höhenmeter zu „verschenken". Bis hinab nach Deutschneudorf auf 625 m NN muss nicht jeder fahren. Die nächste Etappe kann auch in Nova Ves auf dem Wanderweg E 3 bei ca. 660 m NN starten. Es besteht zwar auch die Möglichkeit in Höhe des Passes auf weniger guten, nicht ausgeschilderten Forstwegen, im Zick-Zack-Kurs die Tour nach Mnisek fortzusetzen, empfehlen kann man dies jedoch nur Ortskundigen.

Uns zwingt nun der durchgängige Weg von der Höhe bis auf ca. 650 m NN hinunter zu fahren. Vielleicht haben unsere tschechischen Tourismusfreunde und Forstleute in der Zukunft ein Einsehen für eine durchgängige Genussradstrecke auf der idealen Höhenlinie des Erzgebirgskammes und stellen sie den Touristen zur Verfügung. Allein der unvergeßliche Aussichtspunkt Jerabina (Haselstein, 788 m NN) an dieser Strecke würde es ihnen danken. Auch wir könnten uns auf dem Weg nach Kliny einige Höhenmeter sparen und in Mnisek bereits im oberen Ortsteil abbiegen.

9. Etappe: Nova Ves - Mnisek (Einsiedel) - Kliny (Göhren)

Wie bereits festgestellt, verlassen wir Nova Ves auf dem Wanderweg E3, auf dem auch die Skimagistrale verläuft. Weiterhin finden wir auf ihm die Kennzeichnung weiterer Wander- und Radwege. Da kein zusätzlicher ausgebauter Weg auf dem Kamm existiert, herrscht auf der E 3 richtiger „Betrieb". Glücklicherweise ist für PKWs noch eine Straße an der Schweinitz zwischen Nova Ves und dem Ortsteil Mnisek vorhanden.

Nachdem wir wieder an Höhe gewonnen haben, können wir den naturnahen Genussradweg nach Mnisek (Gaststätte) am Hang des Erzgebirges entlangradeln. Der Ort lebt vom Tourismus und der Forstwirtschaft. Eine Kirche finden wir hier nicht mehr, sie wurde bereits 1964 gesprengt.

Wir fahren weiter und beachten, dass wir uns noch immer im Einsiedeler Sattel befinden. Die Passstraße, die den Sattel nutzt, führt durch Deutsch- und Böhmischeinsiedel (Mnisek). Nach wenigen Metern im oberen Teil des Ortes, in Richtung des ehemaligen Aussichtsturmes Jerabina, biegen wir auf die Straße nach Kliny ein. Sie führt uns nördlich, unterhalb des Vetrny vrch (Käsherdberg, 802 m NN) an diesem vorbei. Er gehört, wie auch der Kamenec (Steinhübel, 814 m NN) und „Mracny vrch" (852 m NN) kurz vor Kliny, zu den Bergen an der ausgebrochenen und ausgespülten Kante des Erzgebirgskammes.

Auf der tschechischen Seite führt die Strecke steil bergab und ist deshalb für Genussradfahrer nicht geeignet. Danach müssen wir aus dem Einsiedler Sattel und damit auch aus dem Sattel unseres Rades heraus, denn steile Aufstiege wechseln sich mit flachen Streckenteilen ab. Kurz vor Kliny sind wir dann wieder auf dem Kamm. Ein Weg ermöglicht es, am Ort 20 m höher vorbeizufahren.

In Kliny (Gaststätte, Pension) hat sich ein Wintersportzentrum entwickelt. Ein Grund, auch in der kalten Jahreszeit hier vorbeizukommen.

10. Etappe: Kliny (Göhren) - Loucna (Wieselstein 955 m NN) - Dlouha Louka (Langewiese)

Auf unserer Fahrt entlang des Erzgebirgskammes müssen wir einen der vielen tief eingegrabenen Flüsse und Bäche des Südhanges des Gebirges, den Bily potok, umfahren. Um dieses natürliche Hindernis zu umgehen, radeln wir nördlich und dann östlich. Nachdem wir zwischen Hirschkopf und Breitenberg hindurch sind, wenden wir uns nach dem letzten, den Bily potok speisenden Bach, nach Süden - und stehen vor einem Tor. Der Weg, der uns laut Karte immer auf dem Kamm verbleiben lässt, ist hier für die Öffentlichkeit gesperrt.

Damit stehen wir vor einem Problem, welches in den topografischen Karten nicht und in den Wanderkarten kaum angesprochen wird - den gesperrten Gebieten. Aus den verschiedensten Gründen können wir nicht nur hier, sondern auch in anderen Regionen auf Firmen- und Privatgelände, Armeegebiete und nicht zugängliche Wege stoßen. Das hier gesperrte Gebiet habe ich in seiner Ausdehnung nur in einer, der von mir benutzten Karten, in der Wander-, Bike- und Langlaufkarte „Osterzgebirge" Nr. 808 der Kompass-Karten GmbH gefunden.

Ein ca. 2000 ha großes, riesiges Wildgehege dient der Aufzucht und der Jagd von Hirschen. Wer das nötige Kleingeld hat, kann hier zum Schuss kommen. Das Wildgatter senkt sich hinab bis zum Südufer der Talsperre Flaje (Flöha), führt hinauf bis über den Loucna (Wieselstein, 956 m NN) und zieht sich westlich bis zum Bily potuk, sowie an diesem entlang bis zu unserem Standpunkt. Damit wird leider der Genussradweg auf dem Kamm unterbrochen. Eine akzeptable Lösung für einen Durchlaß könnte nur eine Zweiteilung des riesigen Geheges, eventuell mit Übergangsbrücken für das Wild, bringen. Das Problem wurde erkannt und an einer Lösung gearbeitet. Zur Zeit spricht man zumindest von einer stundenweisen Öffnung des Gebietes in den Sommermonaten.

Auch der Gipfel des Loucna liegt am Rand des Geheges. Für die Besucher von Dlouha Louka und des tschechischen Osterzgebirges ist dies eigentlich eine touristische Katastrophe. Auch wenn außerhalb des Zaunes ein guter Aussichtspunkt existiert, bleibt für die Besucher ein übler Beigeschmack. Im Angesicht des Gipfels und des dort vorhandenen Aussichtsturmes umkehren zu müssen, ist niederschmetternd. Es wäre hier notwendig, das Betreiberkonzept zu ändern bzw. zu erweitern. Dafür müsste das Wildgehege unter Einbeziehung des Kammes als öffentlicher Genussradweg, der vorbei an der Jagdhütte Jirik führt, betrieben werden. Hinzu kämen noch die Nutzung des Gipfels Loucna mit seinem Turm, das

Beobachten der Tiere des Wildbestandes und deren Jagd, sowie Wintersport, Übernachtung und Gastronomie des Ortes Dlouha Louka. Die Erweiterung des Tourismus in dieser Region durch ein abgestimmtes Handeln müsste doch möglich sein. Wir Genussradfahrer würden es begrüßen.

Auf unserer Tour gibt es keine andere Möglichkeit, als der Straße zur Talsperre Flaje (Flöha) zu folgen. Wir fahren am Südhang Doppelberges Pestry (Farbenhübel, 875 m NN) und Jeleni Hlava (Hirschhübel, 874 m NN) vorbei. Auf der Straße lässt es sich auf einer Strecke von ca. 6 km ohne Anstrengung fahren, bis sie dann kurz vor dem Ziel, etwa an der Kreuzung zum Jagdschloss Lichtenwald (Zamecek) steil (ca. 5,5 %) hinab zur Talsperre Flaje (Flöha) abfällt. Unsere Fahrstrecke führt von ca. 815 m NN auf ca. 740 m NN hinunter. Eine Radtour an der 153 ha großen Talsperre mit ihrer interessanten Geschichte ist empfehlenswert. Auch unser Weg zum Kamm verläuft so.

Das durch Wildgatter gesperrte Südufer verhindert eine beliebige Umfahrung der Talsperre. Wir müssen uns deshalb nach Norden zur Staumauer wenden, die zum Glück befahren werden kann, so dass wir nicht noch 50 m tiefer hinab ins Tal müssen. Weil sich unsere Tagesstrecke auf diese Weise sehr verlängert hat, besteht hier die Möglichkeit, die Tour abzubrechen und nach Cesky Jiretin zu fahren, dort zu übernachten und die Fahrt erst am nächsten Tag fortzusetzen. Wir sind Genussradfahrer; eine Etappe rechtzeitig abzubrechen ist sinnvoller, als den Spaß am Radfahren zu verlieren.

Wir setzen unsere Tour am Ostufer der Talsperre fort. Die Höhenmeter, die wir bei der Abfahrt verloren haben, müssen wir zurückgewinnen. Ob wir dazu die Straße oder einen Wanderweg wählen, spielt dabei keine Rolle. Wer den Loucna (Wieselstein 955 m NN) noch erklimmen will, fährt weiter nach Dlouha Louka (Langewiese). Die Pension „Panorama-Baude“ erwartet Sie.

Weiter geht es durch ein wenig besiedeltes Gebiet. Die Umsiedlungspolitik nach dem 2. Weltkrieg und der Bau der Talsperre haben diesen Bevölkerungsschwund bewirkt. Auch jetzt besteht durch die Abwanderung der Jugend, die keine Arbeitsmöglichkeiten findet, die Gefahr, dass weitere Orte langsam von der Karte verschwinden. Auch Dlouha Louka könnte es treffen. - Um sich in der Gegend nicht zu verfahren, sollten eine Karte und ein Kompass zu Ihrer Ausrüstung gehören. Kultivierte Waldstücke wechseln sich hier mit Krüppelwuchs ab; Büsche und Bäume kämpfen sich durch unbewirtschaftetes Brachland. Der harte Winter, aber auch die Umweltverschmutzung, setzen dem Wald auf dem Kamm ständig zu. Diese wilde, oft kurzwüchsige Gebirgsflora, beschert uns freie Sicht und landschaftlich unerwartete Ausblicke. Das gesamte Gebiet um den Wieselstein (Loucna, 955 m NN), dem höchsten Berg des Osterzgebirges, besitzt dieses wildromantische, aber auch karge Erscheinungsbild. Von Langenwiese am oberen Ortsende führt die Straße zum Berg hinauf. Bis zum Wildgatter können wir gut fahren. Um den Ausblick vom Gipfel zu genießen, müssen wir unser Rad am Zaun entlangschieben oder gegen Diebstahl gesichert am Fuß des Berges zurücklassen. Der überwältigende Ausblick vom Gipfel über das Egertal ist ein reichlicher Lohn für unsere Mühe. Zurück nach Dlouha Louka fahren wir den gleichen Weg.

Für Mountainbiker, ist das Gebiet um diesen Berg ein Geheimtipp. Wenn Sie Begriffe wie „Single Trail“ oder „Down Hill“ im Zusammenhang mit dem Radfahren hören, dann wissen Sie, dass wir Genussradfahrer hier nur Zuschauer sein sollen.

Um auf unserer Kammtour abzukürzen, kann von der Talsperre Flaje aus die Tour unmittelbar nach Nove Mesto, einem Ort unserer nächsten Etappe, fortgesetzt werden.

11. Etappe: Dlouha Louka - Nove Mesto - Cinovek

Um uns wieder auf landschaftlich reizvolle Aussichten einzustimmen, können wir die Plattform des Telekommunikationsmastes in Langewiese auf dem Wolfsberg (Vlcí hora) zum Abschied besuchen. Sie ist als Aussichtspunkt für Besucher freigegeben. Auch ein Besuch auf den nicht weit entfernten, auf dem Kamm nach Süden vorgeschobenen Berg Stropnik (856 m NN) ist zu empfehlen. Er bietet durch seine besondere Lage einen Rundblick von fast 270° in das Egertal. Grandios!

Der Weg, auf dem wir auf dem Kamm weiterfahren, verlässt den Ort Dlouha Louka in der Nähe unserer Aussicht. Unser nächstes Ziel ist der Berg Vrch tri panu (874 m NN). Wir nutzen dazu den kleineren Weg auf dem Kamm. Am Berg treffen wir wieder auf den Wanderweg E 3, dem wir wieder bis Nove Mesto (mit Gaststätte) folgen. Der Ort gehört zu Mikulov (Niklasberg) und ist ein bedeutendes Wintersportzentrum im Osterzgebirge. Über 100 km Loipe, mit Dlouha Louka, Moldava und Cinovec (Skigebiet Bournák), bilden ein ausgedehntes Gebiet für Skifahrer und nicht nur Lang- sondern auch Abfahrtslauf ist hier möglich. Ein Abstecher zum Stürmer (Bournak, 871 m NN) mit seiner Bergbaude ist beinahe Pflicht. Auch dieser Berg ragt aus dem Kamm in Richtung Süden hervor und bietet deshalb eine unvergeßliche Aussicht ins Böhmische.

Unsere Weiterfahrt zum Klinovcik (836 m NN) ist ein besonders schöner Abschnitt unserer Radtour. Der an manchen Stellen relativ breite Erzgebirgskamm mißt hier nur wenige Meter. Dieser schmale Grat zwischen den nordwärts (Wilde Weißeritz/Divoka Bystrice) und nach Süden fließenden Wassern (Grundbach/Bourlivec) ist zusätzlich noch durch einen Tunnel der Bahnstrecke Most - Moldava durchbohrt. Böse Zungen nennen diese Stelle den „Aufhänger des Erzgebirges".

Der Wanderweg Nr. 23, den wir jetzt nehmen und dem wir bereits ab der Talsperre Flaje ebenso folgten, wie der E 3, nutzt den Felskamm über den Tunnel. Ein wunderbar romantischer Ausblick in die Ferne bis zum Böhmischen Mittelgebirge (Ceske stredohori) und dazu der Zug, der unter uns im Tunnel verschwindet, vermitteln uns ein Eindrücke, wie wir sie als Kinder träumten. - Am Kreuz von 6 Wegen (Cerveny kriz) erwarten uns Gaststätten zur Einkehr. Für die weitere Route bleiben wir auf dem Weg Nr. 23. Er bringt uns fast direkt auf dem Kamm zur Grenze nach Cinovek (Gaststätte). Wer möchte, kann auch in Zinnwald auf der deutschen Seite der Grenze übernachten. In diesem Urlaubsgebiet des Osterzgebirges können Sie sich gemütlich wie zu Hause fühlen.

12. Etappe: Cinovek/Zinnwald - Krásny Les (Schönwald)

Auf der weiteren Erzgebirgskammtour müssen wir uns wieder weiter von der Grenze entfernen. Der Kamm des Erzgebirges, der fast ohne Unterbrechung über 800 m NN liegt, wird weiter von den Bergen Cinovecky hrbet (Zinnwalder Berg, 880 m NN), Lysá hora (Kahler Berg, 836 m NN) und Komari hurka (Mückenberg, 807,5 m NN) bestimmt. Wenn wir auf die Karte schauen, sind wir von der verlassenen Gegend vielleicht enttäuscht. Aber auch hier gab es in früheren Zeiten zahlreiche und größere Ortschaften. Auch diese rauhe Stelle des Erzgebirgskamms hat Gott mit überwältigenden Bildern ausgestattet.

Bereits im 19. Jahrhundert wurde auf dem Mückenberg eine Ausflugsgaststätte mit Aussichtsturm errichtet. Auch heute, ohne Turm, ist der Blick von hier eine Reise wert. Das Böhmische Mittelgebirge hinter dem Böhmischen Becken grüßt uns im Süden; nach Norden blicken wir über das Quellgebiet der Müglitz.

Von Cinovek aus fahren wir auf der Straße Richtung Fojtovice (Voitsdorf). Um auf dem Kamm zu bleiben, biegen wir nach dem Wald nach Süden ab und später wieder in ihm ein. Ein Blick auf die Karte, lässt uns den idealsten Weg zum Mückenberg auf dem Grat des Erzgebirges finden.

Auf den Mückenberg mit dem markanten Mückentürmchen (Hotel mit Gaststätte) bringt von Bohosudov (Mariaschein) aus ein Sessellift die Besucher hinauf. Dieser befördert nicht nur im Winter die Langläufer in die weiße Spur des Erzgebirges, und er ist auch im Sommer nicht nur für die Wanderer interessant, sondern auch die Radfahrer können ihr Rad an den Lift anhängen und es so auf den Berg befördern. Damit steht einer Bergabfahrt für unsere „Down-Hill-Freunde" nichts im Wege. Genussradfahrer sollten aber die erreichten Höhenmeter nicht einfach durch eine Steilabfahrt verschwenden - nicht nur wegen der Bremsen.

Prüfen Sie vor einer evt. Abfahrt, ob die Möglichkeit des Radtransports noch an diesem Tag und zu Ihrer Fahrzeit besteht. Stattliche 482 Höhenmeter überwindet die Seilbahn auf einer Länge von 2348 m in 15,5 Minuten. Stellen Sie sich vor, wenn Sie das Rad wieder aufwärts schieben müssten! Die lange Straßenauffahrt auf den Berg ist auch für Sportler eine Herausforderung. Um den 1. Juni jeden Jahres findet ein Bergzeitfahren von Krupka (Graupen) zum Mückentürmchen statt.

Für unser weiteres Ziel Adolfov (Adolfsgrün) verlassen wir den Mückenberg bei trockenem Wetter auf einem Wiesensteig zum ehemaligen Ort Ebersdorf (Habartice) und treffen dort auf die Verbindungsstraße Fojtovice - Adolfov. Bei Regen fahren wir besser über Fojtovice; Graswege sollten wir dabei meiden, da sie glatt wie Schmierseife sind.

Adolfov ist kein eigenständiger Ort mehr und die Gebäude werden meist nur zur Wochenendübernachtung genutzt. Die zwei Gaststätten sind nicht immer geöffnet, und es empfielt sich vor der Tour Erkundigungen über die Öffnungszeiten im Internet unter www.usti-nl.cz/de/fur-touristen/unterkunft-und-verpflegung.html einzuholen.

Das Erzgebirge senkt sich langsam unter die Höhenlage von 800 m. Geologisch endet es bei Naklerov (Nollendorf). Dieser geschichtsträchtige Pass, den schon Napoleon und die Rote Armee und viele Handelsleute genutzt haben und auf dem auch das olympische Feuer getragen wurde, soll auch den Abschluss unserer Betrachtungen zum Erzgebirgskamm bilden. Die neugebaute Autobahn A 17 wirkt hier wie eine natürliche Gebietsgrenze.

Eine Weiterfahrt mit dem Fahrrad ins Elbsandsteingebirge ist möglich. Da die Autobahn den Kamm in einem Tunnel quert und auch weitere Übergänge vorhanden sind, stört sie uns nicht. Sie ist uns eher als Zubringer für eine Tour auf dem Kamm des Erzgebirges willkommen.

Von der Autobahnabfahrt Petrovice / Krásny Les (Schönwald) aus könnten wir unsere Genussradtour auf dem Erzgebirgskamm auch von Ost nach West starten.

Der Ausgangspunkt für die Fahrt kann aber auch Tisa sein, das einige Kilometer nordöstlich von Naklerov liegt. Ein „Fahrradbus" bringt Sie von Pirna nach Tisa ins Elbsandsteingebirge. Sie müssen dann mit dem Rad einige Kilometer weiterfahren, um auf den Erzgebirgskamm zu kommen. Die Fahrt von Tisa nach Adolfov über einen der Tunnel der A 17 ist aber an sich schon eine unvergessliche, wenn auch durch ein paar Steigungsmeter etwas anstrengende Tour.

Übrigens: Die Basaltgipfel, die uns durch das gesamte Erzgebirge begleitet haben, finden wir auch hier im östlichen Teil der Erhebung. Die Gipfelfelsen auf dem Sattelberg (Spicak/Schönwalder Spitzberg, 724 m NN), die wir in nördlicher Blickrichtung sehen, sind aus diesem Gestein.

Wir fuhren in den letzten Abschnitten die „Genussradtour auf dem Erzgebirgskamm" rein nach den topografischen Gesichtspunkten für ein leichtes Radfahren und wählten den Weg entsprechend den dafür vorhandenen Möglichkeiten aus. Es wurde dabei wenig geprüft, ob alle Wege auch für Radfahrer freigegeben sind. Die Möglichkeiten des Radfahrens auf dem Erzgebirgskamm wurden auch von den Tourismusorganisationen und anderen Vereinen und Verbänden erkannt. Von ihnen werden aber diese nicht nach dem Gesichtspunkt des Genussradfahrens, sondern auch auf die rechtlichen Umsetzbarkeiten, (wie Eigentumsabgrenzungen, Belange des Naturschutzes usw.) geprüft. Die Strecke, die Sie als privater Radfahrer nutzen, kann ein Verband, eine Organisation oder ein Veranstalter lange noch nicht für eine Radtour aufführen. Er muß mehr beachten als Sie.

Neben der Nutzung als Skilanglaufmagistrale (Krusnohorská magistrála) im Winter gibt es für diese eine Variante zur Nutzung als Radweg im Sommer. Die Streckenführung der Touren ist nicht immer identisch. Die beschriebene Tour verläuft häufig auf der Sommerstrecke für Radfahrer, weicht aber ab, wenn z. B. eine Möglichkeit mit geringeren Steigungen existiert. Vielleicht dient unsere Variante als Anregung für weitere Planungen der Tourismusverbände und natürlich Ihnen bei der Vorbereitung Ihrer Tour. Wir wünschen Ihnen viel Spaß!

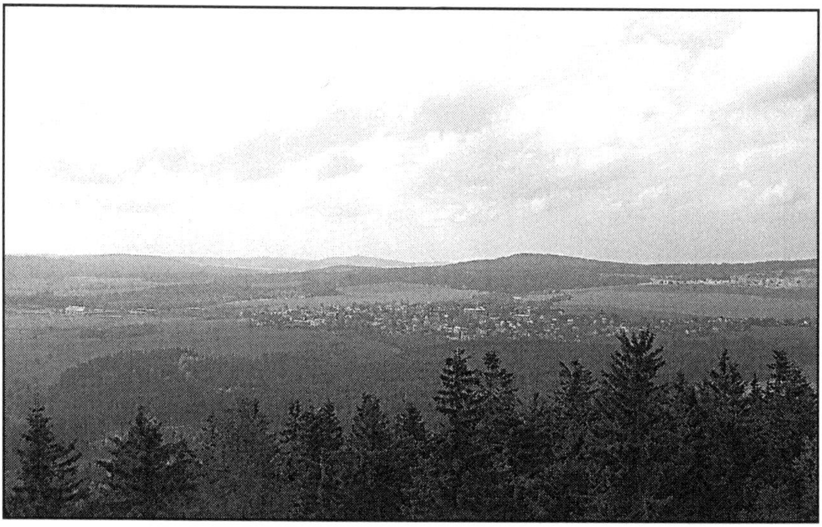

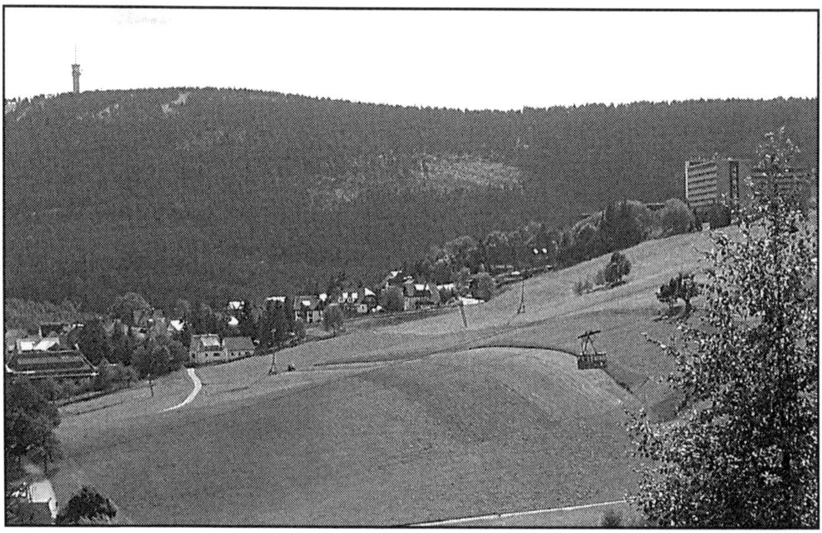

Oben: *Drei Tausender des Erzgebirges: Blick vom Plesivec (Pleßberg 1028 m NN) über Abertamy (Abertham) zum Plattenberg (Blatensky vrch 1043 m NN) und zum Auersberg (1018 m NN).* - ***Unten:*** *Ob Fichtelbergschwebebahn (hier vor dem Klinovec), Zahnradbahnen oder Lifte, mit denen wir unser Rad befördern können - alles sind Möglichkeiten um für eine Höhenradtour auf die Berge zu gelangen.*

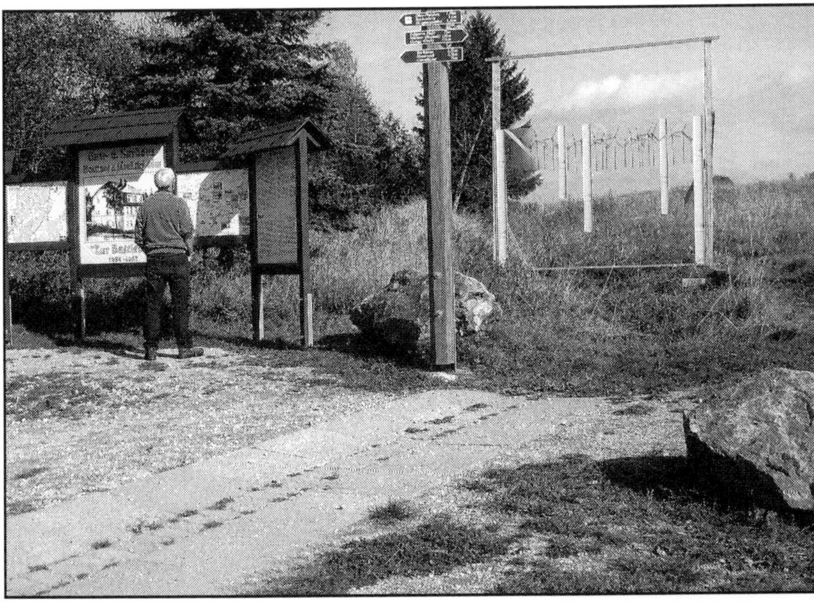

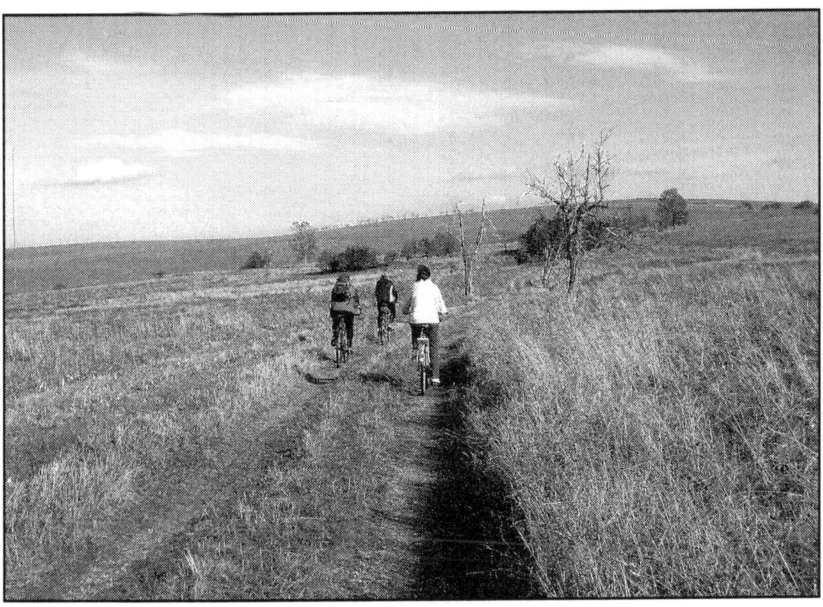

***Oben:** Die offene Grenze zur Tschechischen Republik bringt grenzenloses Radfahrvergnügen wie hier beim Übergang bei Holzhau. - **Unten:** Ein Weg in Richtung Moldava bzw. Nove Mesto am Erzgebirgskamm.*

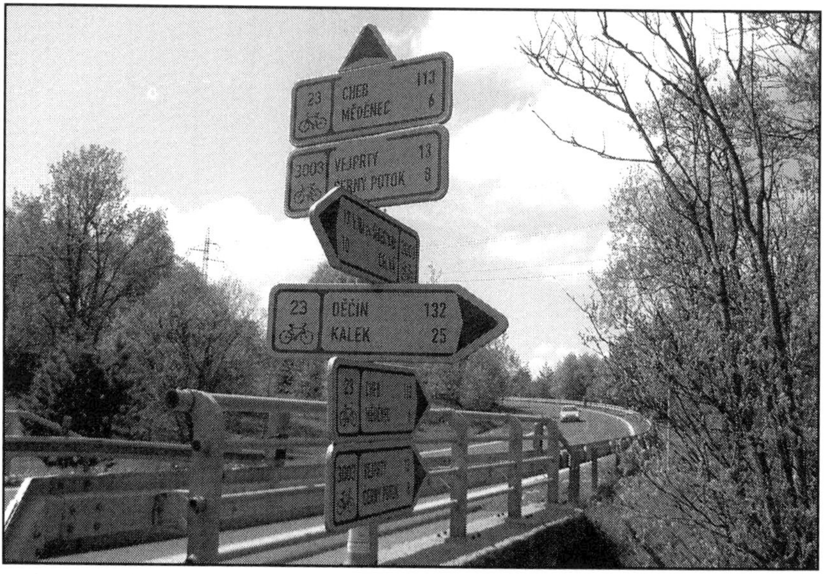

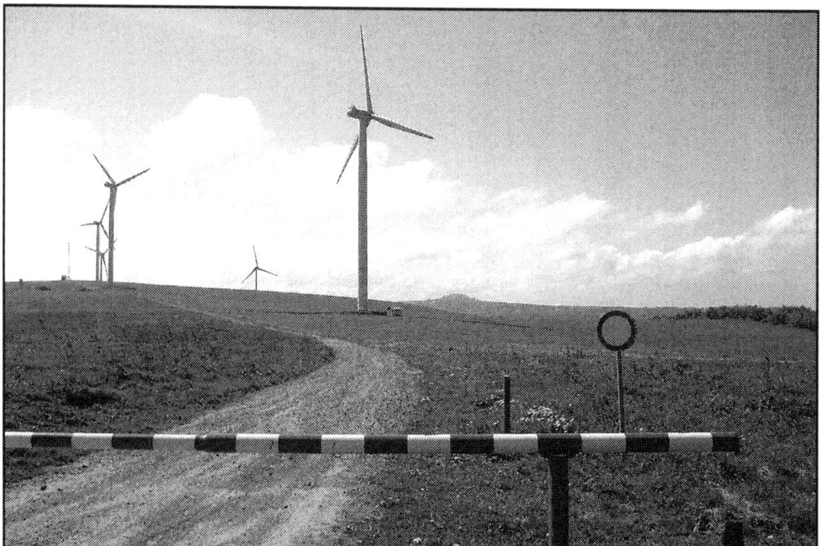

***Oben:** Neue Grenzübergänge für PKWs wandeln ruhige, radlerfreundliche Nebenstraßen in belebte Hauptstraßen um. Nicht jede Radroute ist deshalb für Familien geeignet. - **Unten:** Die Windräder oberhalb der Talsperre Prisecnice. Neue Wirtschaftswege auf dem Erzgebirgskamm sollten auch als Radweg benutzbar sein.*

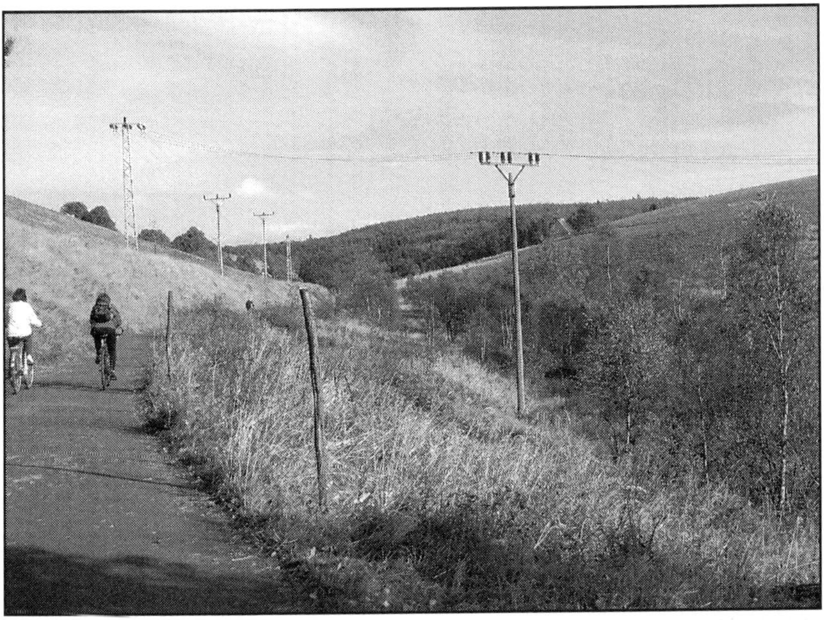

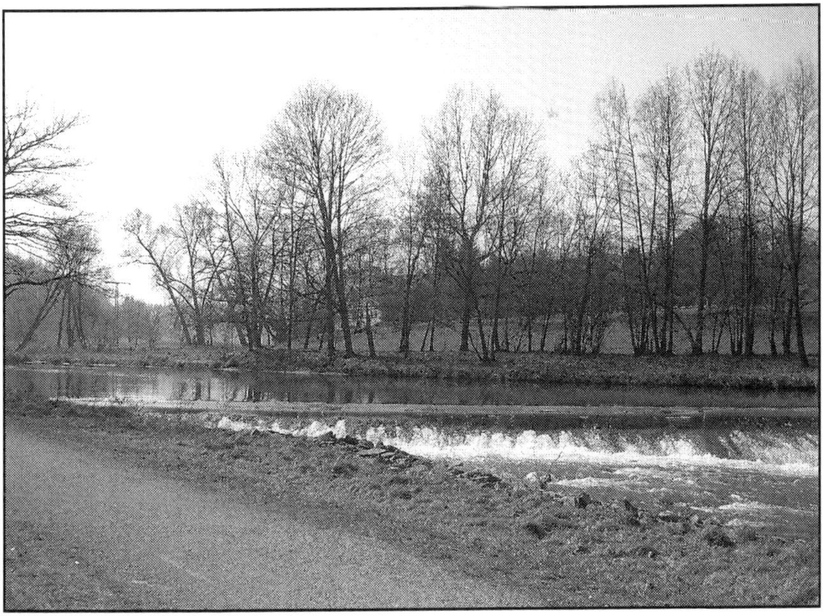

*Das Tal der Freiberger Mulde kurz nach der Quelle in der Tschechischen Republik (**oben**) und bei Döbeln in Sachsen (**unten**).*

Flusstäler

Ob Elbe, Mosel, Donau oder Rhein - an den meisten großen Flüssen können Sie mit Ihrem Rad mit Genuss entlangfahren. Nachdem die Flüsse in den oberen Gebirgsregionen ihren engen und damit wilden Lauf verlassen haben, tragen sie das Wasser meist gemächlich dem Meer zu. Das gleiche trifft für Zwickauer Mulde, Freiberger Mulde und ihren Nebenflüssen zu. Für uns im Erzgebirge stehen deshalb die Fragen: Wo beginnt der ruhige Abschnitt eines Flusses? Ab welchem Flussabschnitt ist sein Gefälle nur noch gering und die Steigung seiner Begleitwege lässt Genussradfahren zu?

Erinnern wir uns nochmals an den Aufbau des Erzgebirges: Die Pultscholle besitzt nur eine geringe Neigung. Gräbt sich ein Fluss zu Beginn seines Laufes in das Gestein ein, kann er danach nur noch über ein geringes Gefälle verfügen. Natürlich werden wir an manchen Streckenabschnitten des Flusses wieder auf Stromschnellen stoßen. An einigen Stellen ist das Flusstal nur breit genug, um das Wasser aufzunehmen, für eine Straße und den gewünschten Radweg reicht die Breite nicht aus. In der Regel sind jedoch die großen Flusstäler im Erzgebirge sehr gut zum Genussradfahren geeignet. Nur zu Beginn des Flusslaufs, auf einer Länge von 4 bis 6 km, ist das Gefälle meist etwas steiler, bevor das Wasser dann seicht dahinströmt.

Die kleinen Bäche, welche die Höhenzüge an den Seiten zerfurchen, um ihr Wasser zum Fluss zu bringen, sind hinderlicher für uns. Ihre Täler sind nicht alle für unser Anliegen des Genussradfahrens geeignet. Wir werden gezwungen, die Wanderkarte genau zu studieren, um einige der langen Orte an diesen Bächen nicht aufwärts anzufahren. Diese Dörfer besuchen wir auf dem Rückweg: Nach einer Tour auf den Höhenzügen, wenn wir wieder bergab fahren, genießen wir die besonderen Reize und Sehenswürdigkeiten dieser Orte.

Das wir nicht überall im Gebirge Genussradfahren können, war uns bereits zu Beginn unseres Ausflugs ins Erzgebirge klar. Die Auswahl unserer Strecken ist entscheidend. Enge Höhenlinien auf der Karte sollten wir nicht queren, sondern an ihnen entlang fahren.

Die Flusstäler haben besonders in heißen Sommern ihren eigenen Reiz. Während auf den Höhenzügen die Sonne brennt, sind die Täler häufiger beschattet. Zusätzlich kühlt der Wasserlauf die Luft ab. Schattige Wälder wechseln mit kühlen Flussauen. Auch wenn Sie hier nicht die weite Aussicht wie auf den Bergen genießen können, erleben Sie trotzdem landschaftlich reizvolle, aber andere Eindrücke. Wer die Genussradtouren in den Tälern bevorzugt, sollte sich einen Urlaubsort in der Nähe der Vereinigung zweier Flüsse aussuchen, denn mehrere Flüsse bedeuten auch mehrere Genussradwege im Tal.

Sie werden Felsvorsprünge umfahren, kommen an Wehren vorbei, an manchen Stellen scheint das Tal zu Ende zu sein, aber es gibt doch noch eine Durchfahrt für Sie. Sollte nach einer gewissen Strecke der Wunsch nach Bergen aufkommen, können Sie sich immer noch einen zum Ziel auswählen und auf ihn radeln.

Viele Flusstäler im Erzgebirge werden in den Prospekten schon als Radwege erwähnt. Wenn wir sie mit den anderen leicht fahrbaren Strecken verknüpfen, steht einer schönen Genussradtour nichts im Weg. Es sollen die Flusstäler deshalb hier nur kurz erläutert werden. - Die Angaben zu den Längen der Flüsse, die wir von West nach Ost betrachten, sind nicht verbindlich und können von der Realität geringfügig abweichen.

Zur besseren Übersichtlichkeit der Flußsysteme wird zum behandelten Fluß der jeweils übergeordnete in Klammern mit genannt.

Die Weiße Elster und ihre Nebenflüsse

Die **Weiße Elster** entspringt im Elstergebirge und der Elster-Radweg ist sehr empfehlenswert. Ihre rechtsseitigen Nebenflüsse ***Göltzsch*** und ***Trieb*** entwässern den Nord-West-Hang des Erzgebirges. Den Süd-West-Hang entwässert die Zwota, die auch die Grenze zum Elstergebirge ist.

Die Ortsnamen führen hier häufig den Zusatz *„... im Vogtland“*, während die Orte im Gebirge unserer Genussradfahrten manchmal mit dem Zusatz *„... im Erzgebirge“* bezeichnet werden. Der Begriff *„Vogtland“* leitet sich von der einstigen Verwaltung des Gebietes durch die Vögte von Weida ab, deren verschiedene Linien die Gebiete um Gera, Greiz und Plauen bis nach Hof und Eger beherrschten. Das Gebiet ist also grenzüberschreitend und umfasst Teile von Sachsen, Thüringen, Bayern und Böhmen. *„Vogtland“* steht heute umgangssprachlich als Synonym für den Vogtlandkreis. Topographisch betrachtet liegen auch einige Orte mit dem Zusatz *„... im Vogtland“* im Erzgebirge.

Göltzsch (Nebenfluß der Weißen Elster)
Sie entsteht aus dem Zusammenfluss von Weißer und Roter Göltzsch. Der Göltzschtalradweg wird in der Radverkehrskonzeption für den Freistaat Sachsen als regionale Hauptradroute aufgeführt. Er verläuft teilweise auf der stillgelegten Bahnstrecke nach Lengenfeld. Auch weiter flussaufwärts ist das Tal für uns gut zu befahren. Teilweise können wir auch Nebenstraßen für unsere Tour nutzen.

Weiße Göltzsch (Quellfluß der Göltzsch)
Das Flusstal führt uns weiter aufwärts bis auf die Wasserscheide zwischen Zwickauer Mulde und Weißer Elster. Vorbei an der Talsperre Falkenstein, einem beliebten Freizeit-, Bade- und Erholungssee, erreichen wir die bekannten Rißfälle. Die Steigung des Weges erhöht sich dabei bis auf 3 %.

Rote Göltzsch (Quellfluß der Göltzsch)
Auch an diesem Flusslauf können wir den Höhenzug erreichen. Einige Meter werden wir schieben müssen, da die Steigung zunimmt. Der Ort Beerheide ist für Genussradfahrer am besten erreichbar, wenn sie am Fluss entlang fahren.

Trieb (Nebenfluß der Weißen Elster)
Der Nebenfluss der Weißen Elster wird in seinem Oberlauf auch Geigenbach genannt. Er entwässert den Westabhang des Erzgebirges in der Gegend des Höhenluftkurorts Grünbach. Einen durchgängigen Weg an seinen Ufern ist für Genussradfahrer im oberen Bereich nicht zu finden. Einen Besuch sollten wir aber trotzdem der Trinkwassertalsperre Werda (Geigenbachtalsperre) abstatten. Ihre Dammkrone in einer Höhe von 311 m ist begehbar und über sie führt ein Wanderweg. Die Trieb wird in ihrem weiteren Verlauf nochmals für die Talsperre Pöhl gestaut. Unter Ausnutzung stillgelegter Bahnstrecken ist ein Radweg für die Verbindung der vogtländischen Talsperren geplant.

Die Zwickauer Mulde und ihre Nebenflüsse

In Dessau beginnt bzw. endet der Mulderadweg. Die Mulde fließt in Dessau in die Elbe und der Radweg trifft auf den Elberadweg. Da der offizielle Radweg nicht immer im Tal verläuft, wurde der Name von

Muldetalradweg in Mulderadweg geändert. Die Namensänderung soll unsere Erwartungen an den Radweg verringern. Ob auch versicherungstechnische Fragen dabei eine Rolle spielten? Rückforderungen an ein Reiseunternehmen könnten vielleicht mit dem neuen Namen vermieden werden. Dass der Weg immer genau im Tal verläuft, ist aus dem neuen Namen nicht mehr zu erwarten. Die Lösung für den Radweg sollte aber eine steigungsarme Streckenführung und der Ausbau mangelhafter Streckenabschnitte sein, dann sind die Gäste auch zufrieden.

Flussaufwärts bei Sermuth befindet sich der Zusammenfluss des Zwickauer- und des Freiberger Teils der Mulde; zugleich vereinigen sich hier die begleitenden Radwege der Teilströme. Der Mulderadweg verläuft auf wenig befahrenen Straßen und Wegen entlang des Flusses. Nur an wenigen Stellen wurden für ihn Wege angelegt. Da das Verkehrsaufkommen steigt, müssen aber in Zukunft an einigen Stellen Verbesserungen vorgenommen werden. In der „Radverkehrskonzeption Sachsen 2005" ist der Mulderadweg aufgenommen worden. Unter der Voraussetzung, dass Sie es akzeptieren, teilweise auf öffentlichen Straßen zu fahren, können Sie das Muldetal bereits heute von Dessau bis Schöneck als Genussradfahrer bereisen.

Für das Genussradfahren im Erzgebirge ist die Fahrstrecke ungefähr ab Zwickau interessant, denn hier kommen wir allmählich in die Berge. Der Fluss teilt sich mit der Straße und einigen Fabriken das enger werdende Tal. Unserer Forderung nach familienfreundlichen Fahrwegen auf Nebenstraßen kann nicht überall ohne grundlegende Baumaßnahmen entsprochen werden.

Der Abschnitt Zwickau - Aue ist in der offiziellen, geplanten Routenführung der obengenannten „Radverkehrskonzeption" umstritten. Obwohl sich das Tal nur langsam verengt, werden die Radfahrer hier bereits häufig gezwungen, die Steigungen an den Hängen zu befahren. Dies geschieht, obwohl für einen Weg, wenigstens auf einer Seite des Flusses, die Platzverhältnisse ausreichen. Es bieten sich bereits vorhandene Nebenwege, Hochwasserdämme oder die Weiterführung von Straßen begleitenden Radwegen an, den Radverkehr benutzerfreundlich zu gestalten. Wenn die Zustimmung der Eigentümer eingeholt werden würde, könnten auch vorhandene Werkstraßen der Öffentlichkeit zugänglich gemacht werden.

Der ADFC hat in seiner Stellungnahme zum Entwurf der „Radverkehrskonzeption" eine andere Linienführung verlangt. Wir Genussradfahrer können uns diesen Forderungen nur anschließen, müssen sie aber noch erweitern. Dass viele Radwege auf Staats- und Kreisstraßen verlaufen sollen, kann von uns nur in Ausnahmefällen befürwortet werden. Nur wenn die Topographie durch Steigungen von über 3 % mangels anderer Alternativen verlangt, dass wir diesen Straßen folgen, müssen wir „in diesen sauren Apfel beißen". An diesen Verkehrsadern sollten dann separate Radwege geschaffen werden, denn Radfahren sollte immer eine familienfreundliche sportliche Betätigung sein - eine Voraussetzung, die auf Bundes-, Staats- oder Kreisstraßen oft nicht erfüllt werden kann.

Zwischen Zwickau und Aue gibt es deshalb noch viel zu tun. Zur Zeit ist das wunderbare Muldetal in diesem Bereich auf der geplanten Strecke nicht zu empfehlen. Zu häufig müssen wir auf steilen Straßen das Tal verlassen; bereits der Aufstieg nach Haara verlangt eine andere Lösung. Der Radweg müßte dort eigentlich im Tal verlaufen.

Besonders der Bereich Fährbrücke - Hartenstein mit seiner Streckenführung über Langenbach, der Verlauf auf der K 9331 bis Hartenstein und der Bereich Hartenstein - Schlema - Aue, dessen Verlauf über Wildbach führen soll, stehen in der Kritik. Die extremen Steigungen haben mit einem Radweg an einem Fluss nichts zu tun und der Verlauf auf den Hauptstraßen muss ebenfalls anders gestaltet werden. Die schlechte Genussradweganbindung ist für Hartenstein, aber auch für Wildenfels am Wildenfelser Bach - einem Zufluss der Mulde - ein erheblicher touristischer Nachteil. Beide Orte haben, u. a. mit ihren Burgen, historischen Ruinen und der Prinzenhöhle viele Sehenswürdigkeiten zu bieten. Da ihre Entfernung zu den Städten Zwickau, Wilkau-Haßlau und auch Aue ideal für Genussradtouren ist, trifft die Kritik am Radwegverlauf hier besonders zu. Für den Ausbau des Mulderadweges sollte deshalb die Streckenführung konsequent in Flussnähe verlaufen. Einige Zeitungsmeldungen offenbaren uns, dass es in dieser Hinsicht eine gewisse Hoffnung gibt ...

Der Wanderweg von der Hartensteiner Burg Stein, entlang des Flusses zur Prinzenhöhle nach Bad Schlema, durch das ehemalige Wismutgelände und die Papierfabrik bis zum Bahnhof Schlema, der zur Zeit nur bedingt befahrbar ist, wird mit einer akzeptablen, radfahrerfreundlichen Streckenführung versehen. In der Zeitung „Freie Presse" vom 3.3.2009 wurde veröffentlicht, dass Bad Schlema die ehemalige Bahnbrücke, eine architektonisch wertvolle Steinbogenbrücke, über die Mulde für den Radweg erhalten will. Am 17.11.2009 berichtete diese Zeitung über die Willensbekundung von Hartenstein, Bad Schlema und Aue, gemeinsam den Bau dieses Weges in Angriff zu nehmen. Gegenwärtig müssen wir als Genussradfahrer nach Bad Schlema und Aue der Talstraße K 9315 folgen. In

Bad Schlema angekommen, könnten wir den Ort aufwärts fahren. Aue liegt dabei imposant zu unseren Füßen.

Vielleicht ist bis zu Ihrem Besuch im Radiumbad die alte Bahnstrecke zum Radweg ausgebaut worden? Auf ihr könnten wir bis zum Ende des Floßgrabens und dann weiter auf dessen Begleitweg über Aue hinaus bis nach Albernau mit der Gaststätte „Rechenhaus" mit Genuss Rad fahren.

Um aber das Zentrum der Stadt Aue besuchen und von ihm aus in die Flusstäler fahren zu können, ist die gefährliche Talstraße die am besten ausgebaute Strecke. Die Radtour am Fluss entlang ist noch nicht zu empfehlen. Wir könnten von Schlema nach Aue über die Eisenbrücke, weiter den Wanderweg zum Buchenberg in Aue - Ortsteil Alberoda folgen. Der Weg ist für uns zur Zeit noch nicht befahrbar, benötigt einige radfahrergerechte Pflegemaßnahmen. Die Weiterfahrt durch den stillgelegten Güterbahnhof und die Durchfahrt bis zum Stadtkern von Aue auf der ehemaligen Bahnstrecke Aue - Blauenthal bis zur B 101 ist noch nicht möglich. Hoffen wir, dass bei der Fortsetzung des Radwegebaus in Aue auch dieser Teil Beachtung findet. Der weitere Weg auf der alten Bahntrasse bis zum Ortsausgang in Richtung Blauenthal ist gut ausgebaut.

Die Stadtdurchfahrten werden in den Radverkehrskonzeptionen generell vernachlässigt. Damit ist es kein Wunder, dass große Ortschaften von Radfahrern gemieden werden. Touristische Radwege sind aber auch ein Wirtschaftsfaktor, denn sie sollen Gäste in die Beherbergungsbetriebe bringen und auch Gaststätten und der Handel können von ihnen profitieren. Besonders bedauerlich ist es, wenn die Radwegausschilderung und auch die Darstellung der Strecken in den Karten am Ortsrand aufhört.

In Aue könnte dieses Problem derzeit gelöst werden. Damit wäre auch der Anschluss zum nächsten Streckenabschnitt des Mulderadwegs, der stillgelegten Bahnstrecke, geschafft. Im Bahnbereich könnte auch der nötige Abzweig für Radfahrer in das Lößnitztal, am Stadion vorbei, erfolgen. Auch der Abzweig zum Radweg ins Schwarzwassertal, sowie ein Besuch des Zentrums, wären von dieser Streckenführung aus möglich. Die Stadt könnte ein Drehkreuz für den Radtourismus des Westerzgebirges werden.

Der nächste Abschnitt des Mulderadweges von Aue nach Blauenthal mit dem Ausbau der alten Bahnstrecke und einer Tunneldurchfahrt bietet einen besonderen Reiz. Der offizielle Spatenstich wurde im Jahr 2009 vollzogen. Bis zur Fertigstellung der Strecke müssen wir zur Zeit aber den Weg am Floßgraben - einem Kunstgraben - bis Albernau nehmen. Ihn können wir bereits ab Schlema nutzen. Danach wechseln wir die Flussseite und erreichen durch das Gewerbegebiet Bockau den Ort Blauenthal.

Beim Anstieg auf die Höhe der Dammkrone der Talsperre Eibenstock müssen wir Genussradfahrer schieben. Einen wirklich wassernahen Talsperrenrundweg kann ich gegenwärtig noch nicht entdecken. Schönheide ist der nächste Ort unserer Fahrt. Auf einer Seite der Talsperre befinden sich Wege, die über Hundshübel führen. Die andere Talsperrenseite wird durch die B 283 bestimmt, wobei auch hier ein Weg geplant sein soll.

Die Bundesstraße bringt uns über Morgenröthe-Rautenkranz bis nach Muldenberg. An vielen Abschnitten können wir Seitenwege, wie z. B. den Schönheider Wiesenweg nutzen und dabei die Hauptstraße oft meiden.

Von der Talsperre Muldenberg bis Schöneck fahren wir auf einer Strecke mit geringen Steigungen fast immer an der Vogtlandbahn entlang. Eine Karte ist hier für eine bessere Orientierung in jedem Fall zu empfehlen, denn der Mulderadweg befindet sich noch im Aufbau.

Rödelbach (linker Nebenfluß der Zwickauer Mulde; 20 km)

Bereits im Abschnitt über die stillgelegte Bahnstrecke Wilkau-Haßlau - Carlsfeld wurde über dieses Tal berichtet. In der Rad- und Wandertourenkarte-Karte des Landkreises Zwickauer Land wird eine markierte Route im Tal als Radtour ausgewiesen. Im Bezug auf das Gefälle des Tales ist dies eine gute Empfehlung. Leider ist aber die S 277 die hauptsächliche Fahrstrecke und damit in diesem Bereich für Familien nicht zu empfehlen. Aber auch hier, besonders im oberen Bereich bei Saubersdorf und Hartmannsdorf sind untergeordnete Wege „in der zweiten Reihe“ gut zum Genussradfahren geeignet. Werden alle Möglichkeiten ausgeschöpft, um uns die Strecke auf der S 277 zu ersparen, ist dieses Tal optimal für unsere Zwecke geeignet. Dafür ist es notwendig, Teile des alten Bahndamms, kleinere Wege, aber auch Neubaustrecken und die Nutzung der Seitenstreifen als Radweg zu einem Ganzen zusammenzufügen.

Chemnitz (rechter Nebenfluß der Zwickauer Mulde)

Der Fluss entsteht in der gleichnamigen Stadt aus dem Zusammenfluss von Zwönitz und Würschnitz. Weil diese im Erzgebirge fließen, sollen sie von uns nachfolgend betrachtet werden. Es darf nicht unerwähnt bleiben, dass am Chemnitztalradweg fleißig gearbeitet wird. Auf der stillgelegten Bahnstrecke der Chemnitztalbahn soll der Radweg bis Wechselburg ausgebaut werden. Das ist eine große Hoffnung für unsere Genussradfahrer im Erzgebirgsvorland.

Zwönitz (Neben- bzw. Quellfluß der Chemnitz; 39 km)

Das Flusstal ist sehr gut zum Genussradfahren geeignet. Wie in vielen anderen Tälern werden aber auch hier die ursprünglichen Nutzer der Wege verdrängt. Fußgänger, Pferdefuhrwerke und auch Radfahrer haben auf den Straßen, die aus den Wegen entstanden sind, kaum eine Chance. Fuß-, Reit- und Radwege müssen erst neu angelegt werden. Ortsumfahrungen sollten den Lärm und die Gefahren des Durchgangsstraßenverkehrs aus dem Wohnbereich der Menschen verbannen.

Auf Nebenstraßen und Wiesenwegen bieten sich im oberen Bereich des Tales gute Möglichkeiten zum Genussradfahren an. Von der Zwönitzquelle in Elterlein - Ortsteil Burgstädtel bis Dorfchemnitz sind Wege dafür vorhanden. Drei Museen laden uns an der Strecke zum Besuch ein. Die Verbindung nach Thalheim entlang der Bahnstrecke zum Pionierweg scheiterte bisher an einem „felsigen Stück". Auf der Thalheimer Seite schaffte bereits im Jahre 1907 das 22. Pionier-Bataillon Riesa die Freiheit für einen breiten Fahrweg, woran eine Gedenktafel erinnert.

Uns würde bei dem felsigen Stück auf der Dorfchemnitzer Seite bereits ein schmaler fahrbarer Weg reichen. Der ausgewiesene Wanderweg zwischen Dorfchemnitz und Thalheim in den Christelgrund ist keinesfalls für das Genussradfahren geeignet. Der Ausbau einer Verbindung, etwa im Bereich des ehemaligen Brandschutzstreifens der Bahn, auf dem sich bereits ein schwierig zu begehender Wanderpfad befindet, wurde von den politischen Verantwortlichen noch nicht mit Nachdruck und Engagement angegangen. Gegenwärtig müssen wir für diesen Streckenabschnitt die Straße nutzen, können aber am Stadtbauhof Thalheim bereits wieder zum Pionierweg fahren. Das Heimateck „Rentnersruh" empfiehlt sich für eine Rast und lädt zur Besichtigung der Schauanlage des Erzgebirges im Kleinformat ein.

Von hier aus können wir im Rücken von Thalheim bis nach Gornsdorf zur stillgelegten Bahnstrecke des Thumer Netzes radeln. Zwischen Thalheim und Meinersdorf können die Radfahrer aufatmen. Durch einen Radwegeneubau ist die Fahrt zwischen den beiden Orten jetzt ein Genuss. Die Strapazen auf der B 180 gehören der Vergangenheit an. Im Tal abwärts fehlt nur noch die Zusammenführung verschiedener Teilstrecken mit den Wegen in der 2. Reihe. Nur die B 180 bzw. S 232 führen uns ab Amtsberg sicher nach Chemnitz. Verschiedene, teilweise mit „Zwönitztalradweg" ausgeschilderte Nebenstraßen und Wege, wie etwa in Kemtau, helfen uns dabei. An einigen Streckenabschnitten arbeitet man daran, private Belastungen durch die Radwege, versicherungstechnische Probleme und öffentliches Interesse „unter einen Hut zubringen“. Zwischen den manchmal überzogenen Forderungen aller Beteiligten ist zum Vorteil der Region ein Kompromiss zu finden. Der Aus- bzw. Neubau der Wege und deren Bekanntmachung sind dann die nächsten notwendigen Schritte. Nehmen Sie auf Ihre Tour im unteren Zwönitztal eine aktuelle Karte mit, denn es gibt hier oft fahrtechnische Veränderungen.

Würschnitz (Neben- bzw. Quellfluß der Chemnitz; 29 km)
Sie ist der zweite Quellfluss der Chemnitz und verläuft bereits vor der Erzgebirgsnordrandstufe. Ihr Tal ist auf ganzer Länge zum Genussradfahren geeignet. Viele Rad- bzw. Wanderwege und Nebenstraßen lassen uns das Radfahren zum Vergnügen werden.

Mülsenbach (rechter Nebenfluß der Zwickauer Mulde; 17,2 km)
Über das Tal des Mülsenbaches wurde im Zusammenhang mit der stillgelegten Mülsengrundbahn Mosel - Ortmannsdorf berichtet. Die Nebenstraßen, bzw. der Weg am gegenüberliegenden Ufer des Baches zur Hauptstraße sind reizvolle Radwege. Von Niedermülsen bis Mülsen-St. Niclas finden wir fast durchgängig untergeordnete Wege und Straßen, die nachvollziehbar beschildert werden müssen, damit ein Seitenwechsel über den Bach nicht verpasst wird. Bei wenigen Verbesserungen an dieser und jener Stelle wäre der durchgängige Radweg beinahe perfekt. Auch ist die Fortführung des Weges bis nach Ortmannsdorf, zum Abzweig Wildenfelser Straße, notwendig und möglich. Ab diesem Punkt unserer Tour müssen wir nur noch den Anliegerverkehr auf unserem Weg zum Höhenzug in Richtung Zschocken beachten.

Reinsdorfer Bach (rechter Nebenfluß der Zwickauer Mulde; 8 km)
Ein naturnaher Radweg, beinahe auf der gesamten Länge des Ortes, lädt uns ein, Reinsdorf zu besuchen. Entlang der Wiesenaue, vorbei an Bauernhöfen, können wir auch das Heimat- und Bergbaumuseum besuchen. Dieser Abstecher vom Mulderadweg lohnt sich gewiss.

Wildenfelser Bach (rechter Nebenfluß d. Zwickauer Mulde; 10,5 km)
Wer Wildenfels, die Stadt der Rose, und das dortige Schloss mit dem Rad vom Mulderadweg aus besuchen will, muss die Straße nutzen. Die geringen Steigungen sind dabei für uns kein Problem. Ein Nachteil ist jedoch, dass es sich um eine Straße mit Durchgangsverkehr handelt.

Lößnitzbach bei Aue (rechter Nebenfluß d. Zwickauer Mulde;10,3 km)
Ein weiterer Abstecher vom Mulderadweg könnte eine Tour ins Lößnitztal und in die Stadt Lößnitz sein. Besonders das Bronze-Glockenspiel in der Turmlaterne der St. Johanniskirche sollte man unbedingt einmal gehört haben.

Leider ist der Ausbau eines Radweges, wie im Entwicklungskonzept der Stadt Aue vorgesehen, noch nicht erfolgt und wir müssen auf der B 169 fahren. Neben uns Radfahrern könnten auch die Zuschauer der Fußballspiele in Aue von diesem Weg profitieren.

Biegen wir in Lößnitz in das Tal nach Dittersdorf ein, können wir auf den Höhenzug zwischen der Chemnitz, die hier noch die Zwönitz ist, und der Zwickauer Mulde gelangen. Nur die letzten ca. 700 m besitzen einen steileren Anstieg von ca. 60 Höhenmetern und 8 - 10 % Steigung. Dann liegt aber die stillgelegte Bahnstrecke Stollberg - Scheibenberg, der „Obererzgebirgische Aussichtsradweg", wie ich ihn nenne, vor uns, und wir können wieder mit Genuss radeln.

Große Bockau (rechter Nebenfluß der Zwickauer Mulde; 14 km)
Bekannt ist das Tal der Großen Bockau durch den Blauenthaler Wasserfall, dem höchsten Sachsens. Das Wasser des Kunstgrabens der „Toelischen Papierfabrik" trieb an den Wochenenden nicht die Maschinen an, sondern wurde über einen Felsen in die Große Bockau geleitet, wo es heute noch fließt. Durch das Tal der Großen Bockau führt ein Radweg. Von Blauenthal (ca. 470 m NN) nach Wildenthal (ca. 720 m NN) ergibt sich für die ca. 7,6 km eine Steigung von durchschnittlich 3,3 %. Da der Anstieg stetig erfolgt und es dadurch keine Ruhestrecken gibt, zehrt dieser an den Kräften. Die Tour im Tal aufwärts ist daher eher für das Ende der Radsaison, wenn Sie durch vorherige Strecken etwas trainiert sind, zu empfehlen.

Wenn Sie diese Strecke abwärts, etwa mit Start in Johanngeorgenstadt (Anreise mit der Bahn ab Aue), fahren möchten, bietet dieser Weg eine reizvolle Strecke für einen Ausflug mit dem Rad. Ich würde Ihnen dann einen Abstecher ins Tal der Kleinen Bockau, zur Staumauer der Talsperre Sosa vom Abzweig (km 1,6) mit einer Steigung von 5 % empfehlen. Bevor Sie wieder entlang des Floßgrabens (ab Gaststätte „Rechenhaus" in Albernau) zurück nach Aue fahren, sollten Sie eine Einkehr in Blauenthal im Parkhotel „Forelle" mit seinen historisch gestalteten Räumen einplanen.

Der obere Abschnitt des Flusstales wird steiler und der Weg führt Sie zum Kammweg. Dass von der Großen Bockau zwei Kunstgräben abgeleitet wurden, sei der Vollständigkeit halber noch erwähnt. Dabei handelt es sich um den Grünen Graben von Wildenthal nach Eibenstock, der im Kapitel „Kunstgräben" bereits vorgestellt wurde, und den Hanggraben mit einem neu gebauten Begleitweg von Oberwildenthal zur Talsperre Sosa.

Große Pyra (rechter Nebenfluß der Zwickauer Mulde; 11,3 km)

Im Tal der Großen Pyra befindet sich eine nur durch Wald verlaufende, wenig befahrene Kreisstraße. Da sie kein Durchgangsverkehr benutzen kann, ist sie ein angenehmer Wander- und Genussradweg. Von Morgenröthe-Rautenkranz an der Zwickauer Mulde (ca. 615 m NN) bis zur Siedlung Sachsengrund (754 m NN) steigt der Weg sanft mit einer Steigung von ca. 2 - 2,5 % an. In der Gaststätte „Weidmannsheil" können Sie sich bei Bedarf bewirten lassen.

Der weitere Weg zum Kamm wird etwas steiler, etwa bis 4 %. Trotzdem stellt er auch für uns eine Möglichkeit dar, auf den Kamm zu gelangen. Eine andere Variante für einen schönen Tourabschluss ist, ca. 750 m bei 8 % Steigung den Mordbach aufwärts zu schieben, um dann auf dem Grabenweg und den Heroldsbachweg wieder zurück nach Morgenröthe-Rautenkranz zu fahren. Damit ist dies eine unvergeßliche Rundtour mit viel Natur, einer Einkehr und einer leichten Abfahrt zum Ende der Strecke, wie wir Genussradfahrer es lieben.

Wilzsch b. Carlsfeld (rechter Nebenfluß d. Zwickauer Mulde; 13,3 km)

Sie ist ein Nebenfluss der Zwickauer Mulde. Durch das Wilzschtal wurde die heute stillgelegte Bahnstrecke Wilkau-Haßlau - Carlsfeld geführt. Da die Schönheider Museumsbahn wieder bis Carlsfeld erweitert werden soll, ist der Bahndamm für uns natürlich tabu. Die S 276, die im Tal verläuft, ist eine Durchgangsstraße mit etwa 3,5 % gleichmäßiger Steigung. Abhängig von der Tageszeit ist der Verkehr eher mäßig.

Schwarzwasser (rechter. Nebenfluß der Zwickauer Mulde; 49,5 km)

Wer den Mulderadweg aufwärts fährt, hat in Aue auch die Möglichkeit weiter geradeaus in das Schwarzwassertal zu fahren. Auch dieses ist hervorragend zum Genussradfahren geeignet. Die Zufahrt in der sogenannten Auer „Neustadt", unter dem Becherweg hindurch, ist etwas schwer zu finden, da er an der Hauptstraße nicht ausgeschildert ist. Die Fahrt flussaufwärts lässt Sie in diesem Tal die industrielle Entwicklung des Erzgebirges erfahren. Vorbei an alten Industriebetrieben, Wasserkraftwerken und Industriegräben können Sie die Geschichte der Region erahnen.

Von Aue über Lauter führt die Tour nach Neuwelt. Bitte dort die Flussseite wechseln! Auf dem Weg „Am Schloßwald" umfahren wir das Zentrum von Schwarzenberg. Ein Besuch der Stadt mit Eisenbahnmuseum, Schlosses und Schlosskirche lohnt sich. Erwähnt sei auch die Waldbühne, auf der Musikveranstaltungen unter freiem Himmel stattfinden.

Vom Stadtteil Wildenau aus, den wir nun erreichen, stehen uns die Wege ins Oswaldtal, die Straße nach Langenberg, das Tal der Großen Mittweida entlang der B 101 oder die Weiterfahrt entlang des Schwarzwassers offen. Ein Abzweig führt in das Pöhlwassertal nach Rittersgrün mit dem Radweg auf der stillgelegten Eisenbahnstrecke.

Der weitere Weg entlang des Schwarzwassers nach Johanngeorgenstadt wartet noch auf die Zusammenführung der verschiedenen kurzen Radstrecken, wie etwa dem Kunstgraben von Antonsthal und dem Radweg von Breitenbrunn nach Erlabrunn. Hier wird ein wunderbares, touristisch interessantes Tal einfach verschenkt. Hoffen wir, dass der Ausbau der B 93 in diesem Tal und nicht durch den Wald des Auersbergs erfolgt. Auch wenn wenig Platz am Fluss vorhanden ist, Ingenieure aus anderen Ländern wie z. B. aus Österreich, machen es uns vor, wie Straße, Bahn und dazu ein Radweg in ein schmales Tal passen können. Haben wir weniger gute Planer oder sind etwa unsere Straßenbaunormen so unflexibel, dass wir uns selbst alle Möglichkeiten der Kreativität verbauen? Der Straßenausbau könnte uns den erforderlichen Radweg bescheren.

Die Fahrt auf der Straße ist für Familien nicht zu empfehlen. Wen aber das Fahren auf verkehrsreichen Straßen nicht stört, dem bietet das Tal eine interessante Route nach Johanngeorgenstadt und dann weiter über die Grenze auf den Erzgebirgskamm oder sogar auf einem neu ausgewiesenen Radweg nach Karlsbad an.

Mittweida (Nebenfluß des Schwarzwassers; 21,5 km)

Das Tal der Mittweida zweigt in Schwarzenberg von dem des Schwarzwassers ab. Die an diesem Fluss liegenden Orte Raschau und Markersbach sind aufgrund der Umgehungsstraße B 101 verkehrsberuhigt. Teilweise existieren neben der Hauptstraße noch kaum befahrene, untergeordnete Straßen. Da wir uns langsam dem Fichtelberg nähern, sind einige kurze Fahrstrecken steil.

An der Strecke, mit der Möglichkeit zum Fichtelberg zu fahren, sind u. a. auch die „Streichholzbrücken" der Bahnstrecke Schwarzenberg - Annaberg und das Pumpspeicherwerk Markersbach zu finden. In dem

Waldgebiet des Fichtelberges vereinigt sich der Fluss mit der kleinen Mittweida. Die Täler beider Wasserläufe werden in Richtung Gipfel immer steiler und verlangen dann das Schieben unseres Rades.

Pöhlwasser (Nebenfluß der Mittweida; 20,7 km)
Über dieses Tal und seine, durch den teilweisen Ausbau der ehemaligen Pöhlwassertalbahn zum Radweg guten Fahrmöglichkeiten konnten Sie im Kapitel „Stillgelegte Bahnen“ bereits Näheres erfahren. Erwähnt sei noch, dass es fast ohne Übergang vom Muldetal über das Schwarzwassertal und dem Radweg an der B 101 für Genussradfahrer erreichbar ist.

Oswaldbach (Nebenfluß der Mittweida; ca. 8,5 km)
Das Schwarzwasser wird über die Große Mittweida in Schwarzenberg von einem kleineren Nebenfluss, dem Oswaldbach, gespeist. Dieser ist für die Entstehung des Oswaldtales, ein besonders naturbelassenes Tal im Landschaftsschutzgebiet gleichen Namens, verantwortlich. Es bietet bereits ab Schwarzenberg „Natur pur”. Die „Köhlerhütte“ mit ihrem Hotel erinnert an den historischen Prinzenraub. Die Ruine der Dudelskirche, das Schaubergwerk „Herkules-Frisch-Glück“, die Schauanlage „Heimatecke“ und der Natur- und Wildpark Waschleithe am Hotel „Osterlamm“ sind weitere Sehenswürdigkeiten. Für uns Genussradfahrer erschließt das Tal, neben den interessanten Zielen, die Möglichkeit von Schwarzenberg aus auf dem Höhenzug zwischen die Einzugsgebiete der Zwickauer bzw. der Freiberger Mulde zu gelangen.

Von Schwarzenberg aus fahren wir mit Genuss direkt durch das versteckt liegende Oswaldtal bis Waschleithe. Dann müssen wir leider auf der immer seicht ansteigenden Hauptstraße dem Tal folgen. An dessen flachem Ende verzweigt sich die Straße. Wir müssen jetzt noch max. 25 Höhenmeter überwinden und können auf der stillgelegten Bahnstrecke Zwönitz - Scheibenberg in Richtung Elterlein einbiegen. In der anderen Richtung bietet sich die Möglichkeit, über Grünhain (Moosbach, Rundteil) dieser Bahnstrecke in Richtung Zwönitz zu folgen. Natürlich können und sollten Sie auch den Spiegelwald mit seinen überwältigenden Ausblick auf das Schwarzwassertal besuchen.

Als weitere Möglichkeit bietet es sich an, vor Grünhain auf dem Forstweg „Hermannstraße“ einzubiegen (hier müssen Sie etwas schieben) und am Schatzenstein vorbei in Richtung Geyer auf dem Haupthöhenzug zwischen den beiden Muldeflüssen zu fahren.

Steinbach (Nebenfluß des Schwarzwassers; 8,0 km)
Das Steinbachtal zweigt in Erlabrunn vom Schwarzwasser ab. Auch wenn es kurz ist, besitzt es seinen besonderen Reiz. Im unteren Teil ist Genussradfahren möglich bis der Weg deutlich an Höhe gewinnt. Mit einer Steigung bis zu 5 % können wir den Höhenrücken des Auersberges zwischen Johanngeorgenstadt und der Sauschwemme erreichen.

Die Freiberger Mulde und ihre Nebenflüsse

Der „Muldentalradwanderweg“, der nun als „Mulderadweg“ bezeichnet wird, mit seinen Abzweigungen an der Zwickauer und an der Freiberger Mulde, verläuft auf mehr oder wenig befahrenen, öffentlichen Straßen, Wirtschafts- und Wanderwegen. Er wurde aus den vorhandenen Fahrmöglichkeiten für das Radfahren zusammengesetzt. Deshalb ist die Routenführung entlang der Freiberger Mulde sehr wechselhaft und auch einige deutliche Steigungen sind zu überwinden. Um den Eindruck eines ausschließlichen Radweges im Tal nicht aufkommen zu lassen, wurde aus dem Namen „Muldentalradweg“ der neue Name „Mulderadweg“ geprägt. Mit dieser gutgemeinten Präzisierung hat man aber die vorhandenen Mängel nicht beseitigt. Vielleicht sollte an dieser und jener Stelle ein Radweg angelegt werden, der die Steigungen mindert und den Radverkehr von der Straße nimmt. Trotzdem ist das Tal der Freiberger Mulde, nicht nur wegen der Sehenswürdigkeiten, empfehlenswert für eine Radtour.

Den Tourismusexperten ist auch hier zu raten, die Darstellung der Radfahrmöglichkeiten nicht nur den Kartenverlagen zu überlassen. Der Verlauf der Radtour sollte vielmehr detailliert in das Internet gestellt werden. Informieren Sie uns über die Qualität des Weges. Zweifel am baulichen Zustand und der Streckenführung bringen keine Gäste ins Land!

Im unteren, flachen Teil der Landschaft ist der Radweg bestens für eine Tour geeignet. Im oberen Teil von Nossen aufwärts bis Mulda entfernen wir uns zwar manchmal unnötig vom Fluss und erreichen „sonnige Höhen” z. B. bei Hilbersdorf und Lichtenberg, brauchen aber nicht oft die Straße zu benutzen. Von Mulda nach Holzhau verläuft der Weg oft auf der Straße - Besserung ist nötig und möglich. Das Problem wäre mit etwas Mut gelöst, wenn Wander- und Fußwege - auch schmalere ohne viele Benutzer - ebenfalls für das Radfahren freigegeben und fehlende Stücke ausgebaut werden würden. Nicht nur die Urlauber würden „Danke” sagen.

Zschopau (linker Nebenfluß der Freiberger Mulde; 128 km)

Sie ist ein linksseitiger Nebenfluss der Freiberger Mulde. An ihrem Ufer verläuft der Zschopautal-Radwanderweg, der in die Radverkehrskonzeption des Freistaates Sachsen aufgenommen wurde. Damit ist der vollständige Ausbau nur noch eine Frage der Zeit. Viele Streckenabschnitte sind lohnenswerte Genussradwege. Der Ausbau der stillgelegten Bahnstrecke Walthersdorf - Crottendorf als Teil dieses Radwegs ist dafür ein gutes Beispiel.

Gegenwärtig steht der Abschnitt Wolkenstein - Zschopau unter den Benutzern noch unter Kritik, weil die Strecke so gelegt wurde, dass sie an möglichst vielen Sehenswürdigkeiten vorbeiführt, ob Sie wollen oder nicht. Der Aufstieg nach Wolkenstein ist sinnvoll, wenn er unser Reiseziel ist. Wollen wir aber ins Preßnitztal, ist er eine Qual. Auch wenn es manchmal kompliziert ist, muss in solchen Fällen eine Lösung ohne verschenkte Höhenmeter und abseits der Hauptstrassen gefunden werden.

Das gleiche Problem tritt übrigens beim Verlauf der Strecke bei Waldkirchen auf. Die Alpenländer zeigen uns, dass auch für schwierige Wege eine Lösung machbar ist.

Das Zschopautal und sein Umfeld besitzt viele Sehenswürdigkeiten, so Burgen und Schlösser wie Wolkenstein, Scharfenstein, Wildeck und die Augustusburg. Viele zusätzliche Seitentäler zum Genussradfahren wie z. B. der Wilischtalradweg oder der Preßnitztalradweg und auch einige Möglichkeiten, um auf die Höhenzüge zu gelangen, empfehlen es.

Die stillgelegte Bahnstrecke Walthersdorf - Crottendorf wurde im oberen Teil des Flusstales in den Radweg einbezogen. Sie garantiert ungetrübtes Fahrvergnügen bis zum Fichtelberg. Der Zschopautal-Radwanderweg ist auf seiner gesamten Länge ausgeschildert.

Drebacher Bach (Nebenfluß der Zschopau; 8,7 km)

Ein kleines Tal zweigt linksseitig der Zschopau ab. Bekannt sind hier die Krokuswiesen von Drebach. Um das Naturerwachen genießen zu können, sollten im Frühjahr die ersten Genussradtouren vom Zschopautal-Radweg aus, leider auf der nicht ganz flachen S 229, ins Drebachtal geplant werden. Auch ein Besuch des Planetariums im Ort ist zu empfehlen.

Flöha (Nebenfluß der Zschopau; 78 km)

Der große Nebenfluss der Zschopau ist die Flöha, Sie, wie auch die Freiberger Mulde und die Wilde Weißeritz, entspringen im tschechischen

Teil des Osterzgebirges. Der Flöhatalradweg ist ein außergewöhnlich schönerer Genussradweg. Von Olbernhau bis zur Mündung in die Zschopau ist er vor allem für Familientouren geeignet.

Die einzige Ausnahme bildet dabei die Strecke zwischen Blumenau und Rauenstein. Hier wird der offizielle Radweg über die Saidenbachtalsperre und die Wernsdorfer Höhe geführt. Eine Höhendifferenz von ca. 130 Höhenmetern, die nichts mit einer Familienroute in einem Flusstal zu tun hat, wird uns zugemutet. Wenn unser Ziel nicht gerade die Saidenbachtalsperre ist, schieben wir viele Meter aufwärts und vergeuden dabei sinnlos unsere Kräfte und vielleicht auch unsere Lust auf das Radfahren im Erzgebirge.

Ist im engen Tal kein Platz vorhanden, um dort noch den Flöhatalradweg aufzunehmen? - Auch hier gibt es doch Wanderwege, die zum Radweg ausgebaut werden könnten! Dabei muss nicht unbedingt eine asphaltierte Strecke entstehen, denn ein Wander- und Radweg soll auch Wanderer weiter zu einer Tour einladen. Darüber hinaus könnte die Straße S 223 durch einen Radweg erweitert werden.

Nicht zuletzt sollte erwähnt werden, dass zwischen Blumenau und Lengefeld-Rauenstein die Fahrradbeförderung mit der Bahn kostenlos ist (www.radregion-erzgebirge.de).

Große Lößnitz (Nebenfluß der Flöha; 12,5 km)

Dieser Nebenfluss der Flöha steht touristisch etwas im Abseits. Für uns Genussradfahrer könnte auch dieses Tal Ausgangspunkt für schöne Radtouren sein. Ausgebaut zum Radweg könnte uns die stillgelegte Bahnstrecke Hetzdorf - Eppendorf - Großwaltersdorf auf neuen und leichteren Wegen zur Saidenbachtalsperre führen. Die Lage des Flusstales zwischen Öderan mit dem sehenswerten „Kleinerzgebirge“, Großhartmannsdorf mit dem Großen Teich, Hetzdorf mit dem historischen Viadukt und der Talsperre, kann es Ausgangspunkt für viele Ziele mit und ohne Rad sein. Auch bei einer Erzgebirgsquertour könnte hier ein Radweg eine wichtige Rolle spielen.

Bei allen erwähnten Sehenswürdigkeiten darf das eigentliche Tal nicht vergessen werden, das uns, tief in die Landschaft eingeschnitten, mit seinen dichtbewaldeten Hängen ein einmaliges Naturerlebnis verspricht. Leider ist die Verkehrsverbindung im Tal eine Staatsstraße ohne Fuß- oder Radweg, der hier auf dem Bahndamm aber leicht angelegt werden könnte.

Saidenbach (Nebenfluß der Flöha; 15,6 km)
Durch die Saidenbachtalsperre ist dieses schöne Flüsschen bekannt. Wenige aber wissen, dass sich dieses Tal aufwärts auch zum Genussradfahren eignet. Leider fehlt dort eine ausreichende, durchgehende Verbindung vom Flusstal zu den Wanderwegen, die rund um die Talsperre liegen. Der viele Fernverkehr wird von der B 101 aufgenommen. Eine Kreisstraße verbindet Nieder- und Mittelsaida. Auch für uns gibt es leider nur die Möglichkeit, die verkehrsreiche Straße zum Radfahren zu nutzen.

Haselbach (Nebenfluß des Seidenbaches; 11,7 km)
Der zweite Fluss, der die Seidenbachtalsperre speist, ist der Haselbach. Auch sein Tal besitzt nur ein leichtes Gefälle. Von der Talsperre zum Forchheimer Vorbecken, nach Haselbach und weiter zum Dörnthaler Teich bietet sich eine lohnenswerte Tour mit ländlicher Idylle an, auch wenn wir manchmal auf der Straße fahren müssen, meistens in der 2. Reihe, ist die Route empfehlenswert. Nach einer Rast am Dörnthaler Teich mit dem Naturlehrpfad als Rundweg, sollten wir noch ca. 0,5 km den Aufstieg auf den Höhenzug schieben. Dieser Gebirgsrücken zwischen Haselbach und Zöblitzbach führt uns mit respektablen Aussichten z. B. auf dem Steinhübel (596 m NN) und durch grüne Wälder in angenehmer Genussradfahrt nach Forchheim zurück. Der Höhenzug sei hier mit erwähnt, weil er zeigt, wie viele Möglichkeiten des Genussradfahrens es außer den in diesem Buch erwähnten Angeboten gibt.

Schwarze Pockau (Nebenfluß der Flöha; 33 km)
Das Tal dieses Nebenflusses der Flöha ist im Erzgebirge sehr bekannt. Bizarr geformte Steine wie der „Nonnenfelsen“ zwischen Kühnhaide und Pobershau oder der „Löwenkopf“ bei Zöblitz, dazu die Ruine Lauterstein oder der künstlich angelegte Wasserlauf „Grüner Graben“ sind Begriffe für alle Liebhaber des Erzgebirges. Der Fluss hat sich von seiner Quelle (bei ca. 900 m NN) am Jelení hora (994 m NN) bis zu seiner Mündung in die Flöha bei Pockau ca. 200 m tief in das Umland eingegraben. Dadurch ist ein grandioses, urwüchsiges Tal entstanden, das seinesgleichen sucht, mit grünen Wiesen am Oberlauf und wildromantischen Felsen talwärts.

Viele der umliegenden Orte gehören zur Urlaubsregion. Am Oberlauf wird in Satzungen die Verbindung zur Kammtour hergestellt. Auch die Weiterfahrt zur Preßnitztalsperre und auf die Gebirgskante ist mit etwas Fitness möglich. Weitere Orte von der Quelle abwärts sind Raitzenhain, Kühnhaide, Pobershau und Pockau.

Mit einer Genussradtour bietet das Tal eine hervorragende Möglichkeit, Naturerleben mit leichter sportlicher Betätigung zu verbinden. Die Strecke besitzt eine für uns Genussradfahrer leicht, fast lässig zu bewältigende Steigung. Nur wenige Abschnitte machen davon eine Ausnahme. Im oberen Bereich wird Ihnen häufig die Straße als Fahrweg angeboten. Im Bezug auf die Steigung sind einige Seitenwege in der Nähe des Flusses besser zum Radeln geeignet, ihre Befahrbarkeit jedoch schlechter. Hier ist ihre spontane Entscheidung gefragt. Sollten Sie dabei in eine Sackgasse geraten, positiv denken: So lernen Sie Land und Leute viel besser kennen.

Im unteren Teil, zwischen B 171, Niederlauterstein und Pockau folgen wir dem Pokautalwanderweg. Bis auf ca. 1 km, in der Nähe der Kniebreche, ist auch er ein wunderbarer Genussradweg. In Pockau besteht Anschluss an den Flöhatalradweg.

An einigen Unzulänglichkeiten, wie der Nutzung von Hauptstrassen, muß noch gearbeitet werden. Im „Genussradwegenetz Erzgebirge" ist er nicht mehr wegzudenken. Er kann schon jetzt besonders empfohlen werden.

Schweinitz (Nebenfluß der Flöha; 17,5 km)

Dieser Fluss ist einer der sechs Nebenflüsse der Flöha, die im Umland von Olbernhau ihr Ziel erreichen. Viele Flüsse lassen auch einige Radfahrmöglichkeiten in den Tälern vermuten. Auf ihrem Weg vom Kamm des Erzgebirges hat die Schweinitz sich tief in das Tal gegraben. Der Oberlauf hat ein steileres Gefälle, weiter unten ist der Verlauf für uns flach genug, um Genussradfahren zu können. Für unsere „Leistungsklasse" ist der Bereich von Olbernhau bis Deutscheinsiedel bestens geeignet.

Das Schweinitztal ist durch die S 214 erschlossen. Diese ist für uns Genussradfahrer nicht der ideale Fahrweg. Auf der Internetseite *www.radregion-erzgebirge.de* wird deshalb eine Schweinitztalroute an den Hängen des Tals empfohlen. Als echte Genussradstrecke wäre für mich der Ausbau der stillgelegten Schweinitztalbahn zum touristischen Wander- und Radweg die bessere Lösung. Die „Olbernhauer Radtour" nutzt bereits mehrere befahrbare Abschnitte. Die Wege an und auf den Hängen bieten noch zusätzliche Möglichkeiten für die Urlauber. Um die S 214 zwischen Deutschneudorf und -einsiedel bzw. auf der tschechischen Seite Mnisek (Einsiedel) zu meiden, besteht die Möglichkeit, den Weg am Hang des Tales in Tschechien zu nutzen, der auch nur eine durchschnittliche Steigung von 2 % besitzt. In Olbernhau und Seifen sind viele Hersteller erzgebirgischer Volkskunst, besonders des „Reifendrechselns", zu finden. Weiterhin ist das Museum „Saigerhütte" zu empfehlen.

Natzschung (Nebenfluß der Flöha; 16,5 km)

Ein wildromantisches Flusstal und Genussradfahren - das scheint unvereinbar. An der Natzschung ist dies aber der Fall. Wir starten wieder in Olbernhau und fahren dieses Mal südwestlich immer an der Grenze entlang. Im Tal steht uns hierfür die S 216 zur Verfügung. Sie ist zwar nicht die Hauptstraße mit dem größten Verkehrsaufkommen, aber wie immer sollten wir Genussradfahrer uns doch eine Alternative suchen. Auch wenn uns der Verkehr hier nicht stört, sind wir doch für den Straßenverkehr eine Behinderung. Da die Straße sehr kurvenreich ist, besteht die Gefahr, zu spät von den Kraftfahrern erkannt zu werden. Auch für dieses Tal finden Sie unter www.radregion-erzgebirge.de eine alternative Tour. Sie ist als Panorama- und nicht als Familienroute ausgewiesen. Für Genussradfahrer, die bereits Erfahrung besitzen und mehrere Anstiege verkraften, ist sie zu empfehlen. Es ist eine Tour, die eine große Anzahl der Möglichkeiten des Radfahrens verknüpft.

Weil wir in diesem Kapitel möglichst im Tal bleiben wollen, entscheiden wir uns für eine andere Tour. Der Start ist im Olbernhauer Ortsteil Grüntal die Rothenthaler Straße. Unser erstes Ziel ist Rothenthal. Wir erreichen über Pföbe und Oberer Weg das Ortsende. Auf tschechischer Seite verläuft nun ein breiter und gut befahrbarer Weg entlang der Natzschung. Er ist die Lösung des Problems einer sicheren Radtour im Natzschungtal. Bis zur Einmündung der Töltzsch (Telcsky Potuk) mit ihrem asphaltierten Begleitweg und einer Steigung von über 3 %, bleibt er ein einfach zu befahrender, naturnaher Genussradweg. Er führt dann laut Blatt 27 der Wanderkarte von Sachsen aus dem Jahr 1994 (des Landesvermessungsamtes), nur noch als Pfad bis Kalek. Für die deutsche und die tschechische Seite der Natzschung würde der Ausbau zum Fahrweg erhebliche touristische Vorteile mit sich bringen. Kalek liegt gegenüber von Rübenau. Der weitere Weg auf der Straße auf tschechischer Seite bringt uns weiter bis Nacetin (Natzschung) und ins Quellgebiet des Flusses.

Das war die gute Nachricht. Die Schlechte ist, dass ich eine Brücke über die Natzschung nicht finden konnte. Auch wenn wir über den ebenfalls für unsere Tour geeigneten Sedanweg ins Natzschungtal fahren, fehlt dort ein Flußübergang. Wie so oft, mangelt es häufig nur an einer Kleinigkeit, wie in diesem Fall einer einfachen Brücke, um Rad- oder Wanderwege touristisch begehbar und damit Menschen glücklich zu machen. Was nützen viele Großprojekte, die mit viel Aufwand betrieben werden, wenn es in der Praxis an Kleinigkeiten fehlt.

Bleiben wir optimistisch und hoffen wir, wenn Sie das Buch in den Händen halten und ihre Tour fahren, dass der Grenzweg nach Kalek nicht unter Strauchwerk verborgen ist und die Brücke gebaut wurde.

Rungstockbach (Nebenfluß der Flöha; 8 km)

Ein kurzes Tal mit ca. 2,8 % Steigung führt von Olbernhau in Richtung Zöblitz. Wer mit dem Rad hier Urlaub macht, braucht nicht immer eine lange Tour, um sich zu regenerieren. Ein kurzer Abendausflug (ca. 2,5 km) bis zur Gaststätte „Pulvermühle" ist möglich.

Ähnliche kurze Täler, mit einem lohnenswerten Ziel an ihrem Ende, gibt es viele im Erzgebirge. Diese sollten in den Werbeschriften der Orte nicht vergessen werden, denn es gibt viele Urlauber, die für diese Strecken empfänglich sind und einfach nur ausspannen möchten. Die überregional bekannten Urlaubsziele in Sachsen kennen wir fast alle, doch wo sind die ruhigen, gemütlichen Ecken?

Preßnitz (Nebenfluß der Zschopau; 37 km)

Über den mittleren Teil im Preßnitztal mit der stillgelegten und teilweise wieder betriebenen Preßnitztalbahn Wolkenstein - Jöhstadt, sowie den gut ausgebauten Bahnradweg wurde in diesem Buch schon berichtet. Deshalb folgt hier nur noch der Hinweis, dass der Anschluss von Streckenwalde zum Zschopautal-Radwanderweg als Teil des Annaberger Landrings in Schönbrunn, einem Ortsteil von Wolkenstein, geplant ist.

Im oberen Teil des Tales können wir den Begleitweg der Bahn verlassen und weiter der Preßnitz folgen. Auch dieser Weg ins tschechische Krystofovy Hamry ist ein landschaftlich reizvoller Genussradweg (ca. 3 % Steigung). Wenn Sie Ihre Fahrt fortsetzen, erreichen Sie die Preßnitztalsperre. Nach dem Aufstieg auf die Höhe der Staumauer können Sie weiter bis zum Erzgebirgskamm fahren. Sie sollten den ausgeschilderten, verkehrsfreien Radweg am Ostufer der Talsperre nutzen. Auf der Hauptstraße hat nach der Grenzöffnung der Verkehr allerdings zugenommen. Auch hier sind ein paar steilere Abschnitte, besonders in der Nähe des Kammes, zu überwinden.

Die Bahn folgt auf den letzten Kilometern der Strecke zum Zielbahnhof dem Jöhstädter Schwarzwasser. Diesem Tal, das leicht ansteigt, können wir ebenfalls weiter ins Tschechische folgen. Von Cerny Potuk nach Kovarska, dem Fluss bzw. dann an der Bahnstrecke Chomutov - Vejprty in Richtung Deutschland entlang, können wir bergab mit ca. 9 % Gefälle über Ceske Hamry bis Hammerunterwiesenthal fahren.

Das Preßnitztal und das Plattental führen zum Zschopautal-Radwanderweg. Der grenzüberschreitende Wochenendbahnverkehr (Linie nach Chomutov) bringt uns auf den Erzgebirgskamm. Die Preßnitztalsperre, das ausgedehnte Waldgebiet und der Weg an der Kante des Südhanges lassen das Herz höher schlagen - welch erlebnisreiche Ganztagestouren für ausdauernde Genussradfahrer sind hier möglich!

Unterschätzen Sie aber bitte nicht die Entfernungen! Eine Übernachtung in die Tour einzubeziehen, wenn die Kraft nachläßt, und erst am nächsten Tag weiterzufahren, ist keine Schande. - In den Alpen werden für die Wanderer Hüttentouren angeboten. Warum sollen wir dieses Prinzip nicht auch auf unsere Genussradtouren übertragen: Nur einmal anzureisen und dann das Gebirge mehrere Tage auf verschiedenen Touren mit dem Rad genießen.

Geyerbach (Nebenfluß der Zschopau; 7 km)

Das relativ kurze Tal des Baches verbindet Tannenberg am Zschopautal-Radwanderweg mit Geyer. Das Tal kann auf der stillgelegten und hier ausgebauten Bahnstrecke Schönfeld - Geyer - Thum, einem Teil des bereits beschriebenen Thumer Netzes, gut befahren werden.

Greifenbach (Nebenfluß der Zschopau; 11,5 km)

Das Tal dieses Nebenflusses der Zschopau ist u. a. als Zufahrt vom Zschopautal-Radwanderweg zum Greifenbachstauweiher interessant.

Der ausgeschilderte Wanderweg an der Zschopau, am Ortsausgang Tannenberg in Richtung Schönfeld, führt durch eine Viehweide. Die Zufahrt in Tannenberg ist etwas schwer zu finden, denn der Weg über die Weide (ca. 100 m) ist den Kühen zum Opfer gefallen. Danach führt ein schmaler, fahrbarer Trampelpfad flussaufwärts. - Besser bietet sich ein Seiteneinstieg auf einem landwirtschaftlichen Wirtschaftsweg von Schönfeld aus an. Danach führt ein fahrbarer Forstweg durch den im Sommer angenehm kühlen Grund. Nach dem Queren der S 222 neben der Gaststätte „Greifenbachmühle“ ist der Weg auch als Radweg ausgewiesen. Das Greifensteingebiet mit dem Greifenbachstauweiher ist eine landschaftlich einmalige Erholungsregion im Erzgebirge.

Rote Pfütze (Nebenfluß der Zschopau; 11,9 km)

Die Hochebene zwischen dem Scheibenberg und dem Geyerischen Wald wird vor allem von der „Roten Pfütze“ in Richtung Schlettau entwässert und besitzt viele Feuchtgebiete. Der Weg, welcher den Wasserlauf ein langes Stück begleitet, liegt deshalb am Rande des sumpfigen Flusstales. Dieser Wirtschaftsweg ist ein herrlicher, naturnaher Genussradweg. Er führt uns oberhalb des Sportplatzes von Schlettau weiter zur „Unteren Brünlasmühle“. Wir biegen hier zur Gaststätte „Teichwirtschaft“ ab und befinden uns auf dem Höhenzug zwischen Zwickauer und Freiberger Mulde. Der Fluss kommt vom Naturschutzgebiet „Moor an der Roten Pfütze“ in der Nähe der Ausflugsgaststätte „Finkenburg“. Um sie besuchen zu können, radeln wir auf einer wenig befahrenen Straße von Schlettau nach Elterlein, die uns trotz einer Steigung besser hinführt, als der Wiesenweg im Quellgebiet des Flusses.

Als Ausflugsziele seien hier noch das Schloss Schlettau, der Scheibenberg mit den „Orgelpfeifen“ und die Brauerei Fiedler (bitte anmelden) erwähnt. Aber auch die Hochebene insgesamt mit ihrer einzigartigen Natur hat ihren Reiz. Die technischen Meisterleistungen der Bahnlinien, von denen eine stillgelegt wurde und auf der anderen unregelmäßig touristischer Verkehr möglich ist, sind es ebenfalls wert, hier besonders beachtet zu werden. Vom Turm des Scheibenberges aus gesehen, liegt Ihnen die Hochebene zu Füßen.

Sehma (Nebenfluß der Zschopau; 23,5 km)

Die Flusstäler um Annaberg führen, bis auf ein paar besonders bekannte Attraktionen, ein touristisches Schattendasein. Aber gerade sie könnten, im Zusammenspiel mit den Höhenzügen, eine besondere Bereicherung für die Urlauber darstellen. Das Tal der Sehma besitzt, von seiner Mündung in die Zschopau bis zum Bahnhof Vierenstraße am Ende Neudorfs, eine durchschnittliche Steigung von nur 1,5 - 2 %. Das sind doch genau die Fahrmöglichkeiten, die wir uns als Genussradfahrer wünschen! Warum sollten wir die Sehenswürdigkeiten des Erzgebirges, die heute besonders vom Bustourismus leben, nicht mit dem Fahrrad bereisen: Schönfeld am Beginn unserer Tour, das Besucherbergwerk „Markus-Röhling-Stollen“, der „Frohnauer Hammer“ mit Gaststätte, die St. Katharinenkirche Buchholz, mit ihrem besonders schönen Turm und dem berühmten „Hans-Hesse-Altar“, die Freibäder in Buchholz und Sehma, die Talsperre Cranzahl, das Suppenmuseum und die Räucherkerzenherstellung in Neudorf seien hier als Beispiele genannt. Dass nicht zuletzt die Gastronomie Sie in fast allen Orten mit offenen Armen empfängt, soll ebenfalls erwähnt werden.

Bestimmt haben Sie auch von der Bimmelbahn nach Oberwiesenthal ab Cranzahl gehört? - Leider ist im Sehmatal kein durchgängiger touristischer Radweg vorhanden, so dass wir öfter die Hauptstraße benutzen müssen. In den Orten selbst besteht aber fast immer die Möglichkeit auf untergeordneten und damit verkehrsberuhigten Straßen zu radeln. Wären diese Wege noch ausgeschildert, so dass wir nicht immer auf die Karte schauen müssten, könnte dieses Tal zu einer der beliebtesten Routen für Genussradfahrer werden. Wenn wir zwischen den Orten einen Weg neben der Straße finden könnten, wäre unser Fahrglück perfekt. Ab dem Bahnhof Vierenstraße wird der Weg steiler und ca. 5 % Steigung sind, wie bei fast allen Flusstälern, die zum Kamm führen, zu überwinden. Das ist ein guter Grund, auf dem Weg zum Höhenzug und nach Oberwiesenthal die Kräfte zu sparen, und deshalb für den Aufstieg das erwähnte „Bimmelbähnle" zu nehmen. Auf diese Art bleiben wir für eine entspannte Abfahrts-Rücktour fit.

Pöhlbach (Nebenfluß der Zschopau; 32,5 km)

Das zweite Tal um Annaberg und den Pöhlberg (Aussichtsturm, Gaststätte), das ebenfalls eine, für uns Genussradfahrer angenehme Steigung besitzt, ist das Pöhlbachtal. Es steht bei uns Genussradfahrern zu Unrecht im Schatten des folgenden Tales, mit seinem sehr gut ausgebauten Radweg - dem Preßnitztal. Das Tal des Pöhlbaches hat ebenfalls einiges zu bieten. Ein Beispiel ist Königswalde als typisches Waldhufendorf, wie es im Erzgebirge häufig vorkommt. Außerdem zeigt die Landschaft östlich des Pöhlbergs ein anderes Gesicht als westlich davon. An den Feldrainen sind die von den Feldern abgelesenen Steine als Trockenmauern aufgeschichtet. In ihrer Nähe finden sich Büsche und niedrig wachsende Bäume, die den Vögeln und dem Wild Unterschlupf bieten. Ein Paradies für Naturliebhaber.

Der Pöhlbach ergießt sich unterhalb des Thermalbades Wiesenbad in die Zschopau. Die hier ebenfalls von der Zschopautalbahn abzweigende Plattenthalbahn könnte eigentlich unser Radweg sein, aber leider ist sie hier für uns noch nicht nutzbar. Hoffen wir, dass der Radwegeausbau in Richtung Königswalde bald erfolgt und der Annaberger Landring dann nicht nur durch das Preßnitztal an den Zschopautal-Radwanderweg herangeführt wird. Familien mit Kindern würden sich dafür bedanken und auch für die Urlauber und Gäste des Thermalbades wäre er eine Bereicherung. Es gibt hoffnungsvolle Nachrichten: Pläne für den Wegebau sind bereits vorhanden.

Wir beginnen die Tour deshalb auf der S 262. Kurz nachdem die S 218, Geyersdorf - Mildenau, gequert wurde, können wir bis Königswalde auf einem Teil der stillgelegten Bahnstrecke fahren. Im Ort bilden Strassen in der 2. Reihe unseren Weg. Ein relativ flacher Aufstieg nach Geyersdorf und weiter zum Pöhlberg wäre möglich. Um nicht auf der S 262 zu fahren, sind Wirtschaftswege in einiger Entfernung zur Straße vorhanden. Kleine „Schiebestücke" können nötig sein. Vergessen Sie nicht, in der Gaststätte „Brettmühle" eine Rast einzulegen und sich zu stärken. In Bärenstein treffen wir auf die B 95. Vielleicht ist der Radweg an ihr nun durchgängig fertig. Ab Bärenstein aufwärts ist es auch möglich, den Weg auf der tschechischen Seite des Flusstales zu nutzen.

Wilisch (Nebenfluß der Zschopau; 18 km)

Dieses schöne Flusstal wurde schon im Zusammenhang mit den stillgelegten Bahnstrecken erwähnt. Als Verbindung vom Zschopautal-Radwanderweg zu den Höhen des Greifensteingebietes kommt dem Wilischtalradweg in einem „Genussradwegenetz Erzgebirge" eine besondere Bedeutung zu.

Chemnitzbach (linker Nebenfluß der Freiberger Mulde; 16 km)

Dieser Fluss mündet bei Mulda in die Freiberger Mulde. Nehmen Sie sich die Zeit, in diesem schönen Tal eine Genussradtour zu unternehmen. Ab Dorfchemnitz ist der obere Teil durch die ausgebaute, stillgelegte Bahnstrecke hervorragend zum Radfahren geeignet. Den unteren Teil des Tales müssen wir leider auf der Straße fahren. Aber auch dieser Weg hat seinen besonderen Reiz: Der Chemnitzbach, der in Mäandern zwischen Mulda und Dorfchemnitz fließt, lässt uns die ursprüngliche Schönheit einer Gebirgsflusslandschaft entdecken. Erwähnt sei noch der Eisenhammer - ein sehr gut erhaltenes und sehenswertes Zeugnis der Bergbaugeschichte des Erzgebirges. - Hoffen wir Genussradfahrer, dass wir das reizvolle Tal einmal durchgängig auf der stillgelegten Bahnstrecke befahren können!

Bobritzsch (rechter Nebenfluß der Freiberger Mulde; 38 km)

Zwischen Siebenlehn und Reinsberg mündet die Bobritzsch in einer Höhe von ca. 237 m NN in die Freiberger Mulde. Sie entspringt in einer Höhe von 690 m NN in einer steingefassten Quelle zwischen Hermsdorf und Hartmannsdorf. Außer auf den ersten 3 km ist das Tal ideal zum Genussradfahren geeignet. Obwohl es leider keinen durchgehenden Radweg gibt, können wir auf vielen Wegen und untergeordneten Straßen auch mit der Familie unterwegs sein. Sehen sie sich die Wanderkarte dieses Gebietes genau an. Vielleicht gelingt es einmal, die vorhandenen, fahrbaren Teilstücke zu einem Bobritzschtalradweg zusammenzufügen und ihn auch entsprechend touristisch bekannt zu machen. Lohnend ist eine Radtour im Bobritzschtal auf jeden Fall. Die Grabentour, Schloss Bieberstein und Reinsberg, der Tharandter Wald, stillgelegte Eisenbahnstrecken, Frauenstein und weitere Ziele in der Umgebung laden Sie dazu ein.

Gimmlitz (rechter Nebenfluß der Freiberger Mulde; 25 km)
In der Beschreibung der Flusstäler im Erzgebirge, die wir für das Genussradfahren nutzen können, dürfen wir das Gimmlitztal nicht vergessen. Durch die Talsperre Lichtenberg ist es für uns dreigeteilt. Unterhalb der Talsperre können wir den ca. 5 km langen Abstecher von der Freiberger Mulde bis zur Staumauer fahren. Wir lernen dadurch den Ort Lichtenberg näher kennen. Der Kirchsteig läßt uns den Ort von der Höhe überblicken.

Oberhalb der Staumauer können wir die naturbelassene Umgebung der Trinkwassertalsperre Lichtenberg genießen. Es gibt hier einen radfahrerfreundlichen Rundweg. Wer möchte, kann auch eine Wanderung auf den nahen Aussichtsberg „Burgberg“ (ca. 617 m NN) unternehmen.

Der Schillerweg führt uns weiter flussaufwärts in den Teil des Gimmlitztales, der jetzt als „Mühlental“ bekannt ist. Die Mühlen dieses Tales waren und sind aber nicht nur oberhalb der Talsperre zu finden. Als technisches Denkmal ist die Weicheltmühle das Ziel unserer Genussradtour. Sie ist noch funktionstüchtig und nicht nur als Gaststätte zu empfehlen. Weiter aufwärts nimmt die Steigung des Tales allmählich zu.

Das Gimmlitztal ist nicht nur wegen der Talsperre, den Mühlen und seiner Nähe zu Frauenstein empfehlenswert; auch die unter Naturschutz stehenden Wiesen mit Orchideen, Arnika und vielen anderen seltenen Pflanzen sind phantastisch für unsere Naturfreunde.

Flusstäler zur Elbe

Für viele werden mit den Flussnamen Triebisch, Wilde Sau, Wilde und Rote Weißeritz, Lockwitzbach, Müglitz und Gottleuba Erinnerungen an die Flutkatastrophe 2002 wach. Nach anhaltenden Niederschlägen ließen ansonsten harmlose Flüsse riesige Wassermassen ins Elbtal schießen. Menschen, Tiere, Hausrat, ja ganze Häuser und Bäume wurden fortgerissen. Die Flut führte uns die mögliche Gewalt des Wassers vor Augen.

Über Tausende von Jahren hat die Erosion in die relativ steilen Elbhänge Furchen gegraben. In den längeren Flusstälern sind diese Steigungen bereits so gering, dass bei vorhandenen Wegen Genussradeln möglich ist. Die Täler, in denen eine Bahnstrecke verläuft oder verlief, haben eine für uns annehmbare Steigung. Viele der oben genannten Flusstäler werden touristisch dem Elbtal zugeschlagen, sie entspringen aber im Erzgebirge und besitzen für das Osterzgebirge - nicht nur für Altenberg und Zinnwald - eine große Bedeutung. Auf den Wegen in diesen Tälern können die Dresdner aus der Elbaue auf die Höhen des Erzgebirges radeln. Wer einmal die unerwartet herrlichen und weiten Aussichten beim Genussradfahren hier oben genossen, wer an den überwältigenden Bildern Gefallen gefunden hat, der radelt auch weiter und sucht neue Ziele. Neben den bereits erwähnten Flüssen gibt es noch einige weitere kleinere, sowie viele Nebenflüsse, die ebenfalls das Genussradfahren in ihren Tälern zulassen. Schauen Sie sich aber vor der Tour die Karte genau an, denn nicht alle Täler sind dafür geeignet. Manche können Sie auch nur auf dem Heimweg zu Abfahrten nutzen.

Triebisch (Nebenfluß der Elbe; 34 km)

Das Tal dieses Flusses wurde bereits im Kapitel über die stillgelegten Bahnstrecken, dem Abschnitt über das Wilsdruffer Netz erwähnt. Die stillgelegte Kleinbahn verlief nur kurz im Tal der Triebisch, ihr Weg führte weiter in das Tal des Nebenflusses Kleine Triebisch. Von der Bahnabzweigung in der Nähe von Garsebach nutzt die vielbefahrene Bahnstrecke Meissen - Nossen - Leipzig das Tal der Triebisch aber weiter. Dieser Umstand bedeutet für uns, das dieses Tal auch gut für das Genussradfahren geeignet ist.

Betrachten wir uns den Verlauf weiter: Das Triebischtal liegt wie ein grünes Band in der landwirtschaftlich intensiv genutzten Region. Die S 83 verläuft im Tal. Sie wäre eine Fahrmöglichkeit. Ein schöner Wanderweg entlang der Talhänge, der teilweise ebenfalls für uns nutzbar ist, lädt zum Genießen dieser anmutigen Flusslandschaft ein.

In Rotschönberg finden wir das Mundloch des berühmten Rotschönberger Stollens, der seit über 100 Jahren das Grubenwasser aus dem Freiberger Bergbaurevier in die Triebisch fließen lässt. Eine Erkundung seines Verlaufs ist nicht nur für einen Urlaubstag eine interessante Beschäftigung. Angenehm wird es für uns Genussradfahrer ab Rotschönberg, denn die S 83 verlässt uns hier durch ein Seitental in Richtung Nossen. Im Triebischtal können wir angenehm aufwärts bis in das Landschaftsschutzgebiet Tharandter Wald fahren. Unterwegs treffen wir ab Helbigsdorf auch wieder auf eine andere der stillgelegten Bahnstrecken des Wilsdruffer Netzes.

Weißeritz (Nebenfluß der Elbe; 12 km)

So unscheinbar dieser Fluss in Dresden erscheint, für die Entwicklung der Region besitzt er eine große Bedeutung. Sein Tal diente schon immer der Straßenführung aus dem Elbtal heraus nach Freital. Die S 194 ist die wichtigste Verbindung nach Freiberg. Am Fluss entlang gab es die Möglichkeit, eine Bahnstrecke in Richtung Westen zu bauen. Diese ist die Hauptstrecke Dresden-Werdau, ein Teilstück der Sachsen-Franken-Magistrale.

Auch für uns Genussradfahrer bietet das Tal eine gut ausgeschilderte Strecke, die „Radroute an der Silberstraße“. In Freital teilen sich das Tal und unser Weg. Die Wilde und die Rote Weißeritz haben sich noch nicht vereint, jeder Flussteil holt sich sein Wasser aus einem anderen Teil des Osterzgebirges.

Wilde Weißeritz (Quellfluß der Weißeritz; 49 km)

Im Tal der Wilden Weißeritz können wir auf der „Radroute an der Silberstraße“ bis Tharandt weiterradeln. Danach wendet sich der Fluss nach Süden - wir folgen ihm. Das Tal verläuft am Rande des Tharandter Waldes im Naturschutzgebiet „Weißeritztalhänge“ weiter bis zur Talsperre Klingenberg. Es ist ein landschaftlich interessantes Tal, auch wenn es nicht für Radfahrer ausgerichtet ist. Über die S 192, kleineren Ortsverbindungsstraßen und Wegen können wir dem Fluss fast überallhin folgen. Zwischen der Talsperre Klingenberg und der Lehnmühle sind die Wege, da sie sich abseits der verkehrsreichen Straßen befinden, mehr nach unserem Geschmack. Auch weiter flußaufwärts ist Genussradfahren möglich. Bei Rehefeld-Zaunhaus erreichen wir mit etwas Schieben die tschechische Grenze. Wenn im Tal der Wilden Weißeritz noch an einigen „Stolpersteinen” gearbeitet wird, steht einer erholsamen Genussradtour nichts mehr im Wege.

Rote Weißeritz (Quellfluß der Weißeritz; 35 km)

Durch das verheerende letzte Hochwasser war die Weißeritz und die zerstörte Weißeritztalbahn in aller Munde. In diesem Zweig der Weißeritz verläuft die Bahnstrecke ab Freital. Sie ist bis Dippoldiswalde wieder erneuert. Vorbei an der Talsperre Malter könnten wir uns wieder mit der Bahn flussaufwärts bringen lassen. Als nächstes Ziel für den Wiederaufbau der Bahn ist Kipsdorf zu erreichen.

Das Tal der Roten Weißeritz ist für Naturfreunde ein Kleinod. Erst in der ersten Hälfte des 19. Jahrhunderts wurde im Rabenauer Grund ein Pfad angelegt, der im Laufe der Zeit zu einem Talweg erweitert wurde, den wir problemlos mit dem Rad befahren können. Ein wildromantisches, tief eingeschnittenes Tal und kaum eine Steigung, lassen uns bei bester Laune vorankommen. Notwendige Schutzmaßnahmen nach dem Hochwasser 2002 haben dem Tal etwas von seiner Urwüchsigkeit genommen. Trotzdem ist es ein einmaliges Erlebnis, zwischen Freital und der Talsperre Malter mit dem Rad zu fahren und die Natur auf sich wirken zu lassen.

Die Talsperre wurde nicht zur Trinkwasserbereitstellung, sondern für die Nutzwassergewinnung und den Hochwasserschutz angelegt. Dank dieser Funktion konnte sie sich zu einem Camping- und Urlaubszentrum entwickeln. Strandbäder laden hier zum Verweilen ein.

Das Tal von Dippoldiswalde bis Kipsdorf aufwärts müssen wir leider auf der Straße fahren. Im Urlaubsgebiet am Erzgebirgskamm können wir dann verschiedene Wanderwege und Höhenzüge zum Radfahren nutzen.

Müglitz (Nebenfluß der Elbe; 40 km)

Das Tal der Müglitz ist ein besonders abwechslungsreiches Tal im Osterzgebirge. Von Heidenau an der Elbe schlängelt es sich in vielen Windungen an Glashütte vorbei bis hinauf in die bekannten Urlaubszentren des Erzgebirges. Am Ende Ihrer Radtour erwarten Sie die Orte Geising und etwas weiter Altenberg. - Sie können sich aber auch von der Müglitztalbahn ins Gebirge bis Altenberg fahren lassen und erleben dann das Tal bei einer unvergeßlich langen Abfahrt. Da wir auf Straßen fahren müssen, ist zur Zeit die letztere Möglichkeit wohl die Bessere.

Die Planung des Müglitztal-Radweges ist jedoch in vollem Gange. Es wäre auch bedauerlich, wenn ein so schönes, flaches Tal mit einer Steigung von nur 1 - 1,5% von uns Genussradfahrern nur eingeschränkt, ohne die Begleitung der Kinder, genutzt werden könnte.

Gottleuba (Nebenfluß der Elbe; 34 km)

Der Fluss ist der östlichste unserer Betrachtungen. Hier verläuft in etwa die landschaftliche Grenzlinie vom Erz- zum Elbsandsteingebirge. Im Beitrag zur stillgelegten Gottleubatalbahn wurde bereits über das Tal berichtet. In den dort genannten Steinbrüchen wurde Sandstein abgebaut, der aber auch an anderen Stellen des Osterzgebirges zu finden ist. Ein Abschnitt der Gottleuba liegt zwischen den Landschaftsschutzgebieten „Osterzgebirge“ und „Sächsische Schweiz“. Oberhalb von Bad Gottleuba befindet sich das nächste Ziel unserer malerischen Tour, die Gottleuba-Talsperre. Wir können den Fluss, bei mäßigem Anstieg der Strecke von ca. 2 %, weiter aufwärts ins Tschechische bis zum Erzgebirgskamm folgen. In Krasny Les (Schönwald, ca. 630 m NN) wartet eine Einkehrmöglichkeit auf uns.

Sie können für Ihre Touren auch die landschaftlich reizvollen Täler der Nebenflüsse „Bahre“, „Seidewitz“ und „Bahra“ nutzen.

Zusammenfassend zum Kapitel sei gesagt, dass die hier erwähnten Flusstäler zwar eine Großzahl der Radfahrmöglichkeiten darstellen, sie aber bei weitem nicht vollzählig sind. Weitere kürzere und längere, gut befahrbare Flusstäler wie z. B. das Tal des Zschorlaubaches, das Lockwitztal, das Crinitzer Wasser und viele mehr können wir nutzen. Abhängig von ihrer körperlichen Konstitution können Sie noch weitere dazu zählen. Es ist Ihre Entscheidung, ob Sie in Richtung Erzgebirgskamm auch steilere Wege benutzen.

In den Flusstälern befinden sich gut befahrbare Radwege mit nur geringer Steigung.

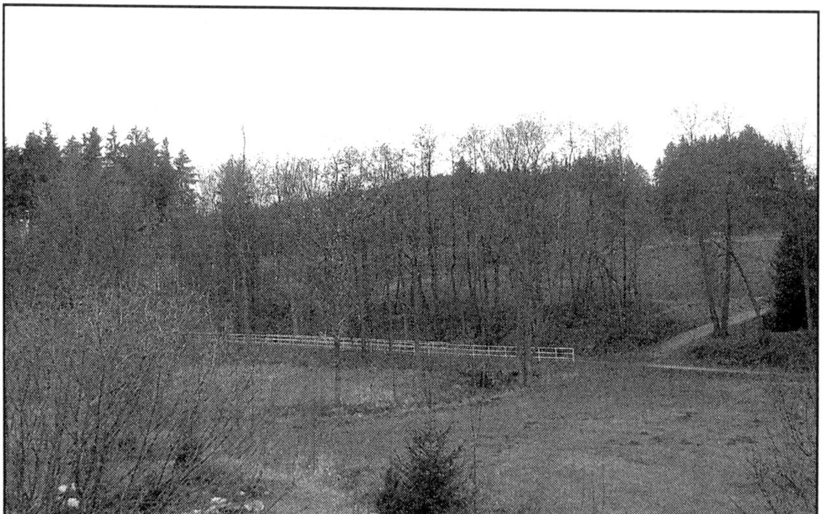

Der Zschopautalradweg auf der alten Bahnstrecke bei Crottendorf.

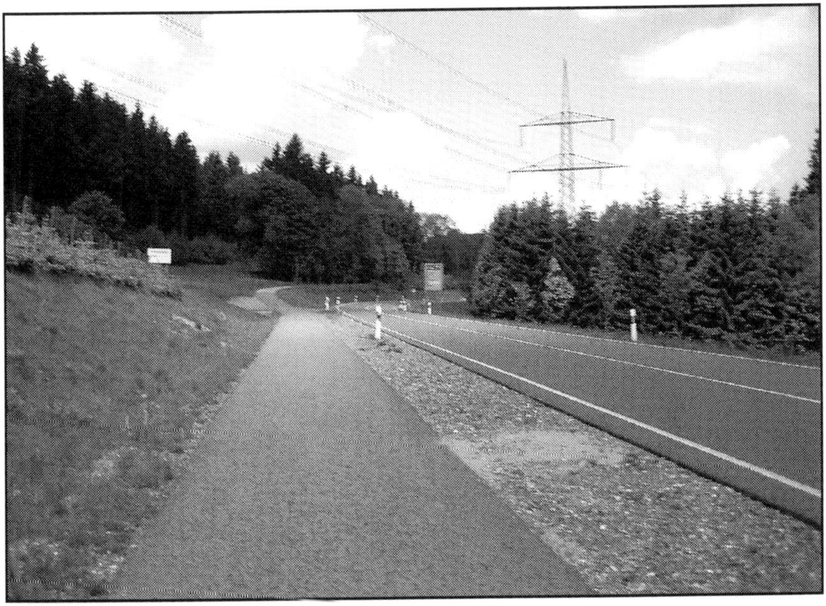

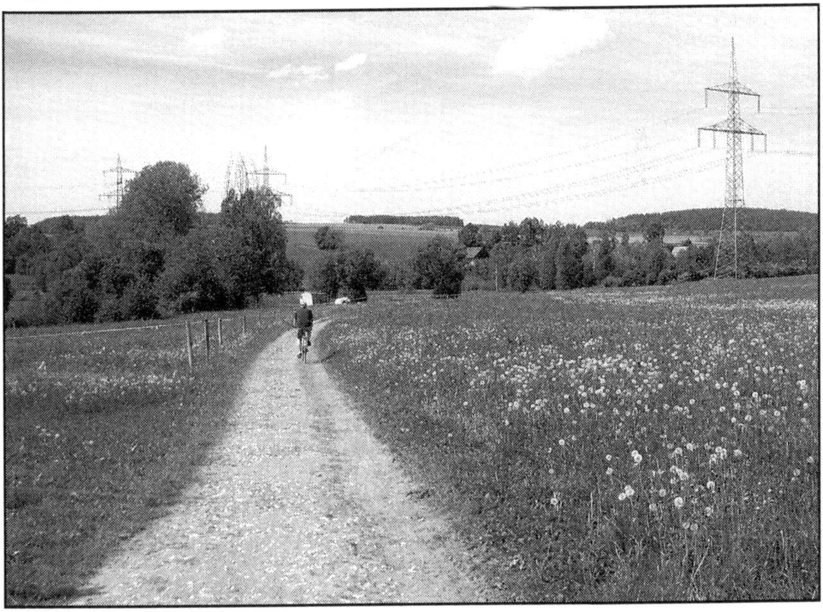

***Oben:** Der Zwönitztalradweg kurz nach der Zwönitzquelle.*
***Unten:** Das Zwönitztal bietet uns an vielen Stellen, wie hier in Niederzwönitz, beste Möglichkeiten für das Genussradfahren.*

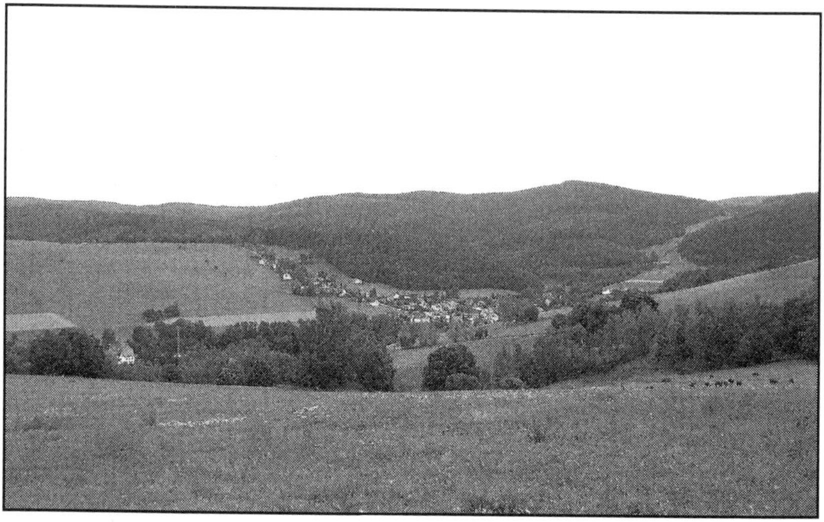

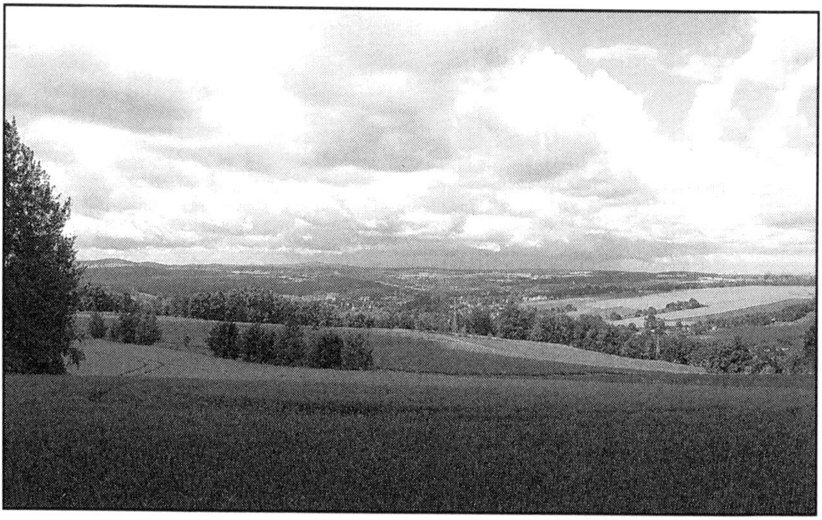

Oben: *Blick in das Pöhlwassertal und zum Ochsenkopf (835 m NN). Hier ist die alte Bahnstrecke unser Radweg, der uns fast bis zum Schmalspurbahn-Museum Rittersgrün führt. -* ***Unten:*** *Nach der Vereinigung von sechs Wasserläufen durchbricht kurz nach Aue die Zwickauer Mulde die Erzgebirgsnordrandstufe. Der Blick vom Schnepfenberg bei Zwönitz über das Lößnitztal in den Talkessel von Aue, nach Schneeberg und auf viele Berge des Westerzgebirges: Steinberg (732 m NN), Kuhberg (794 m NN, Turm), Gleesberg (593 m NN Turm), Keilberg (559 m NN, Turm) ist unvergeßlich.*

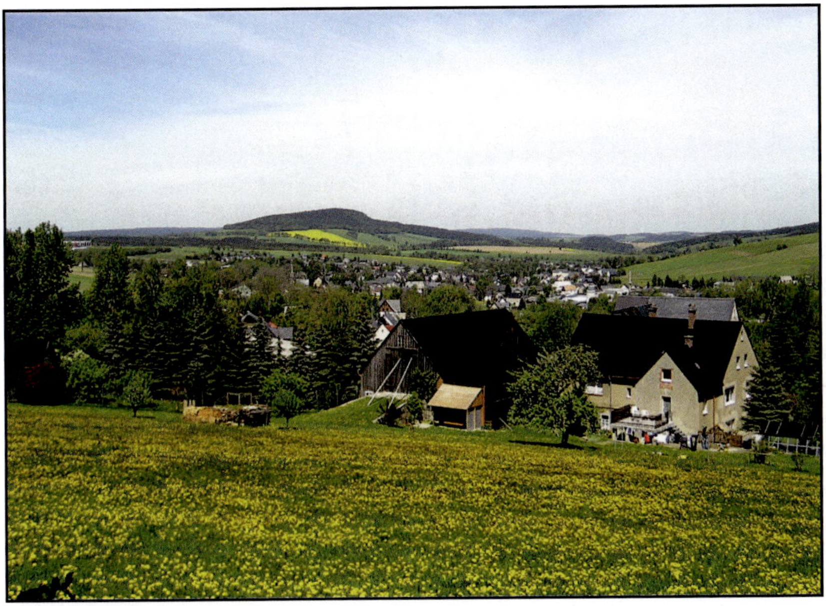

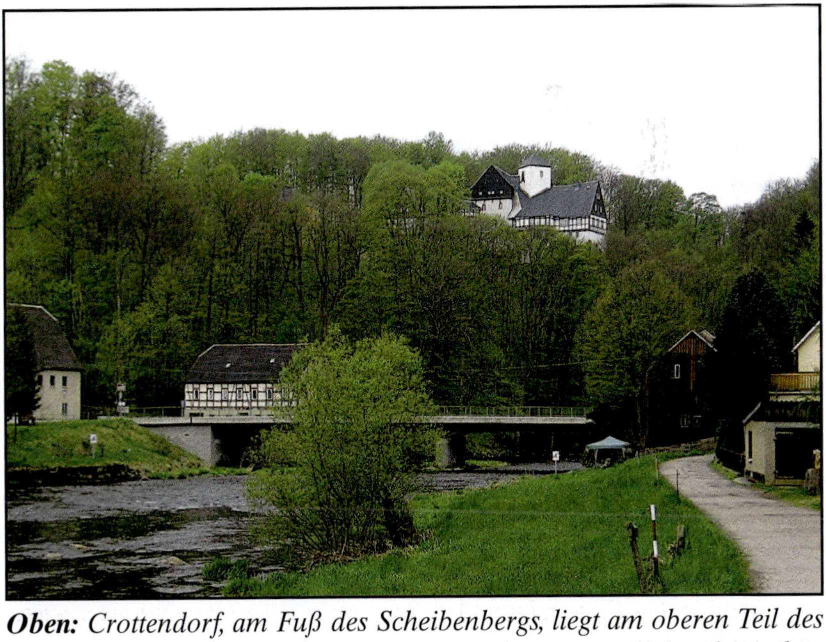

***Oben:** Crottendorf, am Fuß des Scheibenbergs, liegt am oberen Teil des Zschopautal-Radwanderweges. - **Unten:** Blick in das Flöhatal mit dem Flöhatal-Radweg an der Burg Rauenstein.*

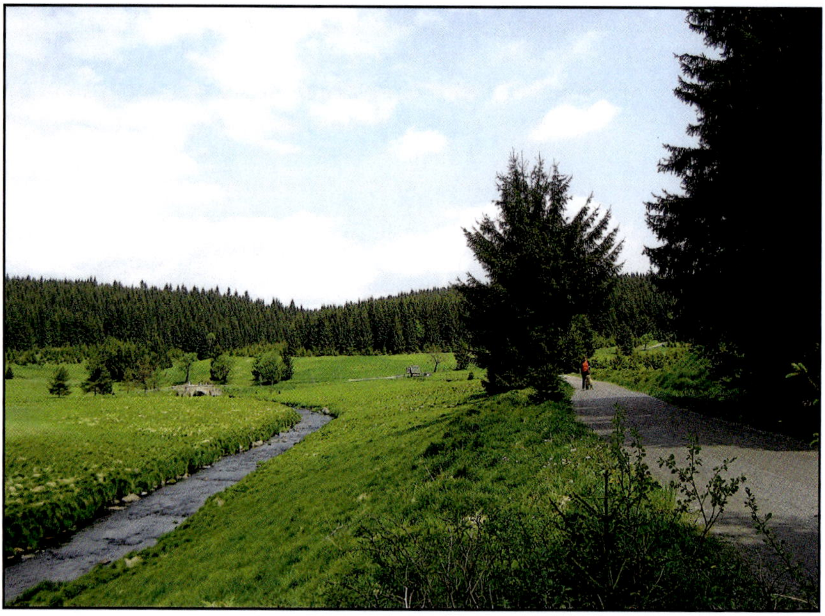

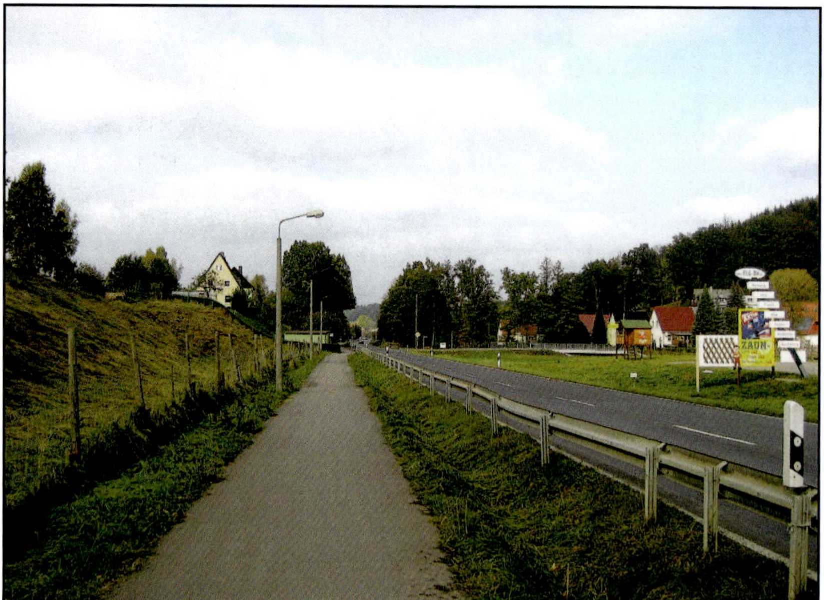

Oben: *Das Tal der Schwarzen Pockau bei Kühnhaide.*
Unten: *Der Radweg an der B 170 im Tal der Roten Weißeritz.*

Andere Möglichkeiten für das Genussradfahren

Zum Genussradfahren gibt es noch weitere Alternativen, die wir bei unseren Betrachtungen nicht vergessen sollten. Unsere Touren müssen wir aus vielen verschiedenen Überlegungen zusammenstellen. Wir befinden uns im Gebirge und müssen uns immer fragen, auf welchen Strecken eine erholsame Fahrt möglich ist. Wo können wir ebene Wege finden, die uns eine angenehme Radtour erlauben? Wie kann dabei vermieden werden, Täler zu durchqueren? Wie kann ich meine Kräfte sparen und komme trotzdem an mein Ziel? Wo macht Radfahren für mich Spaß?

Um auf diese Fragen Antworten zu finden, werden im Folgenden weitere Fahrmöglichkeiten betrachtet. Schauen wir uns Fahrstrecken an, die uns nicht mit langen, schweren Anstiegen plagen werden, sondern Wege mit geringen Steigungen, die wir in unseren Leistungsrahmen bewältigen könnten.

Bahnbegleitende Wege

Wie bereits im Kapitel über die stillgelegten Bahnstrecken beschrieben wurde, musste die Bahn gezwungenermaßen ihre Gleise mit nur geringen Steigungen verlegen. Um dabei nicht zu viele Geländeregulierungen durchführen zu müssen, wurden die Strecken nach Möglichkeit entlang der Höhenlinien geplant. Wege neben dieser Bahnlinien entsprechen daher in ihrer Steigung meist denen der Bahnlinie selbst. Diese bahnbegleitenden Wege sollten wir trotz mancher Unterbrechung durch einen Tunnel u.a.m. trotzdem immer in unsere Tourenplanungen einbeziehen, denn sie helfen uns, die Bergrücken zu erklimmen. Für den weiteren Ausbau eines Genussradwegenetzes Erzgebirge sind an diesen Strecken noch Möglichkeiten vorhanden leicht fahrbare Wege den Urlaubern zur Verfügung zu stellen. Nachfolgend werden einige interessante Wege für die Genussradfahrer erläutert.

Lößnitz, Ortsteil Dreihansen

Entlang der Bahnstrecke Aue - Chemnitz verläuft vom unteren Bahnhof in Lößnitz eine Nebenstraße nach und durch Dreihansen. Diese trifft dann im Ortsteil Dittersdorf auf eine, dem Flusstal bis nach Zwönitz folgende Nebenstraße. Außer dem letzten Stück (ca. 700 m) hinauf auf den Höhenzug zur stillgelegten Bahnstrecke Zwönitz - Scheibenberg, lässt sie sich gut befahren. Dies ist eine der Möglichkeiten für eine Genussradfahr-Querverbindung im Erzgebirge. Sie bringt uns aus dem Tal der Zwickauer Mulde hinauf auf die trennende Wasserscheide zum nächsten Flußsystem.

Scheibenberg - Schlettau

Von Schlettau nach Scheibenberg können Sie nicht nur dem Flusstal der „Roten Pfütze" folgen. Es besteht auch die Möglichkeit, entlang der Bahnstrecke Schwarzenberg - Annaberg, vom Bahnhof Schlettau zum Bahnhof Scheibenberg, einem bahnbegleitenden Wirtschaftsweg zu folgen. Er bringt sie näher an den Ort und sicher auf den Höhenzug.

Bahnstrecke Annaberg-Buchholz - Vejprty

Diese Strecke überwindet den Höhenzug zwischen Cranzahl und Bärenstein. Zwischen dem Oberen Bahnhof von Königswalde und der Durchquerung des Ortes Kühberg wird die Bahnstrecke, die hier entlang der Höhenlinie verläuft, von einem Weg begleitet. Wenn der Ausbau der stillgelegten Bahnstrecke vom Ob. Bahnhof Annaberg zum Ob. Bahnhof Königswalde abgeschlossen ist, wird diese Verbindung besonders interessant.

Bahnlinie Dresden - Freiberg - Chemnitz

Diese stark befahrene Bahnlinie nutzt das Tal der Wilden Weißeritz und erreicht durch das kleine Tal des Seerenbachs die Höhenlage des Bahnhofs Klingenberg-Colmnitz. Ca. 140 Höhenmeter können wir, entlang der Bahn bzw. des Baches und auf dem Seerenteichweg, aus dem Tal der Wilden Weißeritz heraus, überwinden.

Ob Sie in den Tharandter Wald mit dem Ferienort Grillenburg, zur Talsperre Klingenberg oder auf dem Höhenzug weiter nach Frauenstein wollen - dieser bahnbegleitende Weg bringt Sie Ihrem Ziel ein Stück näher.

Fichtelbergbahn Cranzahl - Oberwiesenthal

Entlang der Bahn können die Wanderer den Erlebnispfad „Bimmelbahn" folgen. Auch für uns Radfahrer ist dieser Weg größtenteils geeignet. Besonders für eine Tour über die Höhe zwischen den beiden Flusstälern Pöhlbachtal und Sehmatal, vorbei am Ort Kretscham-Rothensema, können wir ihn nutzen.

Bahnlinie Falkenstein - Schöneck - Oberzwota

Um nicht auf der S 302 fahren zu müssen, wird der bahnbegleitende Weg zwischen den Orten Schöneck und Muldenberg, viel genutzt.

Bahnstrecke Johanngeorgenstadt - Karlovy Vary (Karlsbad)
Für die Fahrt von Johanngeorgenstadt über den Erzgebirgskamm nutzt die Bahn das Tal des Breitenbaches (Blatensky p.). Auch wenn die Gleise nicht direkt im Talgrund liegen und wir auf der Straße fahren müssen, zeigt uns die Bahn doch, dass wir durch dieses Tal relativ gut auf den Erzgebirgskamm nach Horni Blatna radeln können. Durch die auf den PKW-Verkehr erweiterte Grenzöffnung zwischen Potucky und Johanngeorgenstadt ist die Straße sehr stark befahren. Ein Radweg wäre hier unbedingt notwendig.

Wege an Talsperren und Seen

Da die Wasserspiegel von Seen und Talsperren immer eben sind, können wir davon ausgehen, dass ein Weg, der unmittelbar im Uferbereich verläuft, auch eben sein muß. Örtliche Gegebenheiten, wie etwa ein steiles Ufer, können dazu führen, dass der betreffende Weg höher liegt, als wir es der Karte nach erwarten. Talsperren unterbrechen manchmal unsere Tour in den Flusstälern, in denen wir ebenfalls gern fahren. Der Aufstieg auf die Höhe der Staumauer lohnt sich aber, denn der Weg, wenn er an der Wasserlinie ist, besitzt in der Regel kaum eine Steigung. Er ist deshalb leicht zu befahren. Besonders empfehlenswert sind darum die Stauwerke, deren Staumauern auch für die Öffentlichkeit ohne Einschränkungen zugänglich sind. Nähere Informationen finden Sie dazu auf den Internetseiten: www.talsperren.net und www.talsperren-sachsen.de.

Auch wenn kein radfahrtauglicher Weg um eine Talsperre führt, so ist eine begehbare Staumauer für uns wie eine Brücke über das Tal. Sie hilft uns, unseren Weg quer zum Tal, ohne einen großen Abstieg fortzusetzen. Hoffen wir, dass durch die Diskussion über die Öffnung der Staumauerkronen für die Öffentlichkeit, uns weitere Wege zugänglich gemacht werden können.

Betrachten wir uns nun einige dieser wassernahen Möglichkeiten, die besonders für Genussradfahrer geeignet sind.

Falkensteiner Talsperre
Diese Talsperre im nordwestlichen Erzgebirge muss hier erwähnt werden. Ihre Staumauer (234 m) ist begehbar und ein Badebereich ist vorhanden. Der Rundweg um die Sperre ist gut mit dem Rad befahrbar.

Talsperre Werda (Geigenbachtalsperre)

Wie bereits im Abschnitt über die Flusstäler beschrieben wurde, ist auch die Staumauer dieser Trinkwassertalsperre begehbar. Der naturnahe Weg am Nordufer besitzt kaum eine Steigung; erst die 30 - 40 Höhenmeter des Aufstieges nach Poppengrün, die man auch schieben kann, ändern dies. Der mögliche Rundweg: Staumauer, Poppengrün, Staumauer der Vorsperre, Werda, Staumauer, ist nicht immer eben, aber trotzdem zu empfehlen.

Talsperre Muldenberg

Die der Trinkwasserversorgung und dem Hochwasserschutz dienende Talsperre kann nicht überall ufernah von Radfahrern umrundet werden. Wem die Höhendifferenz von ca. 30 m zur Wasserfläche nicht stört, kann eine Rundtour in einem gewissen Abstand unternehmen. Die Mauerkrone ist seit 2008 auch begehbar und über eine Fußgängerbrücke ins Wandernetz nach Muldenberg eingebunden. Damit bietet sich für uns eine interessante Möglichkeit zur Weiterfahrt.

Talsperre Eibenstock

Ein besonders reizvoller Radweg führt von Schönheide nach Stützengrün an der Talsperre entlang. Da das Gewässer der Trinkwasserversorgung dient, ist die Staumauer leider noch nicht begehbar. Die Diskussion über die Freigabe hält an. Können ein paar Spaziergänger und Radfahrer die Wasserqualität wirklich ernsthaft beeinträchtigen? Für das Urlaubsgebiet um Eibenstock brächte dieser Weg eine weitere Aufwertung und für uns Genussradfahrer die Vorraussetzung für eine schöne Rundtour.

Talsperre Carlsfeld-Weiterswiese

Die 206 m lange Staumauer der Talsperre am Erzgebirgskamm ist begehbar. Die Rundtour von ca. 6 km ausschließlich durch den Wald, ist trotz geringer Steigung für Naturfreunde besonders erholsam.

Pumpspeicherwerk Markersbach

Nicht nur wegen der außergewöhnlichen Technik für die Energieversorgung, sind die beiden großen Wasserflächen einen Besuch wert. Beide, das Ober- und das Unterbecken, versprechen uns einen Rundkurs. Für den steilen Weg, der zwischen den beiden Becken aufwärts führt, benötigen wir Genussradfahrer ein Hilfsmittel. Kommen Sie bei Ihrem

Besuch möglichst mit zwei Kraftfahrzeugen und starten Sie Ihre Tour, die Sie bis zum Fichtelberg ausdehnen können, am Oberbecken. Ein Auto stellen Sie zuvor am Unterbecken ab, um ihr anderes Fahrzeug nach dem Ausflug abholen zu können.

Vom Oberbecken (ca. 830 m NN) aus, haben Sie einen ausgedehnten Rundblick über das Erzgebirge. Das Unterbecken erreichen Sie, wenn Sie Ihre Tour auf dem Höhenzug in Richtung Osten verlassen und das Tal der Kleinen Mittweida abwärts fahren. Wechseln Sie dann an das Nordufer des Beckens, um die Wasserfläche zu umfahren. Nutzen Sie die vorhandene Möglichkeit die Dammkrone zu überqueren. Dass Sie in Markersbach auch die berühmten Streichholzbrücken der Bahnstrecke Schwarzenberg - Annaberg finden, sei nur am Rande erwähnt.

Greifenbachstauweiher zwischen Geyer und Ehrenfriedersdorf

Der „Gey'rische Teich", wie der Stauweiher auch noch genannt wird, ist eine der ältesten Talsperren Deutschlands, die bereits um das Jahr 1400 erbaut wurde. Ihr ursprünglicher Zweck - die Bereitstellung von Aufschlagwasser - ist nicht mehr vorhanden, für den Hochwasserschutz und zu Erholungszwecken leistet sie jedoch beste Dienste. Der Erdschüttdamm (413 m) ist nur 7 m hoch, aber asphaltiert und begehbar. Der Radweg verläuft etwas unterhalb von ihm. Der Stauweiher befindet sich am Rande der Hochfläche des Gey`rischen Waldes. Auch wenn wir nicht direkt an beiden Ufern entlangfahren können - Genussradfahren ist hier auf jeden Fall möglich.

Saidenbach Talsperre

Eine Umfahrung der Talsperre ist nur bedingt möglich. Da sie eine Trinkwassertalsperre ist, darf der gesperrte Uferbereich nicht betreten werden. Das Nordufer ist weiträumig zu umfahren. Am Südufer führt ein erholsamer Weg entlang, der sich auch über die begehbare Staumauer (334 m) fortsetzt. Die Orte Forchheim und Reifland sind damit für einen Radausflug miteinander verbunden.

Dörnthaler Teich bei Pfaffroda

Um die Wasserversorgung der Freiberger Bergwerke zu sichern, entstand dieser Kunstteich zusammen mit den Kunstgräben der Revierwasserlaufanstalt Freiberg (RWA). Heute führt ein lohnenswerter Naturlehrpfad um den Teich. Bei einer Radwanderung sollten Sie etwas Zeit für das Lesen der Schautafeln einplanen.

Großer Teich bei Großhartmannsdorf

Auch dieses Gewässer ist ein Kunstteich aus der Vergangenheit des Bergbaues und wird mit Wasser aus Kunstgräben gespeist. An die Uferregion kommen sie im Frühjahr und -sommer nur an wenigen Stellen heran, denn der Teich ist eines der bedeutendsten Vogelschutzgebiete im Erzgebirge. Besonders für Wasservogelfreunde ist die Gegend um diesen kleinen See ein Erlebnis. Nehmen Sie auf Ihre Radtour am besten ein Fernglas zum Beobachten der Vögel in der freien Natur mit.

Talsperre Lichtenberg

Zwischen Mulda und Frauenstein sperrt diese Trinkwassertalsperre die Gimmlitz ab. Der Rundweg um das Wasser zwingt uns südlich der Sperrmauer, unser Rad einige Meter auf den Höhenzug hinauf zu schieben. Die Dammkrone (300 m) ist begehbar, so dass wir nicht in das Kerbtal hinunterfahren müssen. Meine Empfehlung für diese Tour: Umfahren Sie die Talsperre entgegen dem Uhrzeigersinn, um nach dem Aufstieg zu Fuß, unsere gewonnenen Höhenmeter in viele Fahrkilometer den Berg hinab zu verwandeln. Abgesehen von den genannten „Schiebemetern" ist die Strecke sehr erholsam und kann mit der weiteren Fahrt ins Gimmlitztal verbunden werden.

Erzenglerteich

Diese alte Talsperre (Kronenlänge 204 m, Teil des Brandsteigs) aus dem Jahre 1570, die u. a. ihr Wasser von Kunstgräben, z. B. den Kohlbacher Kunstgraben, erhält, wurde für den Bergbau angelegt. Sie erfüllt auch heute noch ihre Aufgabe als Brauchwasserspeicher. Bereits im Jahre 1931 wurde am Teich auch ein Freibad angelegt. Für eine Radtour sollte die Umgebung des relativ kleinen Teiches einbezogen werden. Sie ist für Radfahrer gut erschlossen (z. B. der Bergbaulehrpfad Brand-Erbisdorf) und für uns Genussradfahrer eine Bereicherung. Im „Landschaftsschutzgebiet Erzenglerteich“ lässt sich eine naturverbundene kleine Rundtour planen, die hier auch ein kleines Stück am Kunstgraben entlangführt.

Talsperre Rauschenbach

Diese Trinkwassertalsperre hat durch die begehbare Staumauer (312 m) und die Straßenbrücke quer über die Wasserfläche ein besonderes Flair. Mitten im Gebirge, direkt an der tschechischen Grenze, mit einer Höhe der Wasserfläche von ca. 598 m NN, bietet sie uns besonders schöne Eindrücke von der Gebirgswelt. Für jeden Radlertyp ist an der Talsperre eine geeignete Fahrstrecke vorhanden, denn Straße, Wanderweg und Fußpfad bilden einen großräumigen Rundweg. Wir fahren in der Nähe des Ufers, müssen aber auch auf der Nordseite den Höhenzug mit wechselnder Höhenlage nutzen. Das Radfahren an der Talsperre ist nichts für den „blutigen Anfänger", aber trotzdem für Genussradfahrer geeignet. Wir sollten uns hier auf unsere Grundsätze besinnen: Unser Ziel ist nicht das Kilometerschinden, sondern Freude zu haben und dabei die Natur zu genießen.

Talsperre Stollberg

Diese kleinere Talsperre am Erzgebirgsnordrand liegt malerisch zwischen Wald und Feld eingebettet. Leider ist der Damm (330 m) nicht befahrbar. Ein möglicher Rundweg, mit einem relativ leichten Aufstieg zur Sperre (ca. 2,5 % Steigung), eine Fahrt über den Sperrdamm und wieder zurück nach Stollberg zur Johannisstraße bleibt uns deshalb verwehrt.

Talsperre Cranzahl

Zu Füßen des Bärensteins liegt dieses Trinkwasserreservoir. Von der B 95 aus finden wir sie bergab in Richtung Sehma, an den Häusern von Königslust vorbei, einige Meter der Bahnstrecke Annaberg-Buchholz - Vejprty folgen. Von dieser Bahnlinie wurde ein Abzweig zum Bau der Talsperre Cranzahl angelegt, der danach abgerissen und heute als Wirtschaftsweg genutzt wird. Auf ihm fahren wir immer am Hang entlang zur Staumauer (428 m) und über diese hinweg. In geringer Entfernung von der Talsperre ist auch eine Rundtour (ca. 3,5 km) möglich. Eine andere Variante ist, auf der Dorfstraße weiter nach Kretscham-Rothensema zu fahren, deren Steigung bis zum Sternweg ca. 4 % beträgt, dann wird sie flacher.

Talsperre Sosa

Die Mauer der Trinkwassertalsperre ist nicht für die Öffentlichkeit zugänglich. Der ebene Weg um den Sperrenzufluß herum, kann aber in eine Verbindung von Sosa nach Eibenstock eingebunden werden. Für uns Radfahrer ist es eine lohnenswerte Tour in einem sonst schwierigen Gelände.

Filzteich

Dieser Stausee bei Schneeberg wurde bereits 1485 als Vorratsspeicher für Aufschlagwasser für die umliegenden Bergbaugruben gebaut. Er ist heute ein Strandbad. Weil der Teich auf einer Hochebene liegt, ist Genussradfahren hier sehr gut möglich.

Neuzehnhainer Talsperren

Die Talsperren Neunzehnhain I und II stauen u. a. den Lautenbach (bei Wünschendorf, Lengefeld). Auch diese Trinkwassertalsperren, idyllisch im Bornwald gelegen, laden mit Rundwanderwegen von ca. 2 km (I) bzw. ca. 5 km (II) ein. Beiden Sperren sind mit Wegen verbunden. Egal ob wir auf der Straße oder direkt im Tal zur oberen Talsperre fahren, die Steigung beträgt jeweils 2,5 %. PKWs, außer Forstfahrzeuge, sind nicht zu erwarten, denn der Wald ist für diese gesperrt. Um unsere Runde zu schließen, müssen wir bei der oberen Talsperre leider bis auf die B 101 fahren. Wichtiger für uns ist, dass wir die Talsperren auch von der Flöha aus, den Lautenbach aufwärts, vorbei an der Gaststätte „Dammmühle", besuchen können. Die Staumauer (280 m) der Talsperre Neunzehnhain II ist begehbar.

Talsperre Lehnmühle

Die Dammkrone (521 m) der Trinkwassertalsperre ist nicht befahrbar. Die Sperre liegt versteckt im Tal der Wilden Weißeritz. Den Fußweg um das Wasser überlassen wir den Anglern. Er befindet sich auch nicht direkt am Wasser, sondern schwankt in der Höhenlage bis zu 40 m.

Talsperre Klingenberg

Auch hier wird die Wilde Weißeritz zur Trinkwassergewinnung gestaut. Für uns Genussradfahrer ist bereits die Zufahrt auf dem ehemaligen Bahndamm des Talsperrenbaues empfehlenswert. Auch der Staudamm (310 m) ist für die Öffentlichkeit begehbar. Der bequeme Rundwanderweg hält jedoch einige Tücken für uns Radfahrer bereit. Ein lohnendes Ausflugsziel ist die Sperre aber in jedem Fall. Auch laden die Gaststätte „Waldschänke" und das Hotel „Lindenhof" uns hier zum Verweilen ein.

Talsperre Malter

Die Aufgabe der Talsperre ist nicht die Trinkwassergewinnung. Daher könnte hier ein Erholungsgebiet entstehen. Baden und andere Freizeitaktivitäten sind möglich. Es gibt Strandbäder (Paulsdorf, Malter, Seifersdorf), Campingplätze (Paulsdorf, Malter) und vieles mehr, was einen erholsamen Urlaub ausmacht. Über die Staumauer (193 m) und auch im Uferbereich steht uns die öffentliche Straße zur Verfügung. Für einen Rundweg um die Talsperre fehlen am Ostufer leider einige Meter.

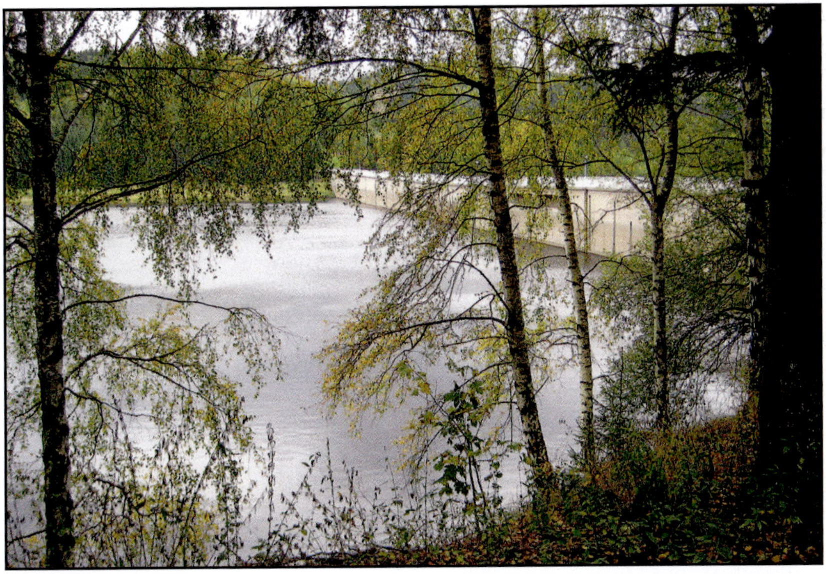

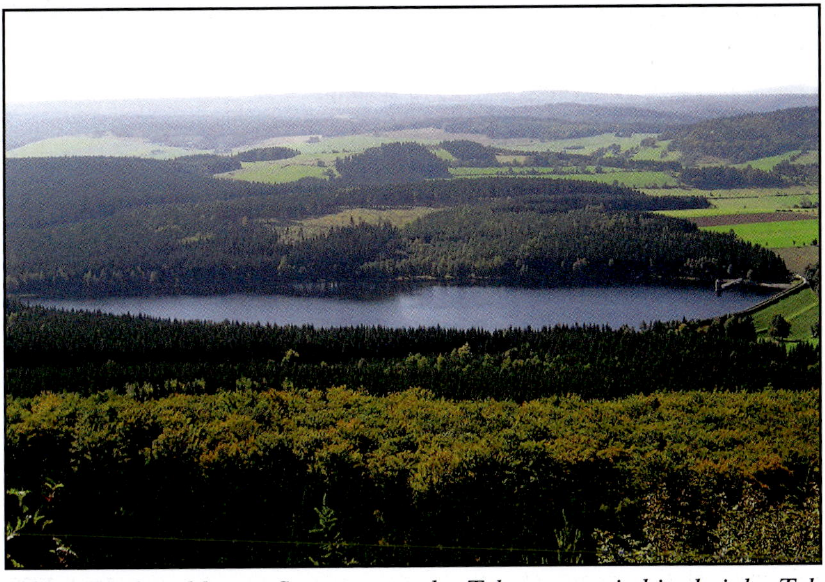

***Oben:** Die begehbaren Staumauern der Talsperren wie hier bei der Talsperre Rauschenbach lassen uns entscheidende Höhenmeter sparen und machen manche Genussradtour erst möglich. - **Unten:** Die Wege, die sich unmittelbar an den Uferbereichen der Talsperren befinden, lassen uns nur geringe Steigungen erwarten wie hier bei der Talsperre Cranzahl.*

Galgenteiche bei Altenberg
Auch im Umfeld dieser für den Bergbau entstandenen Stauwerke können wir Radfahren. Keine ausgedehnten Touren, aber immerhin... Zusätzlich wird der kleine Galgenteich als Badesee genutzt.

Talsperre Gottleuba
Die östlichste Trinkwassertalsperre des Erzgebirges staut das Wasser im tief eingeschnittenen Tal der Gottleuba. Die Nutzung sagt uns, dass es keine Talsperre ist, die Freizeitaktivitäten im Wasser vorsieht. Das Wandern an und um die Talsperre ist möglich. Die 327 m lange und ca. 53 m hohe Staumauer ist leider nicht für die Öffentlichkeit zugänglich, obwohl hier ein Übergang den Fußgängern und Radfahrern den extremen Abstieg ins Tal ersparen könnte. Für uns Radfahrer bleiben damit zum Fahren nur die Längsseiten des Stausees. Die Wege befinden sich aber nicht in Wassernähe und damit auch nicht frei von Steigungen. Das Gebiet um die Talsperre ist für unsere Radfreunde, die Bergfahrten lieben, eine lohnenswerte Gegend. Wir Genussradfahrer bleiben besser auf den Wegen im Flusstal.

Talsperre Preßnitz
Diese ansehnliche, große Talsperre liegt bereits in der Tschechischen Republik. Das Ufergelände der Trinkwassertalsperre ist für den öffentlichen Zutritt gesperrt, aber eine Umrundung der Talsperre ist möglich. Der Staudamm der Talsperre ist begeh- und befahrbar. Am östlichen Ufer nutzen wir einen Wander- und Wirtschaftsweg als Radstrecke. Der mögliche Weg entlang des Westufers der Talsperre ist die Straße Nr. 224. Die Öffnung der Grenze brachte ihr zusätzlichen Autoverkehr. Der Personenverkehr, der sonst über Oberwiesenthal oder Reitzenhain geführt wurde, nutzt jetzt auch die offene Grenze von Vejprty. Für Familien ist die Staatsstraße als Genussradweg deshalb kaum geeignet.

Talsperre Flája
Auch diese naturnahe Talsperre liegt in der Tschechischen Republik. Als Trinkwassertalsperre ist sie ebenfalls nicht für aktive Erholung geeignet und der Uferbereich ist für den Personenverkehr gesperrt. Ein Rundweg um die Talsperre ist nicht vorhanden. Im Bereich der Staumauer und über diese hinweg führt der Wander- und Radweg Nr. 23.

Wege entlang der Höhenlinien

Schon immer versuchten die Menschen sich und ihre Zugtiere zu schonen. So wurden, je nach den örtlichen Gegebenheiten und den Besitzverhältnissen für Grund und Boden, die Wege möglichst ohne große Steigungen angelegt. Einige folgen den Höhenlinien so, dass sie auch für unsere Bedürfnisse, das Genussradfahren, gut geeignet sind.

Wenige dieser Wege sollen hier als Beispiele angesprochen werden. Die Aufzählung kann dabei nicht vollständig sein, da es viele kürzere oder längere Wege dieser Art gibt. Deshalb sind die Städte und Gemeinden gefragt, diese Radfahrmöglichkeiten auf ihren Prospekten und Internet-Seiten den Bürgern und Touristen näher zu bringen. Natürlich ist es wichtig, dass auch dort zwischen Genussradwegen (Steigung kleiner als 3 %) und Strecken für Mountainbiker unterschieden wird.

Wir finden im Erzgebirge Wege, die Örtlichkeiten auf annähernd eier Höhenlinie verbinden, indem sie Berggipfel umgehen. Auf anderen Wegen werden wir mit einer langsamen Steigung den Berg hinaufgeführt. Wir können sie nutzen, um auf die Höhenzüge zu gelangen. Sie sind deshalb im noch folgenden Kapitel „Höhenaufstiege“ aufgeführt.

Lauter - Schwarzenberg, der Communweg

Unterhalb der Morgenleithe (Aussichtsturm, Gaststätte) schlängelt sich der Communweg den Berghang entlang. Er ist ein besonders beliebter Panoramaweg, der auch durch versteckte Täler und scheinbar unberührte Natur führt. Mit seinen möglichen Verlängerungen kann man von Bermsgrün auf nicht ganz ebener Strecke bis zur „Lauterer Käpp“ fahren oder an den Erzengelweg anknüpfen.

Marienberg-Gelobtland - Katzenstein

Ein typischer Weg entlang der Höhenlinie und für uns gut befahrbare Radstrecke ist der Hangweg. Oberhalb von Pobershau können wir weit in Richtung Marienberg blicken. Am Katzenstein (Gaststätte) angekommen, besteht der Anschluss zum Begleitweg des „Grünen Grabens“. Auch eine Talabfahrt zur Schwarzen Pockau ist möglich. Über Kühnhaide und der Stengelheide können wir Gelobtland auch als Genussradtour wieder erreichen. Aber auch der Rückweg - ohne in das Tal hinunter zu müssen - ist auf verschiedenen Wegen möglich. Die Hochfläche besitzt nur ein leichtes Gefälle und die Einschnitte durch kleine Bäche sind gering.

Sanierung von Haldengeländen

Der Bergbau bringt, neben Erz und den dazu notwendigen Arbeitsplätzen, leider als Nebenprodukt die Abraumhalden hervor. Wohin aber mit dem Gestein, das kein Erz mehr enthält? - Es wurde zu teilweise imposanten Bergen aufgeschüttet. Nach der politischenen Wende wurden diese Halden umgeschichtet, um den Abraum in die Landschaft einzufügen. Die bekanntesten waren dabei wohl die beiden Spitzkegel nahe der ostthüringischen Stadt Ronneburg. Das Ergebnis der Umgestaltung dieser weithin sichtbaren Ortsmarken konnte während der Bundesgartenschau 2007 bewundert werden.

Im Erzgebirge wurden ebenfalls Abraumhalden, z. B. im Gebiet um Schlema und Aue, wieder in die Landschaft eingefügt und auf diesem neugewonnenen Gelände Wege angelegt. Für die Wanderer und uns Genussradfahrer ist auf der Höhe zwischen Wildbach und Schlema dabei ein vortrefflicher Panoramaweg entstanden, der uns auch weiter nach Schneeberg führt.

Auch wenn leider bei der Planung, in Anbetracht der zur Verfügung stehenden Gelder, nicht an das leichte Radfahren gedacht wurde, können wir doch weitere Wegstrecken mit geringer Steigung unter 2,5 % finden. Eine Verbindung dieser Abschnitte, die den Genussradfahrern gerecht wird, wäre wünschenswert.

Hochflächen und seitliche Bergkämme

Die Höhenzüge wurden bereits ausführlich beschrieben. Aber nicht alle davon sind schmal und fallen umgehend über rechte oder linke Flanken ins nächste Tal ab. Einige sind breit und die Neigung ist anfänglich gering. Wir sprechen dann von Hochflächen. Auf diesen relativ ebenen Flächen lässt sich ebenfalls sehr gut Radfahren. Den Übergang des Geländes zu steileren Abfahrten sollten Sie sich aber vor der Tour auf der Karte genau ansehen.

Die Entwässerung des Erzgebirges erfolgt nicht nur durch die bereits erwähnten großen Flüsse. Viele kleinere Bäche führen ihnen das Wasser zu und haben sich in die ursprüngliche Pultscholle eingegraben. Zwischen diesen Bächen, finden sich ebenfalls Höhenrücken, welche seitlich von den großen Höhenzügen abzweigen. Sie sind kürzer, aber auch für unsere Touren interessant, denn an ihrem Ende sind häufig unvergessliche Aussichten zu genießen. Eine Fahrt auf einem Höhenzug kann deshalb häufig ein Ziel auf einem dieser seitlichen Bergkämme haben. Der Höhenrücken zur Gaststätte „Neu Friedrichsruh" bei Zwönitz, zwischen dem Affalterer Bach und dem Quellgebiet des Dittersdorfer Baches, kann hier als Beispiel dienen. Auch die Hochfläche bei Schneeberg, um die älteste Talsperre in Sachsen, dem Filzteich mit dem Strandbad, muss hier eine Erwähnung finden. Weiterhin finden wir eine Hochfläche zwischen Scheibenberg und Elterlein. Das Waldgebiet zwischen Marienberg und Kühnheide ist nicht nur auf den bereits beschriebenen Wegen zum Radfahren geeignet. Es befindet sich auch auf einer Hochfläche.

Höhenaufstiege

Sollen wir oder sollen wir nicht mit dem Rad hinauf auf die Höhen fahren? - Das ist jedes Mal die Frage, wenn uns eine schöne Aussicht bzw. ein Ziel auf einem Höhenzug lockt. Der besondere Reiz im Gebirge ist es doch, auf unseren Touren Aussichten zu genießen, um dann wieder ohne Kraftanstrengung zurück in das Tal zu fahren.

Wir wollen deshalb zusammentragen, was uns beim Aufstieg mit dem Rad auf die Höhenzüge hilft oder wo und wie wir mit noch akzeptablen Steigungen die Berge erklimmen können. Denken Sie daran, wenn in einer Tourenbeschreibung *„anspruchsvoll"* vermerkt wurde, ist diese garantiert nichts für Genussradfahrer. Selbst unter den Begriff *„Familien- und Seniorentour"* kann es zu unangenehmen Überraschungen kommen, wenn die Tour von Sportlern erstellt wurde, die sich nicht mehr in einen einfachen Radler zurückversetzen können.

Höhenaufstiege mit Hilfsmitteln

Aufstieg mit einem Kraftfahrzeug

Die einfachste Lösung für unser Problem ist, dass uns jemand, ob nun mit PKW, LKW oder Bus, auf den Berg hinaufbringt. Freunde, Bekannte oder vielleicht auch ein Reiseleiter können uns diesbezüglich zum Startpunkt fahren. Eine andere Möglichkeit bietet sich, wenn wir in der Gruppe Radfahren und mit zwei PKWs unterwegs sind. Wir fahren ein Auto bereits zum Ziel, um nach der Tour das andere vom Start zu holen.

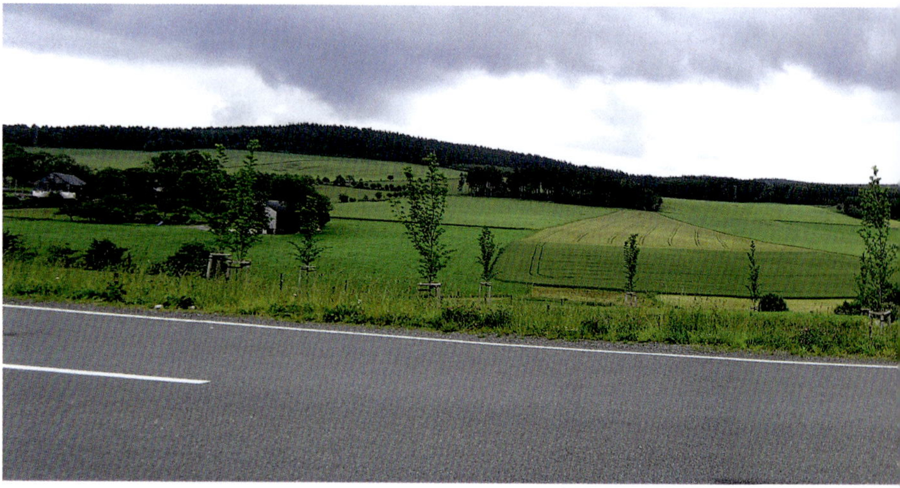

Oben: *Von Zwönitz schlängelt sich der Hormersdorfer Weg am Waldrand und zwischen den Feldern aufwärts zum Plateau des Geyerischen Waldes. Dies ist ein möglicher, abwechslungsreicher Aufstieg für Genussradfahrer.*

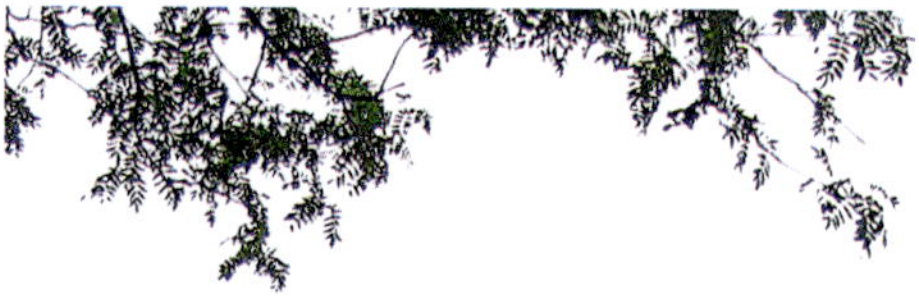

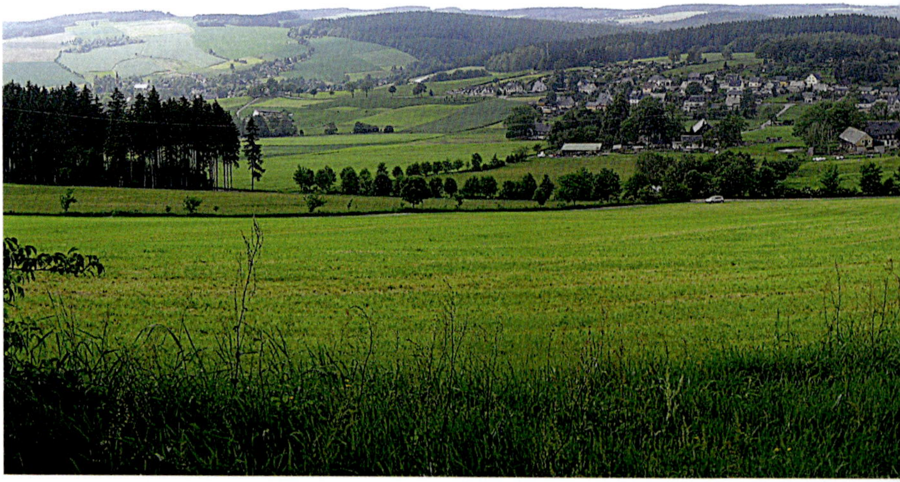

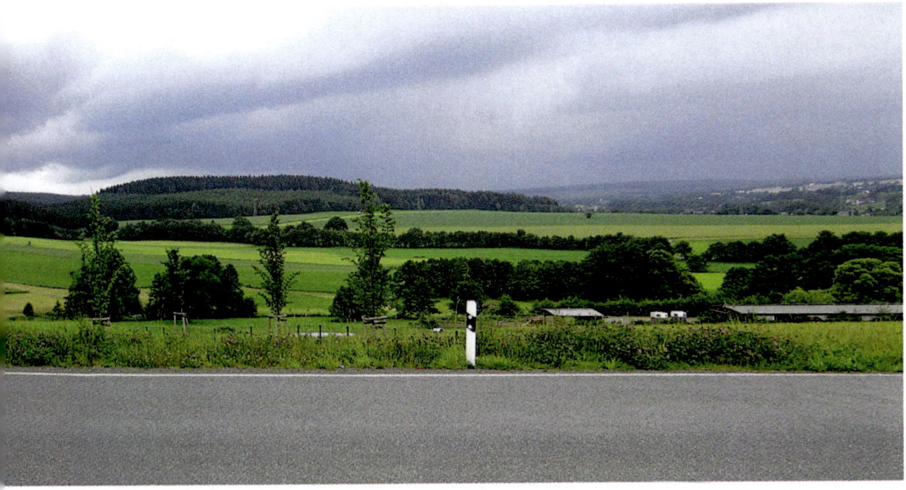

Unten: *Blick über Günsdorf zum Zwönitztal und zur Erzgebirgsnordrandstufe mit dem Eisenweg. Im Vordergrund der Hormersdorfer Weg, der aus dem Tal auf die Höhe führt.*

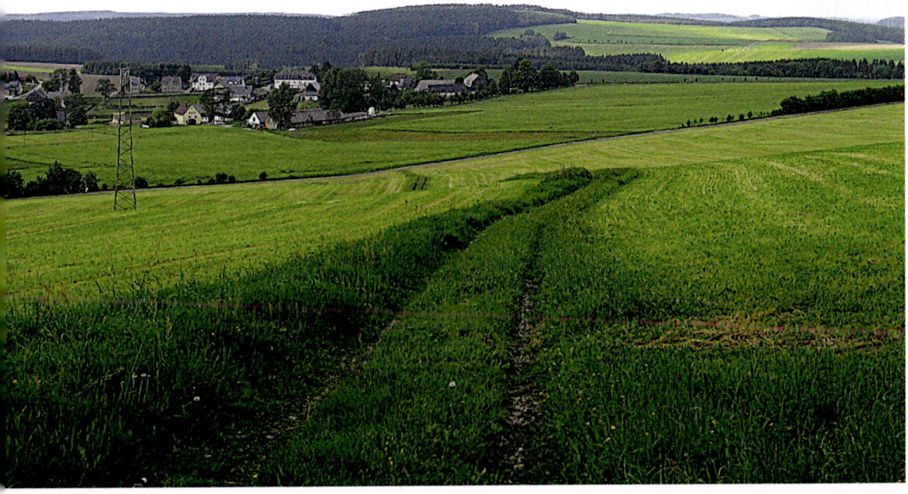

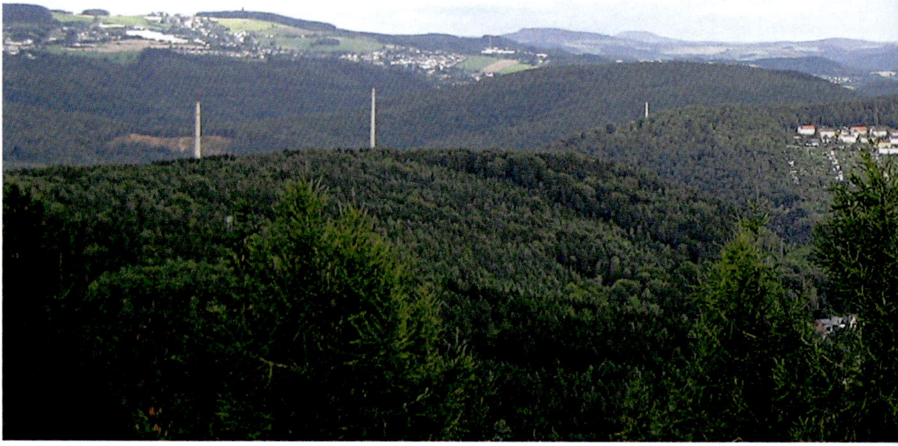

***Oben:** Von einem Aussichtsturm aus können Sie weiter und in fast jede Richtung blicken. Hier vom Gleesberg (593 m NN) zum Erzgebirgskamm.*

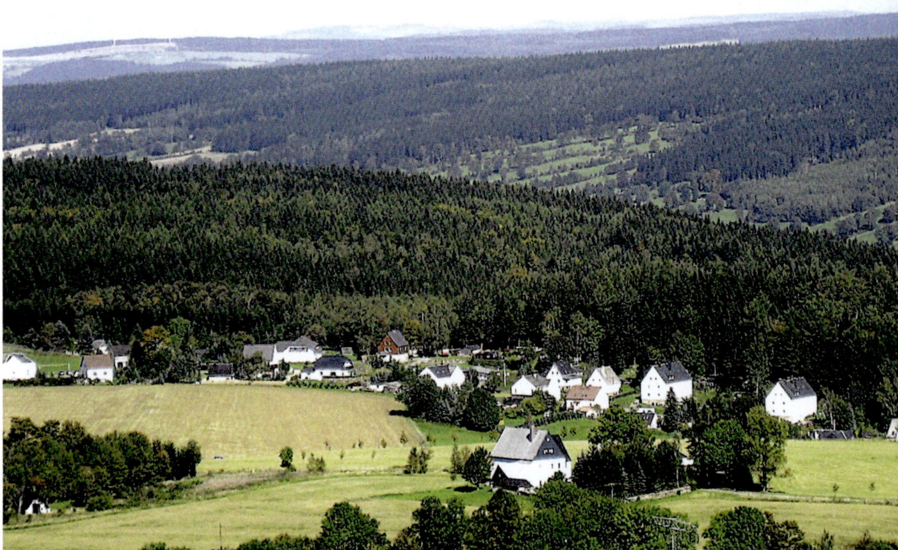

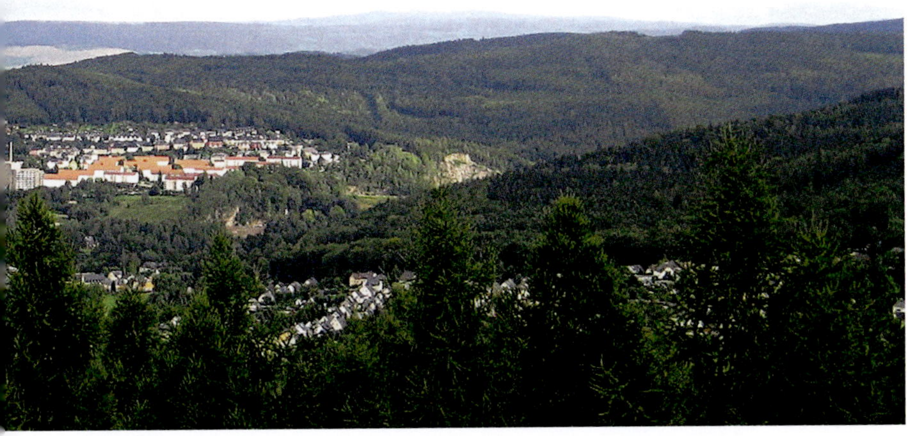

Unten: *Der Blick vom Bärenstein über das Pöhlbachtal.*

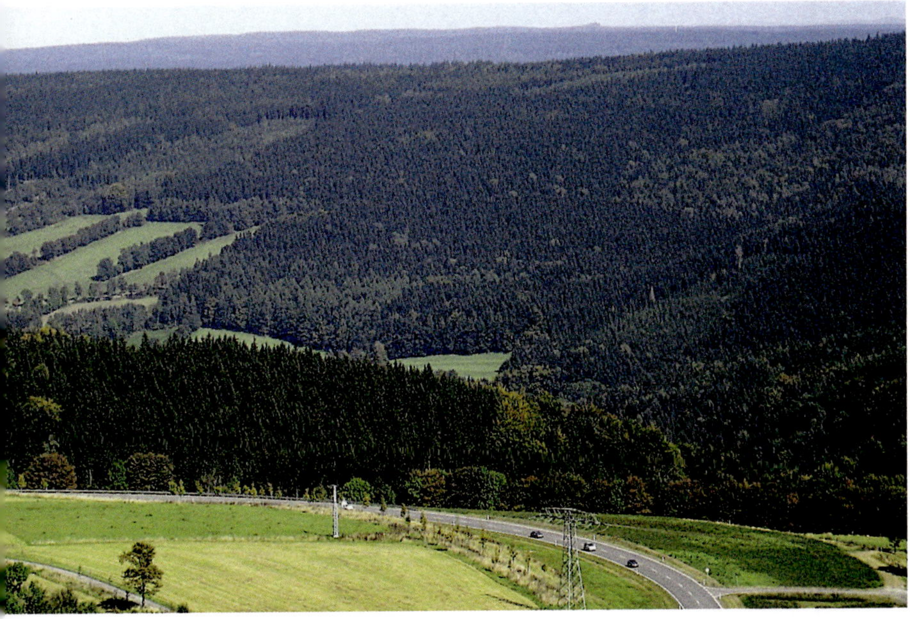

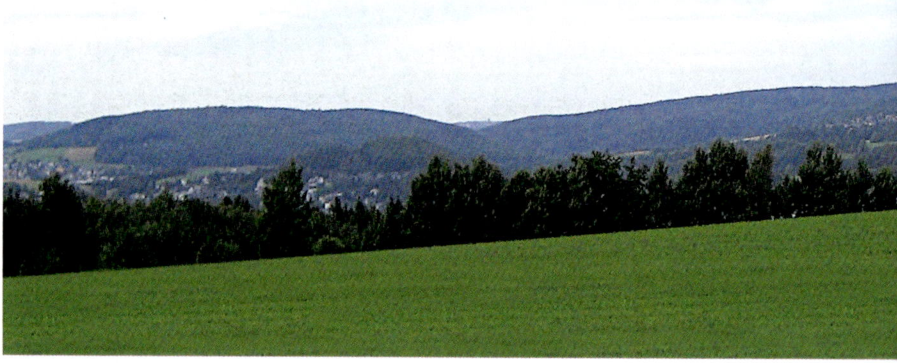

Oben: *Links der Blick über das Schwarzwassertal in Richtung „Lauterer Käpp“ und rechts zum Spiegelwald mit der stillgelegten Bahnstrecke.*

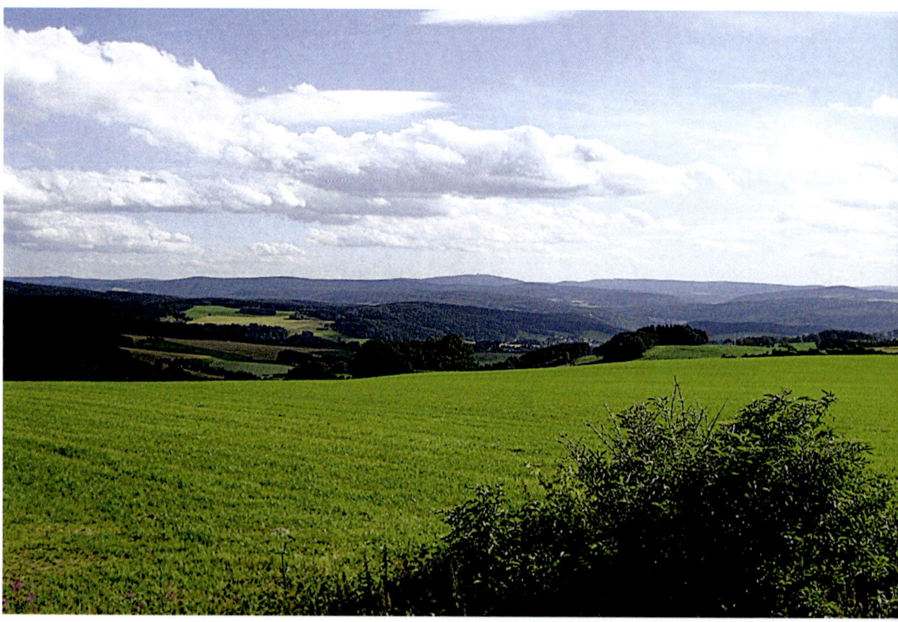

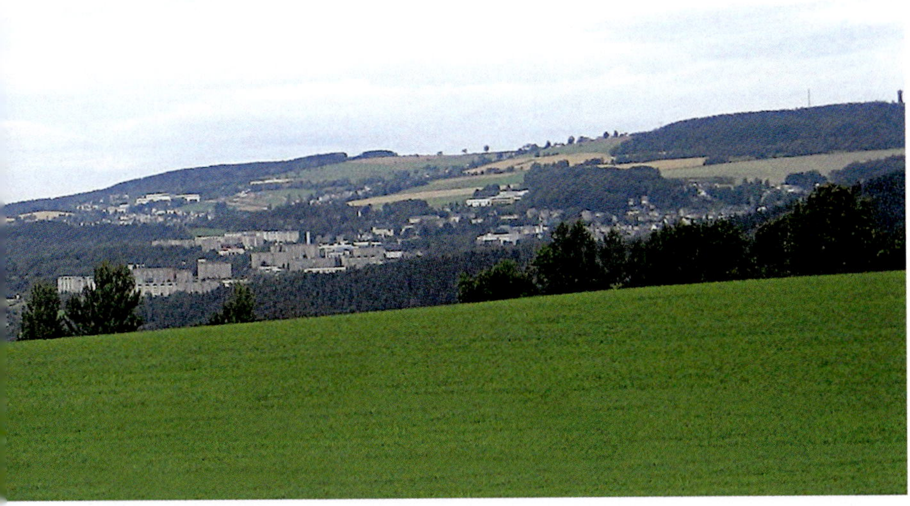

Unten: *Der Blick vom Katzenstein nach Süd-Westen über das Tal der Zwickauer Mulde bei Aue zum Erzgebirgskamm.*

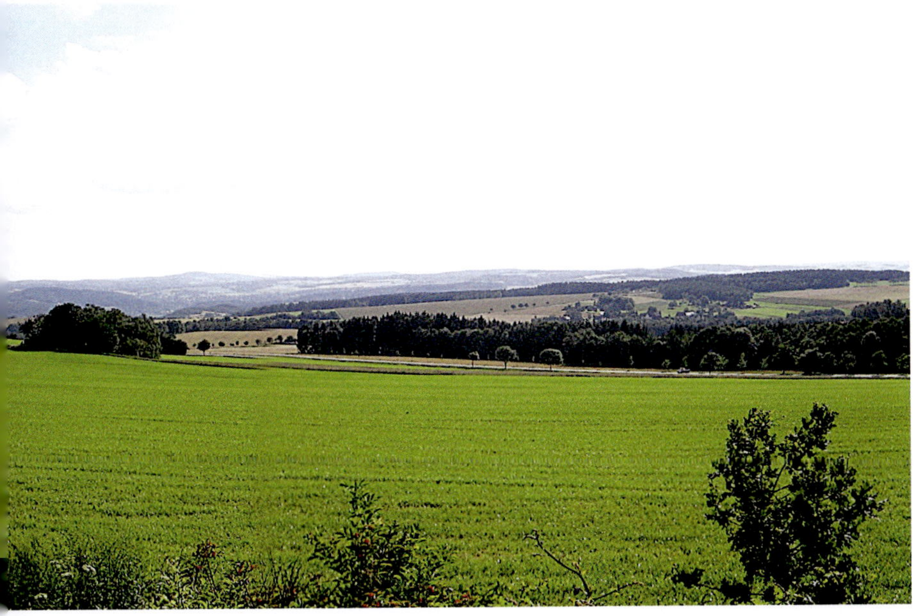

Aufstieg mit einer Seilbahn

Den Berg hinauf befördern uns auch Seilbahnen. Wie bereits in anderen Abschnitten erwähnt, können wir z. B. mit der Standseilbahn den Augustusburger Kamm erreichen. Die Fichtelberg-Schwebebahn bringt uns hinauf auf den sächsischen Gipfel des Erzgebirges. Am Sessellift des Mückenturms kann auch das Rad angehängt werden. Auch am Keilberg gibt es einen Sessellift, der die Radfahrer aus der Nähe von Joachimsthal auf die Höhe bringt (siehe www.bozidar.cz). Vielleicht wird diese letzte Möglichkeit noch an weiteren Liften angeboten?

Aufstieg mit einer Bahnlinie

Nicht vergessen sollten wir die Bahnlinien. Auch wenn uns nicht alle direkt auf die Höhenrücken befördern, bringen sie uns doch ins Gebirge. Kombiniert mit anderen Möglichkeiten, erleichtern Sie uns den Gewinn an Höhenmetern beträchtlich. Nachfolgend sind deshalb die Bahnlinien des Erzgebirges mit regelmäßigem Fahrbetrieb aufgeführt.

Falkenstein - Schöneck - Oberzwota

Diese Bahn bringt uns auf den westlichen Kamm des Erzgebirges. Nicht nur von Norden, sondern auch von Süden aus, können wir mit Hilfe dieser Strecke das Erzgebirge erklimmen. Es fahren Züge von Zwickau über Falkenstein und Klingenthal, ins tschechische Kraslice bis Sokolov und umgekehrt. Von der Station Schöneck aus können wir unsere Erzgebirgskammtour des Genussradfahrens starten.

Chemnitz - Aue

Diese Bahn überquert den Höhenzug zwischen Chemnitz und Zwickauer Mulde. Höchster Bahnhof der Strecke ist Zwönitz. Von hier ist die Fahrt mit dem Rad in beide Richtungen des Höhenzuges auf der stillgelegten Bahnstrecke Stollberg - Zwönitz - Scheibenberg und auch in die Täler möglich.

Chemnitz - Stollberg und Stollberg - Meerane

Sind Sie mit der Bahn in Stollberg angekommen, befinden Sie sich unmittelbar vor der Erzgebirgsnordrandstufe. Einige Ortsteile der Stadt wie Raum und Beutha berühren den vorgenannten Höhenzug und können gut mit dem Rad erreicht werden. Teilweise kann dazu die stillgelegte Bahnstrecke Stollberg - Zwönitz genutzt werden.

Flöha - Annaberg-Buchholz - Vejprty (Weipert)
Die Bahnstrecke wird im deutschen Teil auch „Zschopautalbahn" genannt. Der Name drückt ihren Verlauf bis Annaberg aus. Ab hier verläuft sie im Tal der Sehma und überquert dann den Höhenzug zwischen Sehma und Pöhlbach und endet in Vejprty. Ein Haltepunkt auf dem Höhenrücken wäre wünschenswert. Wir sind nun vor den Tausendern des Erzgebirges angekommen. Den Anschluss in Vejprty bildet die folgende tschechische Bahnstrecke.

Vejprty - Chomutov
Diese Bahn war ab Krimov ein Abzweig der Strecke Chomutov - Reitzenhain. Der Hauptzweig Krimov - Reitzenhain ist seit 1972 stillgelegt. Auch der noch befahrene Nebenzweig nach Vejprty wird leider nur noch an Wochenenden für Touristen und bei Bedarf für den Güterverkehr betrieben. Im Gegensatz zu Museumsstrecken besteht hier aber noch regelmäßiger Verkehr, auf den Verlass ist. Wir sollten die Strecke öfter nutzen und, was auch wichtig ist, von der landschaftlich reizvollen Bahnfahrt im Gebirge erzählen. Unter www.vlak.cz oder www.reiseauskunft.bahn. de erhalten Sie die Fahrzeiten. Die Strecke bis auf den Kamm des Erzgebirges und ein Stück auf ihm entlang, bietet einen ganz besonderen Reiz. Die Linienführung am Südhang des Gebirges ist eine technische Meisterleistung und besitzt ein Flair, das man erlebt haben sollte.

Zwickau - Johanngeorgenstadt - Karlovy Vary (Karlsbad)
Diese Verbindung hat einen tschechischen und einen deutschen Teil. Die Bahnstrecken bringen Sie auf den Kamm des Erzgebirges. Der Bahnhof Pernink (Bähringen) in der Tschechischen Republik ist der höchstgelegene im Erzgebirge. Durch den grenzüberschreitenden Bahnverkehr bietet sich hier auch eine Abfahrt am Südhang des Erzgebirges an. Die Rückfahrt kann mit dem Zug erfolgen.

Cranzahl - Oberwiesenthal
Besonders diese Schmalspurbahn ist ein Kleinod für Touristen. Abzweigend von der Bahnstrecke Annaberg-Buchholz - Vejprty bringt sie uns an den Fuß des Fichtelberges. Es gelten die Beförderungsbedingungen des Verkehrsverbundes Mittelsachsen §11: *„Die Mitnahme von Fahrrädern wird gestattet, wenn die Vorrausetzungen dazu gegeben sind. Im Einzelfall entscheidet das Personal über die Mitnahme"*. Die Bahn wird vor allem an den Wochenenden auch von den Einheimischen gern genutzt.

Flöha - Pockau mit Abzweigen nach Marienberg und nach Olbernhau-Grünthal (-Neuhausen)
Immer entlang der Flöha können Sie sich hinauf nach Olbernhau-Grünthal in das obere Erzgebirge bringen lassen. In Pockau zweigt ein Schienenstrang entlang der Schwarzen Pockau nach Marienberg ab und ist ebenfalls Ausgangspunkt für schöne Genussradtouren.

Die Bahnstrecke hatte unter dem Hochwasser des Jahres 2002 sehr zu leiden. Ob jemals wieder bis Neuhausen ein regelmäßiger Zugverkehr stattfindet, ist noch nicht entschieden. Zur Zeit wird dieses letzte Stück mit Bussen im Schienenersatzverkehr gefahren. Wichtig ist, dass das Streckenstück erhalten bleibt - ob als Bahnstrecke mit Linienverkehr, als Museumsbahn oder ohne Schienen als Radweg ist für uns Genussradfahrer eigentlich unerheblich.

Freiberg - Mulda - Holzhau
Die Stadt Freiberg, an der Sachsen-Franken-Magistrale der Bahn gelegen, ist der ideale Ausgangspunkt, um mit dem Zug über Mulda nach Holzhau in das obere Erzgebirge zu fahren. In Holzhau schließt sich nahtlos die „Osterzgebirgsloipe" auf dem stillgelegten Streckenabschnitt der Bahn nach Moldava (CZ) an. Auch der Radweg verläuft teilweise auf dieser Wintersportstrecke oder neben ihr.

Most - Moldava
Die Fortsetzung der vorgenannten Bahnstrecke auf tschechischer Seite von Moldava (780 m NN) nach Most (225 m NN) ist eine der landschaftlich schönsten Strecken, die noch in Betrieb ist. Mit ca. 40 km Streckenlänge, am Südhang des Erzgebirges entlang, ist eine Fahrt mit dieser Bahn an sich schon ein lohnender Ausflug. Den Fahrplan finden Sie unter: www.cdrail.cz-gvd-k135.pdf.

Freital-Hainsberg - Kipsdorf (die Weißeritztalbahn)
Diese Schmalspurbahn nutzt das Tal der Roten Weißeritz, um uns über Dippoldiswalde bis zum Kurort Kipsdorf ins Osterzgebirge zu bringen. Leider wurde die Bahnstrecke durch das Hochwasser des Jahres 2002 stark in Mitleidenschaft gezogen. Gott sei Dank wurde beschlossen, sie wieder aufzubauen. Der erste Teil bis Dippoldiswalde ist bereits wieder in Betrieb; der noch fehlende Teil soll uns in Kürze wieder zur Verfügung stehen.

Heidenau - Altenberg (die Müglitztalbahn)
Aus dem Tal der Elbe können wir uns bis an den Kamm des Erzgebirges bringen lassen. In Verbindung mit dem geplanten Müglitztalradweg sind nicht nur auf dem Gebirge, sondern auch talabwärts die Genussradfahrer willkommen.

Dresden - Freital - Freiberg - Chemnitz
Wir wollen nicht nur auf dem Kamm des Erzgebirges Rad fahren, sondern im gesamten Gebirge. Diese Bahn bringt uns auf der gesamten Länge des Gebietes zum Ausgangspunkt unserer Touren in Richtung Süden und den Gebirgshöhen. Bereits Freital, Tharandt und vor allem Freiberg sind Stationen der Bahn, wo Sie von Dresden aus bereits einen großen Höhensprung erzielt haben. Auch von diesen und anderen Haltestellen aus können Sie mit dem Rad starten oder in Anschlußbahnhöfen in eine der anderen Zubringerbahnen umsteigen.

Aufstieg mit dem Bus

Linienbusse
Diese Busse können ebenfalls Räder transportieren. Einen Rechtsanspruch darauf haben Sie aber nicht. In der Regel werden wohl zwei bis drei Räder mitgenommen. Voraussetzung ist aber, dass der Personentransport nicht darunter leidet.

Im Gebiet des Erzgebirges ist zum großen Teil der „Verkehrsverbund Mittelsachsen" mit Bussen unterwegs (siehe *www.vms.de*). In seinen Richtlinien *„Allgemeine und besondere Beförderungsbedingungen des Verkehrsverbundes Mittelsachsen"*, die seit dem 1. August 2008 gültig sind, kann man darüber lesen:

§ 11 Beförderung von Sachen
(1) Ein Anspruch auf Beförderung von Sachen besteht nicht. Handgepäck und sonstige Sachen werden bei gleichzeitiger Mitfahrt des Fahrgastes und nur dann befördert, wenn dadurch die Sicherheit und Ordnung des Betriebes nicht gefährdet und andere Fahrgäste nicht belästigt werden können. Die Mitnahme von Fahrrädern wird gestattet, wenn die Voraussetzungen dazu gegeben sind. Im Einzelfall entscheidet das Personal über die Mitnahme.

Radbusse

In manchen Gegenden Deutschlands und des Auslandes werden spezielle Busse für Radler eingesetzt. Im Erzgebirge selbst erfolgt diese Beförderungserleichterung leider nur sporadisch oder auf Vorbestellung. Bekannt ist mir der bereits erwähnte Bus von Pirna in das Elbsandsteingebirge, der bis an das Osterzgebirge heranfährt. Auch die Busse des Verkehrsverbundes Vogtland mit der Kennzeichnung AH (Anhänger) und deren Freizeitbuslinien (mit dem Logo dieser Linie) können uns, zusammen mit den Fahrrädern, in das Westerzgebirge bringen (www.vogtlandauskunft.de). Weiterhin fahren in Tschechien an verschiedenen Wochenenden extra Radbusse (Cyklobus) ins Erzgebirge (www.dpchj.cz/cyklisti. html). Chomutov bzw. Jirkov ist Ausgangspunkt für Radbusfahrten nach Rudolice v. Horach, nach Hora sv. Sebesttiana und nach Bozi Dar.

Zwischen der Recherche zu diesem Buch und Ihrer Radtour ist sicher einige Zeit vergangen. Es ist deshalb sinnvoll, sich vor jeder Tour über den aktuellen Stand der Verkehrsbedingungen kundig zu machen.

Höhenaufstiege ohne Hilfsmittel - nur mit dem Rad

Wir wollen mit dem Rad in das Gebirge, um schöne Aussichten zu genießen. Die großen Kraftanstrengungen der Mountainbiker sollen aber vermieden werden, wir sind Genussradfahrer und keine Kraftsportler. Suchen wir die Wege, die wir uns zumuten können, das heißt deren Steigung 3 % nicht oder nur wenig übersteigt.

Flusstäler

Um leicht radelnd ins Gebirge zu gelangen, bieten sich die Flusstäler an. Wie bereits beschrieben, können wir die Täler der großen Flüsse fast alle für eine Tour ins Gebirge nutzen. Sie verlaufen flach, in der Nähe ihres Ursprungs werden sie aber steiler. Um aus den Flusstälern auf die Höhenzüge zu kommen, werden wir auf einigen Strecken als Genussradfahrer nicht um einige „Schiebemeter” herumkommen, wenn keine anderen Möglichkeiten der Fortbewegung vorhanden sind. Wir können aber diese Strecken so kurz wie möglich halten, indem wir sie mit anderen leicht fahrbaren Wegen kombinieren. Auch ein Flusstal aufwärts zu fahren, eine Sehenswürdigkeit oder eine Gaststätte zu besuchen und dann das Tal wieder angenehm abwärts zu radeln, beschert uns einen schönen Ausflug. Viele kleinere Fluss- bzw. Bachtäler sind nicht für das Genussradfahren geeignet, aber Straßen und Wege folgen ihnen. Wenn wir zum Schieben gezwungen sind, werden wir auch diesen folgen müssen, besonders wenn es der kürzeste Weg zum Ziel ist.

Wege mit geringer Steigung

Genussradfahrer sind nicht die Einzigen, die nach Wegen mit geringer Steigung suchen. Schon immer waren Berge ein Problem für den Warentransport und für das Zusammenkommen der Menschen der verschiedenen Regionen. Durch die Auswahl der Wege und der Umgestaltung des Höhenprofils, leichtere und sichere Fahr- und Reisebedingungen zu schaffen, ist eine Herausforderung. Solange der Straßenverkehr gering war, reichte es aus, für Fußgänger, Radfahrer, Pferdefuhrwerke und dem Autoverkehr nur eine Bewegungsspur im Gelände zu unterhalten. In der Gegenwart ist die Verkehrssituation völlig anders. Der Autoverkehr besitzt den Vorrang und alle anderen Verkehrsteilnehmer müssen sich dieser Prämisse unterordnen. Heute werden auch Straßen für den Allgemeinverkehr wieder verändert und flacher angelegt. Vor allem das Rutschen der LKWs muss im Winter bei Schnee und Eis nach Möglichkeit verhindert werden. Dass eine Trennung zwischen den Fußgängern und den anderen Verkehrsteilnehmern erfolgen muss, wird meist noch realisiert, dass aber auch viele andere den Kampf um Bewegungsanteile führen müssen, wird meist übersehen und Radfahrer dabei meist vergessen. Die „Tourismusexperten" in der Politik halten lieber Reden über das Mountainbiken und das Zertifizieren der Unterkünfte, als bessere allgemeine Bedingungen für das Radfahren und Veränderungen generell und besonders bei anstehenden Baumaßnahmen einzufordern. Dabei geht es nicht nur um separate Radwege, sondern auch um punktuelle Schwierigkeiten für angenehmes Radfahren. Im Gebirge ist es für Radfahrer immer von Interesse, leicht fahrbare Radwege zu finden, Wege die sich seicht am Berg entlangschlängeln und damit das Radfahren zum Genuss werden lassen. Die Begleitwege der Kunstgräben sind einige solcher Wege. Es existieren aber noch eine große Anzahl anderer leichter Wege, um zu den Gipfeln gelangen zu können, die auch wir Genussradfahrer nutzen können. Hier eine unvollständige Aufzählung:

Von Klingenthal nach Kottenheide

Für den Aufstieg vom Klingenthaler Tierpark (ca. 610 m NN) vorbei am oberen Teil der Vogtland-Arena bis zum Schönecker Ortsteil Kottenheide (ca. 770 m NN) können Sie die Steigung (ca. 2,5 %) auf einer

Länge von 8 km überwinden. Der Zennerweg ist einer der flachen Aufstiege entlang der Höhenlinien, der wie für uns gemacht ist. Ein Stück vor Kottenheide können wir ein paar kleinere Wege wie Serpentinen nutzen. Von Kottenheide nach Schöneck fahren wir dann auf dem Kirchsteig.

Der Erzengelweg von Bockau auf die „Lauterer Käpp“
Für eine genussradfreundliche Auffahrt aus dem Tal der Zwickauer Mulde bei Bockau in Richtung Morgenleithe bietet sich dieser gut fahrbare Weg an. Von Aue aus erreichen wir ihn mit einem relativ geringen Umweg über den Flossgraben. Nach Fertigstellung des Radweges auf der stillgelegten Bahnstrecke Aue - Blauenthal können wir auch diesen fahren, um auf den Erzengelweg zu gelangen. Auch wenn wir in Bockau erst noch „Schiebestrecken" auf dem Zugang zum Königsweg und dann aus dem Ort zum Weg überwinden müssen - es lohnt sich, denn dann können wir uns auf unser Rad schwingen. Der Erzengelweg bringt uns oberhalb des Heidelsberges auf den Weg zur „Lauterer Käpp“. Der steilste Anstieg von Aue in Richtung Auersberg ist damit umfahren.

Von Adorf (Erzgeb.) über die „Morgensonne“ zum Eisenweg
Wie gelange ich auf die Erzgebirgsnordrandstufe? - Aus Richtung Chemnitz kommend, besteht die Möglichkeit, bei einer Steigung von durchschnittlich 4 %, diese Stufe zu erreichen. Wir nutzen dabei die Ortsverbindungsstraße Adorf - Jahnsbach. Vor der Ortseinfahrt führt der Weg nach links. Oberhalb des Ortes lassen wir einen Namensvetter des großen Fichtelbergs (458 m NN) rechts liegen. Vorbei an den Gebäuden der Landwirtschaft, erreichen wir auf einem landschaftlich schönen Weg zwischen Wiesen, die Gaststätte „Morgensonne“. Nur ca. 100 m müssen wir auf die K 8803, dann fahren wir rechts auf einen Wiesenweg, auf dem wir nach dem Wäldchen den Eisenweg erreichen.

Der Hormersdorfer Weg
Von Zwönitz aus besteht vor allem die Möglichkeit, den alten Verbindungsweg nach Hormersdorf zu nutzen, um den Höhenzug zwischen der Zwönitz und der Wilisch zu erklimmen. Dann steht einer Fahrt ins Greifensteingebiet bzw. auf der Eisenstraße nach Chemnitz nichts im Wege.

Von den Einheimischen wird der Homersdorfer Weg auch „Mastenweg“ genannt. Namensgeber sind dabei die vielen Strommasten, die den Weg fast in seiner gesamten Ausdehnung flankieren. Entgegen dem offiziellen Radweg entlang der S 233, empfehle ich, um das obere

Ortsende von Hormersdorf herum den Wirtschaftsweg zu nutzen, um zum Parkplatz am Rabenholz auf dem Höhenzug zu gelangen. Durch eine kleine Korrektur dieses Weges könnte der steilste Anstieg auch für die landwirtschaftlichen Fahrzeuge wie Traktoren, Erntemaschinen und andere fahrbar gestaltet werden. Damit hätten wir einen Aufstieg aus dem Zwönitztal, der durch die Steigung, die stellenweise 5 % erreicht, zwar nicht ideal, aber durch kurze, gerade Strecken doch abwechslungsreich und somit empfehlenswert ist.

Aus dem Zschopau-/Preßnitztal auf den Augustusburger Kamm
Der Aufstieg aus diesem tief eingeschnittenen Tal ist schwierig. Es bestehen mehrere, leider nicht befriedigende, Möglichkeiten für uns:

Eine davon ist, von Mittelschmiedeberg aus, immer dem Haselbach folgend, nach Reitzenhain zu fahren. Über 6 km radeln Sie stetig durch den Wald bei einer Steigung von 4 %. Der Genuss bleibt bei dieser langen Distanz für uns sozusagen auf der Strecke, denn der Weg ist dadurch nur geübten Fahrern zu empfehlen.

Der zweite, etwas abwechslungsreichere Weg, auf dem wir jedoch leider unser Rad einige Meter schieben müssen, führt uns aus dem Preßnitztal von Mittelschmiedeberg auf die S 219, der Eisenstraße, hinauf auf die B 174 zwischen Marienberg und Reitzenhain. Die Steigung liegt im Durchschnitt ebenfalls bei 4 %, auf einem Abschnitt ist sie etwas mehr, auf einem anderen etwas weniger. Da auf dieser Strecke die Straße auch einige Meter geradeaus führt, ist sie für uns abwechslungsreicher. Auch wenn das Radfahren auf Straßen von uns vermieden werden soll, haben wir hier keine andere Wahl.

Die dritte Möglichkeit ist ebenfalls mit Vor- und Nachteilen verbunden. Wir schieben unser Rad bis oberhalb von Wolkenstein. Welchen Weg Sie dafür wählen, kurz und steil oder weniger steil aber länger, ist Ihnen überlassen. Durch 6 % Steigung ist diese Strecke nur als „Schiebestrecke" zu bewältigen. Oberhalb von Wolkenstein können wir schräg zum Hang, vorbei an der Häusergruppe Huth, quer durch Großrückerswalde und dann auf der K 8150 leichter und mit schöner Aussicht an Höhe gewinnen. Wir erreichen die B 174 zwischen Marienberg und Reitzenhain. Das Problem ist und bleibt: Wie komme ich bis oberhalb von Wolkenstein?

Königswalde - Geyersdorf
Eine spezielle Variante, am Osthang des Pöhlbergs von Königswalde hinauf auf den Höhenzug bei Annaberg zu gelangen, bietet uns die Königs-

walder- bzw. Geyersdorfer Straße, der Name wechselt entsprechend des Ortes. Mit 4 % Steigung bringt sie uns an das obere Ortsende von Geyersdorf. Würden wir die Hauptstraße in diesem Ort aufwärts radeln, müssten wir in Serpentinen mit acht Kehren bei einer Steigung von 7,5 % fahren.

Auf dem Ringel bei Holzhau

Dieser ausgebaute Radwanderweg, die Ringelstraße, ist ein gut fahrbarer, langgestreckter Höhenweg. Leider bietet er, trotz seiner Lage auf dem Höhenzug, nur am Anfang und am Ende ansprechende Aussichtspunkte. Um zur Ringelstraße fahren zu können, muss der Schwarze Buschweg, der Flossgrabenweg und das obere Stück des Rauschenbachtals in die Tour einbezogen werden. Diese Wege bringen uns noch relativ angenehm auf die Ringelstrasse. Wichtig für dieses Gebiet ist es, nicht nur auf die Aktivitäten des Wintersports, wie dem Langlauf, zu vertrauen, sondern auch den Sommertourismus attraktiver zu gestalten, denn einige der Loipen könnten auch Radwege sein. Solche, die jetzt bereits als Radwege befahrbar sind, wie der Flossgrabenweg, die alte Bahn und der Weg an der S 185, müssen als solche auch gekennzeichnet werden, damit sie von Fremden erkannt und genutzt werden können.

Dass der Zerstörung der Wege z. B. durch die Fahrzeuge der Forstwirtschaft und dem natürlichen Verwuchs entgegengewirkt werden muss und nutzbare Wege auch einiger Pflegemaßnahmen bedürfen, sollte eigentlich nicht extra betont werden müssen.

Wenn in diesem Gebiet endlich alle Potenziale für das Genussradfahren genutzt werden, wird es noch mehr Freude bringen, hier Rad zu fahren. Denn in diesem landschaftlich gesegneten Gebiet fallen fast alle im Buch genannten Möglichkeiten zum sinnvollen und ausgewogenen Genussradfahren zusammen - Höhenzüge, stillgelegte Bahnstrecken, Flusstäler, Kunstgräben mit Verbindung zu einer Talsperre (Flaje), fahrbare Wege am Berg und das Fahren auf dem Erzgebirgskamm. Dies sind insgesamt beste Voraussetzungen, die Genussradwege zu einem Netz zusammenzuführen. Werden die noch fehlenden Wegabschnitte ausgebaut, könnten diese dem Tourismus in den schneefreien Monaten und auch den Gaststätten einen großen Aufschwung bringen.

Der Reitsteig

Ein Beispiel für einen Weg am Hang mit geringer Steigung aus dem Tal der Wilden Weißeritz heraus, finden wir am Reitsteig. Er bringt uns von der Talsperre Lehnmühle auf die Höhe des Kreuzwaldes. Auch

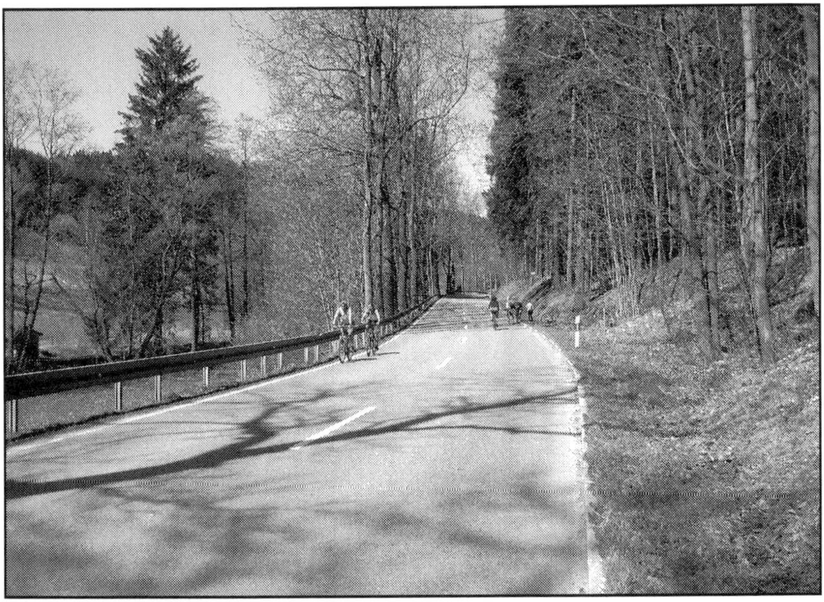

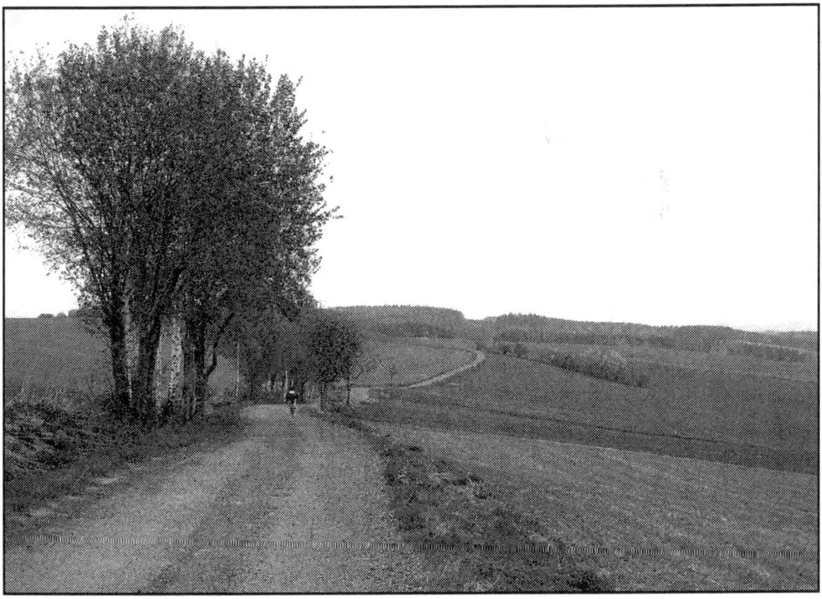

Oben: *Leider lassen sich manchmal Streckenabschnitte auf größeren, Staatsstraßen (hier im Zschopautal) nicht vermeiden. -* ***Unten:*** *Auf der Wasserscheide zwischen Zwönitz und Wilisch verläuft die Eisenstrasse.*

hier müssen wir, wie bei den meisten Aufstiegen, schräg am Hang entlang kleinere Anstiege in Kauf nehmen. Wichtig ist aber, dass der Weg insgesamt unserem Leistungsniveau entspricht, und uns das Fahren und auch kurzes Schieben Spaß machen. Etwas Zeit für einen Blick auf die einmalige Landschaft ist dann auch vorhanden.

Bahnradwege und die Bahn begleitende Wege
Die am Anfang des Buches beschriebenen stillgelegten Bahnstrecken eignen sich besonders gut, um uns auf die Höhen zu bringen. Ein Teil der Strecken bringt uns die Flusstäler aufwärts, auf den anderen können wir direkt auf einen Höhenrücken radeln. Zu den Möglichkeiten, auf die Höhenzüge zu gelangen, zählen auch die Wege und Straßen, welche die Bahnstrecken begleiten.

Gibt es den „Erzgebirgs-Querweg" für Genussradfahrer?

Nachdem wir mögliche Aufstiege auf die Gebirgszüge betrachtet haben, stellt sich die Frage: Ist es möglich, auch als Genussradfahrer mit dem Rad quer zur Fließrichtung der Flüsse, unter Ausnutzung aller beschriebenen Möglichkeiten, das Erzgebirge von West nach Ost und umgekehrt zu durchqueren? Wir wollen diesen Versuch starten...

Er soll uns als Beispiel der Kombinationsmöglichkeiten unserer Genussradstrecken dienen. Um wenige Steigungen bis zu 5 % und ein paar kurze Strecken, auf denen wir unser Rad schieben müssen, werden wir dabei natürlich nicht herum kommen. Wir Genussradfahrer müssten dafür einen ganzen Urlaub einplanen, denn mit einer Tagestour kommen wir nicht weit, es sei denn, dass Sie nur Teilstücke unserer Tour nutzen möchten. Unter Umständen können unsere Überlegungen auch eine Anregung für unsere leistungsstärkeren Sportfreunde sein. Nennen wir unsere Route den „Erzgebirgs-Querweg".

Wir starten von West nach Ost und nutzen möglichst Strecken, die wir auch umgekehrt fahren könnten. Für den Aufstieg auf die Höhen des Erzgebirges benutzen wir die Bahn. Mit der Strecke Falkenstein - Schöneck - Oberzwota erreichen wir Schöneck. Eine andere Möglichkeit ist, von Klingenthal nach Kottenheide und dann nach Schöneck auf dem Zennerweg bzw. dem Kirchsteig mit dem Rad zu fahren. Von der westlichen Höhe des Erzgebirges müssen wir als nächstes das Tal der Zwickauer Mulde durchfahren. Entlang des Flusses erreichen wir Aue auf dem Mulderadeweg.

Unser nächstes Ziel ist der Höhenzug zwischen der Zwickauer Mulde und dem Beginn des Einzugsgebietes der Freiberger Mulde. Die beste Möglichkeit besteht darin, das Schwarzwasser aufwärts bis Schwarzenberg zu begleiten, um dann durch das Oswaldtal, so wie schon beschrieben wurde, die Höhe unter Nutzung der stillgelegten Bahnstrecke Zwönitz - Scheibenberg zu erreichen.

Abwärts in das Tal der Zschopau können wir auf vielen Wegen fahren. Möglich wäre bahnbegleitend an der Strecke Schwarzenberg - Annaberg nach Schlettau zu radeln. Danach setzen wir unseren Weg auf dem Zschopautal-Radwanderweg fort.

Das Zschopautal kann ebenfalls vom Höhenzug über das Greifensteingebiet und den Wilischthalradweg erreicht werden. Besonders auf unserer „Erzgebirgs-Quertour" von Ost nach West sind die stillgelegten Bahnstrecken des Thumer Netzes (Wilischthal - Thum, Schönfeld - Wiesa -Thum und Thum - Meinersdorf) angenehme Höhenaufstiege.

Unsere nächste Herausforderung ist der „Augustusburger Kamm". Wir können ihn umfahren und dem Tal der Zschopau bis zur Einmündung der Flöha folgen. Wir könnten auch bereits in Erdmannsdorf in die Seilbahn steigen und erreichen dann den Höhenzug in Augustusburg. Die dritte und für Genussradfahrer schwierigste Möglichkeit besteht auch hier wieder darin, durch ein Seitental auf den Höhenzug zu strampeln. Aus dem Zschopautal könnten wir auf dem Radweg der stillgelegten Bahnstrecke ins Preßnitztalbahn fahren. Als Aufstiegsmöglichkeit fast am Erzgebirgskamm bietet sich hier der Haselbach nach Reitzenhain oder ab Mittelschmiedeberg die S 219, die Eisenstraße, hinauf auf die B 174 zwischen Reitzenhain und Marienberg, an.

Viele Möglichkeiten lassen uns vom Augustusburger Kamm hinab in das Tal der Flöha bzw. zuerst in das Tal der Pockau gelangen. Die Abfahrten sind dabei leicht zu fahren. Von unserem Aufstieg bei Marienberg können wir, vom Ortsteil Gelobtland aus, auf dem Hangweg zum Katzenstein dann in das Tal der Schwarzen Pockau hinabfahren. Wir folgen danach weiter diesem Tal. Die Rücktour führt uns am gleichen Fluss bis nach Kühnhaide und von hier wieder nach Marienberg.

Der Flöhatalradweg mit seinen Ungereimtheiten in der Streckenführung, bringt uns zum Ausgangspunkt für das Überqueren des Höhenzuges, zur Freiberger Mulde.

Der für uns einfachste Weg wäre, bis zum Erzgebirgskamm weiter der Flöha zu folgen. Da im Quellgebiet dieses Flusses auch die Freiberger Mulde und die Wilde Weißeritz entspringen, können wir entlang des

Rauschen- und dann des Polterbaches bis zur Wilden Weißeritz fahren. Dass dabei die Steigungen der kleinen Flüsse am Erzgebirgskamm größer werden und wir unser Rad etwas schieben müssen, nehmen wir dabei in Kauf. Damit hätten wir unser Ziel fast erreicht. Dem Flusslauf der Weißeritz noch bis zur Elbe gefolgt und wir sind tatsächlich quer durch das Erzgebirge gefahren.

Wir wollten aber nicht durch das Erzgebirge auf den Kamm gelangen, sondern versuchen über die Höhenrücken quer durch das Gebirge zu fahren. Auch hier haben wir eine nördliche und eine südliche Möglichkeit.

Nachdem wir den „Augustusburger Kamm“ umfahren oder ihn mit Hilfe der Standseilbahn überwunden haben, sind wir im Tal der Flöha angelangt und versuchen jetzt weiter über den Berg in Richtung Freiberger Mulde zu gelangen. Die nördliche Möglichkeit, auf den Höhenrücken zu kommen, bietet ein landschaftlich reizvolles, flaches und für uns Genussradfahrer angenehmes Tal - es ist das der Großen Lößnitz. Bereits die stillgelegte Bahn Hetzdorf - Eppendorf - Großwaltersdorf nutzte die seichte Steigung, um langsam die Höhe zu erklimmen. Leider wurde die Bahnstrecke noch nicht zum Radweg ausgebaut, obwohl gerade sie ein wichtiges Bindeglied für den nördlichen Erzgebirgsquerweg für das Genussradwegenetz Erzgebirge sein könnte. Wir müssen deshalb auf der Straße nach Großwaltersdorf fahren. Weiter führt die Strecke über einen Sattel des Höhenzuges (ca. 525 m NN) nach Großhartmannsdorf. Da es auch Nebenwege gibt, müssen wir die S 210 im Bereich des Sattels nur ganz kurz befahren. Den Großen Teich in Großhartmannsdorf lassen wir links liegen und folgen dem Kunstgraben nach Zethau bis zur Ortsmitte. Zur Freiberger Mulde rollen wir das Tal der Zethau hinab. Wir haben unser Etappenziel erreicht.

Die südliche Möglichkeit, den Höhenzug zwischen Flöha und Freiberger Mulde als Genussradfahrer zu überwinden, bringt uns von Olbernhau, Ortsteil Neuschönberg, in das Bielabachtal. Wie bereits beschrieben, führt durch das Tal, das mit einer Steigung von ca. 1,5 % ideal für uns wäre, die B 171. An vielen Stellen können wir Nebenwege nutzen. Vielleicht werden diese Abschnitte eines Tages zusammengeführt und wir können im Tal ohne Furcht vor dem motorgetriebenen Straßenverkehr mit dem Rad fahren. Nur der letzte Kilometer nach Sayda, auf die Kante des Höhenzuges, ist mit 6,5 % Steigung eine „Schiebestrecke” für uns. Der östliche Abstieg ist mit der stillgelegten, im oberen Teil zum Radweg ausgebauten Bahnstrecke Mulda - Sayda, entlang des Chemnitzbaches, wieder nach unserem Geschmack.

Die südliche und nördliche Variante unserer Tour treffen sich in Mulda. Natürlich wäre der Abstieg zur Freiberger Mulde auch über einen anderen Weg, etwa über Clausnitz möglich.

Für unsere Fahrt quer durch das Erzgebirge benötigen wir nun einen leicht fahrbaren Weg zur Wilden Weißeritz. Auch hier Nutzen wir wieder ein Flusstal. Dieses Mal ist es das Tal der Gimmlitz, dem wir bis zum Ortseingang Hermsdorf folgen. Dass die letzten 800 m eine Strecke zum Schieben sind, kann uns nicht stören. Wir queren mit der S 184 den Kamm des Höhenzuges zwischen den Flüssen Freiberger Mulde und Wilder Weißeritz. Den Reitsteig (Weg am Hang) mit relativ geringer Steigung fahren wir zur Talsperre Lehnmühle. Vor der Staumauer fahren wir in das Tal der Wilden Weißeritz und können nun zur Elbe radeln.

Auch für den Übergang von der Freiberger Mulde zur Wilden Weißeritz sind andere Varianten möglich. Die Wichtigste nutzt wieder die von der Bahn vorgegebene Strecke. Wir können von Freiberg aus über Hilbersdorf zur Bobritsch, dann auf den ehemaligen Bahnstrecken nach Klingenberg-Colmnitz und entlang der Dresdner-Bahnstrecke, durch das Tal des Seerenbaches, die Wilde Weißeritz erreichen. Auch die anderen Nebenflüsse und Bäche von Weißeritz und Mulde sind für unsere „Erzgebirgs-Quertour“ manchmal gut geeignet. Wir sollten es, nach einem intensiven Studium der Karte, einfach mal probieren...

So wie wir unser Ziel, das Erzgebirge in der ganzen Länge zu queren erreicht haben, könnten wir auch weiter quer durch die Flusstäler zur Elbe fahren. Diese Tour quer durch die tief eingeschnittenen Täler ihrer Nebenflüsse ist schwieriger. Eine entscheidende Rolle spielen hier die Bäche und Flusstäler. Um ein paar Meter des Schiebens am Ende des Tales werden wir nicht herumkommen. Aber um die schöne Landschaft zu genießen, müssen wir ja auch nicht so schnell durch die Gegend radeln und können auch ein paar Meter außerhalb des Fahrradsattels verbringen. - Erinnern möchte ich Sie auch an das Wilsdruffer Netz. Diese stillgelegten Bahnstrecken besitzen auch eine Verbindung zum Elbetal.

Die häufigsten Fahrmöglichkeiten bleiben auch hier, entlang der Nebenflüsse bis kurz vor dem Höhenzug zu fahren, dann meist ca. einen Kilometer das Rad zu schieben und die sich anschließende Abfahrt zu genießen. Die Touren können unter Ausnutzung von stillgelegten Bahnstrecken und leicht fahrbaren Wegen am Hang vereinfacht werden.

Auch wenn das Gebiet quer durch die Flusstäler zur Elbe schwieriger ist, können wir feststellen, dass die Möglichkeit besteht, im Zick-Zack-Kurs quer durch das Erzgebirge von Klingenthal bis zur Elbe zu fahren.

Es ist nicht die kürzeste Strecke, aber eine schöne, erlebnisreiche Route. Dass wir dazu als Genussradfahrer, je nach Leistungsniveau, vielleicht sogar 14 Tage benötigen, ist eine andere Sache, aber die Tour ist auf jeden Fall ein intensiver, unvergesslicher Urlaub.

An einigen Stellen, besonders an Hauptstraßen, wäre ein Radweg notwendig. An anderen Abschnitten wären Pflegemaßnahmen für den Weg wünschenswert. Unter Umständen ließe sich sogar die Streckenführung optimieren. Vielleicht greifen unsere Tourismus-Verantwortlichen diese Anregungen auf und nehmen einige Verbesserungen in Angriff.

Das Tal der Biela bei Olbernhau, das Tal des Seerenbaches, das Oswaldtal bei Schwarzenberg, das Lößnitztal bei Aue und besonders die stillgelegten Bahnstrecken könnten eine Schlüsselrolle bei der „Erzgebirgs-Quertour“ und dem „Genussradwegenetz Erzgebirge” spielen.

Die Kammtour, die sich hauptsächlich im Grenzbereich zur Tschechischen Republik befindet, hat bei der Streckenführung mit den gleichen Problemen zu kämpfen, wie die oben beschriebene „Erzgebirgs-Quertour“. Auch wenn ich am Anfang des Buches, um Sie für die Problematik der Steilheit der Wege zu sensibilisieren, von nicht optimaler Streckenführung gesprochen habe, muss ich doch anerkennen, dass es viele Abschnitte gibt, auf denen gute Lösungen gefunden wurden. Die Kammtour verbindet die Orte des oberen Erzgebirges mit vielen auch für uns fahrbaren Strecken. Für schwierige Abschnitte gibt es hier nur wenige Alternativen.

Wie überall, müssen wir uns die Karte vor der Tour ansehen und danach entscheiden, ob wir den betreffenden Aufstieg fahren wollen, wir uns möglicher Hilfsmittel bedienen oder eine andere Strecke wählen.

Abfahrten

Wer als Radfahrer am Lech im Vinschgau Urlaub macht, ist immer wieder begeistert, welche Möglichkeiten für Radfahrer dort geschaffen werden. Besonders familienfreundlich ist die Möglichkeit, mit dem Zug bis Mals in den Vinschgau zu fahren, sich ein Rad auszuleihen und dann die eindrucksvolle Tour ins Tal zu genießen.
Wir können im Erzgebirge zwar nicht mit der Größe der Alpen aufwarten, aber lange, bezaubernde Abfahrten für Genussradfahrer besitzen wir in unserer Heimat ebenfalls. Außerdem befinden sich viele Abfahrten auf den Bergkämmen mit den unvergleichlichsten, wunderschönen Aussichten.

Haben wir am Anfang des Buches von den Möglichkeiten gesprochen, die uns die stillgelegten Bahnstrecken bringen, so wollen wir jetzt die nutzen, welche uns Bahnlinien bieten, die regelmäßig im Personenverkehr fahren. Sie befördern uns an den Ausgangsort unseres Radausfluges und damit in die Nähe des Starts unserer Abfahrt.

Alle Touren in den Flusstälern, auf den Höhenzügen und bei den betreffenden Aufstiegen wurden bisher von unten nach oben, entgegen der Fließrichtung des Wassers, beschrieben. Bergab fährt es sich bekanntlich leichter. Die Ansprüche an die Steigungen bzw. die Gefälle unserer Wege sind viel geringer, weil nicht auf die Kraftanstrengung des Aufwärtsfahrens geachtet werden muss. Alle weiter vorn im Buch beschriebenen Talaufwärts-Touren, können deshalb auch in umgekehrter Richtung gefahren werden. Damit bieten sich die unvergesslichsten Abfahrten für uns.

Wenn bei einer Rundtour die abwärts führende Strecke an das Ende der Route gelegt wird, fällt uns auch der Heimweg leichter. - Wer sich das Bergauffahren in Richtung Erzgebirgskamm ersparen will, oder wer eine Tour plant, bei der Start und Ziel nicht an einem Ort sind, sollte bei einem Gruppenausflug wenigstens zwei Autos mitzunehmen - eines wird am Anfang der Tour geparkt und das Andere am Ziel. Damit ist es möglich, das Startauto nach dem Ende der Tour zu holen. Die andere Möglichkeit besteht darin, mit dem Zug einen Teil der Strecke zu fahren.

Betrachten wir uns leichte, erlebnisreiche Abfahrtsstrecken, deren Start wir oft mit dem Zug erreichen. Touren, in deren Verlauf größere Neigungen vorkommen, die Genussradfahrer bergauf nicht fahren würden. Wir nennen hier nur ein paar markante Beispiele; es existieren natürlich weitere Strecken. Dort, wo sich ein befahrbarer Berg bzw. Höhenzug erhebt, gibt es auch die dazugehörige Abfahrt.

Als Genussradfahrer wollen wir aber nicht nur einfach den Hang hinab - wir haben andere Ansprüche. Unser „Down Hill" vollzieht sich auf Wegen und nicht auf freiem Feld. Der besondere „Kick" besteht darin, ohne große Anstrengungen die Natur und schöne Aussichten zu genießen. Nicht Adrenalin im Blut, sondern frische Luft und Sonnenschein lassen unser Herz höher schlagen. Wir „strecken" die teilweise hart erkämpften Höhenmeter durch schöne lange Abfahrten und genießen es, wenn unser Rad auch einmal rollt, ohne strampeln zu müssen. Hier einige Beispiele für solche Strecken:

Von Johanngeorgenstadt über Sosa nach Aue

Da die Bahnstrecke Zwickau - Aue - Johanngeorgenstadt im Tal verläuft, müssen wir in „Johannstadt", wie der Ort kurz genannt wird, erst ein Stück an den Höhen zum Auersberges hinauf. Den Gipfel müssen wir nicht überqueren, obwohl Aussichtsturm und Gaststätte ebenfalls sehr lohnende Ziele sind. Wir fahren vielmehr in Richtung „Jugel", folgen dann aber den Bergbaulehrpfad entlang des Schwefelbaches. Erstes Ziel ist das Museum des Pferdegöpels. Wenn wir dorthin, vorbei an den Schanzen fahren, bietet sich mit einer Steigung von 4 % bereits ein Genussradweg für die Kräftigeren von uns an. Vorbei am Schwefelwerk, erreichen wir über den Erzengel- und den Eisenweg den Ortsteil Steinbach (Gaststätte). Dass wir hier durch ein Bergbaugebiet fahren, ist Ihnen bestimmt bewusst. Auch Reststücke von Kunstgräben sind hier deshalb häufig zu finden. Die trockenen Kunstgräben mit ihrer geringen Steigung könnten auch Grundlage für einen naturnahen Radweg sein. Damit würde an die Meisterleistungen unserer Vorfahren mehr erinnert, als durch eine Delle mit erklärendem Schild irgendwo im Wald.

Um Steinbach beginnt dann eine der längsten und beeindruckendsten Abfahrten des Erzgebirges. Wir können von ca. 900 m NN bis hinunter nach Aue und Schlema rollen. Aber auch andere Varianten der Fahrstrecke, etwa um die Talsperre Sosa und den Tangelberg nach Eibenstock oder auf dem bereits beschriebenen Kamm in die Orte des Schwarzwassertals, sind möglich.

Jetzt aber fahren wir zu den Riesenberger Häusern (Gaststätte), dann zur Talsperre Sosa und durch den Ort zur ehemaligen Papierfabrik Bockau, ins Tal der Zwickauer Mulde. Der Flossgraben lädt uns ein, die Abfahrt bis nach Aue und Schlema bis zum Bahnhof vor der Mulde (332 m NN) fortzusetzen.

Das Lautenbachtal
Seitdem die Bahn nach dem Hochwasser wieder bis nach Marienberg fährt, können wir uns mit ihr in diese hochgelegene Stadt bringen lassen. Als Abfahrt, auch für Familien, bietet sich dann das Lautenbachtal an. - Bitte diese Tour nicht mit dem Lauterbachtal verwechseln, obwohl diese kürzere Abfahrt auch ihre Reize hat!

Von Marienberg nach Lauta, dann vorbei an den Neunzehnhainer Talsperren, fahren sie im Wald hinab bis zum Bahnhof Wünschendorf.

Das Müglitztal
Die Müglitztalbahn bringt uns bis nach Altenberg hinauf in das Osterzgebirge. Wieder hinunter in das Elbetal können wir uns im gleichen Tal mit dem Rad rollen lassen.

Der Erzgebirgssüdhang
Für extreme Radfahrer bietet der Erzgebirgssüdhang viele steil abfallender Wege und Straßen. Für uns Genussradfahrer ist das schnelle Abwärtsfahren aber wie bekannt kein erstrebenswerter Umstand. Suchen Sie sich Strecken aus, bei denen Sie die Möglichkeit des Fahrens ohne Kraftanstrengung lange genießen können. Sie sollten deshalb lange Strecken schräg zum Hang bevorzugen. - Bitte vergessen Sie nicht die Sehenswürdigkeiten des Erzgebirgssüdhanges: Viele Burgen laden zur Besichtigung ein; in den Gasstätten der wenigen Orte, die direkt am Hang liegen, sind Sie ein gern gesehener Gast. - Eines dürfen Sie und auch unsere sportlicheren Radfreunde nicht vergessen: Sie sollten sich bereits am Start der Tour überlegen, wie im Tal die Fahrtstrecke fortgesetzt werden kann. Muss ich wieder auf den Berg hinauf oder will ich im Tal bleiben?

Von den vielen Varianten, den Südhang hinab zu fahren, sei das Tal der Chomutovka bis nach Chomutov empfohlen.

Diese Beschreibung der Abfahrtsstrecken kann natürlich nicht vollzählig sein. Die ausgesuchten Routen sollen für Sie eine Anregung sein, im Erzgebirge nicht nur aufwärts, sondern auch abwärts zu fahren. Alle Höhenzüge, Flusstäler, stillgelegte Bahnstrecken usw. lassen sich bei geringem Gefälle leichter befahren, als wenn Sie aufwärts Ihre Kräfte mobilisieren müssen. Täler, die wir für Aufwärtsfahrten nicht genannt haben, können Sie abwärts erkunden. Genießen Sie Ihre Abwärts-Touren - nicht der am schnellsten im Tal ist hat gewonnen, sondern der, der sich die Gegend ansieht, ein Kultur- oder Naturdenkmal besucht oder in einer Gaststätte eine regionale Köstlichkeit probiert hat.

Radwege und Radtouren

Auf der Suche nach angenehm fahrbaren Radwegen mit geringer Steigung sind wir kreuz- und quer durch das Erzgebirge gefahren. Nicht jede Strecke hat der Autor dieses Buches für Sie besichtigt oder befahren. Vielfach wurden die Aussagen anhand der „Aktenlage", sprich von Kartenmaterial, Internet-Recherchen, Berichten anderer Radfahrer und bisherigen Erfahrungen und Kenntnissen getroffen. Im Internet können wir uns in „Google maps" oder „Google earth" unsere vorliegenden Berichte von anderer Seite bestätigen lassen. Dass wir bei der Schilderung der Strecken nicht immer den aktuellsten Stand beschreiben konnten, liegt in der Natur der Sache, denn Radfahren wird immer populärer und die örtlichen Veränderungen und Verbesserungen, der für das Genussradfahren geeigneten Straßen und Wege, folgen deshalb in immer kürzerer Zeit.

Auf den Internet-Seiten der Orte und Landkreise finden Sie, manchmal nach ausdauernder Suche auch für uns Genussradfahrer, verschiedene Tourenhinweise. Ziele für Ihren Ausflug finden Sie oft, aber nicht jeder Ort weist auf die vorhandenen Möglichkeiten zum leichten Radfahren hin. Notwendig wäre eine Radwegekarte mit Steigungsangaben für jeden Ort, die dem Touristen und möglichen Gast an die Hand gegeben wird, oder Ihm auch schon im Internet vermittelt: *„Hier kann jeder Radfahren!"*

Dazu ist jedoch eine Radverkehrskonzeption für jeden Ort notwendig, die von Genussradfahrern und nicht von Sportlern oder auch Nichtradfahrern entworfen werden sollte. Durch einen Beschluss des Stadt- bzw. Gemeinderates erhielte solch eine Konzeption gesellschaftliches Gewicht und Gültigkeit und wäre eine solide Basis für zukünftige kommunale Entscheidungen z. B. bei Bebauungsplänen oder im Straßenbau. Von diesen Konzepten der Kommunen wird in der kurz vorgestellten „Radverkehrskonzeption Sachsens 2005" gesprochen.

Blättern wir in unserem Buch noch einmal einige Seiten zurück und fassen wir zusammen: Welche Wege sollen wir fahren? Die Genussradwege, die wir im vorderen Teil des Buches betrachtet haben, können wir in Gruppen einteilen:

Leichte Wege: Begleitwege der Kunstgräben; ausgebaute, stillgelegte Bahnstrecken; Abfahrten; Flusstäler, wenn die Strecke am Fluss entlangführt und wir uns nicht in der Quellregion des Wasserlaufs befinden.

Flachwellige Wege: Höhenzüge, mit landschaftlich reizvollen Ausblicken, aber auch mit geringen Anstiegen und Abfahrten; Flusstäler, wenn der Weg uns den Talhang etwas hinaufzwingt; Wege entlang der Höhenlinien, die nicht immer eben sind, sondern sich den örtlichen Gegebenheiten anpassen müssen.

Anstrengende Wege: Verbindungsstrecken zwischen leichten Teilstücken; steile Anstiege; lange und stetig ansteigende Strecken mit Steigungen an der Grenze unserer Leistungsfähigkeit, wenn sie nicht durch flache Stücke mit schönen Aussichtspunkten oder eine Rast, z. B. an einer Gaststätte unterbrochen werden.

Ungeeignete Wege: Steile Anstiege; stark befahrene Straßen. Zum Genussradfahren sind die Touren, die quer zu den Gebirgszügen verlaufen ungeeignet;. nur durch eine strenge Auswahl, wie wir sie im Abschnitt „Erzgebirgs-Querweg“ versucht haben, besteht die Möglichkeit, auch in unserer Leistungsklasse die Bergrücken zu überqueren.

Weitere Umstände, die uns das Fahren angenehm machen, sind Radwege in gepflegtem Zustand. Dazu gehören die ausgebauten Radwege, Wanderwege mit befahrbarem Belag, aber auch Wirtschaftswege ohne tiefe Fahrspuren, Grasnarbe und Schlamm. Trotz guter Fahreigenschaften können wir nicht alle diese Wege als geeignete Radwege bezeichnen. Durch starke Steigungen sind manche für das Genussradfahren nicht sinnvoll.

Auch die richtige und eindeutige Ausschilderung der Wege beeinflusst unser Fahrgefühl. Offizielle Radwege sind meist ausreichend beschildert. Die manchmal umständliche Suche nach dem richtigen Weg in der jeweiligen Karte, um ans Ziel zu gelangen, entfällt dann. Leider finden wir immer wieder Menschen, die aus Übermut, Dummheit oder sonstigen Gründen Schilder zerstören und damit ihrer Heimat und Umgebung keinen guten Dienst leisten. Eine gute Ausschilderung führt, zu zufriedenen Gästen, und zufriedene Besucher bedeuten letztendlich auch Arbeitsplätze für die Region. Es ist wirklich traurig, dass einige Menschen in ihrem Frust, den wachsenden Ast absägen, auf dem sie sitzen könnten.

Zusätzlich gibt es noch die Radwege, die durch ihre Benutzungshäufigkeit allgemein bekannt sind, aber von den Verantwortlichen des Tourismus nicht anerkannt werden oder wegen fehlendem Einverständnis des Eigners auch negiert werden müssen. Daneben existieren aber auch einige, deren Bedeutung nicht oder noch nicht erkannt wurde. Das trifft leider häufig auf stillgelegte Bahnstrecken zu, deren Zufahrt extra mit aufgetürmten Steinen unterbrochen wird, anstatt sie auszubauen. In Zeiten von Flächenstilllegungen in der Landwirtschaft sollte die Gunst der Stunde genutzt werden, um ehemalige Bahnstrecken bzw. den Boden, auf den sie verliefen, von privaten Besitzern durch die Stadt oder das Dorf zurückzukaufen und sie der Allgemeinheit zugänglich zu machen. Erst dann können zusammenhängende Radwege zum „Genussradwegenetz Erzgebirge" ausgebaut werden.

Auch wenn das Erzgebirge noch nicht als **die** Radfahrerregion bekannt ist, ein Geheimtipp ist es auf jeden Fall. Eigentlich ist es nur eine Frage der Zeit, bis es dazu wird. Ich hoffe natürlich, dass dieses Buch ebenfalls dazu beiträgt, die Scheu vor dem Gebirge zu verlieren. Radfahren im Gebirge ist eine Versuchung. Versuchen Sie es auf besonders schönen Aussichtswegen und Sie wollen es nicht mehr missen.

Radfahren wird eine immer beliebtere Freizeitbeschäftigung - auch im Bergland. Diesen Trend haben auch die Verantwortlichen für den Tourismus erkannt. Auch wenn sie häufig nicht auf die Bedürfnisse der Genussradfahrer eingehen oder unsere Leistungsfähigkeit überschätzen, ein großer Teil der Strecken verläuft trotzdem auf für uns angenehmem Niveau. Diese Radwege müssen einer noch breiteren Öffentlichkeit bekannt werden. Deshalb sollen nachfolgend einige aufgezählt werden.

Auch wenn Sie die jeweilige Tour nicht komplett fahren werden, da ihr Streckenprofil steilere Abschnitte enthält - Teile davon sind meist leicht zu fahren und können in den Ausflug integriert werden bzw. helfen Ihnen durch ihre Beschilderung bei der Orientierung.

Nähere Informationen zur Radregion-Erzgebirge erhalten Sie im Internet oder bei den Tourismusinformationen. Auch wenn sich die Recherche manchmal etwas schwierig gestaltet, da die Vermarktung der Radwege „noch in den Kinderschuhen steckt".

Viele Radwege sind, wie bereits angedeutet, nur regional bekannt und werden leider nur in verschiedenen Routenbeschreibungen erwähnt. Auch wenn sie in einigen Karten eingezeichnet oder als Tourenvorschläge erwähnt werden, auf vielen Internet-Seiten der anliegenden Orte tauchen sie nicht auf. Die „Web"-Präsentationen sind aber heute die Grundlage der meisten Urlaubs- und Kurzurlaubsplanungen. Sehen wir deshalb, was ich für Sie dort in Hinblick auf die größeren und bekannten Radwege gefunden habe.

Offizielle Radwege im Erzgebirge

Unter www.smwa.sachsen.de finden Sie auch Informationen zum Radverkehr. In einer Datei (Stand Juni 2009) fand ich die *„touristisch vermarkteten Radrouten im Freistaat Sachsen"* aufgeführt. Für das Erzgebirge bzw. die angrenzenden Regionen waren dort folgende Strecken genannt: (Die vorangestellte Nummer entspricht dabei der Datei bzw. der „Radverkehrskonzeption Sachsen 2005"):

I 2 Mulderadwanderweg (hier noch nicht für das Erzgebirge), (Mulde, Zwickauer- und Freiberger Mulde, www.muldentalradweg.de)
I 5 Zschopautalradweg (das Tal der Zschopau)
II 55 Göltzschtalradweg (das Tal der Göltzsch)
II 29 Euregio Egrensis (Region Bayern-Sachsen/Thüringen-Böhmen, Radtour im westlichen Erzgebirge - www. euregioegrensis.de)
II 43 Musikantenradweg (Vogtland, Westerzgebirge)
II 57 Preßnitztalradweg (das Preßnitztal bei Wolkenstein/Annaberg)
III 12 Stülpner-KulT(o)uren (Rundtouren: Lengefeld/Erzg.- Scharfenstein - Lengefeld/Erzg.)
III 13 Kammtour (Erzgebirgskamm bzw. Oberes Erzgebirge)

Ziehen wir die „Radverkerhrskonzeption Sachsen 2005" heran (unter der gleichen Web-Adresse zu finden), werden weitere Radrouten aufgeführt:

I 6 Sächsische Mittelgebirge (ersetzt die Radroute Bayreuth-Zittau)
II 9 Mittelgebirge - Silberstraße (Wilkau-Hasslau - Eibenstock)
II 8 Muldentalradwanderweg (weiter in das Erzgebirge, Zwickauer- und Freiberger Mulde)
II 8 An der Silberstraße (Zwickau - Dresden)
II 10 Mulde - Lichtenstein - Silberstraße (Glauchau - Langenweißbach)
II 52 Würschnitztalradweg (Oelsnitz-Neuwürschnitz - Chemnitz-Klaffenbach)
II 11 Chemnitz - Silberstraße (Chemnitz - Raschau)
II 12 Mulde - Chemnitz - Mittelgebirge (Wechselburg - Tannenberg)
II 25 Thermalbad Wiesenbad - Oberwiesenthal
II 14 Flöhatalradweg (Neuhausen/Erzgeb. - Flöha)
II 13 Chemnitz - Zschopautalradweg (Niederwiesa - Chemnitz)
II 26 Striegistalradweg (Niederstriegis - Brand Erbisdorf)
D 4 Mittelland-Route (...-Glauchau - Chemnitz - Freiberg - Dresden...)
II 16 Meißen - Osterzgebirge (Meißen - Rechenberg-Bienenmühle)

I 8 Sächs. Städteroute (...- Glauchau - Chemnitz - Freiberg - Meißen...)
II 19 Altenberg - Freital/Silberstraße
II 45 Malter - Kreischa - Pirna
II 32 Historische Poststraße (Heidenau - Glashütte-Börnchen)
II 49 Hohe Straße (Geising-Liebenau - Pirna)

Nicht alle diese Wege sind bereits durchgehend befahrbar. Da sie in der Radverkehrskonzeption enthalten sind, ist ihr weiterer Ausbau aber zu erwarten. In den Anlagen 4.2 - 5.3 dieses Werkes ist die Nutzbarkeit mit *„Stand 2005“* aufgelistet. Sollten Sie bewusst einen dieser Wege befahren wollen, bleibt Ihnen vorher eine Recherche nicht erspart. Hinweise finden Sie dabei auch im „Fahrradbericht der Staatsregierung 2009“ (www.smwa.sachsen.de).

Ebenfalls sind in der Konzeption Baumaßnahmen von Radwegen an den Bundes-, Staats- und der Bedarf an den Kreisstraßen enthalten. Die bekannteste Baustelle ist dabei zur Zeit der Weißeritzradweg als Begleitweg der B 170. Eine Bewertung des Baustandes dieser Maßnahmen übersteigt das Anliegen dieses Buches. Ich hoffe, dass die Kartenverlage hier immer den aktuellen Stand ausweisen.

Nicht vergessen sollten wir aber die Internet-Seiten der Tourismusverbände. Die ständige Aktualisierung und Pflege der Angaben zu den Radwegen sollten eine Normalität sein und zur täglichen Arbeit gehören. Was wir von den Tourismusverbänden hier erwarten, muss auch für die Internet-Auftritte der Städte und Gemeinden gelten. Besonders sie haben die Aufgabe, den jeweiligen Ausbaustand der Straßen, Wege und Radwege an die Medien und dabei vor allem auch an die Kartenverlage weiterzugeben - auch das ist nachhaltige Wirtschaftspolitik. Es ist bedenklich, dass Web-Seiten von Urlaubsorten existieren, auf denen das Wort „Radweg“ nicht einmal erwähnt wird, obwohl durch diese Orte ein Kreis- oder sogar ein Fernradweg führt.

Neben den offiziell ausgewiesenen Radwegen sind in den Orten und Kreisen noch viele andere Wege für den Radverkehr ausgeschildert oder geeignet. Viele davon wurden in den Kapiteln des Buches bei den verschiedenen Möglichkeiten des Genussradfahrens bereits erwähnt. Da nicht alle einen speziellen Namen besitzen, kann nachfolgend nur eine unvollständige Aufzählung von Radwegen, die an einer Stelle der Literatur oder im Web benannt wurden, erfolgen. Die Fahrtauglichkeit dieser Wege für das Genussradfahren wurde durch den Autor nicht überprüft.

Erwähnt sei noch, dass in der „Radverkehrskonzeption Sachsen 2005“ eine Ausschilderung von Steigungen ab 6 % vorgesehen ist. Dass für eine Genussradtour dieser Anstieg für die Radler bereits zu anstrengend ist und wir an diesen Stellen unseren Weg zu Fuß fortsetzen müssen, wissen Sie bereits. Die Angabe auch geringerer Steigungen wäre sehr angebracht.

Örtliche Radwege mit Bedeutung

Auf der Internet-Seite des ehemaligen Landkreises Mittleres Erzgebirge, die nach der Bildung des Erzgebirgskreises in www.radregion-erzgebirge.de umbenannt wurde, sind durchaus viele Touren zu finden.

Dort werden Routen in folgenden Flusstälern beschrieben: Zschopau, Flöha, Preßnitz, Schwarzwasser (Schwarze Pockau), Lautenbach (Neunzehnhainer Talsperren), Schweinitz, Wilisch und Chomutovka (Tschech.).

Als Panormarouten werden aufgeführt: Der Erzgebirgskamm Nord (etwa an der Grenze zu Tschechien) und Süd (direkt am Kamm), der „Augustusburger Kamm“, auf den Höhen um die Natschung, eine Route „Schönbergs Schlösser“ (Rauhenstein, Purschenstein, Forchheim, Pfaffroda), Rund um den Katzenstein (bei Pobershau), die Silberstraße (von Zwickau bis Dresden) und eine Tour „Übers Erzgebirge“.

Die Internet-Seite weist auch Familienrouten aus, die für uns Genussradfahrer besonders interessant sind. Die Strecken weichen von denen der „Radverkehrskonzeption Sachsen 2005“ teilweise ab, so dass sie für uns geeignet sind. Bedenken Sie vor dem Start aber Ihre Rückfahrt!

Als Familienroute werden genannt: Das Tal der Burgen (Zschopautal), der Radweg im Preßnitztal, die Abfahrt an den Neunzehnhainer Talsperren (Lauterbach), das Tal der Schwarzen Pockau (Schwarzwassertal), eine Rundtour zu den Krokuswiesen (Wilischtal - Drebach), der Flöhatalradweg (mit 150 m Anstieg, als Alternative eine Bahnfahrt), die Abfahrt entlang der Chomutovka, der Katzenstein (Drei Brüder Höhe - Katzenstein), die Abfahrt von Marienberg nach Wolkenstein.

Auf der Website ***www.erzgebirge-tourismus.de*** können Sie sich unter „Prospekte“ das „Radmagazin Erzgebirge. Grenzenloses Radelvergnügen“ herunterladen oder kostenlos bestellen. Es stellt verschiedene Touren vor:

- Rund um die Koberbachtalsperre (bei Werdau)
- Besucherbergwerk Pöhla (von Schwarzenberg aus)
- Auf alten Bahntrassen (Stollberger Land, Zwönitz)
- Annaberger Landring
- Durch den Heinzewald (Lengefeld/Erzg., Großolbersdorf)
- Frauensteiner Höhen und Täler

Weitere Prospekte zum Download oder zum Bestellen im Internet sind:
- „Kammtour - Rad Erzgebirge Vogtland“
- Der Tourenguide „Radfahren im Erzgebirge“ mit Tourenbeschreibungen zu folgenden Regionen:
- Kammtour (5 Touren)
- von der Mulde zur Pleiße
- um den Auersberg
- von Stollberg nach Oelsnitz (Erzgeb.)
- um den Fichtelberg nach Thermalbad Wiesenbad
- Saidenbach und Flöhatal, nach Olbernhau

Neben den Tourismusverbänden stellen auch viele Privatpersonen ihre Radtouren ins Netz. Eine umfangreiche Internet-Seite möchte ich besonders hervorheben: ***http://ruessel.in-chemnitz.de***.

Eine Vielzahl von Touren aus dem Raum Chemnitz und des Erzgebirges stehen uns zur Nachahmung zur Verfügung. Gespickt mit vielen aussagekräftigen Fotos und Hinweisen sind die Tourenvorschläge für uns eine Fundgrube. Da in den Beschreibungen der meisten Touren auch das Höhenprofil angegeben ist, können Sie die Schwierigkeiten, die dort auf Sie zukommen, selbst einschätzen.

Für Radfahrvorschläge im Osterzgebirge ist die Website: ***www.osterzgebirge-natur.de*** wichtig. Die Touren werden dort mit Führung angeboten.

Die hier aufgeführten Internetangebote können sich, während dieses Buch in der weiteren Bearbeitung stand, geändert haben.

Die Beurteilung aller Radwege und Radtouren, die Sie im Internet finden, muss Ihnen überlassen bleiben. Sie werden überrascht sein über die große Auswahl.

Mountainbiken

Unter „Radfahren im Gebirge" wird von den Meisten Mountainbiken verstanden. Dass dem nicht so ist und wir auch mit einem einfachen Trekking-Rad im Erzgebirge Spaß am Radfahren haben können, wurde in diesem Buch ausführlich beschrieben.

Das Rad, das allgemein als Fortbewegungs- und Transportmittel zur Arbeit und zum Einkauf genutzt werden kann, soll beim Genussradfahren Freude an der Leichtigkeit des Fortbewegens bringen. Dass dabei u. a. auch Gesundheits-, Soziale- und Bildungs-Aspekte eine gewisse Rolle spielen, wird von den Radfahrern verschieden beurteilt.

Im Gegensatz dazu, ist das typische Fahren mit dem Mountainbike eine auf sportliche Leistungen ausgelegte Freizeitbeschäftigung. Am auffälligsten dabei ist, dass bewusst nach schwierigen Strecken und Bergaufstiegen gesucht wird. Das Fahren quer zu den Tälern ist dabei eine Normalität. Schwierigkeiten, die wir als Genussradfahrer vermeiden wollen, stehen beim Mountainbiken im Vordergrund. Zusätzlich dazu werden häufig naturbelassene Wege zum Radfahren genutzt.

Der Kampf des Einzelnen gegen die Anstiege ist beim Biken das Ziel. Dass dabei ein höherer Leistungspegel und Kräftebedarf, eine bessere Körper- und Radbeherrschung notwendig sind, versteht sich. Auch an Rad und Ausrüstung werden höhere Anforderungen gestellt. Mit der Familie kann Mountainbiken deshalb nur bedingt ausgeführt werden. Aber trotzdem ist der Übergang vom Genussradfahren im Gebirge zum Mountainbiken fließend. Jeder hat einmal klein angefangen. Die Wege, die wir bevorzugen, nutzen unsere sportlicheren Radfahrer ebenfalls. Auf den gleichen Straßen, die diese aufwärts fahren, lassen wir uns möglichst ohne Anstrengung bergab rollen. Problematisch wird es nur, wenn das Mountainbiken ins freie, weglose Gelände führt. Hier sollten wir nicht versuchen, diesen Fahrern dabei zu folgen. Im Gegensatz zu den freizeitorientierten Treffen für Genussradfahrer, werden in der höheren Leistungsklasse auch Wettkämpfe bzw. wettkampfähnliche Veranstaltungen durchgeführt.

Am Beispiel der für alle Radfahrertypen offenen, „Vier-Hübel-Tour" will ich Ihnen, aber auch denen, die Radwege für den Tourismus planen, mit folgenden Daten den Leistungsunterschied zeigen:

Die Strecke verläuft über einige auch uns bekannte Punkte: Markt Oberwiesenthal (920 m NN) - Bärenstein (897 m NN) - Pöhlberg (831m NN) - Scheibenberg (807 m NN) - Oberbecken Pumpspeicherwerk Markersbach (848 m NN) - Fichtelberg (1214 m NN).

Aber während wir versuchen, möglichst parallel zu den Höhenlinien zu fahren, werden dort die Radler bewusst nach jedem Berg ins Tal geschickt, teilweise von einem Höhenzug nochmals rechts und links hinab. Die Qualität der Wege ist die gleiche, die wir fahren würden: Straßen, Waldwege (teilw. mit Asphalt), einige Abschnitte mit groben Split. Auf einer Länge von ca. 90 km werden 2256 Höhenmeter hinauf und 1963 Abfahrtsmeter hinab bewältigt. Die tiefsten Punkte liegen zwischen 550 und 600 m NN. Die Strecke ist jährlich fast gleich, die Meter schwanken nur gering.

Aus der Gesamtheit der gefahrenen Höhenunterschiede ergibt sich, dass die Fahrer im Durchschnitt auf einer Steigung von 4,7 % unterwegs sind. Da die überwundenen Aufwärtsmeter überwiegen, kann man sagen, dass ca. 50 km mit mehr als 5 % Steigung nur bergauf gefahren werden. Für uns Genussradfahrer ist diese Kraftanstrengung ein aussichtsloses Unterfangen und nicht zu leisten, denn wir würden diese 50 km nur schieben. Wer hier mitfahren will, muss zuvor trainieren; wer diese Leistungstour durchhält kann wirklich von sich behaupten, er ist „gut".

Betrachten wir die Fahrzeiten: Die ersten, die ins Ziel kamen, haben die Tour bereits nach ca. 3,5 Stunden bei einer Durchschnittsgeschwindigkeit von 25,7 km/h beendet, die letzten in der Wertung nach 7 Stunden bzw. 12,85 km/h. Genussradfahrer dagegen erreichen kaum eine Durchschnittsgeschwindigkeit von 10 km/h auf der Ebene, bei Strecken, die bergauf führen, ist diese zwangsläufig noch geringer. Das heißt, wir Genussradfahrer hätten nicht einmal eine Chance mit den Letzten mitzuhalten.

Der überwiegende Teil der Mitbürger, die das Rad zu einem Ausflug nutzen, sind ihrem Interesse entsprechend Genussradfahrer. Die Radweg-Planung sollte daher nicht von Sportlern, sondern von anderen Voraussetzungen, wie einem geringeren Leistungsniveau und geringeren Steigungen der Strecken ausgehen. Außer den Sportlern erwarten auch die Besucher des Erzgebirges, wenn sie ihr Rad mitbringen sollen, eine andere, leicht fahrbare Streckenführung. Die Touren für Mountainbiker sind dabei nicht immer leistungsmäßig, anders als bei den Genussradfahrern, denn auch sie wollen nicht nur mit Leistungsansprüchen wie auf der „Vier-Hübel-Tour" fahren und bevorzugen mitunter entspannte, dafür etwas längere Radtouren. Wer nur mountainbiken will, findet im Internet ein reiches Angebot an Fahrstrecken und Veranstaltungen. Hier werden nicht nur Teilnehmer, sondern auch viele Zuschauer gesucht. Vielleicht möchten Sie sich so eine Veranstaltung zumindest einmal ansehen und nicht unbedingt selbst mitwirken. Die Web-Site www.miriquidi-bike-trails.de sei hier zur Orientierung genannt.

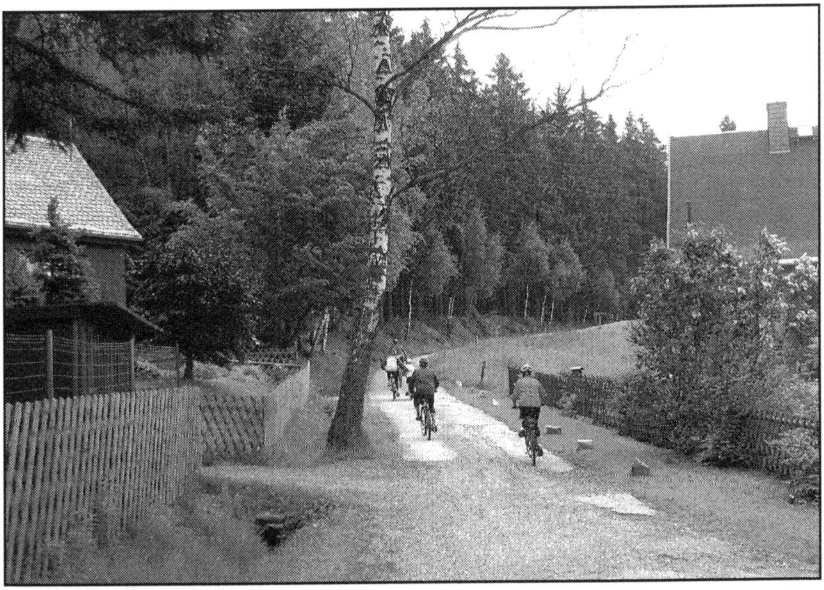

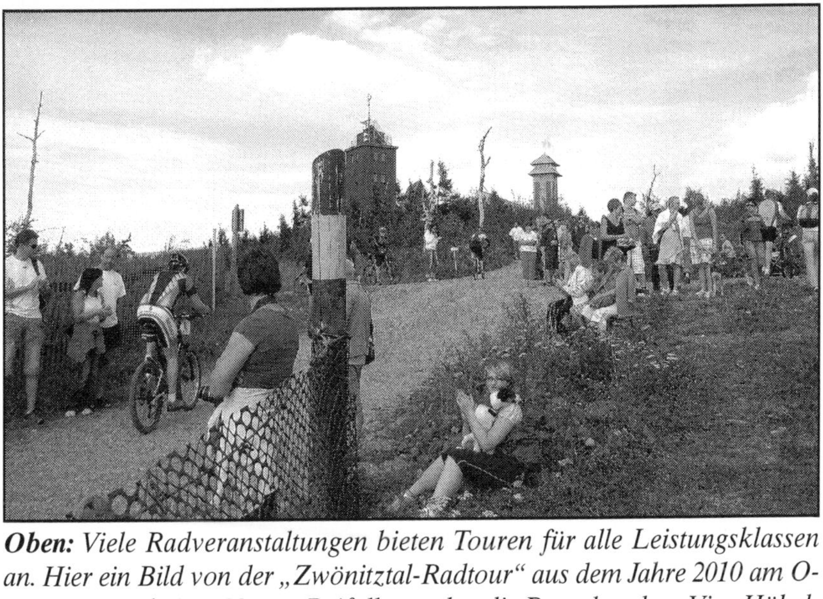

***Oben:** Viele Radveranstaltungen bieten Touren für alle Leistungsklassen an. Hier ein Bild von der „Zwönitztal-Radtour“ aus dem Jahre 2010 am O-Weg in Grünhain. - **Unten:** Beifall spenden die Besucher der „Vier-Hübel-Tour“ den Fahrern am letzten Anstieg vor dem Ziel auf dem Fichtelberg. Die Tour ist für alle Radfahrtypen offen, es wird jedoch mehr Leistung verlangt, als zum Genussradfahren ausreicht.*

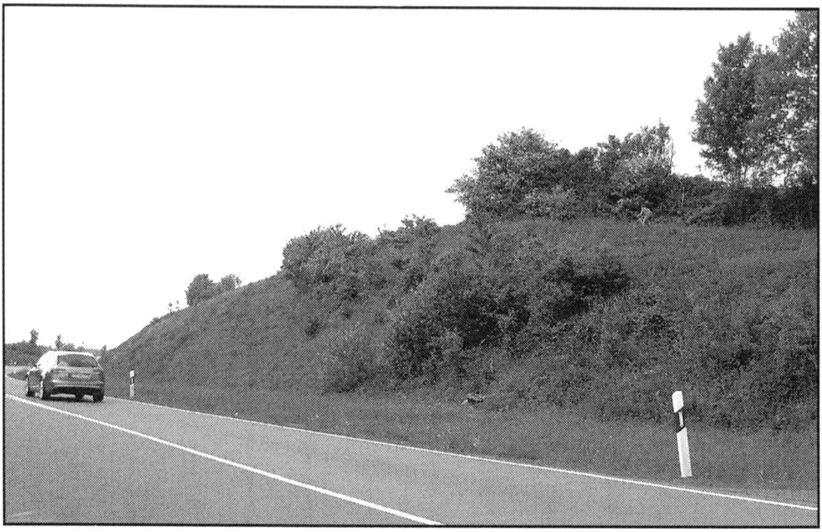

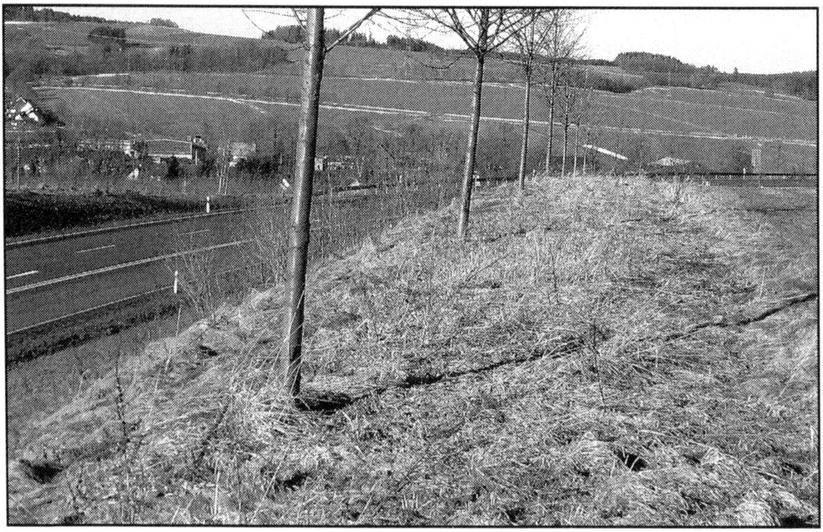

***Oben:** Obwohl am Straßenrand Platz für einen Radweg wäre, muss sich der Radfahrer im roten Trikot auf einem Wieșenpfad über den Hügel quälen, um den Wirtschaftsweg (im Bild oben) zu erreichen. - **Unten:** Die Chance, mit dem Neubau von Straßen auch für die Genussradfahrer etwas zu tun, wird meist verschenkt. Warum werden die Radfahrer auf diesem Bild nicht mit durch den Bergeinschnitt geführt?*

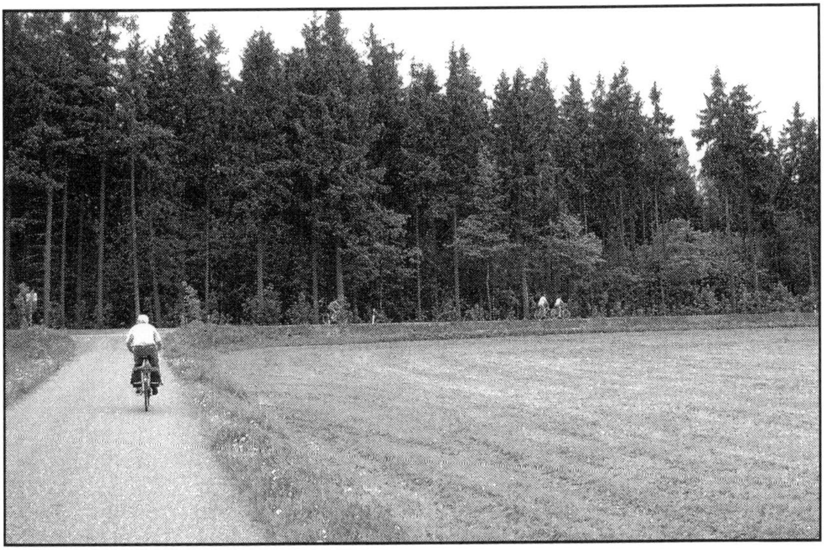

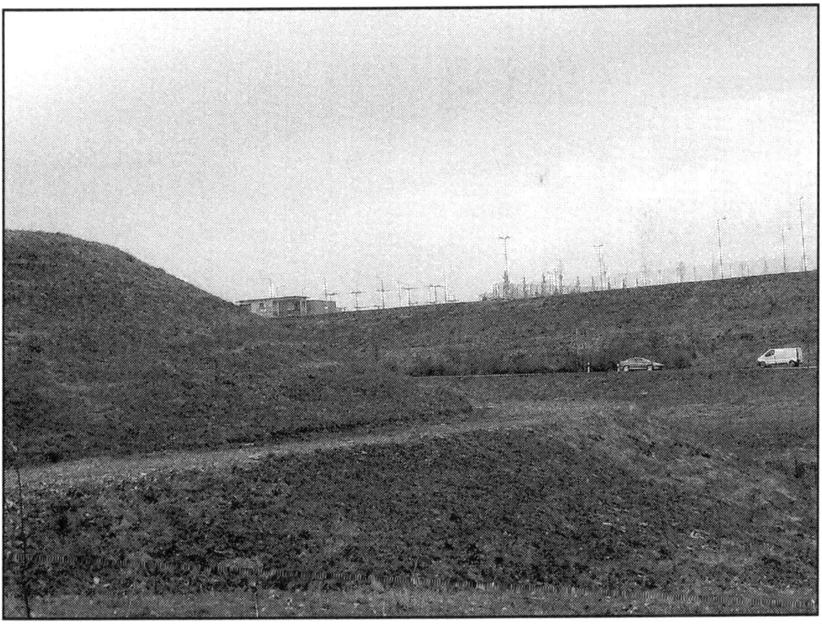

Oben: *Kreuzen Radrouten eine belebte Straße versetzt, sollte ein zusätzlicher Weg den Versatz überbrücken, damit die Tour familientauglich bleibt wie auf der Strecke Elterlein - Geyer auf dem Weg zur Finkenburg.*
Unten: *Absätze an Gewebegebieten könnten in Radwege integriert sein.*

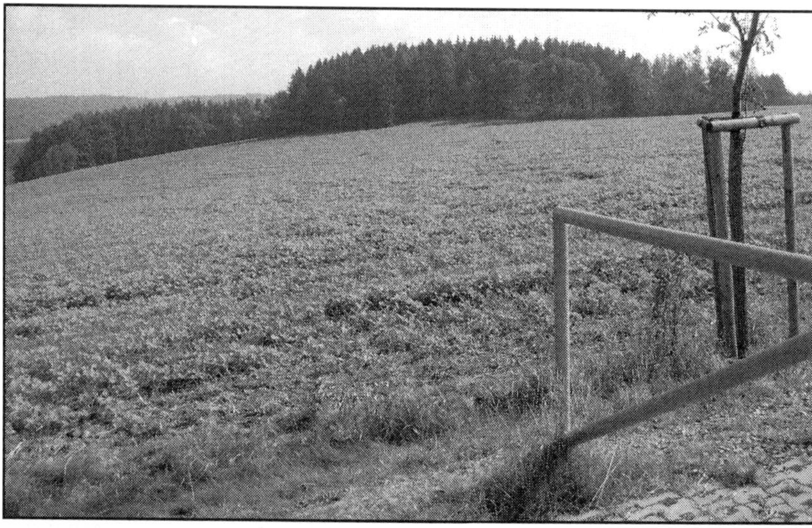

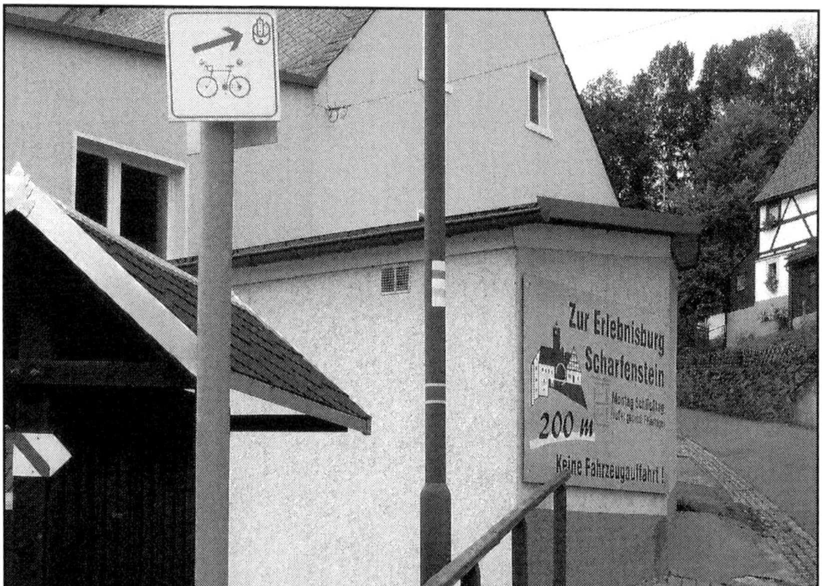

Oben: *Gefördert, aber schlecht befahrbar... Wenigstens für Fußgänger und Radler sollte ein begeh- und fahrbarer Durchlass vorhanden sein.*
Unten: *Wenn Ihr Ziel nicht Burg Scharfenstein ist, hinterlässt die Routenführung mit zusätzlichen Höhenmetern, um zum Besuch zu verleiten, einen faden Beigeschmack.*

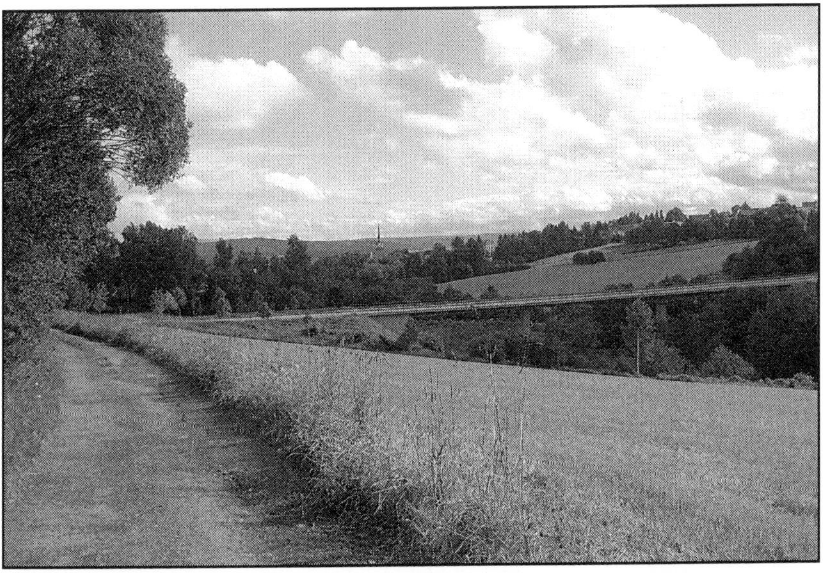

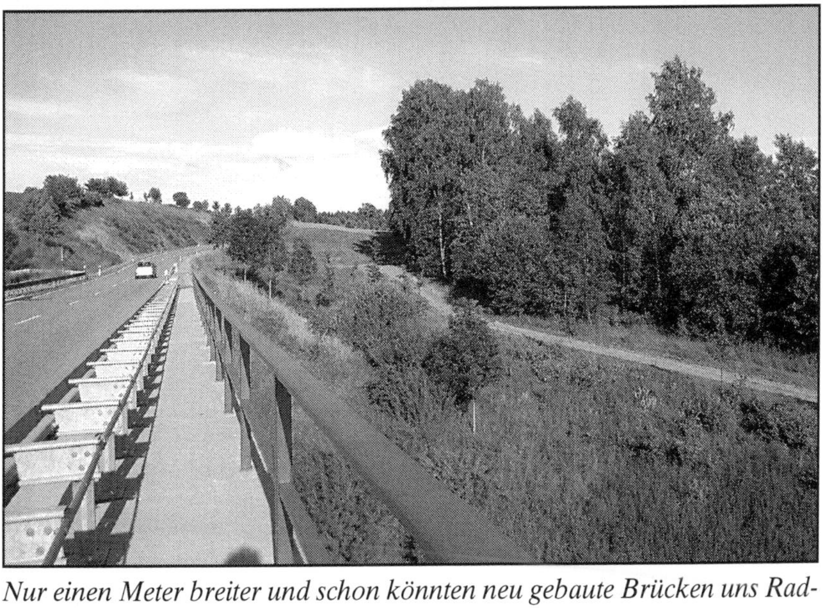

Nur einen Meter breiter und schon könnten neu gebaute Brücken uns Radfahrer auf sicherer Strecke mit einem Radweg über die Täler bringen. Auf der Straße fahren bedeutet eine hohe Gefährdung, besonders beim Ausflug mit Kindern. Die Bilder der Ortsumgehung Elterlein auf der S 258 zeigen nur ein Beispiel. Familienfreundlichkeit fängt im konkreten Handeln an.

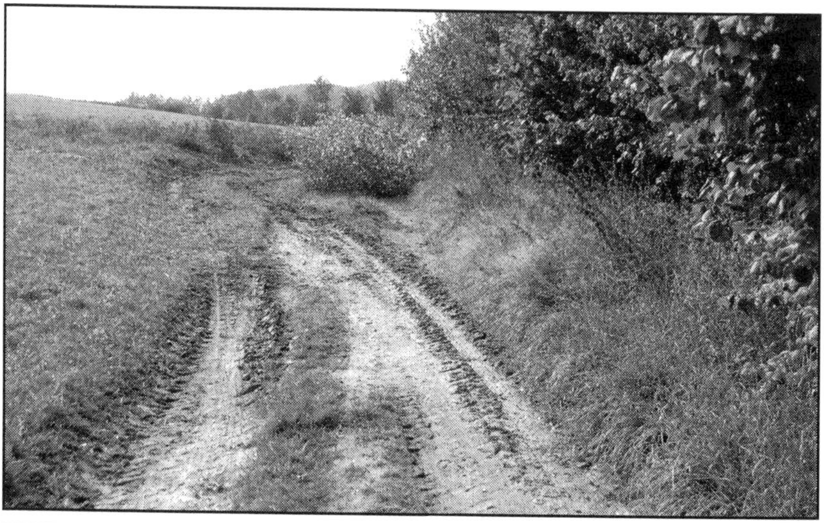

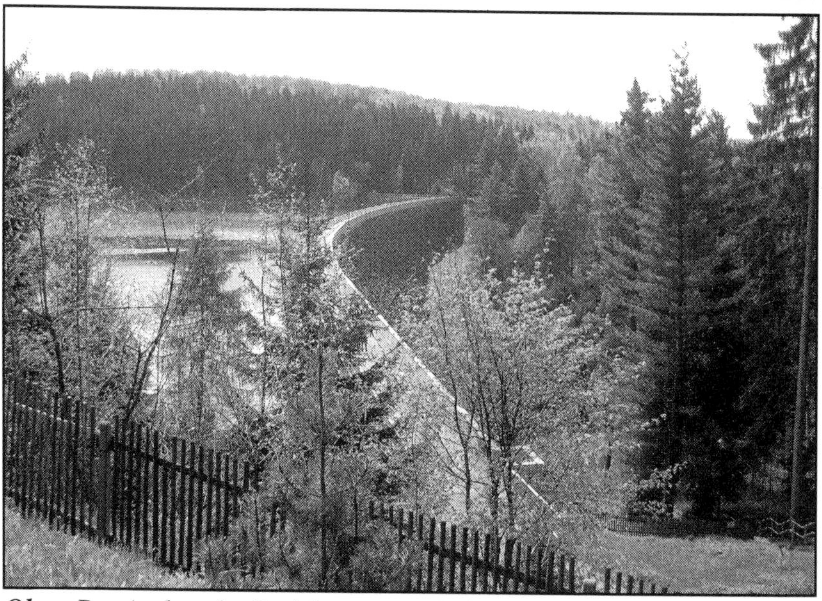

Oben: *Der Ausbau des Begleitweges am Röhrgraben, von der B 95 zum Museum Zinngrube Ehrenfriedersdorf und weiter zur Gaststätte „Sommerfrische“ sowie der Anschluss an den Planetenradweg, wäre eine positive Entscheidung für die Tourismusregion Greifensteine. -* ***Unten:*** *Begehbare Staumauern der Talsperren sind wie Brücken für Genussradfahrer. Sie helfen Höhenmeter und somit Kräfte zu sparen - hier die Saidenbach-Talsperre.*

Die Entwicklung der Genussradwege

Bei den Verantwortlichen im Erzgebirge ist die Einsicht eingekehrt, dass einiges für die radfahrenden Touristen getan werden muss. Hier in der landschaftlich einmaligen Region sind durch den besonderen Aufbau des Gebirges viele gute Möglichkeiten für das Genussradfahren zu finden: Flusstäler, Höhenzüge und stillgelegte Bahnstrecken bieten sich dafür u. a. an. Auch wenn das Problem des Radfahrens quer zu den Höhenzügen bestehen bleibt, sind die Streckenauswahl und die Erlebnisse auf den vorhandenen Radrouten so vielfältig, dass auch mehr für die Vermarktung getan werden sollte.

Die Förderung des Radtourismus ist eine wichtige Möglichkeit der Wirtschaftsförderung. Um in der Wirtschaft Erfolge erzielen zu können, muss in Vorleistung gegangen werden. Diese Prämisse ist nicht nur für Gewerbegebiete gültig, sondern auch für den Tourismus. Wollen wir die Besucher aus dem Flachland als unsere Urlaubsgäste gewinnen, müssen wir uns aus meiner Sicht etwas mehr einfallen lassen als „Mountainbikeparks“ und das Zertifizieren der Unterkünfte. Touristen sollen zum Radfahren in unsere Region kommen und sich dabei wohl fühlen. In der Diskussion um das Radfahren im Erzgebirge geht es nicht darum, zu beweisen, wie gut vor allem die einheimischen Bewohner am Berg Radfahren, sondern wie gut auch Urlauber - nicht nur die Profis, sondern Familien mit Kindern, rüstige, aktive Senioren und lebensfrohe, junge Menschen - erlebnisreiche Tage mit dem Rad hier verbringen können. Das Erzgebirge hat für seine Urlauber mehr zu bieten als Volkskunst und Bergbautradition oder Skifahren und Wandern. Viele Möglichkeiten der aktiven Erholung wie Golf, Flug-, Wassersport und Genussradfahren werden viel zu wenig angesprochen und können mehr als die Zeit eines Kurzurlaubs ausfüllen.

Wie geht es weiter mit den Genussradwegen im Erzgebirge? Wie können wir den Ausbau beschleunigen? Wer sind unsere Ansprechpartner. Und können wir diese bei ihren Entscheidungen beeinflussen?

Nach der politischen Wende des Jahres 1989 lebten viele ostdeutsche Bürger in dem Irrglauben, dass die Zeit der vollständigen kommunalen Selbstverwaltung angebrochen sei und jede Kommune die Hoheit auf ihrem Gebiet besitzt. Schnell mussten wir aber lernen, dass dies nur die halbe Wahrheit ist. Vor allem die Beschaffung der finanziellen Mittel kann, direkt oder indirekt, bestimmen, wie die Zukunft aussieht. Der gute Wille, etwas zum Besseren zu verändern, scheitert häufig am Geldmangel. Also kann nur das getan werden, was von den die Gelder bewilligenden Behörden als notwendig erachtet wird. Nur an den Stellen, wo Fördermittel fließen, können die vorhandenen Eigenmittel aufgestockt werden.

Durch Finanzmittel gesteuerte „freiwillige“ Zusammenschlüsse entstanden - die Zweckverbände. Viele Aufgaben wurden damit dem direkten Einfluss der kommunalen Abgeordneten entzogen (z. B. die Abfallentsorgung). Durch Eingemeindungen und die Kreisreform in den 1990er Jahren wurde die Anzahl der stimmberechtigten Abgeordneten verringert. Dass manche Städte noch beratende Ortschaftsräte haben, soll diese Entwicklung eigentlich nur kaschieren. In manchen Kommunen wird heute bereits über die Abschaffung solcher *„nur beratender Organe“* diskutiert.

Für die Vorgaben bzw. Empfehlungen von „Oben” wurde in der Diskussion um das Für und Wider viel Zeit sinnlos vertan. Was ein Erfolg sein sollte, wurde mit der nächsten Reform „korrigiert“. Nur die erzielten kleinen Ergebnisse, wie die Zusammenschlüsse der Orte, haben oft Bestand. Andere Kreiszuschnitte hätten auch andere Verbindungen gebracht.

Es ist müßig im Nachhinein manches als Erfolg zu feiern oder zu diskutieren *„...was wäre wenn...”*. Auch weitere Ortszusammenschlüsse erhöhen nicht die verfügbaren Gesamtfinanzmittel, wenn nicht die Notwendigkeit und Menge der anfallenden Arbeit geändert wird.

Die Kreisreform des Jahres 2008 halbierte die Anzahl der Kreistagsabgeordneten nochmals. Die Kreisgrößen wurden dabei so ausgedehnt, dass der ehrenamtliche Abgeordnete die notwendigen Entscheidungen in der gesamten Fläche nicht mehr so beherrschen kann, wie es eigentlich nötig ist. Er muß sich auf die Verwaltung verlassen. Die Anzahl der Städte und Gemeinden in den neuen, größeren Kreisen ist gestiegen. Da aber die Bürger in der Regel ihr Ortsoberhaupt, ihren Amtsleiter und die Mitarbeiter der Rathäuser sowie Mitarbeiter anderer staatlicher oder kommunaler Stellen wie Schulen, Zweckverbände, Eigenbetriebe usw. in den Kreistag wählen, ist der prozentuale Anteil der kommunalen Angestellten auf ca. 50 % gestiegen. Die Exekutive, einschließlich der Bürgermeister, ist sozusagen unter sich. Die wenigen einfachen Bürger ohne direkte Funktion gehören meist der Opposition an und besitzen daher kaum Einfluss auf Entscheidungen.

Als Beispiel für diese aus meiner Sicht bedenkliche Entwicklung sei der Erzgebirgskreis genannt. Von den 98 Abgeordneten, die 2008 gewählt wurden, sind 41 Stadt- und Gemeindeoberhäupter. Die regierenden Parteien besitzen kaum noch Abgeordnete ohne Amtsfunktio-

nen, mit denen die Bürger auch offen ihre Ansichten austauschen. Konstruktive Querdenker, die frei von dienstlichen Abhängigkeiten und Rücksichtnahmen, auch über Gesetze oder Durchführungsbestimmungen hinweg, ihren Gedanken freien Lauf lassen können, sind „Mangelware”. Hinzu kommt noch, dass durch die Sitzverteilung in den Parlamenten nach dem sogenannten *„d'Hondtschen Höchstzahlverfahren“* aus dem Jahre 1882 (!) in Sachsen die kleinen Parteien und Wählervereinigungen benachteiligt werden.
Andere Bundesländer ersetzten dieses, den Idealsitzanspruch verzerrende Regelwerk, schon längst durch demokratischere Verfahren.

Die Städte und Gemeinden besitzen keinen Rechtsanspruch auf Fördermittel. Nur solange also in einem bestimmten Fördertopf noch etwas drin ist, kann die Summe ausgezahlt werden. Jede Verzögerung eines Antrages ist für den Ort, und damit für die Maßnahme gefährlich. Und was dann?

Es gibt Landtagsabgeordnete, die in mühevoller Kleinarbeit für dieses oder jenes Projekt die Fördermittelvergabe vorantreiben. Was wird aus den Ortschaften, die wegen „falscher“ Wahlentscheidungen, keine solchen Abgeordnete mit lobenswerten Einsatz aufweisen können ?

Letztendlich ist der Entscheidungsträger für ein konkretes Projekt die Exekutive. Diese setzt die Rahmenbedingungen um, die durch die „obere“ Legislative vorgegeben wurden. Sie kann sich um ein Projekt mit allen Kräften bemühen oder dieses als nicht realisierbar ablehnen. Die „untere“ Legislative muß deshalb immer viele gute Ideen und konkrete Vorstellungen parat haben, um dabei zu sein, wenn das Rennen an den Fördertöpfen beginnt. Vorausgesetzt, sie hat in ihrem Haushalt noch genug Mittel, um den notwendigen Eigenanteil aufzubringen.

In Abhängigkeit des jeweiligen Bürgermeisters oder Landrates werden unterschiedliche Projekte befürwortet. Dabei wird Radwegen häufig nicht das Interesse entgegengebracht, das sie verdient hätten, denn diese Art der kulturbedingten Wirtschaftsförderung ist nicht konkret als Schaffung bzw. Sicherung von Arbeitsplätzen in einem überschaubaren Zeitraum messbar. Dazu im Gegensatz wird bei vielen öffentlichen Auftritten der Verantwortlichen mit Tourismus verbal immer Politik gemacht. Dass zwischen dem Beschluss der „Radverkehrskonzeption Sachsen 2005“ und der Bestandsaufnahme 3 Jahre vergehen mussten, zeigt wie notwendig mahnende Worte für die Durchsetzung dieses Zieles sind.

Um die örtlichen Pläne zu koordinieren und die Ideen der Bevölkerung zu integrieren, wurde die ILEK in das Leben gerufen. „Integrierte Ländliche Entwicklungskonzepte“ werden dabei im Zeitraum von 2007 - 2013 besonders gefördert. Eines der Ziele ist dabei, den Tourismus auf dem Land, wozu auch der Rad-Tourismus gehört, anzukurbeln.

Vorraussetzung ist, dass Orte sich zu einem ILEK-Gebiet zusammenschließen. Ein Ausschuss mit Mitgliedern der Exekutive und wenigen berufenen Bürgern dieser Orte, berät dabei über die Durchführung der vorgelegten Projekte. Der Einfluss der örtlich gewählten Bürgervertreter geht dabei gegen Null. Ob für den Tourismus Gelder fließen, hängt von vielen Faktoren und auch von den „Vorlieben” der Entscheidungsträger ab.

Als Bürger können und sollten sie aber immer zur Gebietsentwicklung Vorschläge machen. Für das Erzgebirge sind die folgenden ILEK- oder LEADER-Gebiete (Gebiete mit einer möglichen hohen Förderung durch die EU mit der Zielstellung, Verbindungen zwischen Aktionen zur Entwicklung der ländlichen Wirtschaft zu schaffen) entstanden. Die Ziele können Sie im Internet auf der Website ***www.Publikationen.sachsen.de*** in der PDF-Datei „Integrierte Ländliche Entwicklung“ nachlesen.

Als ILEK-Region werden ausgewiesen:

- Falkenstein, www.stadt-falkenstein.de
- Gemeinsame Zukunft Erzgebirge www.marienberg.de (Marienberg, Pobershau, Zöblitz)
- Mittleres Flöha- und Zschopautal, www.lengefeld.de
- Sächsische Schweiz, www.landschaft-zukunft.de
- Schönburger Land, www.limbach-oberfrohna.de
- Silbernes Erzgebirge, www.leaderplus-osterzgebirge.de
- Tor zum Erzgebirge, www.stollberg-erzgebirge.de
- Westerzgebirge, www.aue.de
- Zwickauer Land, www.langenweissbach.de
- Zwönitztal/Greifensteinregion, www.zwoenitz.de

LEADER-Gebiete sind:

- Annaberger Land, www.annabergerland.de
- Augustusburger Land, www.oederan.de
- Vogtland, www.vogtland.de

In dieser Aufstellung sehen Sie, wie viele Interessengebiete das Erzgebirge berühren. Weiterhin spielen noch die Kreisentwicklungs-, Landes- und Bundespläne eine Rolle. Wer sich für den Ausbau der Radwege interessiert und in dieser Richtung etwas bewegen will, muss deshalb alle Ebenen der Legislative mit ihren Abgeordneten und besonders auch die jeweiligen Verwaltungen einbeziehen. Jeder Radfahrer, jeder Heimatfreund und natürlich jeder, der vom Tourismus lebt, ist gezwungen, auf den verschiedensten Wegen Lobby-Arbeit zu leisten. Das heißt konkret, bei allen passenden und unpassenden Gelegenheiten, unser Ziel, die Weiterentwicklung der Genussradwege im Erzgebirge anzumahnen. Während der Bemühungen, die Verantwortlichen für die Verkehrsentwicklung, von der Notwendigkeit des Radwegebaus zu überzeugen, erhält man oft den Hinweis, die Kräfte zu bündeln, damit die Stimme mehr Gewicht erhält.

Die Belange der Radfahrer in Deutschland werden im Wesentlichen von zwei Organisationen vertreten, dem Bund Deutscher Radfahrer (BDR) und dem Allgemeinen Deutschen Fahrrad-Club (ADFC). Sie werden beratend zu den verschiedenen Vorhaben hinzugezogen. Auch wenn sie uns Radfahrer gut vertreten, haben sie nur eine, wenn auch gewichtige, Stimme. Unabhängig von der jeweiligen regierenden Partei werden sie sachlich agieren, denn ihre Arbeit muss politisch neutral sein. In den Landkreisen, Städten und Gemeinden, im Geschehen vor Ort, wird ihr Einfluss, bestimmte Vorhaben voranzubringen, aus Mangel an organisierten Mitgliedern, gering bleiben. Politischer Druck, der für viele Entscheidungen notwendig ist, kann durch diese Verbände leider kaum aufgebaut werden.

Vielleicht sollten wir Radfahrer eine eigene Partei gründen? Denn sobald eine kleine Partei mehr als 2% Zustimmung findet, werden auch die großen Volksparteien das Thema aufgreifen, um keine Stimmen zu verlieren. Umweltschutz und Familienpolitik sind nicht aus der Einsicht der Notwendigkeit in die Programme der großen Parteien aufgenommen worden. Vielmehr stellen sie zentrale Themen kleinerer Parteien dar, die sich dafür eingesetzt haben und bei Wahlen mehr als ihre eigenen Stimmen bekamen. Inwieweit das Engagement der „großen" Politik dabei authentisch ist, sollten Sie selbst entscheiden. Hinter vielen Worten können sich aber auch Rückwärtsentwicklungen oder nur finanzielle Umverteilungen ohne effektiven Fortschritt verbergen. Der weitere Rückgang der Geburtenzahlen in Deutschland, ohne eine spürbare Förderung der Mütter mit Kindern bzw. Familien sagt in dieser Beziehung alles. Unsere Zukunft sind die nächsten Generationen und nicht die Finanzsysteme. Überschuldete Staatshaushalte haben aber Legislative und Exekutive verursacht und die Wähler, die diese nicht gestoppt haben.

Dass aus den drei Parteien der ersten Jahrzehnte des Bundestages inzwischen fünf geworden sind und die sogenannten „Anderen“ in der Summe bereits wieder um die 5 % der Stimmen bei Wahlen erreichen, zeigt doch, wie viele Probleme nicht gelöst wurden. Für mich ist es deshalb unverständlich, dass manche Bürger nicht zur Wahl gehen. Die Nichtwähler hätten die Möglichkeit mitzuhelfen, Probleme über die sogenannte „Fünf-Prozent-Hürde“ zu heben, um sie dadurch größeren Bevölkerungsschichten bekannt zu machen. Da es für die Gültigkeit der Wahlen keine Mindestbeteiligung gibt, verschenken Nichtwähler ihr Potential, wenigstens grob die Richtung der Politik mitzubestimmen. Selbst bei einer noch geringeren Beteiligung am Urnengang, wie es in diesen Tagen gerade der Fall ist, lässt sich eine definitive Zusammensetzung des Bundestages errechnen. Dass in den Medien „kluge Köpfe" das Nichtwählen als eine besondere Form der Demokratie und des gesellschaftlichen Protestes anpreisen, empfinde ich als unlogisch. Wir leben nicht in der DDR, in der es die Wahlpflicht gab. Dort war die Verweigerung der Stimmabgabe ein oft gefahrvoller, gesellschaftlicher Protest. In der Bundesrepublik besteht diese Wahlpflicht nicht. Sollen diese Aufforderungen zum Nichtwählen verhindern, dass unzufriedene Bürger neue, andere Parteien in die Parlamente bringen? Die Ursachen und Gründe für eine Unzufriedenheit im Bezug auf die Parteien werden häufig erkannt und richtig beschrieben (*Steingart „Die gestohlene Demokratie“, Piper, München 2009*). Die Schlussfolgerung, mit dem Nichtwählen auf demokratische Weise etwas zum Besseren zu verändern, ist meiner Ansicht nach aber eine Illusion. Eine Partei abzuwählen, verlangt nach unseren Gesetzen, sich für eine andere zu entscheiden. Wenn ein Bürger keiner der zur Abstimmung stehenden Parteien seine Zustimmung geben will, sollte er seinen Stimmzettel ungültig machen. Damit würde er zumindest Interesse an den gesellschaftlichen Vorgängen und eine Protesthaltung zeigen. Abgewählt hat er damit aber noch immer keine Partei. Die Richtung und Themen der Politik werden dann trotzdem andere bestimmen...

Dieser Ausflug in die Politik will Sie gewissermaßen für politische Entscheidungen motivieren, die unsere Sache, das Genussradfahren, betreffen. Und natürlich auch deshalb, weil die Politiker diesbezüglich bestimmen, ob und wo Gelder eingesetzt und ausgegeben werden, wobei die konkreten Vorhaben oft von der Verwaltung umgesetzt werden.

Viele Anfragen an diese zu einem Thema machen sichtbar, wie wichtig die Angelegenheit für die Bürger ist. Deshalb sollte man sich nicht damit zufrieden geben, dass man doch nichts ändern kann. Gerade für unser Ziel ist es entscheidend, dass sich etwas bewegt. Seien Sie deshalb auch politisch ein aktiver Bürger, der immer wieder nachfragt und sich Gedanken macht über die zukünftige Gestaltung unserer einheimischen Region.

Rückblickend ist der Gedanke des Genussradfahrens im Erzgebirge relativ jung. Einige wenige haben bereits vor Jahren die Idee vorgetragen und begonnen, mit dieser zu werben ist allerdings - wie ich aus eigener Erfahrung weiß - ist es ein mühsamer Weg.

Als Beispiel dafür, wie viele Schritte notwendig sind, um heutzutage aus Ideen konkrete Taten werden zu lassen, füge ich die folgende Aufstellung zur Entwicklung des Genussradfahrens bei, wobei die kursive Schrift meine diesbezüglichen Aktivitäten verdeutlichen.

1996: Im Auftrag des Sächsischen Staatsministeriums für Wirtschaft und Arbeit (SMWA) erstellt der ADFC die erste Radverkehrskonzeption für den Freistaat Sachsen.

1998: Der Landkreis Stollberg verabschiedet den Kreisentwicklungsplan. *Änderungsanträge dazu von Kreisrat Troll vom 10.5.1998: Zu 5.2.2.4: ... und die Nutzung und der Ausbau von stillgelegten Bahnstrecken zu Radwegen. - Ergebnis: teilweise „... Routennetz ist vom SMWA abschließend festgelegt. Bei der Erarbeitung ... wurde der Vorschlag... soweit wie möglich beachtet (... Tour 7)“*

Zu 7.7.3: Leicht fahrbare Radwege sind auf den stillgelegten Bahnstrecken anzulegen (z. B. Stollberg - Scheibenberg). Die Sicherung dieser Routen muss kreisübergreifend erfolgen, um einer Verbauung zuvorzukommen. - Ergebnis: Änderungsantrag mehrheitlich abgelehnt.

1998: *Viele Schreiben bzw. Faxe (teilweise anonym) werden mit dem Ziel, die Menschen für das Thema Genussradwege zu sensibilisieren, an die Abgeordneten, Bürgermeister, Gewerbe- und Tourismusvereine sowie Hotels versendet. Auf die Möglichkeit des Ausbaues der vielen stillgelegten Bahnstrecken im Erzgebirge, besonders der Panoramabahn Stollberg - Zwönitz - Scheibenberg, wird dabei hingewiesen.*

1999: Im Wirtschaftsausschuss der Stadt Zwönitz werden Vorschläge zur Verbesserung der Wirtschaft verlangt. *Einer meiner Vorschläge: „... Die stillgelegte Eisenbahnstrecke Stollberg - Scheibenberg wird zum familienfreundlichen Radweg ausgebaut.“* - Schreiben vom 21.11.1999 und 04.02.2001): *Das „Familienradland Erzgebirge“ wird gefordert.*

2001: In Dresden wird beschlossen, die Radverkehrskonzeption von 1996 fortzuschreiben.

09.05.2004: *Es erfolgen weitere Schreiben per Fax an die Landratsämter Stollberg, Aue, Annaberg, Marienberg, Freiberg, die Tourismusverbände, die Staatsregierung, die IHK und die Anliegergemeinden. Der Ausbau der stillgelegten Bahnstrecken Stollberg - Scheibenberg, Meinersdorf - Annaberg (Schönfeld/Wiesa) und Schlema - Schneeberg sowie der weiteren stillgelegten Strecken zu Radwegen wird in ihnen empfohlen (Aue - Blauenthal, Wilkau - Carlsfeld usw.).*

17.07.2004: Die „Freie Presse“ berichtet über den Willen der Orte Aue, Bockau und Eibenstock, die stillgelegte Bahnstrecke Aue - Blauenthal zum Radweg auszubauen.

25.8.2004: *4. Wahlperiode des Kreises Stollberg: Kreisrat Troll stellt den Antrag, den möglichen Ausbau der stillgelegten Bahnstrecken Stollberg - Zwönitz - Scheibenberg und Meinersdorf - Annaberg (Schönfeld/Wiesa) zu Radwegen zu untersuchen. Für die Strecke Stollberg - Zwönitz - Scheibenberg wird eine mögliche, realisierbare Variante der Linienführung (einschließlich Umgehungsstrecken für fehlende Brücken) der Kreisverwaltung übergeben (11.10.2004).*
Der Kreistag und die Verwaltung beginnen danach mit der Arbeit an einer Radwegekonzeption incl. der Prüfung der stillgelegten Bahnstrecken. Es werden Gespräche mit dem betroffenen Orten des Kreises Stollberg und der Stadt Lößnitz, als Anlieger der genannten Bahnstrecke, geführt.

April 2005: Der Entwurf der neu gefassten Radverkehrskonzeption für Sachsen wird veröffentlicht.

Sommer 2005: *Erneut erfolgen Schreiben an die Anliegergemeinden der stillgelegten Bahnstrecke Stollberg - Zwönitz -Scheibenberg.* Der Bürgermeister der Stadt Grünhain-Beierfeld unterstützt die Initiative, bringt die Anliegerkommunen der Bahnstrecke für den Abschnitt von Zwönitz bis Scheibenberg zum Thema „Radweg auf der Bahnstrecke“ an einen Tisch. (Der Bürgermeister der Stadt Zwönitz informierte mich davon.)

2005: Die Anliegerkommunen der stillgelegten Bahnstrecke Aue - Blauenthal verhandeln mit der Deutschen Bahn über deren Verkauf, um diese zu einem Radweg auszubauen („Freie Presse“ 4./5. Juni).

August 2005: Der Entwurf der Radwegekonzeption des Landkreises Stollberg wird den Ausschüssen des Kreistages zur Diskussion übergeben. In der neuen, vollständigen Überarbeitung werden die stillgelegten Bahnstrecken als zukünftige Genussradwege aufgenommen. Die Stadt Lugau verwirft aus Kostengründen den Ausbau der stillgelegten Bahnstrecke Neuoelsnitz - Lugau - Wüstenbrand (Aussage des Bürgermeisters).

2006: Die Radverkehrskonzeption für Sachsen wird beschlossen.

23.01.2006: *An den Petitionsausschuss des Sächsischen Landtages (Aktenzeichen 04/01389/3) wird der Antrag bezüglich eines Ausbaues der stillgelegten Bahnstrecke Stollberg - Scheibenberg gestellt. - Ergebnis: Der Antrag wird als Petition abgelehnt aber an das Wirtschaftsministerium weitergereicht. Ein abschnittsweiser Ausbau im Projekt „SachsenNetzRad“ ist möglich. Als regionale Hauptroute II-11 Chemnitz - Silberstraße ist der Bereich Zwönitz bis zur Fuchsbrunnbrücke Bestandteil des „SachsenNetzRad“.*

05.04.2006: Der Kreistag Stollberg beschließt seine Radverkehrskonzeption.

19.10.2006: Die neue Bewerbungsrunde für LEADER und ILEK für die Jahre bis 2013 ist eröffnet.

18.11.2006: *Antrag an den Kreistag Stollberg: „ ... Finanzmittel des freiwilligen Kreiszusammenschlusses für den Ausbau der Genussradwege, entsprechend des Kreisentwicklungsplanes, zu benutzen.“ Einige dringliche mögliche Maßnahmen schlage ich ebenfalls vor (z. B. Verbindung Dorfchemnitz - Thalheim als bahnbegleitender Weg, usw.).* - Für die Umsetzung der Radwegekonzeption werden 250.000,- Euro eingestellt (LK/Maßn.-Nr. STL/16). Die Umsetzung obliegt dem neuen Erzgebirgskreis.

09.02.2007: In Oberwiesenthal wird mit Ministerpräsident Milbradt eine Klimadebatte abgehalten. Als Konsequenz zur Klimaerwärmung werden für den Tourismus „attraktive Ganzjahresangebote“ für das Erzgebirge gefordert. *(„Freie Presse“, 10./11.2.2007).*

18.03.2007: *Mit einem Vorschlag zur Klimadebatte erfolgt ein Schreiben an das SMWA mit dem Inhalt, dass Genussradfahren im Erzgebirge, durch den Ausbau der stillgelegten Bahnstrecken, attraktive Ganzjahresangebote bringt.*

April - Juli 2007: *Es erfolgen Schreiben an die ILEK-Gebiete bzw. Landratsämter, Städte und Gemeinden des Westerzgebirges mit den Vorschlägen, den Ausbau der stillgelegten Bahnstrecken zu Genussradwegen in ihre ILEK-Konzeptionen aufzunehmen. Weitere Vorschläge sind in den verschiedenen Schreiben z. B. Verlegung des Wirtschaftsweges in Hormersdorf zum Rabenholz, bahnbegleitende Verbindung Dorfchemnitz - Thalheim, Fortführung des Röhrgrabens in Ehrenfriedersdorf, Fortführung des Radweges der stillgelegten Bahnstrecke Zwönitz - Scheibenberg auf dem Höhenzug über Scheibenberg hinaus bis zum Fichtelberg enthalten.*

Juni - September 2007: *Mit Schreiben an das Straßenbauamt Zwickau, das SMWA Sachsen sowie an verschiedene Abgeordnete des Landtages wird auf die Notwendigkeit von Radwegen auf Brücken aufmerksam gemacht. Anlass war der das Tal überspannende Brückenneubau in Markersbach.*

August 2007: *Der Gedanke zu diesem Buch wird geboren.*

01.02.2008: *In einem Brief an den Landrat des Kreises Stollberg wird für den Ausbau und die Verlegung der Kreisstraße Thum - Auerbach ein Radweg gefordert, damit der schmale Höhenzug im Radtourismus auch für Familien erhalten bleibt.* Der direkte Radweg an der Straße wird vom Landrat „abgelehnt", dafür aber eine Lösung in der Nähe zugesagt. Die „Lösung" ist nicht mit einem Termin belegt, nicht finanziell abgesichert und weist weitere Mängel auf. Das Problem ist auch heute noch offen. Der Landrad des Erzgebirgskreises wurde diesbezüglich angeschrieben.

05.03.2008: *Antrag in der Sitzung des Kreistages Stollberg: ...Bau des Radweges an der neuen Straße Thum - Auerbach. Beschluss 400309/08 angenommen, mit Beschluss 400310/08 wieder aufgehoben, mit Beschluss 400311/08 in den Bauausschuss verwiesen.*

19.10.2008: *Das Landratsamt Annaberg wird darauf hingewiesen bei diversen Straßenbaumaßnahmen die Radwege nicht „zu vergessen" (z. B. Neubau der B 95 von Wiesa nach Annaberg).*

30.06.2009: *In einem Schreiben an die Stadt Aue und den Erzgebirgskreis wird ein Radweg als Ortsdurchfahrt durch Aue auf dem Bahnhofsgelände und der stillgelegten Bahnstrecke Aue - Blauenthal angemahnt.*

Diese muss auch dann entstehen, wenn eine Hochstraße in Aue auf der ehemaligen Bahnlinie gebaut werden sollte (auch als Leserbrief in die Freien Presse/Aue 3.7.2009). Auslöser war der Beschluss des Auer Stadtrates auf die Verlegung der B 283 auf der stillgelegten Bahnstrecke zu verzichten. Die Planung einer Verbindungsstraße B 169 - B 101 ohne Radweg ist noch nicht vom Tisch.

2009: Der Radweg auf der stillgelegten Bahnstrecke Annaberg - Königswalde wird von Annaberg aus gebaut. Er führt zur Zeit bis zur Gaststätte „Morgensonne“ im Ortsteil Cunersdorf.

Zwönitz lässt die Nutzbarkeit der Fuchsbrunnbrücke auf der stillgelegten Bahnstrecke Stollberg - Zwönitz - Scheibenberg auf ausreichende Statik zur Nutzung als Radweg prüfen. Die Krone des Bahndamms wird in Richtg. Ortsgrenze Lößnitz (OT Affalter) vom Bewuchs befreit.

Der Ausbau der stillgelegten Bahnstrecke Aue - Blauenthal wird begonnen. Die Finanzierung ist gesichert.

Der Ausbau der stillgelegten Bahnstrecke Waltersdorf - Crottendorf ist als Teil des Zschopautalradweges abgeschlossen.

Scheibenberg setzt den Weg vom Ort zur stillgelegten Bahnstrecke Zwönitz - Scheibenberg instand. Damit ist die Nutzung von Scheibenberg aus gesichert. An der gleichen Strecke baute Elterlein eine Umgehung für ein noch nicht nutzbares Stück aus. Damit wurde eine weitere Lücke für den durchgehenden Radweg geschlossen.

Lugau beschließt die stillgelegte Bahnstrecke Neuölsnitz - Lugau - Wüstenbrand auf ihrem Gebiet zu kaufen und zum Radweg auszubauen. Die weiteren Orte in Richtung Wüstenbrand signalisieren ebenfalls Interesse. *(„Freie Presse“ 08.09.2009)*

Dem Grenzen überschreitenden Radwanderweg zwischen Johanngeorgenstadt und Karlsbad bzw. zwischen Breitenbrunn und Karlsbad steht nichts mehr im Wege. *(„Freie Presse“ Aue, 06.10.2009)*: Ein Radweg ist geplant. Für die Fahrt von ca. 37 km nach Karlsbad soll ein untrainierter Radler nur zwei Stunden benötigen. Da jederzeit das Umsteigen auf die Bahn am nächsten Bahnhof möglich ist, wird dies eine interessante Strecke.

Das Regionalmanagement Erzgebirge unterzieht das seit 2005 ruhende Radverkehrskonzept Sachsen einer Prüfung. Die Bestandsanalyse von 1500 km kostet 30.000 Euro. *(„Freie Presse“, 20.10.2009)*

„Die Meinersdorfer und Thalheimer Radfahrer werden aufatmen: Der seit nunmehr vier Jahren geplante Geh- und Radweg entlang der

B 180 zwischen Thalheim und Meinersdorf soll zwingend nächstes Jahr gebaut werden.“ *(Freie Presse Stollberg, 09.11.2009)*

Die Talsperren des Vogtlandkreises Werda, Falkenstein, Pirk und Pöhl sollen mit einem Radweg verbunden werden. Die Streckenführung nutzt die stillgelegten Bahnstrecken Herlasgrün - Falkenstein und Lottengrün - Plauen - Chrieschwitz *(„Freie Presse“, 12.11.2009).*

„Die drei Kommunen Bad Schlema, Aue und Hartenstein wollen einen gemeinsamen Radweg entlang der Zwickauer Mulde bauen. ... vom Auer Bahnhof bis zur Burg Stein... Der Weg wird mit dem Muldenradweg verknüpft. ...“ *(„Freie Presse“, 17.11.2009).*

2010: *Der unter meiner Federführung seit 2009 erarbeitete Entwurf eines Ortsradwegeplans für Zwönitz wurde am 01.06.2010 als Antrag durch die Freien Wähler e.V. in die Stadtverordnetenversammlung eingebracht.*

Der Erzgebirgskreis verbaut die „Finanzmittel des freiwilligen Kreiszusammenschlusses für den Genussradweg...” auf dem Eisenweg zwischen Würschnitz und Zwönitz. - In Zwönitz nimmt eine Kommission für einen Ortsradwegeplan die Arbeit auf.

Der Würschnitztalradweg wird eröffnet (01. 05 2011)

Der Radweg Falkenstein - Oelsnitz i. Vogtl. auf der stillgelegten Bahnstrecke wird eingeweiht (27.05. 2011)

2011: *Dieses Buch wird fertiggestellt und verlegt.*

Die hier aufgelisteten positiven Tendenzen des Radwegebaus sind nur die, welche dem Autor bekannt wurden. Viele Vorhaben erscheinen auf den Regionalseiten der Zeitungen und es ist schwer, sich hier einen aktuellen Überblick zu verschaffen. Nutzen Sie die Suchmöglichkeiten Ihrer bzw. der Heimatzeitung des entsprechenden Gebietes. Sie werden in diesen Presseerzeugnissen noch viele Vorhaben finden. Wichtig ist auf jeden Fall, dass sich die positiven Meldungen in der letzten Zeit häufen. Ich glaube, wir sind auf einem guten Weg.

In der Zwischenzeit hat sich die Zahl der Mitstreiter, die für die Genussradwege werben, erfreulich erhöht. Auch in den Rathäusern und Landratsämtern ist die Anzahl der Befürworter gestiegen. Durch die milden Winter, welche die Anzahl der wintersportorientierten Gäste sinken ließ, sind auch die Gaststätten und Hotels sensibilisiert und suchen neue Möglichkeiten, die Einkehr- und Übernachtungszahlen der Urlauber wieder zu erhöhen. Auch sie erkennen, welche Möglichkeiten durch den Radsport - speziell auch durch das Genussradfahren - für den Tourismus im Erzgebirge vorhanden sind. Der Druck auf die Politiker zu diesem Thema wächst. Es ist Bewegung in das Genussradland Erzgebirge gekommen. Wie überall zählt auch hier das alte Sprichwort: „*Wer zu spät kommt, hat das Nachsehen.*" Oder wie es jetzt treffender heißt: „*... den bestraft das Leben.*" - Das „*Leben*" kann für einige Tourismusbetriebe die Existenz bedeuten.

Diese positive Tendenz kann uns aber noch nicht grundsätzlich beruhigen. Solange wir den neugeschaffenen Radweg oder die ausgebaute stillgelegte Bahnstrecke nicht gefahren sind, ist das Ergebnis wegen ständigem Geldmangel noch nicht erreicht. Dies kann uns deshalb nicht davon entbinden, jede öffentliche Baumaßnahme, jeden Bebauungsplan, die Gebietsentwicklungspläne, in jedem Planfeststellungsverfahren und sonstigen öffentlich ausgelegten Plänen, auf die Verträglichkeit zur Förderung des Radtourismus zu überprüfen. Gleiches gilt für die in den Gemeinde-, Stadt- und Kreisparlamenten bzw. deren Ausschüssen vorgelegten Beschlussvorlagen.

Aber auch bei den Maßnahmen der Tourismusverbände muss genau hingesehen werden, dass nicht Projekte entstehen, die nur in einem bestimmten Umfang genutzt werden können, oder durch neue Ersatzlösungen einstige Möglichkeiten ausgeschlossen werden. Gefahr sehe ich u. a. in Oberwiesenthal, dass durch die Erneuerung bzw. das neue Projekt der Fichtelbergbahn ausgeschlossen wird, Räder auf den Berg zu befördern.

Bei neuen Projekten besteht immer die Chance, mehr für das Genussradfahren zu tun. Möglichkeiten bestehen noch viele und Visionen werden gebraucht. Vielleicht wird die historische Sommerrodelbahn in Aue wieder eröffnet und bringt auch uns Genussradfahrer mit hinauf auf die Höhe. Solch eine Variante könnte ich mir auch noch an anderen Orten wie z. B. in Wolkenstein vorstellen. Wer kennt die Anfang Mai mit Stiefmütterchen übersäten Wiesen bei Rübenau? Oder wie wäre es z. B. mit einem Genussradweg von Halle bis nach Prag auf den Spuren der Salzstraße entlang der Zwickauer Mulde nach Hartenstein, den Lößnitzbach aufwärts nach Zwönitz, auf dem Obererzgebirgischen Aussichtsradweg nach Elterlein und dann von Schlettau weiter ins Tschechische.

In der Stadt Schwarzenberg wurde eine Bahn vom Schwarzwassertal hinauf in die Altstadt gebaut. Das wäre vielleicht auch eine Lösung von Kipsdorf nach Bärenfels oder, oder, oder.... Bei allen Aktivitäten dürfen wir nicht - etwa durch spektakuläre Events - das Ziel des Genussradwegenetzes Erzgebirge aus den Augen verlieren.

Radwegebau

Was sind nun die notwendigsten Maßnahmen für das „Genussradland“ Erzgebirge? Wo drückt uns hier der Schuh am heftigsten?

Es gibt viele Möglichkeiten, das Erzgebirge mit dem Rad zu erkunden. Schon heute können wir Sie als Urlauber zu einer Tour ins Erzgebirge mit dem Rad nur beglückwünschen. Die Hinweise und Anregungen in diesem Buch sollen Ihnen helfen, einen erholsamen, einmaligen Urlaub mit vielen verschiedenen Höhepunkten und unvergeßlichen Aussichten zu genießen.

Auch Sie werden auf mancher Strecke feststellen, dass mit wenig Aufwand einiges verbessert werden könnte. Warum verschenken die Erzgebirgler solche Möglichkeiten? Deshalb ist es mehr als sinnvoll, Ihre diesbezüglichen Beobachtungen einer Tourismusinformation in Ihrem Urlaubsort schriftlich bekanntzugeben.

Diese Büros werden Ihre Anregungen an die zuständigen kommunalen Verantwortungsträger weiterleiten.

Am günstigsten wäre es, wenn Sie in Zwickau, Chemnitz oder Dresden mit einer Mehrtages-Genussradtour beginnen. Sie könnten dort, nach erholsamer Radfahrt, wieder in den Zug steigen und die Heimreise antreten. Leider ist diese Fahrt als ausschließliche Genussradtour zur Zeit noch nicht möglich. Es können aber immerhin lange, durchgängige Radwege angeboten werden. Auf diese Weise können Sie von vielen Orten aus sternförmig Genussradtouren unternehmen. Die noch an einigen Stellen fehlenden Verbindungen einzelner Teilstücke müssen noch geschaffen werden.

Beginnen wir nun mit einer unvollständigen Auflistung dieser notwendigen Maßnahmen:

1. Die Genussradstrecken, die in der Radverkehrskonzeption des Freistaates Sachsen enthalten sind, müssen weiter ausgebaut werden. Die Linienführung muss aber an verschiedenen Abschnitten den Bedürfnissen des Genussradfahrens angepasst werden. Die Nutzer der Strecken sind die Urlauber und Wochenendausflügler, die immer häufiger unter den Genussradfahrern zu finden sind. Auch für die Mountainbiker bleiben noch genug steile und anspruchsvolle Wege. Und auch diese nutzen für die Anfahrt zum Wettkampf oder eines „Downhill-Trips“ lieber eine schnellere, bequeme Strecke.

2. Dem Genussradfahren auf den stillgelegten Bahnstrecken muss, besonders durch deren schnelleren Ausbau, mehr Aufmerksamkeit geschenkt werden. Gerade diese garantieren das leichte Fahren. Der Lückenschluss auf den nachfolgenden ehemaligen Bahnstrecken würde viel zur Freude unserer Radurlauber beitragen, vor allem weil diese bereits auf einigen Abschnitten von ihnen genutzt werden:

- Stollberg - Zwönitz - Scheibenberg mit der Weiterführung zum Fichtelberg als landschaftlich besonders reizvoller Panorama-Radweg, Trans-Erzgebirgs-Genussradtour, Verbindung der Urlaubszentren: Bergbaumuseum Oelsnitz - Greifensteingebiet - Fichtelberg - Kammloipe, Anbindung der oberen Genussradstrecken des Erzgebirges an die Bahnlinien.
- Das Thumer Dreieck als Knoten eines Genussradwegenetzes Erzgebirge, Verbindung der Genussradwege des Zschopau- und des Zwönitztals, Aufstieg zu den Höhenzügen.
- Plattenthalbahn und Königswalde - Annaberg mit der Weiterführung zum Fichtelberg, um der guten Tourismus-Infrastruktur des Annaberg- und Fichtelberggebietes die nötige Sommerkomponente zu bringen.
- Klingenberg-Colmnitz - Frauenstein als Zubringer von der Bahnlinie Dresden - Freiberg - Chemnitz ins obere Erzgebirge.

3. Radwegebau an Straßen, die quer zu den Höhenzügen verlaufen, sollten an ausgewählten flachen Aufstiegen erfolgen. Als Beispiele seien hier das Tal der Biela bei Olbernhau, das Tal des Seerenbach, das Oswaldtal bei Schwarzenberg, das Lößnitztal bei Aue und die S 219 von Mittelschmiedeberg hinauf auf die B 174 bei Marienberg genannt.

4. Auch an vielen kleineren Stellen kann mit relativ geringem Aufwand das zusammenhängende Genussradwegenetz im Erzgebirge um viele Kilometer erweitert werden. Auch hier nur ein paar Beispiele:

- Zwönitztalradweg: Der Verbindungspfad Thalheim - Dorfchemnitz entlang des ehemaligen Funkenschutzstreifens der Bahn ist nur für Fußgänger geeignet. Felsen versperren einen möglichen Fahrweg. Würden diese relativ wenigen Meter für den Radverkehr zugänglich gemacht, wäre das Genussradfahren von Zwönitz - Gornsdorf, abseits der Hauptstraßen möglich. Es würde ein attraktiver Radweg entstehen, der an das Thumer Dreieck anknüpft.
- Auf den stillgelegten Bahnstrecken sind Streckenabschnitte durch gewachsenes Strauchwerk verwuchert. Würden diese vom Bewuchs befreit und auf dem Schotter des Bahndamms Split und Sand aufgezogen,

wären wieder viele Meter befahrbar. Ähnlich verhält es sich mit den kurzen, fehlenden Brücken der Bahndämme. Häufig reichen eine Abfahrt vom Damm und eine anschließende Auffahrt zurück auf diesen aus, um wieder viele Meter befahrbar zu gestalten.

- An anderen Stellen fehlen wenige Meter, um einen Wirtschaftsweg weiterzuführen. Teilweise scheitert es daran, dass ein Grundstück einem Besitzer abgekauft werden müßte. In einigen Fällen mangelt es an der Verständigung zwischen der Ortsverwaltung mit den Grundstücksbesitzern.

5. Für den Ausbau der Radwege gibt es Richtlinien: ERA (Empfehlungen für Radverkehrsanlagen), RASt (Richtlinien für die Anlage von Stadtstraßen) und natürlich die StVO (Straßenverkehrsordnung), die ständig überarbeitet werden. Novellen und Durchführungsbestimmungen, Gesetzesänderungen und Kommentare ergänzen diese und bieten reichhaltigen Stoff, um sich damit zu befassen. Zusätzlich ändern sich die Förderrichtlinien und Finanzierungsmöglichkeiten.

Ein Radweg der vor 15 Jahren möglich war, müsste heute ganz anders aussehen. Sicherheitsaspekte werden vorgebracht und Mindestwegbreiten werden gefordert. Diese zusätzliche Bürokratie führt kaum zu einem Zuwachs am Radwegenetz, sondern verzögert und verhindert Projekte an kritischen Stellen.

Ein vorhandener Radweg ist besser als keiner. Eine Breite von 2,50 m an einer steilen, von Autos viel befahrenen, von Radfahrern aber kaum nutzbaren Straße, lässt Zweifel an der Wegbreite aufkommen. Es besteht bei der Arbeit nach Richtlinien immer die Gefahr, dass die örtlichen Gegebenheiten außer acht gelassen werden und dadurch die schönsten und wichtigsten Projekte unter Umständen nicht zustande kommen. Das Anlegen eines Radweges auf einer ebenen Strecke ist wahrhaftig keine Kunst. Im Gebirge kann eine dementsprechende Baumaßnahme in einem Flusstal oder an einem Hang aber schon etwas schwieriger werden. Touristen lieben aber nicht die Eintönigkeit, sondern das Besondere. Deshalb ist es notwendig, das Richtlinien auch einmal außer Kraft gesetzt werden können.

Ich möchte nicht im Speziellen auf die Normen und Bestimmungen eingehen, sondern Anregungen aus der Praxis aufgreifen, die mir aufgefallen sind. Ob diese mit den Richtlinien harmonieren ist eine andere Frage. Aber Normen sollten für die Menschen da sein und nicht willkürlich mögliche Entwicklungen bereits im Keim ersticken. So wie die EU-Norm für die „Höchstverkrümmung von Gurken" (Gurkenverordnung 177/88/EWG) wieder geändert wurde und jetzt auch krumme Gurken ihre Kunden finden können, muss auch aus anderen Normen der kostentreibende Perfektionismus der Sachen herausgenommen werden.

In einem Telefongespräch mit einem Mitarbeiter des Staatsministeriums für Wirtschaft, Arbeit und Verkehr (SMWA) in Sachsen wurde mir gesagt: *„... Wir wollen nicht Masse sondern Klasse. ...".*

Dieser Aussage kann ich nur bedingt zustimmen. Ein gut ausgebauter Radweg mit 2 m oder 2,50 m Breite ist dort richtig, wo die Beliebtheit der Fahrmöglichkeit bereits sehr groß ist wie beim Elberadweg oder er noch für eine andere Nutzung z. B. als Zufahrt für ein Grundstück benötigt wird. An anderen Stellen sind auch geringere Breiten ausreichend. Es ist aber in jedem Falle besser, wenn ein Radweg vorhanden ist, als wenn man gezwungen ist, auf der vielbefahrenen Straße zu radeln.

Ein Urlauber fährt ein oder auch zweimal den gleichen Weg, dann verlangt es ihm nach etwas anderen oder er empfindet den Urlaubsort als nicht passend. Auch deshalb sind eine größere Anzahl von Radwegen, und auch mehr Varianten für Radtouren notwendig. Wird von *„Klasse statt Masse"* gesprochen, dann sollte aber auch eine geringe Steigung der Fahrstrecke ein Kriterium sein.

6. Zur *„Klasse"* eines Radweges gehören auch die für Radler geeigneten Brücken. Die meisten - auch gut ausgebaute Radstrecken - führen an Flussquerungen auf die normale Verkehrsstraße. Ob B-, S- oder nur Kreisstraßen, für radfahrende Familien, Gruppen und auch Einzelfahrer bringt dieser Wechsel immer ein zusätzliches Gefahrenpotential mit sich. Dort, wo alte Brücken genutzt werden, ist das wohl kaum zu ändern. Wenn jedoch diese Brücken neu gebaut werden, müßten sie einen Meter breiter - für einen zukünftigen Radweg - geplant werden. Bereits eine andere Gestaltung der Leitplanken und des Geländers könnten oft den notwendigen Raum bringen. Besonders unverständlich ist dieser Umstand angesichts der „Radverkehrskonzeption Sachsen 2005". Auf S. 27, im Kapitel „Förderung des Radverkehrs" ist als besonders positives Beispiel die vorausschauende Brückenplanung mit Radweg in einem Bild dargestellt.

Natürlich kann es bei einer vorausschauenden Planung und Bauausführung vorkommen, dass der sich anschließende Radweg erst später in Angriff genommen werden kann. Dass wird nicht immer von den Außenstehenden verstanden und dann von diesen manchmal wegen Verschwendung von Steuergeldern gerügt. Ein Lob wäre bei sinnvoller Zukunftsplanung in einigen Fällen aber durchaus angebracht. Dass nicht alle umfangreichen Baumaßnahmen sofort abgeschlossen werden können, ist bei der ständigen Geldknappheit der Kommunen oder bei Maßnahmen, die Grundstücksgrenzen überschreiten (kommunal und privat) fast zur Normalität geworden. Eines dieser Beispiele ist der notwendige, aber nur „halbe" Fuß- und Radweg zwischen Beierfeld und Bernsbach. Durch den Bund der Steuerzahler wurde dieser - aus meiner Sicht zu unrecht - im Jahre 2009 gerügt.

Es gibt viele andere Beispiele von Steuerverschwendung: Straßeneinfahrten, die nach zwei, drei Jahren wieder verändert werden müssen, weil sie sich als untauglich erweisen, oder Straßen, die jährlich für wenige Meter Neubau gesperrt werden, ohne Rücksicht auf die Anlieger und Gewerbetreibenden zu nehmen usw..

Eine Steuerverschwendung entsteht oft auch durch das System der Ausschreibung von öffentlichen Aufträgen, insbesondere dann, wenn davon ausgegangen wird, dass das billigste auch gleichzeitig das wirtschaftlichste Angebot ist. Wer trifft sich nach der Entscheidung für einen teuren Anbieter mit dem billigeren gern vor Gericht? Keiner! Deshalb wird bis auf wenige Ausnahmen immer der Billigere mit dem entsprechenden Auftrag bedacht. Übersteigt nicht der Aufwand für die Angebotsabfrage manchmal den Wert der Sache?

Warum dürfen die gewählten Abgeordneten der jeweiligen kommunalen Ebene nicht aus den eingegangenen Angeboten ihre Auswahl treffen, ohne gleich das Gericht im Nacken zu haben? Wer immer nur das Billigste verlangt, braucht sich nicht zu wundern, dass die Qualität bei so einer Auswahl auf der Strecke bleibt. Dort, wo die Luft zum Atmen fehlt, hat Eigenverantwortung, Kulanz und Berufsehre wenig Platz.

Im Buch des „Bundes der Steuerzahler" erfolgt erstaunlicherweise kein Hinweis auf die Art von Steuerverschwendung, die entsteht, wenn nicht zukunftsorientiert gedacht wird oder zu enger Spielraum für die Entscheidungsträger es nicht zuläßt. Die Korrektur dieser Versäumnisse wird Jahre später wieder als Erfolg gefeiert.

Der „Bund der Steuerzahler" nennt die hohe Anzahl der Abgeordneten der Legislative - deren Aufgabe auch die Kontrolle der Exekutive ist - eine Verschwendung von Steuern. Aber dies ist nicht nachvollziehbar. Berechtigt wäre eine Forderung, welche die Verbesserung der Qualität der Arbeit der Abgeordneten fordern würde. Die Formulierung der Gesetze, und später die Überwachung der Auswirkungen dieser, kann nicht nur der Exekutive überlassen werden. Die Legislative hat ständig diese Vorgaben zu prüfen. Angefangen von den Gesetzen, den Durchführungsbestimmungen, bis zu den Gerichtsurteilen muss bei Fehlentwicklungen der Gesetzgeber schnell einschreiten und nicht erst warten, bis die Verwaltung Handlungsbedarf signalisiert. Die Vermischung der unabhängigen gesellschaftlichen Gewalten ist eine große Gefahr für unsere Demokratie. Ich würde mir in beiden Gremien - der Legislative und der Exekutive - noch mehr Menschen mit Weitsicht wünschen.

Zurück zur zukunftsorientierten Gestaltung der Brücken, denn dieses Problem existiert nicht nur in Sachsen, sondern ist auch in anderen Bundesländern präsent. - Was ist dafür die Ursache? Sind die vorgegebenen Normen falsch? Werden die falschen Richtlinien angewendet? Blockieren engstirnige Förderrichtlinien sinnvolle Entwicklungen?

Für das Genussradfahren im Erzgebirge bieten besonders die Brücken, die Täler überspannen, die Chance, einen Abstieg in das Tal zu vermeiden. Der Straßenbau im Erzgebirge könnte damit viel zur Verbesserung der Radfahrmöglichkeiten beitragen. Die Brücken würden die Radfahrer sicher über das Tal bringen; Gebirgseinschnitte können helfen, Höhenrücken zu überwinden. Seichte Anstiege, wie bei Annaberg geplant, könnten die Radfahrer auf die Höhen bringen. - Leider wird im Straßenbau nicht immer konstruktiv und zukunftsorientiert gedacht, und viele Chancen für den Fremdenverkehr sind für Jahre verschenkt. Dafür gibt es leider nicht wenige Beispiele:

- Der Brücke in der Ortsumgehung Elterlein, direkt neben der ansonsten gut befahrbaren alten Bahnstrecke, fehlt der Radweg. Hier lassen wir den Radtouristen „im Regen stehen".
- Der Autobahnzubringer von Aue: Die Möglichkeit für Familien, mit dem Rad auf eine der Höhen um Aue zu kommen, ist vergeben.
- Die Brücke über Markersbach hätte das Gebiet des Scheibenbergs mit der Urlaubsregion Pöhla / Rittersgrün auch für Genussradfahrer verbinden können.

Wird die Frage nach einem Radweg auf einer neuen Brücke an die Verantwortlichen gestellt, erlebt man nach dem Bau oft gegenseitige Schuldzuweisungen zwischen Straßenplanern, Tourismusverantwortlichen und Politikern: Kein Radweg vorhanden - keine Brücke mit Radweg, keine Brücke - es ist kein Radweg möglich, kein Bedarf (da nicht in der Radverkehrskonzeption Sachsen vorgesehen) - keine Handlungsnotwendigkeit usw... Diese Kurzsichtigkeit ist manchmal nicht zu überbieten. Der Tourismus basiert aber in vieler Hinsicht auf den gleichen Regeln wie ein Unternehmen, das heißt, dass es ebenfalls erforderlich ist, in Vorleistung zu gehen, um nach strategischen, nachhaltige Entscheidungen positive Ergebnisse vorweisen zu können.

7. Für ein noch schöneres Genussradfahrland Erzgebirge sollten die Straßenbauprojekte, besonders die Brücken, nochmals auf die Möglichkeit von Radwegen hin überprüft werden. Die Orte und Kreise sollten durch eigene Radverkehrskonzeptionen (RVK), die in ihrer Zuständigkeit liegenden Verkehrsnetze ergänzen. Dabei sollten sie nicht nur vorhandene Wege aufnehmen, sondern zukunftsorientierte Visionen haben und diese in die jeweilige Konzeption einarbeiten. Die Bestätigung durch die kommunalen gewählten Vertreter ist notwendig. Ich glaube, dass es nur auf diese Weise im überkommunalen Straßen- und besonders auch Brückenbau möglich ist, berechtigte Forderungen durchzusetzen. Im Wortlaut der RVK Sachsen wird nicht zufällig von einer Koordinierung der jeweiligen Konzeption gesprochen.

8. Neue Straßen - neue Möglichkeiten - neue Radwege? - Für alle Autofahrer, die in ihrer Freizeit oft auch Radfahrer sind, wird viel für eine noch bessere Mobilität getan. Neue und breitere Straßen, Ortsumgehungen, Bergdurchbrüche und Tunnel erleichtern den Kraftfahrern das Fahren. Leider dürfen diese Möglichkeiten die Radfahrer nur beschränkt nutzen. Oft kann in einem Autobahntunnel keine Radspur integriert werden, aber ein Bergeinschnitt sollte die Radfahrer durch das schwierige Gelände führen, besonders dann, wenn für eine gute Sichtfreiheit die Geländeeinschnitte breiter als die Fahrspuren des Kraftfahrzeugverkehrs sind. Es ist frustrierend, wenn die Radfahrer den Hügel mit Muskelkraft überwinden sollen, den die Autofahrer nicht mehr bewältigen müssen. Dass durch diese Bergeinschnitte auch neue Möglichkeiten geschaffen werden können, um das Genussradwegenetz Erzgebirge zu bereichern, setzt freilich voraus, dass bereits bei der Streckenplanung auch an die Radler gedacht wird. Nicht nur die Wege an den Kunstgräben, sondern auch Begleitwege an den Kunststraßen, könnten durchaus Genussradwege sein.

Neue Straßen verändern das Gelände, auf dem sie entstehen. Viele Gesetze, Normen und Richtlinien regeln ihr Aussehen. Aber auch die vorher hier vorhandenen Nebenwege und Straßen waren häufig Wander- und

Radwege, auch wenn sie nicht als solche ausgewiesen wurden. Hier besteht die Gefahr für den Tourismus, dass wichtige Wege ohne Ersatz zerstört werden. Wenn der schmale Grad eines Höhenzuges nach dem Ausbau eine verkehrsreiche Straße trägt, ohne dass ein Radweg integriert wurde, ist das sehr bedauerlich. Anstatt beides zum Wohle der Menschen zu realisieren, lassen die Normen und angeblich auch die Finanzen, eine gemeinsame Lösung nicht zu oder es besteht kein Bedarf oder, oder, oder...

Es gibt viele Ausreden für die ungenügende Bewältigung eines Problems. Dass auch im Tourismus Arbeitsplätze mit diesen Entscheidungen verbunden sind, sehen viele der Verantwortlichen nicht. In dieser Branche wird langsamer, nicht spektakulär, aber einsamer und endgültiger „gestorben" als etwa in der Industrie.

9. Wenn sich Radfahrer, wie z. B. im Flachland, immer zügig bewegen, sind diese nur ein geringes Hindernis für den Straßenverkehr. Im Gebirge wird es da schon schwieriger. An Bergen müssen wir hin und wieder absteigen und unser Rad schieben, an langen Bergen auch einmal verschnaufen. Wird die Straße an diesen Stellen von den nicht unumstrittenen Leitblanken begrenzt, haben wir nicht einmal die Möglichkeit, auf das Bankett auszuweichen. Das Problem besteht nicht nur für Radfahrer, denn auch Fußgänger nutzen die Straße, wenn kein Bürgersteig vorhanden ist. Die ursprüngliche Nutzung der Ortsverbindungen für alle ist dadurch deutlich eingeschränkt. Im Straßenbau sollte aber, wie bereits einige Male angemerkt, nicht nur der Autoverkehr Berücksichtigung finden.

10. Genussradfahrer sind größtenteils Bürger mit Sinn für die Natur, ihre Heimat und damit auch die Menschen. Ein Radausflug dient ja auch dazu, Land und Leute und ihre Arbeit, ihre Hobbys, ihr Leben und ihre Geschichte kennenzulernen. Es können Ausstellungen, Museen, Handwerksbetriebe und viele andere Einrichtungen besucht werden. Auch wird während der Radtour nicht nur stur auf den vor uns liegenden Weg geachtet. Ein schönes Haus, ein Garten, ein Baum, ein historischer Meilenstein bringen uns dazu anzuhalten, unsere Entdeckung zu betrachten und diese anderen mitzuteilen. Besonders auf historischen Routen bringt jede neue Entdeckung besondere Freude. Deshalb richtet sich meine Bitte an die Planer und Bauausführenden von Straßen, Wirtschafts-, Wander- und Radwegen, soviel wie möglich historische Reststücke zu erhalten. Auch Teile, die offensichtlich nicht von historischer Bedeutung

sind oder scheinbar nicht unbedingt erhalten werden sollen, machen einen Weg interessant. Ein behauener Stein, ein Stück Gewölbe oder Trockenmauer, eine Bahnschwelle oder ein Schienenrest lassen das Entdeckerherz höher schlagen und gehören nicht auf den Müll. Seien wir nicht zu perfekt beim Ausbau, gestalten wir Wege, die nicht langweilig für Touristen und für uns selbst sind. Geschichte sollte vermittelt und nicht ausradiert werden. Bringe das beim Bau störende Stück nach getaner Arbeit wieder an seinen Platz, damit es Besucher überrascht. Jährlich suchen z. B. tausende Eisenbahnfreunde nach historischen Spuren von stillgelegten Bahnstrecken. Sie freuen sich über jedes Stück, das sie auf ihren Streifzügen finden. Auch von diesen Besuchern lebt unsere Tourismusbranche.

11. Wenn wir von Radwegen sprechen, müssen wir immer unterscheiden, ob die angebotene Fahrstrecke ein Weg mit den uns bekannten blauweißen Schildern der Straßenverkehrsordnung ist oder ob wir von einem Weg sprechen, der auch zum Radfahren genutzt wird. Besonders wir Genussradfahrer wollen nicht in kürzester Zeit von einem Ort zum anderen, sondern unsere Umgebung genießen. Radwege im Sinne der StVO werden wir deshalb nicht immer nutzen. Wirtschaftswege, untergeordnete Straßen, Wanderwege und auch Pfade sind uns ebenfalls willkommen - vorausgesetzt sie bringen uns leicht an unser Ziel, versprechen dabei landschaftlich reizvolle Aussichten oder sind einfach schön zu fahren.

Viele dieser Wege sind in privater Hand. Wir sollten deshalb allen dankbar sein, die trotz einer, die Besitzer in die Pflicht nehmender Rechtssprechung, uns auf ihren Grundstücken fahren lassen. Jeder von uns, der fremden, privaten Boden betritt, sollte Vorsicht walten lassen und selbst für sich bei absehbaren Mängeln verantwortlich sein. Hier besteht durchaus Handlungsbedarf für die politisch Verantwortlichen. Es sollte eine eindeutige Grenze für die Sicherungspflicht von öffentlichen (kommunalen / staatlichen) Wegen bzw. Straßen, und denen von privaten Eigentümern, die einer allgemeinen Nutzung nicht wiedersprechen, bestehen. Eine Boden- oder Wegeunebenheit oder ein fallender Ast auf privaten Wegen darf nicht gleich zu Beanstandungen und Rechtsfolgen führen.

12. Viele der als Rad- oder Wanderwege genutzten Wirtschaftswege treffen auf Straßen mit starken Verkehrsaufkommen. Die Fortsetzung des Wanderweges erfolgt oft auf der gegenüberliegenden Seite, viel-

leicht aber ca. 100 m weiter, da erst dort ein anderer Weg einmündet. Wenn kein Fußweg vorhanden oder wenigstens das Bankett nutzbar ist, müssen Sie auf der Straße fahren und sich mit den Autos arrangieren. Als angenehm werden Sie diesen Tourabschnitt selbstverständlich nicht finden. Ein kurzer Weg entlang der Straße, der nicht unbedingt ein Radweg sein muß, könnte das Problem lösen.

Eine ähnliche Schwierigkeit besteht in Orten ohne eine radfahrertaugliche Ortsdurchfahrt. Bereits die Freigabe von Fußwegen für die Radfahrer, besonders in kleineren Orten, in denen nur wenige Fußgänger diese Wege nutzen, könnte den Fahrern helfen.

13. Wenn wir vom Straßenrand und dem Bankett sprechen, darf auch der Bordstein nicht vergessen werden. Nicht nur Mütter mit Kinderwagen oder Rollstuhlfahrer sind dankbar für abgeschrägte bzw. abgesenkte Auf- und Abfahrten, auch wir Radfahrer wollen keine verbeulten Felgen auf unserer Tour.

14. Unsere Radwege durch Wald und Flur werden Ihnen, wie an vielen Stellen dieses Buches geschildert, die Schönheiten des Erzgebirges näher bringen. Dabei nutzen wir auch die der Land- und Forstwirtschaft. Der Verlauf der Wirtschaftswege und ihre Lage in der Natur kann bei den verschiedensten Baumaßnahmen geplant werden. Auch hier sollte im Sinne der Touristen gehandelt werden.

Durch das Zusammenführen von Wirtschaftswegen wären häufig reizvolle Genussrad- und Wanderwege möglich. Darüber würden sich nicht nur die Radfahrer freuen, auch für die Autobenutzer wäre dann ein schnelleres Vorankommen auf Straßen ohne eine „Behinderung" durch Radfahrer möglich. Sinnvoll wäre z. B. ein Aufstieg vom Floßgraben bei Albernau hinauf zum Gleesberg. Von Jöhstadt nach Arnsfeld bestände die Fahrmöglichkeit auf den Feldwegen und nicht auf der Straße; zur Zeit trennt uns hier nur eine Feldbreite für die durchgängige Fahrt zum Feldweg des nächsten Ortes.

15. Auch an anderen Stellen trennt uns nur eine Feldbreite von einem Genussradweg. Wurden einst durch den Bau der verschiedenen Bahnen die Lehen (Flurstücke) der Bauern durchschnitten, erhielt nicht jeder Landwirt seinen eigenen Bahnübergang. Meist mussten sich drei Bauern einen Übergang teilen. Von den betroffenen Feldwegen führen deshalb Wegstücke entlang der Bahn. Das Zusammenführen dieser Kurz-

strecken könnte naturnahe bahnbegleitende Radwege hervorbringen.

Ähnlich sind die örtlichen Umstände beim Ausbau von Forstwegen. Für den Holzeinschlag werden oft Wege angelegt, die ebenfalls das Genussradwegenetz erweitern sollten. Einer dieser Wege hätte die Fortführung des Begleitweges des Kunstgrabens zur Silberwäsche Antonsthal sein können. Leider wurde die Chance vergeben, die verschiedenen Teilstücke der Radwege im Schwarzwassertal zusammenzuführen.

Von privaten Waldbesitzern sind diese Aktivitäten wohl kaum zu verlangen. Der Staatsforst sollte aber nicht in erster Linie als Unternehmer in Konkurrenz zu den privaten Eigentümer stehen, sondern Pfleger des Waldes und Dienstleister für die Menschen des Landes sein. Bezahlt wird dieser aus Steuergeldern und den Einnahmen aus der Forstwirtschaft. - In engen Zusammenhang steht damit die Frage: Wo gibt es Parkmöglichkeiten für unsere Touristen? Die Lagerplätze der Forstwirtschaft sollten in den Zeiten, in denen sie nicht oder nur teilweise benötigt werden, das heißt z. B. kein Holzeinschlag stattfindet, für die Touristen als Parkplätze freigegeben werden, ohne dass gleich eine Parkgebühr erhoben wird. Das wäre eine wirksame Werbung für unsere Region. Bezüglich versicherungstechnischer Fragen, die bei einer Freigabe eine nicht zu unterschätzende Rolle spielen, könnte das Land die Gesetze leichter ändern als die privaten Waldbesitzer, von denen einfach erwartet wird, das sie ihren Wald für die Allgemeinheit offen lassen.

16. Auch für die Beschaffenheit der touristischen Radwege gibt es in Deutschland nicht wenig Normen. Ein diesbezügliches Problem sind dabei die Wasserrinnen (Abschläge), die schräg über die Straße verlaufen. Es besteht immer die Gefahr, mit dem Rad in diesen hängen zu bleiben und zu stürzen. Abhilfe könnte bereits ein nur halbvertiefter Betonrinnstein oder eine 20 cm breite Überfahrt, jeweils auf der Bergseite der Rinne, schaffen.

17. Um keinen wilden Fahrzeugverkehr in Wald und Flur zu ermöglichen, werden Wirtschafts- und Waldwege beim staatlich geförderten Ausbau häufig mit einer abgeschlossenen Schranke versehen. Eine kleine Umfahrung für Radfahrer wäre wünschenswert. Dass berechtigte Nutzer häufig ebenfalls keinen Schlüssel für die Schranke haben, diese dann irgendwie umfahren und dabei Flurschäden verursachen, stellt den Sinn und die Wirksamkeit dieser Absperrlösungen in Frage.

18. Ähnliche Probleme finden wir an stillgelegten Bahnstrecken ohne Gleise. Diese werden häufig mit großen Steinen versperrt, damit keine Nutzung erfolgen kann. Warum halten wir sie nicht vom Bewuchs frei und lassen sie sich entwickeln?

19. Wird ein Radweg gebaut, dann richtig! Richtig kann aber auch falsch sein! Als Belag muss nicht immer eine Asphaltschicht aufgezogen werden. Besonders außerhalb der Städte ist es sinnvoll, dass Wanderer, Reiter, Radfahrer und auch landwirtschaftliche Fahrzeuge den Weg gemeinsam nutzen können. Wanderer und Reiter bevorzugen keinen Asphalt- oder Betonbelag und Radfahrer brauchen ihn nicht immer. Ein guter Sandbelag, der nicht zu stark ist, der auch bei Nässe das Rad noch trägt, ist ausreichend. An Steigungen, bei denen dann die Gefahr des Wegspülens dieses Belages besteht, ist aber eine befestigte Fahrbahn notwendig.

Wichtig ist auch, dass der Weg mit dem Rad befahrbar bzw. das Zeichen *„Frei für Radfahrer"* erkennbar ist. An Straßen werden die Wege sonst Fußgängern zugeordnet, zu geringe Nutzung läßt sie verwachsen. Die gute Absicht des Radweges zerstört sich damit selbst wie z. B. der Weg von Rechenberg nach der Bienenmühle.

20. Ein gut angelegter Weg ist für viele Möglichkeiten des Radfahrens geeignet, auch wenn er nicht bis ins kleinste Detail die Normen erfüllt. Wichtig ist für uns Genussradfahrer vielmehr die Steigung, und das wir ihn überhaupt nutzen dürfen!

Aus diesem Grund sollten als Berater für den Bau von Genussradwegen nicht nur die selbsternannten Profis aus dem Sportbereich das Sagen haben. Denn sie beurteilen zwangsläufig die Qualität, die Eignung und den möglichen Ausbau des Weges nach den sportlichen Leistungskriterien ihrer Radfahrer. Dass eine Gangschaltung noch kein Motor ist und nicht alle Menschen, die sich mit Muskelkraft auf Rädern fortbewegen, auch Leistungssportler sind, können Sie sich dabei wohl nur schwer vorstellen.

Gute Aussichten für Radfahrer

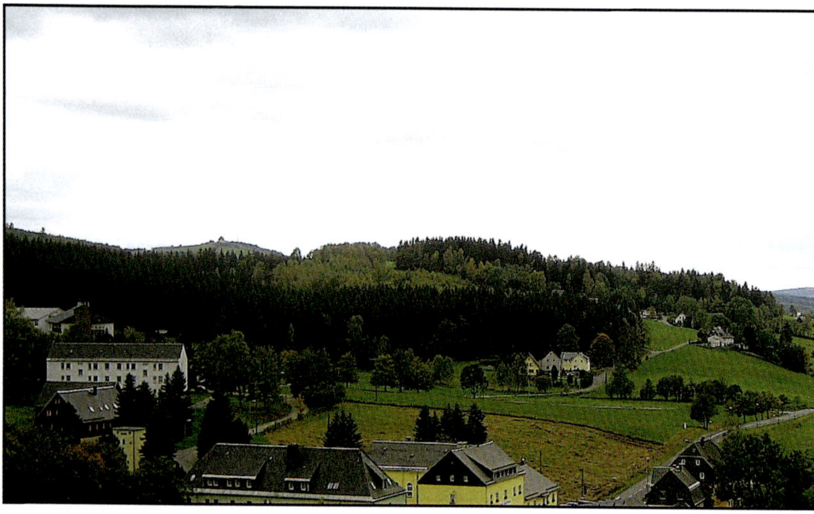

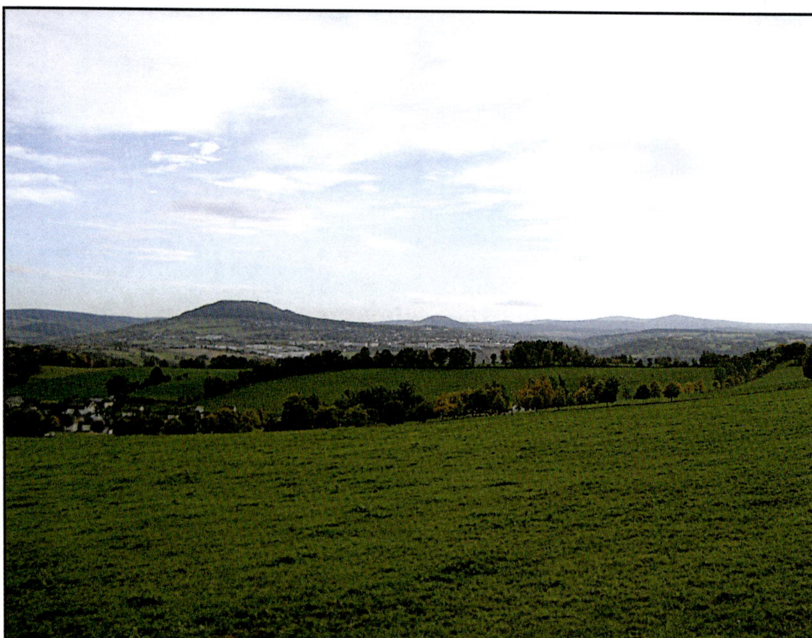

***Oben:** Blick zum Schwartenberg (789 m NN) von der Staumauer der Talsperre Rauschenbach aus gesehen. **Unten:** Blick von der Franzenshöhe (702 m NN) nach Annaberg-Buchholz und die Spitzen des Erzgebirges.*

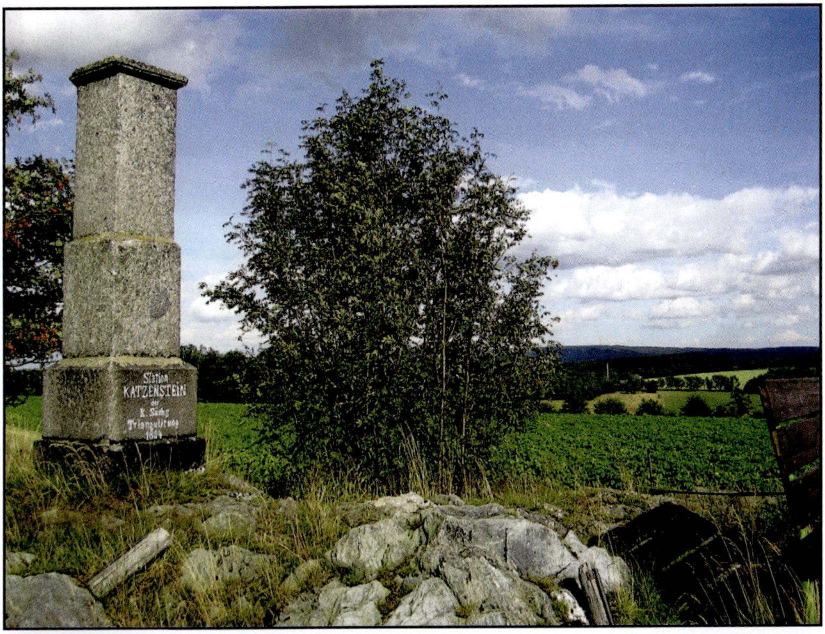

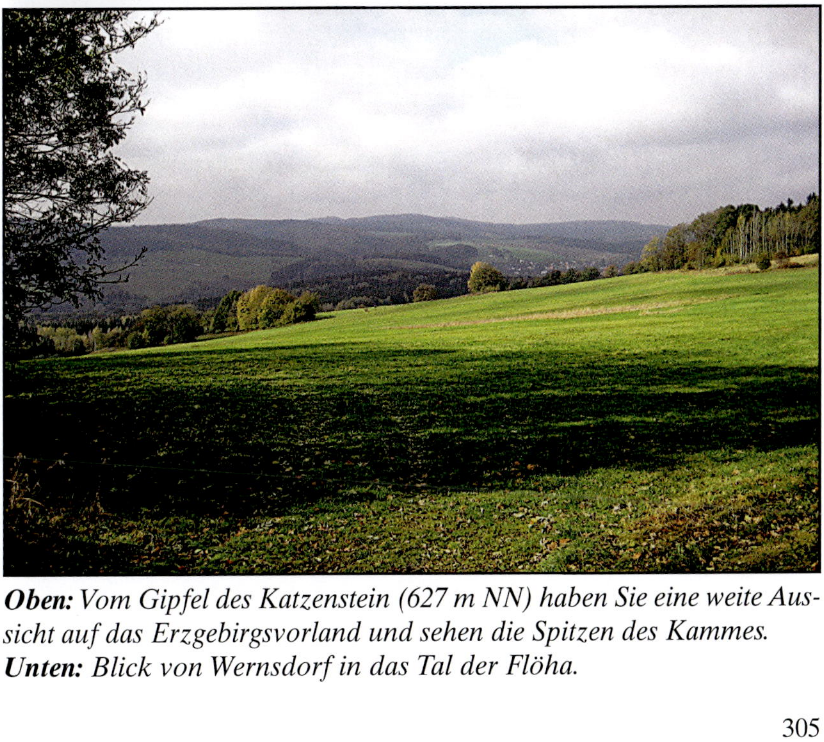

Oben: *Vom Gipfel des Katzenstein (627 m NN) haben Sie eine weite Aussicht auf das Erzgebirgsvorland und sehen die Spitzen des Kammes.*
Unten: *Blick von Wernsdorf in das Tal der Flöha.*

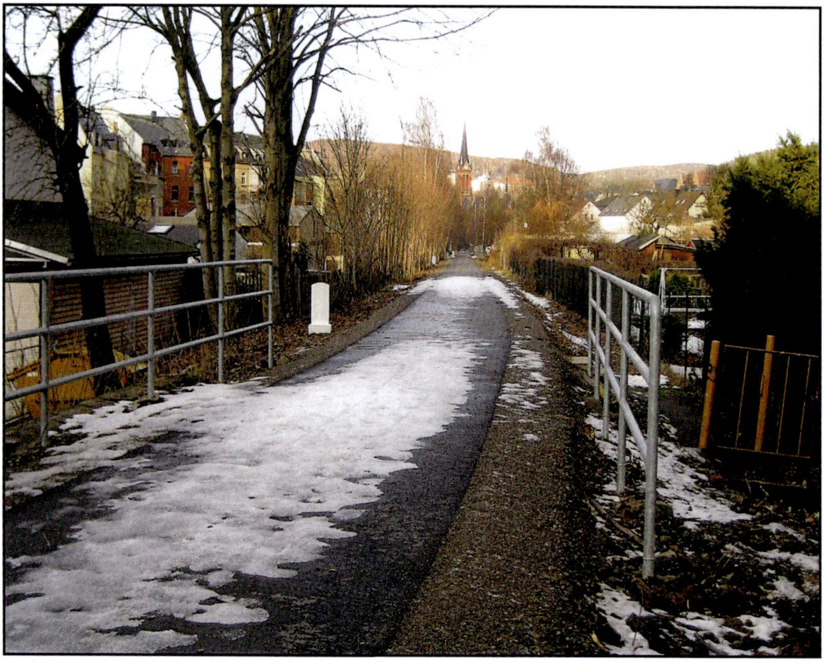

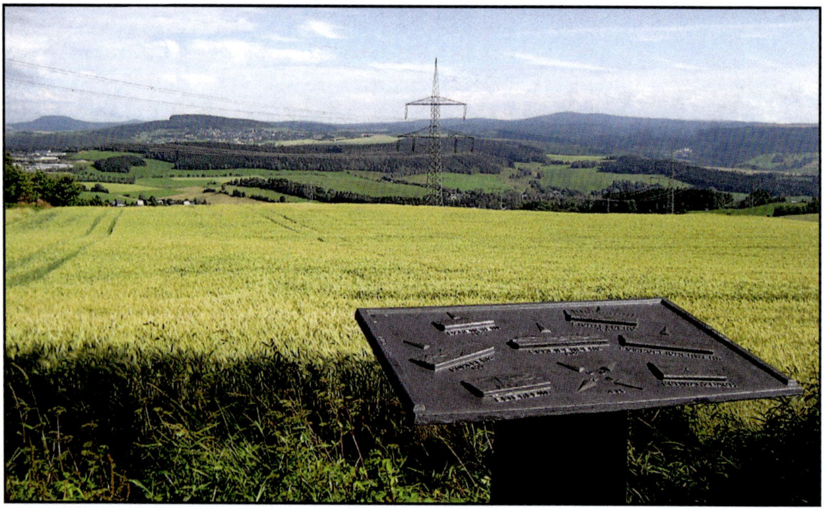

Oben: *Die ersten Kilometer des Mulderadweges auf der stillgelegten Bahnlinie Aue - Blauenthal sind in Aue fertiggestellt. So wie hier, macht ein Radausflug in eine Stadt richtigen Spaß. -* ***Unten:*** *Blick von der Friedrich-August-Höhe (717 m NN) bei Elterlein zum Panorama des Erzgebirges.*

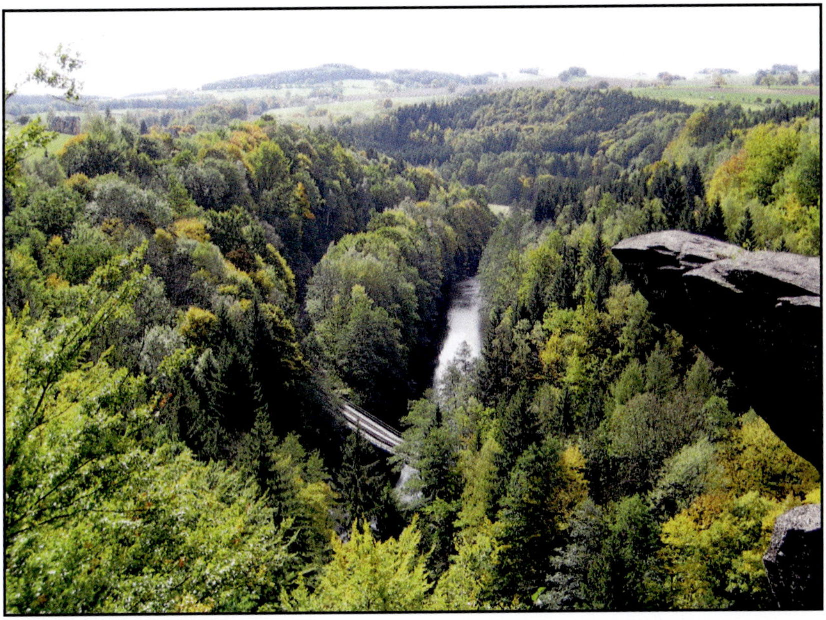

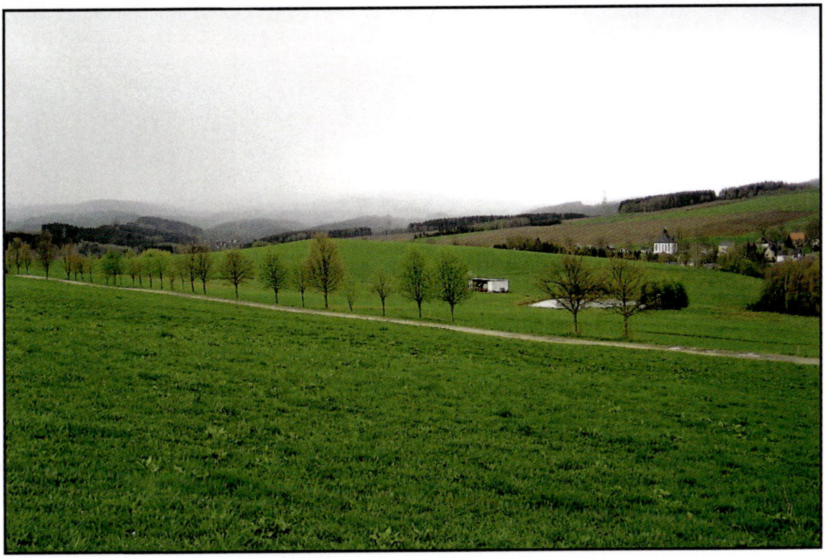

***Oben:** Blick in das Zschopautal von der Wolkensteiner Schweiz aus.*
***Unten:** Dieser radfahrerfreundliche Weg oberhalb von Schwarzbach (Elterlein) verlangt nach einer Fortführung entlang der Höhenlinie. Eine Verbindung zum Emmlerweg könnte geschaffen werden.*

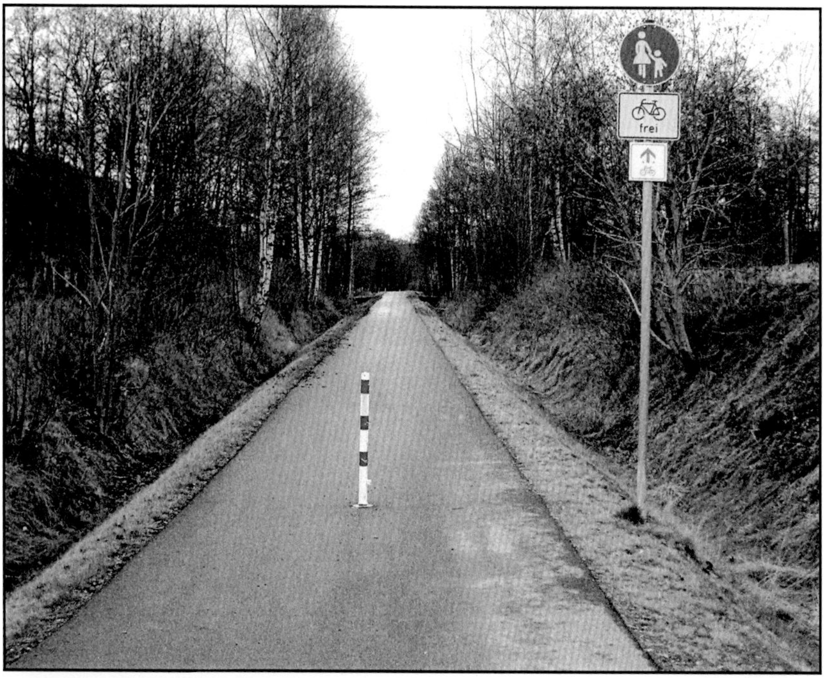

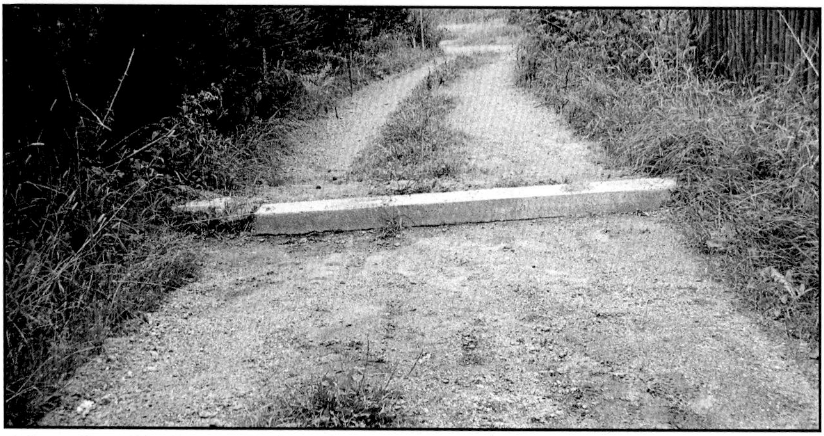

Oben: *In stillgelegten Bahnstrecken steckt das größte Potential für das Genussradland Erzgebirge. Hier die ausgebaute Strecke Walthersdorf - Crottendorf als Teil des Zschopautalradweges. -* **Unten:** *Wasserrinnen (Abschläge) bedeuten für das Radfahren immer eine Gefahr. Ein fußbreites durchgehendes Stück im oberen Bereich würde für eine gefahrlose Überquerung reichen. Hier ein sehr krasses Beispiel.*

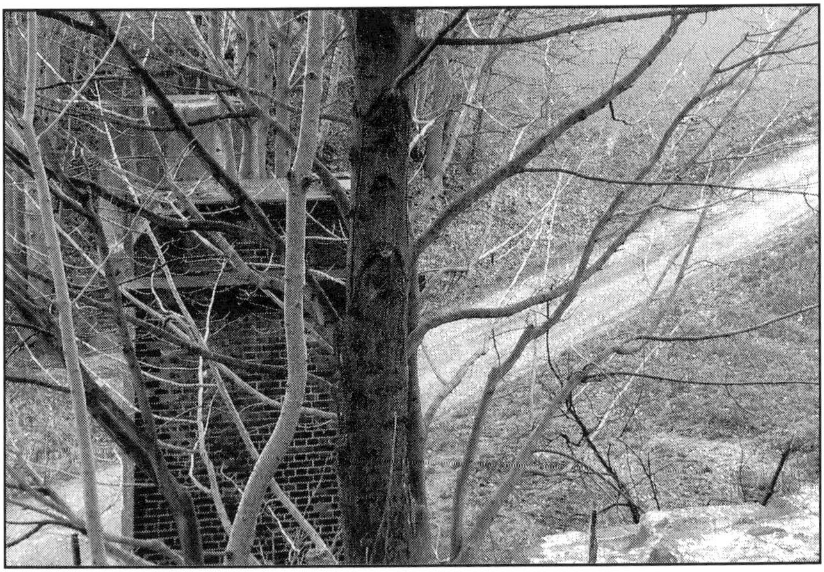

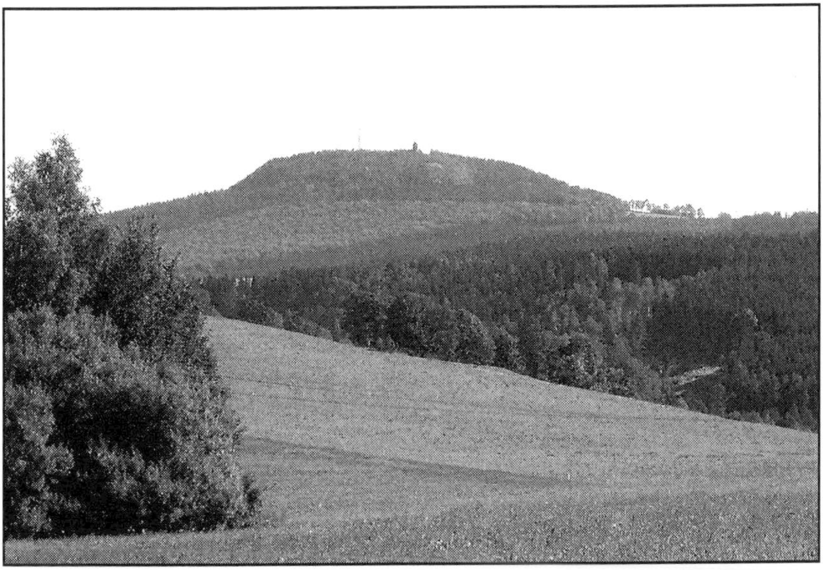

Oben: *Wie hier an der stillgelegten Bahnstrecke Stollberg - Zwönitz wären häufig auch leichte Brücken für Radfahrer mit geringem Aufwand wieder herstellbar. Aber auch eine Ab- und Auffahrt zu dem kreuzenden Weg vom Bahndamm ist akzeptabel und besser als kein Radweg.*
Unten: *Der Bärenstein (897 m NN), einer der Basaltkegel des Erzgebirges.*

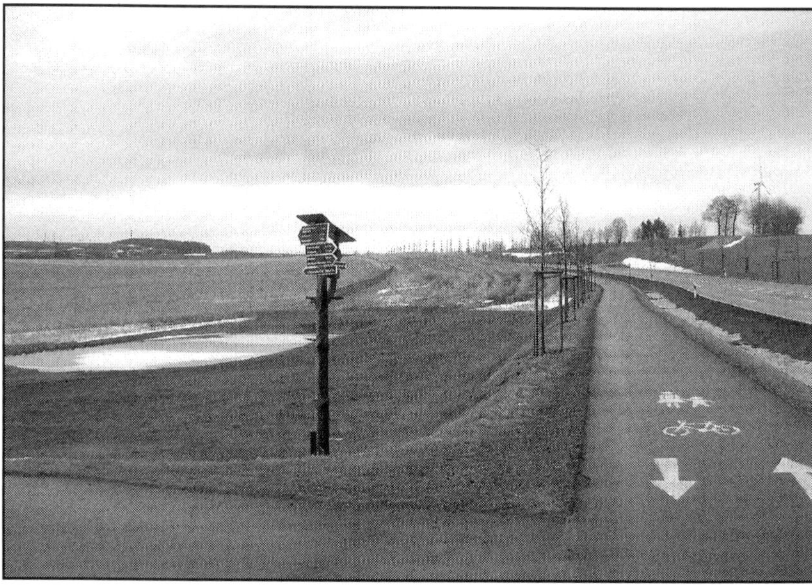

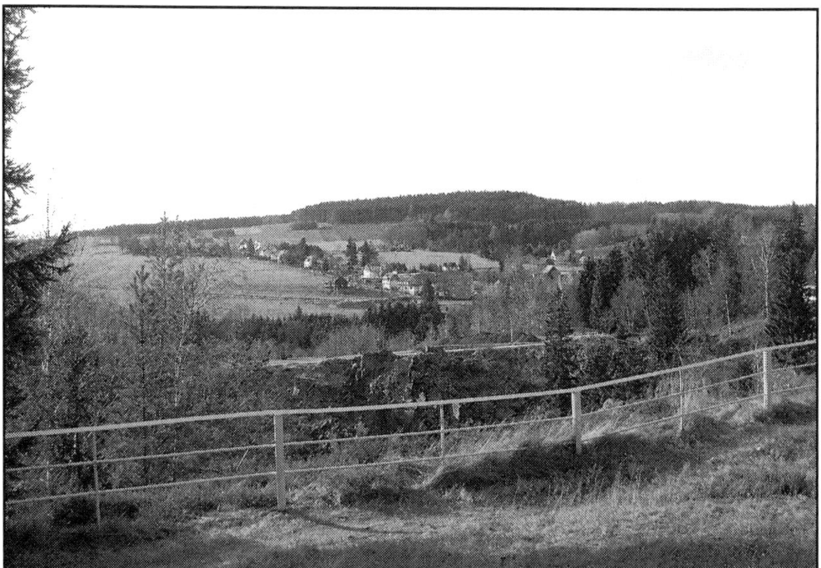

Oben: *Auf dem Höhenzug zwischen Zwömitz und Wilisch, an der Dittersdorfer Höhe (552 m NN) auf der Eisenstraße ist neben der B 180 auch Raum für Radfahrer.* **- *Unten:*** *Der Blick über die „Binge" in Geyer zeigt uns den Verlauf unserer Radtour über der Stadt am Waldrand entlang an.*

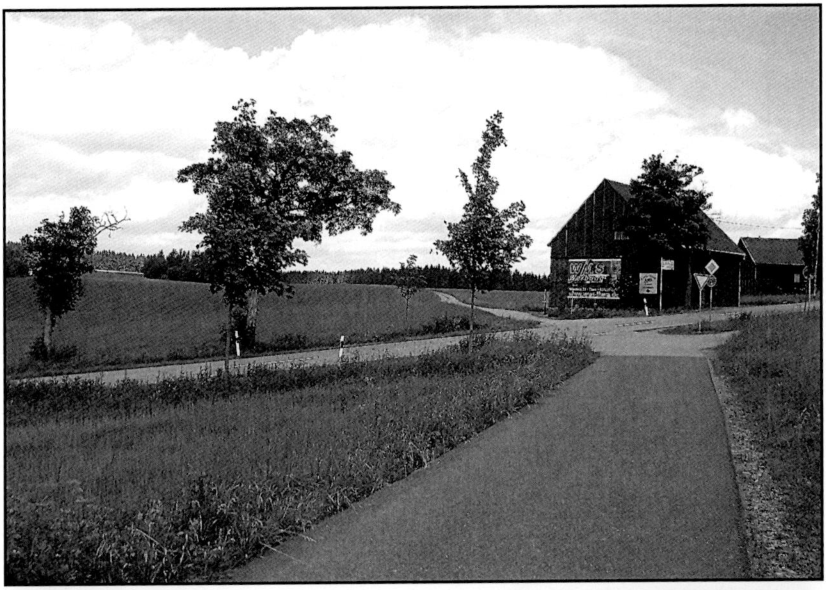

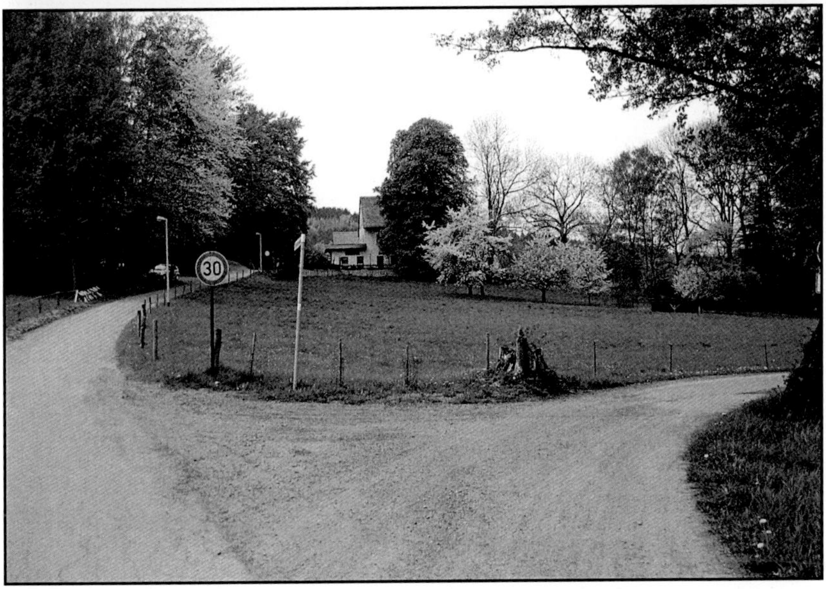

***Oben:** Auch auf den kleineren Kämmen des Erzgebirges finden sich schöne Fahrwege, wie hier der „Weiße Weg" bei Geyer. - **Unten:** Die Gaststätte „Zur Morgenleithe" (auch „Pollermann" genannt) in Schwarzenberg. Der „Communweg" (rechts) führt entlang des linken Schwarzwasserhöhenzuges.*

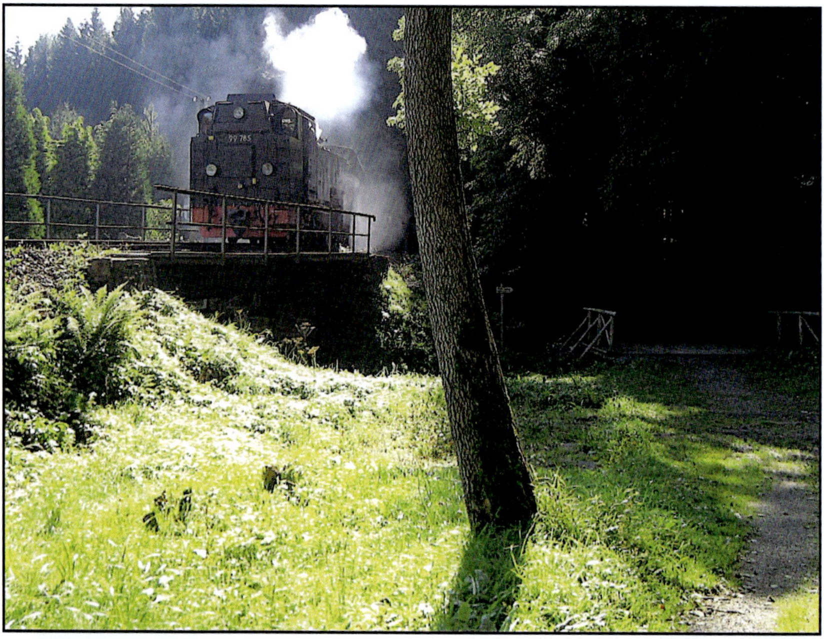

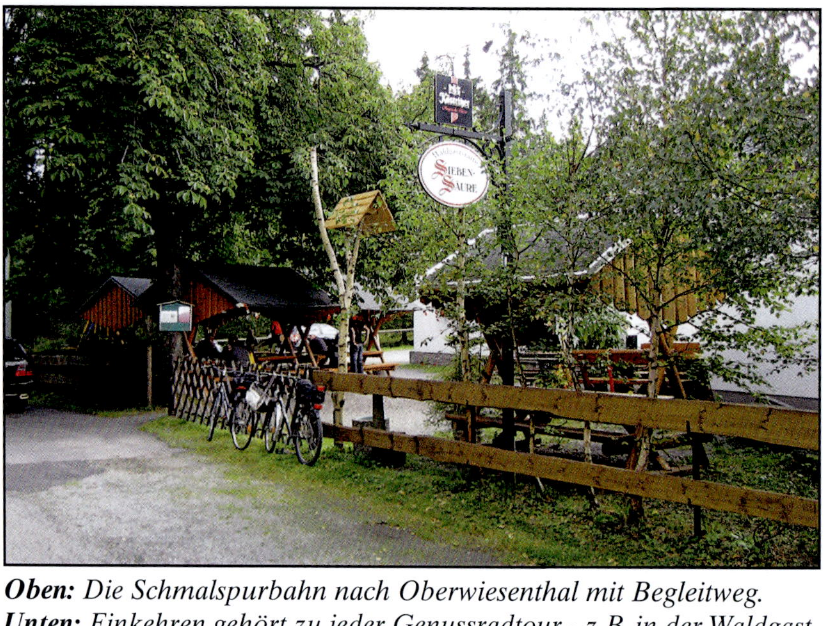

Oben: *Die Schmalspurbahn nach Oberwiesenthal mit Begleitweg.*
Unten: *Einkehren gehört zu jeder Genussradtour - z.B. in der Waldgaststätte „Siebensäure" am Hochmoor in Crottendorf.*

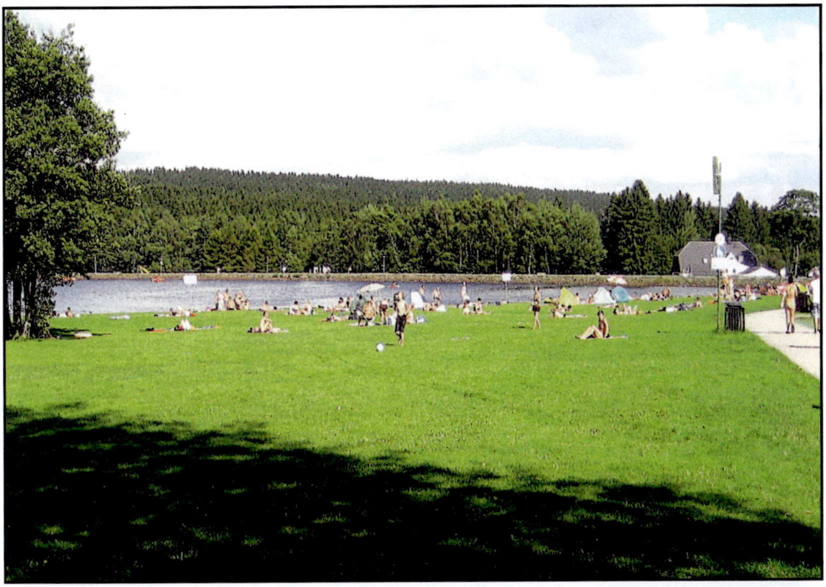

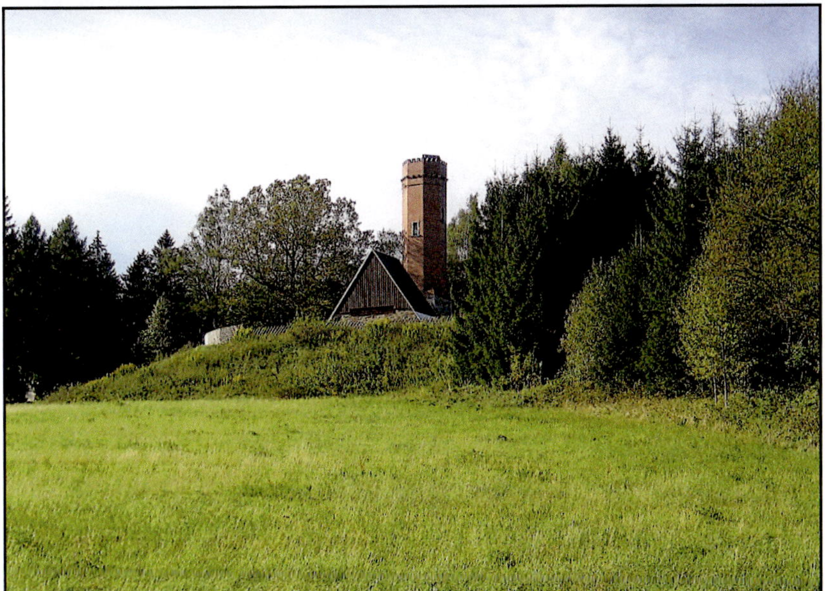

Oben: *Der Greifenbachstauweiher lädt zu einem Erfrischungsbad ein.*
Unten: *Der Keilberg (559 m NN) bei Schneeberg bietet mit Aussichtsturm und Gaststätte einen schönen Grund für einen kleinen Zwischenstopp.*

Marketing für das Erzgebirge

Sie haben mit diesem Buch die Möglichkeiten kennengelernt, wie Sie auch im Erzgebirge Ihren Urlaub, ein Wochenende oder auch nur einen Ausflugstag als Genussradler mit Ihrem Rad verbringen können. Wie erfahren Sie und auch die Anderen, dass das Erzgebirge mehr zu bieten hat, als im Winter Skifahren und im Sommer Wandern. Wo finden Sie die neuesten Informationen? Damit Sie als Gast immer auf dem aktuellsten Stand sind, spricht dieses Kapitel nicht nur Sie, sondern auch die Verantwortlichen für den Tourismus im Erzgebirge und seine Bewohner an.

Wie auch die übrige Wirtschaft steht der Tourismus im Wettbewerb, der nicht unterschätzt werden darf. Dem Bürger steht sein Geld für die Urlaubstage nur einmal zur Verfügung. Die Interessen der Menschen sind aber verschieden. Es wird die Urlaubs- und Freizeitregion Erfolg bei ihren Gästen haben, welche den Neigungen und Eigenheiten dieser Besucher am nachhaltigsten entspricht und sie von den vorhandenen Möglichkeiten informiert. Größere Events und kulturelle Höhepunkte lenken den ersten Blick auf sie.

Im Kapitel „Reiseziel Erzgebirge“ wurde bereits vieles angesprochen, was es alles im Erzgebirge zu entdecken gibt. Wo können Sie noch mehr über dieses Thema erfahren?

In unserem digitalen Zeitalter müssen wir das Internet an die erste Stelle der Informationsmöglichkeiten setzen. Die Web-Seiten der Orte im Erzgebirge bringen ihnen viele der örtlichen Besonderheiten nahe. Jede Web-Seite spiegelt aber auch die Zielgruppe der Gestalter wieder, und dies können die Bürger der Stadt, Investoren oder auch die Touristen sein. Leider verweisen unter dem Stichwort „Tourismus“ viele der Seiten nur mit einem Link auf die Tourismusverbände. Aber gerade die Liebenswürdigkeit eines Ortes drückt sich nicht nur durch die vielfach überregionalen, repräsentativen Ziele, die von den Verbänden oft angesprochen werden, sondern vor allem durch die vielen kleinen Ziele rund um den Urlaubsort aus. Einige dieser Ziele sollten als Anregung für einen Spaziergang bzw. Kurzausflug auf der Web-Seite erwähnt werden. Denkmäler, historische Gebäude, natürliche Besonderheiten, Aussichtspunkte und Ausflugsgaststätten lassen den Ort freundlicher erscheinen, als nur der Link zur Tourismusregion. Natürlich ergänzen auch die Web-Seiten der Übernachtungsbetriebe häufig die Informationen zum Urlaubsort. Weitere Hinweise können Reisebüros, Reisemessen und nicht zuletzt die Tourismusbüros der Orte geben. Sie sind häufig auch für die touristischen Inhalte der Internet-Seiten zuständig.

Suchen Sie Informationen zu Radwegen an Ihrem möglichen Urlaubsort? Sie erhalten diesbezüglich meist nur den Hinweis zu überregionalen Radwanderwegen und zu möglichen Wander- und Radwanderkarten, die Sie käuflich erwerben können. - Sind es die möglichen Einnahmen aus dem Kartenverkauf, der die Beratung und Information durch manchen Tourismusmitarbeiter so mangelhaft erscheinen lässt? Wenn man wirklich Urlaub an einen dieser Orte macht, erfolgt doch der Kartenkauf fast zwangsläufig. Ein paar mehr Hinweise an die möglichen zukünftigen Urlaubsgäste wären deshalb nicht nur im Erzgebirge wünschenswert.

Für den Genussradler, der erst seinen Urlaubsort sucht, ist diese Art von Werbung keine Hilfe. Über das Vorhandensein eines Radweges direkt am Ort, dessen Qualität und der Eignung für das Genussradfahren, erhalten Sie kaum Aussagen. Selbst von den großen überregionalen Radwegen wird der Verlauf mehr verschwiegen als veröffentlicht. Ob sie auf Straßen oder Feldwegen fahren, ob es Genussradwege oder gemischte Strecken sind, oder ob die Streckenführung familienfreundlich ist, erfahren Sie meist nicht. Ohne den Kauf einer Karte ist eine Erkenntnis über den Streckenverlauf dieser Radwege, die Orte, an denen er vorbei- oder entlangführt oder durch die er führt, kaum möglich. In dieser Hinsicht muß sich noch viel verbessern. Manche Orte schätzen die Radfahrer bereits und geben dementsprechend konkretere Hinweise.

Die Verantwortlichen des Tourismus im Erzgebirge holen sich Anregungen im Ausland, speziell aus Österreich, um die Entwicklung des Fremdenverkehrs weiter voranzutreiben. Ich glaube dabei aber nicht, dass wir die anderen Urlaubsregionen nur kopieren sollten, wobei natürlich bestimmte Grundvoraussetzungen erfüllt werden müssen. Jede Region hat aber ihre ganz speziellen kulturellen und landschaftlichen Besonderheiten. Wir müssen uns also selbst fragen, was wir unseren Gästen bieten können, damit sie die Vorteile unserer erzgebirgischen Region erkennen - was wir haben, was andere nicht, oder nicht in dieser Art bieten können.

In den Prospekten unserer heimatlichen Region erscheint oft allgemein die Angabe: *„... gute Rad- und Mountainbike-Möglichkeiten...“*. Die kann der Urlauber aber fast überall im Land finden. Es ist kein

Argument, um zu uns ins Erzgebirge zu kommen, und für eine positive Erwartungshaltung zu allgemein formuliert. - Warum ist in solchen Broschüren nicht zu lesen:

- ...Genussradfahren, viele Möglichkeiten auf alten Bahnstrecken... - dies zeigt die geringe Steigung des Radweges an
- ...Genussradfahren, viele Möglichkeiten auf Höhenzügen und Panoramawegen... - dies lässt gute Aussichtspunkte erwarten
- ...Genussrad- und Mountainbikefahren für alle Leistungsklassen oder auch kombiniert... - es wird deutlich, es sind für die ganze Familie fahrbare Strecken vorhanden
- ...lange Talabfahrten mit dem Rad für jedermann... - andere werben damit, z. B. Südtirol mit dem Etschradweg ab dem Rechenpass

Das im Erzgebirge nicht nur Mountainbiking, sondern auch Genussradfahren auf den Bergen möglich ist, kann nicht oft genug betont werden. Allerdings, wo wirklich keine Möglichkeiten für die letztere Freizeitart vorhanden sind, sollten auch keine falschen Versprechungen an die Touristen gemacht werden, denn ein belogener, und damit frustrierter Gast kommt nicht wieder.

Es gibt im Erzgebirge viele positive Aspekte, die mehr herausgestellt werden sollten, z. B.:
- Übernachtungsbetriebe bei denen Sie, wenn Sie Ihren Vierbeiner mitgenommen haben, auch einen Hundezwinger mieten können wie z. B. beim „Berghaus am Katzenstein“.
- Die Vielzahl an Aussichtspunkten und Aussichtstürmen im Erzgebirge, die immer lohnende Ziele für eine Radtour sind.
- Die Möglichkeit, Camping, Klettern und Radfahren an einem Ort, wie etwa im Greifensteingebiet, betreiben zu können etc.

Es gibt darüber hinaus unendlich viel im Erzgebirge zu entdecken! Mancher Hinweis über weitere touristische Besonderheiten wäre in unserer einheimischen Presse oder im Internet wichtig. Wir Erzgebirgler sollten nicht nur von unseren Auslandsreisen erzählen, sondern auch unser Gebirge mit seinen vielen Spezialitäten und Sehenswürdigkeiten hervorheben. Ob es eine Bierspezialität aus einer erzgebirgischen Brauerei, das Können eines Schnitzers bzw. eines Handwerkers, ein Werks- oder Hofverkauf ist, den wir weiterempfehlen oder ob wir von einem unserer Aussichtsberge schwärmen - alles hilft, unser Erzgebirge noch bekannter zu machen.

Auch wenn sie als Gastgeber den Hersteller der Produkte oder die Dienstleister in unserer Heimat nicht persönlich kennen - etwas Vertrauen in das Können ihres Nachbarn und die Leistungsfähigkeit der anderen Erzgebirgler schadet nicht. Auch deren Gewerbesteuer bringt neue finanzielle Mittel für eine schönere Heimat. Und als Sponsor für den Fußballverein oder für die Klassenfahrt ihres Jüngsten sind sie auch willkommen. Warum sollen Sie nicht auch Ihren Vorteil durch Gäste haben?

Gleiches gilt auch in allen anderen Wirtschaftszweigen. Warum zweifeln wir an dem Können eines Handwerkers oder eines Ingenieurs aus unserer Region, der aber am Ausbau der Semperoper in Dresden erfolgreich mitarbeitete und der sich auch in anderen Landesteilen von Deutschland erfolgreich behauptet? Unsere Touristen, Gäste und Kunden haben mehr von unserem Miteinander als von einem Gegeneinander. Warum wird z. B. an einem Ruhetag nicht auf das nächste geöffnete Lokal hingewiesen?

Zu Beginn dieses Kapitels wurde auch davon gesprochen, bei unseren Wettbewerbern zu lernen. Auf gelungene Werbemaßnahmen, die andere Urlaubsregionen nutzen, möchte ich hier noch hinweisen.

In Bayern und Österreich hissen die Gaststätten vor ihrem Gebäude an den Öffnungstagen die Landes- oder Ortsflagge. Ich halte dies für einen sinnvollen Brauch. Der Kunde kann bereits von weitem erkennen, dass sich dort eine Gaststätte befindet und diese auch geöffnet ist. Besonders für abgelegene Gaststätten wäre dies eine zusätzliche Werbung. Der Wanderer und Radfahrer hat nichts gegen eine Stärkung und läuft oder fährt gerne noch ein paar Meter, um eine kulinarische Pause machen zu können.

Ebenfalls von Bayern und Österreich, aber auch vom Tschechischen Fernsehen sollten wir uns die Werbung für ihre einheimischen Urlaubsregionen genau anschauen. Besonders an den Wochenenden kann man sich bereits zum Frühstück wie nebenbei die schönsten Gegenden dieser Länder, deren Schneeberichte, Wetterlagen und weitere Informationen in Panoramabildern zeigen lassen. Das mag natürlich kein intelektuell hochwertiges Programm sein - wirksam ist es aber auf alle Fälle. Der Urlaubsort wird dadurch bekannt und das Fernweh ist geweckt. Im Winter und besonders zu Frühlingsbeginn - um nur ein Beispiel zu bringen - wird dort gezeigt, wo man noch Ski fahren kann.

Auch in unseren Wintersport-Regionen ist das Fahren jahreszeitlich länger möglich, als es sich die Flachländer vorstellen können. Auf die Web-Seite schaut da schon keiner mehr gezielt, um einen Ski-Ausflug unternehmen zu können.

Viele schöne und reizvolle Örtlichkeiten Sachsens warten darauf, im Fernsehen regelmäßig und so „ganz nebenbei" bekannt gemacht zu werden. Dies aber nicht nur in Reportagen und Musiksendungen, weil diese nicht immer die ganze Familie sehen will. Die Möglichkeiten dieser kurzen Panoramabilder sollte den Kommunen kostenfrei als Wirtschaftsförderung zur Verfügung gestellt werden.

Ein weiteres Problem sind geschlossene Sehenswürdigkeiten, die nur auf Anfrage öffnen. Nur wenige Gäste werden die Frage nach einem Besuchstermin stellen. Besonders unsere schönen Kirchen sollten wenigstens offene Eingänge für einen Blick in das Innere und einen Betstuhl für eine kurze Andacht besitzen. Auch wenn eine Sicherheitsglaswand oder ein Gitter den kompletten Zugang wegen möglicher Diebe verwehren muss, sind die Gotteshäuser doch mehr als einen Besuch wert und sollten ihrer Aufgabe gerecht werden.

Werbung für das Erzgebirge bedeutet auch vorausschauend handeln. Marketing umfasst, begonnene Baumaßnahmen auch auf Tourismusschädlichkeit zu prüfen und gegebenenfalls zum Positiven zu ändern. Da der Straßenbau die Höhenzüge - unter Vernachlässigung von Schneehäufigkeit und Winterdienst - jetzt ebenfalls als relativ leicht zu handhabende Trassen entdeckt hat, müssen hier immer wieder Radwege angemahnt werden. Besonders problematisch ist, dass bei neuen Verkehrsführungen diese schlichtweg vergessen und auch gute Möglichkeiten für Streckenführungen nicht beachtet werden. Wird der Ausbau anderer Wege von den Verantwortlichen dafür versprochen, müssen diese zeitgleich mit der Maßnahme entstehen und sollten keine Ausreden sein.

Gäste kommen wieder, wenn sie sich wohlfühlen - wir sollten das Vernünftige dafür tun!

Nachwort

Liebe Gäste, liebe Erzgebirgler! Auf Ihren Touren werden Sie vielleicht feststellen, dass sich Ihnen diese oder jene Stelle oder auch Sachverhalte etwas anders darstellen, als in diesem Buch geschildert. Der vorliegende Band kann zweifellos nur eine Momentaufnahme zum Zeitpunkt der entsprechenden Recherche sein. Nicht alle Wege konnte ich selbst bereisen, so dass ich auf Karten und deren Änderungsstand angewiesen war. Die Welt dreht sich aber weiter und verändert sich.

Viele Passagen des Buches sind als Anregung für Sie oder auch als Vorschlag für die Verwaltung des Erzgebirges zu verstehen. In manchen Kapiteln werden meine und Ihre Vorstellungen entsprechend Ihrer Fitness im Bezug auf das Genussradfahren, besonders die notwendige Fahrbahnqualität oder die maximale Steigung einer Genussradstrecke auseinandergehen - jeder Mensch besitzt schließlich seine eigenen Vorstellungen. Deshalb sind nicht alle Touren bis ins Detail beschrieben. Mein Anliegen war, Sie zu befähigen, sich anhand der Karten und der hier erhaltenen Kenntnisse als Genussradfahrer im Erzgebirge bewegen zu können.

Vor allem hoffe ich, dass Sie durch dieses Buch als Radfahrer die mögliche Scheu vor den Bergen verloren haben. Sie wissen jetzt, dass tatsächlich auch im großartigen und wunderbaren Gebirge Genussradfahren möglich ist, und das diese Art der Freizeitbetätigung dank der landschaftlich einmaligen Aussichten auf den Höhenzügen viel nachhaltiger ist, als es Raderlebnisse im Flachland sein können.

Für Ihre Anregungen und Erfahrungen, die in eine ergänzte und überarbeitete Auflage des Buches einfließen könnten, wäre ich dankbar. In diesem Sinne freue ich mich darauf, Sie irgendwann im Erzgebirge mit oder auch ohne Rad zu begegnen. Ein Besuch lohnt sich!

Werte Verantwortliche unseres Erzgebirges, verstehen Sie meine Schilderungen auf einigen Seiten nicht als gnadenlose Kritik eines Besserwissers, sondern durchaus als konstruktiver Beitrag zur Entwicklung unserer Region. Viele Mitarbeiter leisten eine umfassende und gute Aufbauarbeit; aber es gibt auch viel Kritisches festzustellen, denn nur durch die Äußerung von Kritik kommen wir zukünftig als Freizeit oder Urlaubsregion voran.

Wie bereits an verschiedenen Stellen des Buches angesprochen, fallen viele eigentlich notwendige Maßnahmen unter den Tisch, weil sie nicht bereits in Planungsgremien vorgedacht wurden oder das Geld dazu fehlt.

Für andere Projekte wurde der Zusammenhang zum Tourismus nicht hergestellt bzw. erkannt. Wieder andere werden betrieben und fertiggestellt, obwohl gerade auf dieser Strecke der Nutzen für das Radfahren im Gebirge recht zweifelhaft ist - die Radverkehrskonzeption lässt aber genau diese Möglichkeit zu.

Auch für die Verantwortlichen des Verwaltungsbereiches ist dieses Buch aus meiner Sicht von Wert, denn Probleme und Wünsche der touristischen Entwicklung im Erzgebirge konnten, im Rahmen der Meinungsfreiheit, von einem Nutzer der Radwege angesprochen werden, ohne das eine Rücksichtsnahme auf die Hierarchie der Verwaltung erfolgen musste und sich dabei jemand übergangen fühlt. Es konnte deshalb verschiedentlich Kritik geübt und Vorschläge eingebracht werden, die von den jetzigen offiziellen Vorstellungen abweichen.

Sollte sich nach der Lektüre des Buches jemand persönlich getroffen fühlen, bitte ich bereits jetzt um Entschuldigung.

Einige Leser werden feststellen: „Das Buch hätte früher erscheinen müssen - jetzt wird gespart, besonders bei Radwegen!". Trotz allem wird es keinen Stillstand der Gesellschaft geben. Wenn die Frage: *„Macht es Sinn was wir tun?"* in allen Bereichen, ob Strukturen, Normen, Wünschen, Machbarem, Repräsentationen, Investitionen, Justiz oder Finanzpolitik etc., mit Vernunft gestellt wird, sind auch Gelder für Radwege verfügbar.

Gleichwohl darf an unserer Zukunft, den Kindern, deren Akzeptanz und Erziehung zu ordentlichen, disziplinierten und gottesfürchtigen Menschen sowie ihrer Ausbildung und der Zeit für sie, nicht gespart werden.

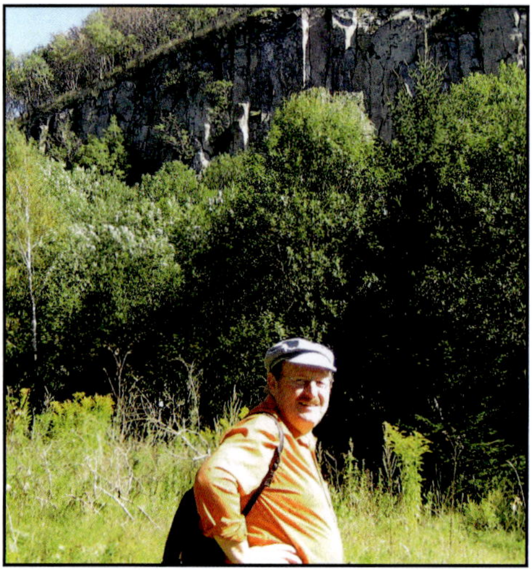

In diesem Sinne wünsche ich Ihnen einen angenehmen Aufenthalt im Erzgebirge.

Ihr Reinhard M. Troll

Der Autor, hier auf einer Tour vor den Basaltsäulen des Bärensteins, wünscht Ihnen einen angenehmen Aufenthalt im Erzgebirge.

Anhang

Quellenverzeichnis und weiterführende Quellen

Die hier aufgeführten Quellen wurden nicht durchgängig studiert. Viele dienten dazu, von nicht selbst besuchten Gebieten einen Eindruck zu erhalten oder einen Fakt zu bestätigen. Sie sollen Ihnen aber zur Weiterführung und Vertiefung Ihrer Kenntnisse nicht vorenthalten werden. Eine Bewertung dieser Quellen führt dabei der Autor dieses Buch nicht durch. Zusätzlich konnte auf Berichte und Erfahrungen von befreundeten Radlern und eigene Erfahrungen zurückgegriffen werden.

Für die Inhalte der Internetseiten und die mit Links hergestellten Verbindungen zu fremden Internetseiten übernimmt der Autor keinerlei Haftung. Die Verantwortung und Haftung für diese Seiten liegt allein beim jeweiligen Seiteninhaber. Die Web-Seiten haben den Stand 2009/2010.

Internetseiten zum Thema „Erzgebirge“

www.buergerinitiative-b93.de
www.ins-erzgebirge.de
www.ins-erzgebirge.de/haupt.php?d=mek17
www.sachsen-touristisch.de
www.sachsen-tourismus.de/
www.erzgebirge-tourismus.de
www.erzgebirge-erleben.de
www.vogtlandtourist.de
www.erlebnisland-erzgebirge.de
www.wanderbares-deutschland.de/Erzgebirge-heute.de/der-erzgebirgskreis/
www.suedwestsachsen.de/
www.mittleres-erzgebirge.de
www.echt-erzgebirge.de
www.alte-salzstrasse.de
www.erzgebirge-life.de
www.osterzgebirge.org
www.naturpark-erzgebirge-vogtland.de/
www.silbernes-erzgebirge.de/
www.wintersport-im-erzgebirge.de
www.fernwege.de/cz/e3/009/index.html
www.westerzgebirge.com/htm/erzgebirge-tourismus-wandern.htm
www.wolf-klepzig.de/hp/rad.htm
www.olbernhau.de/olbernhau/rathaus/auslegung/radweg/Radwegkonzept.pdf
www.vms.de/cgi-bin/click.system
www.zukunft-westerzgebirge.de

Internetseiten zum Thema „Radfahren“

www.adfc-sachsen.de/radreport/radreport_2006-2.pdf
www.adfc-sachsen.de/radreport/radreport_2004-4.pdf
www.adfc.de
www.adfc-sachsen.de
www.adfc-chemnitz.de
www.adfc-sachsen.de/files/2005-08-01_adfc-sachsen_stellungnahme_rad verkehrskonzeption.pdf
www.bahntrassenradwege.de
www.das-rad-ruft.de
www.radreise-wiki.de
www.achim-bartoschek.de
www.radplan-news.de
www.rad-und-wandern.de/htm_erz/erz_kammweg.htm
www.zwoenitztal-radtour.de/
www.sportler-betreuung.de/tour_vier_huebel.html
www.ess-tour.de/touren.htm
www.meschkank.de/Bergfahrrad/Osterzgebirge/osterzgebirge.html
www.hohetour.de/rad1.htm
www.vogtlandauskunft.de/Fahrrad/index.htm
www.radclub.de/
www.fahrradbibliothek.de/pdf/erzgebirgskamm-ost.pdf
www.dimb.de/
www.rad-net.de/index.php
www.leaderplus-osterzgebirge.de/downloads/assets/wi_2._radwwege.1.pdf
www.reitzenhain.de/erzgebirge/radweg/radweg.html
www.zwickau.city-map.de/03082200/radtouren-in-der-region-4
www.smwa.sachsen.de/de/Verkehr/Radverkehr/Das_SachsenNetz_Rad/109229.html
www.vogtlandkreis.de/shownews.php?id=1100
www.irchwitz.de/rundum/radtouren/index.html
www.tu-chemnitz.de/chemnitz/vereine/adfc/pages/routen.htm
www.miriquidi-bike-trails.de
www.wandermagazin.de
www.radwandern-erzgebirge.de/uebersicht-radtouren-erzgebirge-kamm-tour.htm
www.fahrrad-xxl.de/beratung/fahrradreisen-touren/reiseberichte-touren/mulde-radweg/mulde-radweg.html
www.biketrekking.de/touren/info_mulde04.htm
www.radregion-erzgebirge.de
www.nordgruppe-berlin.de/StVO-Radwege.php

www.nationaler-radverkehrsplan.de/praxisbeispiele/anzeige.phtml?id=2040
www.radreise-wiki.de/Kru%C5%A1nohorsk%C3%A1_Magistral% C3%A1
www.bernd.sluka.de/folien/gif/Breite_Radwege.gif
www.adfc-weyhe.de/radwege/wegefehler.php
www.pdeleuw.de/fahrrad/stvo_neu.html#Anforderungen
www.osv1990.de/vier-huebel-tour/index1.htm
www.zwoenitztal-radtour.de/edoc.difu.de/edoc.php?id=6813bwx7
www.olbernhauer-radtour.de
www.biketrekking.de/wissen/kapitel3_1.htm
www.rsv-erzgebirge.de/

Aktuelle Internetseiten zum Thema „Radfahren“ aus Tschechien
www.czecot.com/de/?id_tema=73
www.dpchj.cz/jizdnirady.html
www.poh.cz/portal/sap/cz/index.htm
www.travelguide.cz/de/touristik/aussichtsturme-und-aussichtspunkte
www.znkr.cz
www.tisa.cz
www.twist.sokolov.cz/ost/upload/get_file.php?idf=5069
www.cyklokrupka.jtp.cz/hlavni.htm
www.komarivizka.eu
www.erzgebirge.krusnohorci.net/cist.php?clanek=45
www.rangiroa.sweb.cz
www.zeno.org/Pierer-1857/A/Wieselstein
www.novavesvhorach.cz/
www.kliny.cz/de/aktivitaten/radfahren
www.poh.cz/
www.amapy.centrum.cz/#x=3546969@y=5521970@cs=2@sidx=2@pg=1,5 @pl=@app=0@sbar=c
www.zeleznice.vanovi.net/index.html

Internetseiten zum Thema „Kunstgräben“
www.Pfaffroda.echt-erzgebirge.de/4-pfaff_tourismus/2-sehenswertes/ kunstteich
www.untertage.com/cms/content/view/56/2/
www.gupf.tu-freiberg.de/geologie/grabentour.html
www.schneeberg.de/html/kunstgraben.html
www.wegegehen.de/plattenergraben.html
www.naturpark-erzgebirge-vogtland.de/lehr_loewe.htm
www.ulliuhu.de
www.ruessel.in-chemnitz.de

www.das-rad-ruft.de
www.verkehrsblatt.de
www.bundesrecht.juris.de
www.ssg-sachsen.de
www.sms.sachsen.de
www.nationaler-radverkehrsplan.de/
www.deutschland-tourismus.de/DEU/natur_aktiv_erholung/aktivurlaub_radfahrerlebnis.htm
www.ise.uni-karlsruhe.de/img/content/Vortrag_Baier_12122006.pdf
www.smul.sachsen.de/de/wu/umwelt/lfug/lfug-internet/veroeffentlichungen/verzeichnis/Wasser/Ereignisanalyse_neu.pdf
www.smul.sachsen.de/laendlicher_raum/342.htm
www.lpvme.de
www.evlks.de
www.walderlebnishuette.de
www.umwelt.sachsen.de/de/wu/umwelt/lfug/lfug-internet/documents/naturreg_raum_A3.pdf
www.vvo-online.de/download/FahrradBus2009.pdf

Internetseiten zum Thema „Höhenzüge“
www.erzgebirgs-kammweg.de
www.wanderwelt.echt-erzgebirge.de/efww-e3/c-etappe13/de.wikipedia.org/wiki/Erzgebirgsp%C3%A4sse
www.tschechische-gebirge.de/erzgebirge/touristischen-trassen-liste.html
www.swbv.de/
Www.erzgebirge-tourismus.de/cgi-bin/click.system?navid=Kammtour_Erzgebirge_-_Vogtland_1284

Internetseiten zum Thema „Karten / Verlage“
www.magicmaps.de
www.staedte-verlag.de/cms/de-start-startseite.html
www.landesvermessung.sachsen.de
www.bacher.de/landkarten_abc/m.htm#Maßstab
www.de.wikipedia.org/wiki/Stra%C3%9Fenquerschnitt
www.mapfox.de
www.deutschefotothek.de
www.staatsbibliothek-berlin.de/kartenabteilung?select=S&sort=land_sort
www.drregener.de/landkarte.html
www.maps-for-free.com/
www.verlag-dr-barthel.de/
www.kopp-lehrmittel.de/

www.landesvermessung.sachsen.de/
www.magicmaps.de/
www.panoramakarte.de/Ihre_Region/ihre_region.html
www.panoramakarte.de/Galerie/Panoramakarte_Erzgebirge/panoramakarte_erzgebirge.html
www.lvermgeo.rlp.de
www.das-rad-ruft.de/Radtouren/
www.geolife.de/internet/
www.amapy.centrum.cz/#x=3546969@y=5521970@cs=2@sidx=2@pg=1,5@pl=@app=0@sbar=c
www.sachsen-kartographie.de/

Internetseiten der Städte und Gemeinden
www.schoeneck.eu/
www.gelenau.de
www.olbernhau.org
www.schneeberg.de
www.reitzenhain.de/
www.zwickau.de/
www.lengefeld.de/ILEK240607.pdf
www.fva-holzhau.de/
www.holzhau.de

Internetseiten zum Thema „Bahn"
www.sachsenschiene.de
www.stillgelegt.de
www.tt-board.de/
www.eisenbahn-um-nossen.de/zellwald/aktuell/archiv.htm
www.ssb-sachsen.de/
www.achim-bartoschek.de/bahn_sn.htm
www.poehlwassertalbahn.de
www.eisenbahnnostalgie.de
www.thumer-schmalspurnetz.de/ueberblick.html
www.fhwe.de
www.dienstplanschatte.de/
www.dumjahn.info
www.sachsen-unter-dampf.de
www.de.wikipedia.org/wiki/P%C3%B6hlatalbahn
www.de.wikipedia.org/wiki/Liste_der_Eisenbahnstrecken_in_Sachsen
www.de.wikipedia.org/wiki/Kategorie:Bahnstrecke_in_Sachsen

www.de.wikipedia.org/wiki/Gottleubatalbahn
www.de.wikipedia.org/wiki/Liste_der_Schmalspurbahnen_in_Sachsen
www.de.wikipedia.org/wiki/Liste_der_stillgelegten_Eisenbahnstrecken_in_Sachsen
www.de.wikipedia.org/wiki/Bahnstrecke_Zw%C3%B6nitz%E2%80%93Scheibenberg
www.de.wikipedia.org/wiki/Lokalbahn_Schlackenwerth%E2%80%93Joachimsthal
www.de.wikipedia.org/wiki/Steilstrecke_Eibenstock
www.de.wikipedia.org/wiki/Zschopautalbahn
www.de.wikipedia.org/wiki/Chemnitz-Aue-Adorfer_Eisenbahn
www.de.wikipedia.org/wiki/Bahnstrecke_Lengenfeld%E2%80%93G%C3%Göltzschtalbr%C3%BCcke
www.de.wikipedia.org/wiki/Fl%C3%B6hatalbahn
www.de.wikipedia.org/wiki/Bahnstrecke_Reichenbach%E2%80%93G%C3%Göltzschtalbr%C3%BCcke
www.de.wikipedia.org/wiki/Bahnstrecke_Berthelsdorf%E2%80%93Gro%C3%9Fhartmannsdorf/Langenau
www.de.wikipedia.org/wiki/Kategorie:Bahnstrecke_in_Sachsen
www.de.wikipedia.org/wiki/Schmalspurbahn_Klingenberg-Colmnitz%E2%80%93Frauenstein
www.de.wikipedia.org/wiki/Bahnstrecke_Neuoelsnitz%E2%80%93W%C3%Wüstenbrand
www.de.wikipedia.org/wiki/Muldentalbahn
www.de.wikipedia.org/wiki/Schmalspurbahn_Wilsdruff%E2%80%93G%C3%A4rtitz
www.de.wikipedia.org/wiki/Gottleubatalbahn#Die_Strecke_heute
www.de.wikipedia.org/wiki/Bahnstrecke_Pirna%E2%80%93Gro%C3%9Fcotta
www.de.wikipedia.org/wiki/Bahnstrecke_Most%E2%80%93Moldava
www.de.wikipedia.org/wiki/Bahnstrecke_Zwotental%E2%80%93Klingenthal
www.heinsdorfergrund-vogtland.de/inhalte/gemeinde_heinsdorfer-grund/_inhalt/vereine/rollbockverein/rollbockverein
www.schmalspurmuseum.de
www.verkehrsrelikte.uue.org/bahn/regionen.htm
www.eisenbahnrelikte.de/53376298f10f2f401/index.html
www.lokomotive.de/bahnlinks/phv/
www.muelsengrund.de
www.windbergbahn.de
www.frank-engel.de/index.htm?http://www.frank-engel.de/d_wli.htm

www.schmalspurverlag.de
www.zwoenitztalbahn-chemnitz-aue.de
www.schlettau-crottendorf.de/
www.schmalspurbahn.de/sachsen.htm
www.fhwe.de/index_galerie_aue_blauenthal_wolfsgruen.html
www.erzgebirge-im-web.de/infos/bahnen/bahnen.html
www.weisseritztalbahn.de/
www.bvm-berlin.de/DR-Site/Betrieb/Schmalspurbahn/DR-schmalspurbahn.html
www.lokomotive.de/sachsen/
www.bimmelbahn.de/pkurier/pkstill17.htm
www.dampflok-glauchau.de/
www.rabenstein-sa.de/Sehenswertes/Rabensteiner_Viadukt/rabensteiner_viadukt.html
www.bahnarchiv.de/
www.jhc-software.de/jhc_bahnbilder_de/index.html
www.tt-board.de/forum/showthread.php?t=13937
www.drehscheibe-foren.de/foren/read.php?17,3612824,3612824
www.reichsbahnamt-zwickau.npage.de/galerie14942.html
www.ig-weisseritztalbahn.de/Einfuehrung/text1.htm
www.erzgebirgsbahner.er.funpic.de/
www.reiseauskunft.bahn.de
www.gottleubatalbahn.de/
www.cdrail.cz/gvd/k135.pdf
www.Kursbuch.bahn.de
www.bahnen-und-mehr.de/noch_mehr_bahnen.htm
www.heinsdorfergrund-vogtland.de/inhalte/gemeinde_heinsdorfer-grund/_inhalt/vereine/rollbockverein/rollbockverein
www.upload.wikimedia.org/wikipedia/de/2/24/Sachsenschmalspur.png
www.eba.bund.de

Weitere Internetseiten zu verschiedenen Themen

www.findcity.de
www.goeltzschtalbruecke.info/
www.navigationssystem-portal.de/
www.un-kraut.de/gunschul/egms/egms062.htm
www.meschkank.de/Bergfahrrad/Osterzgebirge/Loucna__Wieselstein_/loucna__wieselstein_.html
www.wapedia.mobi/de/Erzgebirgsp%C3%A4sse?t=4.#5.
www.koeln-magazin.info/kluengel0.html

Internetseiten zum Thema „Gesetze / Offizielles“
www.deutsche-landwirte.de/saechsisches-Strassengesetz.pdf
www.ise.uni-karlsruhe.de/img/content/Vortrag_Baier_12122006.pdf
www.de.wikipedia.org/wiki/Regelquerschnitt
www.isr.tu-berlin.de
www.amt24.sachsen.de/
www.smwa.sachsen.de/set/431/zeitschrift_4_2007_internet.pdf
www.nationaler-radverkehrsplan.de/praxisbeispiele/anzeige.phtml?id=2040
www.rpv-suedwestsachsen.de/
www.ulptours.de/index.php?id=6

Internetseiten zum Thema „Gewässer“
www.umwelt.sachsen.de/umwelt/index.html
www.smul.sachsen.de/de/wu/organisation/staatsbetriebe/ltv/downloads/Internet_TS_Muldenberg_.pdf
www.talsperren-sachsen.de
www.de.wikipedia.org/wiki/Liste_der_Gew%C3%A4sser_in_Sachsen
www.de.wikipedia.org/wiki/Talsperre_Fl%C3%A1je
www.talsperren.net/
www.de.wikipedia.org/wiki/Talsperre_Werda
www.smul.sachsen.de/de/wu/umwelt/lfug/lfug-internet/veroeffentlichungen/verzeichnis/Wasser/Stauanlagenverzeichnis%201202.pdf

Verwendete Literatur
Kultur und Landschaft zwischen Vogtland und Oberlausitz, Leipziger Tiefland und Erzgebirge (Walter Fellmann ; Perfect Paperback 1997)
Freie Presse, Chemnitz, diverse Ausgaben
Reisezeit im Erzgebirge, offizielle Gästezeitung des Tourismusverbandes Erzgebirge, diverse Ausgaben
„Ausgewählte Aussichtsberge des sächsisch-böhmischen Erzgebirges“ (Reinhart Heppner, Dr. J. Brückner, Geiger Verlag 2008)
„Gastronomische Entdeckungen“, M. Otto, Verlag die Wirtschaft, Berlin 1984
Werte unserer Heimat, diverse Bände ca. 1978, Akademie-Verlag Berlin
„Die Obererzgebirgische Aussichtsbahn“ Eberhard Schramm (ISBN 978-3-88255-427-4)
„Turmtour“ Robert Dick, Chemnitzer Verlag 2010
Werbeschriften der TMGS Tourismus Marketing Gesellschaft Sachsen mbH
Werbeschriften der Orte im Erzgebirge

Verwendete Karten
Karten des Verlages Dr. Andreas Barthel 04451 Borsdorf bei Leipzig
- „Ober-Erzgebirge“, 2. Auflage

- Wander-, Radwander- und Reitkarte „Stollberg und Umgebung“ Laufzeit bis 2010
- Radwander- und Wanderkarte „Aue, Schneeberg Lichtenstein und Umgebung“ Laufzeit bis 2013
- Radwander-, Wander- und Skiwanderkarte „KAMMtour Erzgebirge - Vogtland“ Laufzeit bis 2008

Karten der Kompass Karten-GmbH 6063 Rum/Insbruck, Österreich
- Wander-, Bike- und Langlaufkarte 805 „Naturpark Erzgebirge/Vogtland Plauen-Klingenthal“ 2006
- Wander- und Bikekarte 807 „Mittleres Erzgebirge Annaberg-Buchholz, Marienberg, Olbernhau 1a-2004
- Wander- und Radkarte 808 „Osterzgebirge Seiffen * Altenberg * Bad Gottleuba“ Auflage 2008

Karten der Geodezie CS a.s. 10221 Praha 10
- Wander- und Radwanderkarte 2013 „Krusne hory stred“ 1. vydani 2002
- Wander- und Radwanderkarte 2014 „Erzgebirge West Chodau - Karlsbad“ 1.Auflage 2002

Karten des Landesvermessungsamt Sachsen 01099 Dresden
- Topographische Karte Ausgabe mit Wanderwegen Blatt 4 „Vogtland Auerbach“ 1997
- Topographische Karte Ausgabe mit Wanderwegen Blatt 5 „Vogtland Schöneck, Klingenthal“ 1996
- Wanderkarte v. Sachsen Blatt 13 „Westerzgebirge Aue, Schneeberg“ 1994
- Wanderkarte von Sachsen Blatt 14 „Westerzgebirge Geyer, Schwarzenberg“ 1994
- Wanderkarte von Sachsen Blatt 15 „Westerzgebirge Eibenstock, Johanngeorgenstadt“ 1996
- Topographische Karte Ausgabe mit Wanderwegen Blatt 16 „Westerzgebirge Kurort Oberwiesenthal 2003
- Wanderkarte von Sachsen Blatt 19 „Döbeln, Waldheim, Leisnig“ 1994
- Topographische Karte Ausg. mit Wanderwegen WK 21 „Chemnitz“ 2004
- Wanderkarte von Sachsen Blatt 22 „Zschopau“ 1994
- Wanderkarte von Sachsen Blatt 23 „Mittleres Erzgebirge Annaberg-Buchholz“ 1994
- Wanderkarte von Sachsen Blatt 24 „Nossen, Roßwein“ 1993
- Topographische Karte Ausgabe mit Wanderwegen Blatt 25 „Freiberg, Oederan“ 1996
- Wanderkarte von Sachsen Blatt 26 „Flöhatal/Lengefeld“ 1994

- Wanderkarte von Sachsen Blatt 27 „Mittleres Erzgebirge Marienberg, Olbernhau“ 1994
- Topographische Karte Ausgabe mit Wanderwegen Blatt 30 „Linkselbische Täler Meißen, Wilsdruff“ 2002
- Topographische Karte Ausgabe mit Wanderwegen Blatt 31 „Tharandter Wald“ 1999
- Wanderkarte von Sachsen Blatt 32 „Osterzgebirge / Frauenstein“ 1993
- Topographische Karte Ausgabe mit Wanderwegen Blatt 33 „Osterzgebirge/ Kurort Seiffen“ 2006
- Topographische Karte Ausgabe mit Wanderwegen Blatt 37 „Dippoldiswalde, Kreischa, Dohna“ 2007
- Topographische Karte Ausgabe mit Wanderwegen Blatt 38 „Osterzgebirge/ Altenberg, Geising“ 2005
- Topographische Karte Ausgabe mit Wanderwegen Blatt 44 „Königstein, Bad Gottleuba-Berggießhübel“ 2004
- Topographische Karte Normalausgabe 5144 „Flöha“ 2002
- Topographische Karte Normalausgabe 5241 „Zwickau Ost“ 2003
- Topographische Karte Normalausgabe 5242 „Stollberg (Erzgebirge)“ 2002
- Topographische Karte Normalausgabe 5244 „Zschopau“ 2002
- Topographische Karte Normalausgabe 5341 „Wilkau-Haßlau“ 2003
- Topographische Karte Normalausgabe 5342 „Zwönitz“ 2001
- Topographische Karte Normalausgabe 5243 „Chemnitz Süd“ 2001
- Topographische Karte Normalausgabe 5441 „Schneeberg“ 1996
- Topographische Karte Ausgabe mit Rad- und Reitwegen sowie Fernwanderwegen Naturparkregion: „Naturpark Erzgebirge Vogtland“ Blatt 1 2007 und Blatt 2 2006 und Blatt 3 2006
- Top 50 Amtliche Topographische Karten, Version 5 interaktive digitale Kartenserie 2008, Staatsbetrieb Geobasisinfo. u. Vermessung Sachs.

Karten des KDI Euroverlag e.K. 09130 Chemnitz

- Rad- und Wandertouren-Karte „Landkreis Zwickauer Land“

Karten der Sachsen Kartographie GmbH Dresden 01099 Dresden

- Wander- und Radwanderkarte mit Reitwegen „Freiberg u. Umgeb.“ 2005

Karten des Rosy Verlag CZ-27601 Melnik

- Wander- und Skikarte „Erzgebirge Mitte“ 1 Deutsche Auflage 2007

Karten der Publicpress Publikationsgesellschaft mbH D.59590 Geseke

- Radwanderkarte „Erzgebirge“ 524 Stand 05/2009
- Wanderkarte „Ferienregion Greifensteine Erzgebirge“ 513

Gesamte Bildauswahl des Buches

R.M.Troll, M.Troll

Unser umfangreiches Gesamtprogramm bietet Ihnen viele weitere interessante Titel zu den unterschiedlichsten Themenbereichen wie:

- **Kultur-, Militär-, Volks- und Regionalgeschichte**
- **Magie, Mythologie, Sagen und Märchen**
- **Grenzwissenschaften & Zukunftsforschung**
- **Alternativen und Projekte u. a. m.**

Sie erreichen uns folgendermaßen:

per Post: Buchverlag König
Äußere Zeulenrodaer Str. 11
07973 Greiz-Kurtschau

per Telefon: 0 36 61 - 67 42 13
per Telefax: 0 36 61 - 67 42 14

per Email: verlag-koenig@t-online.de

oder besuchen Sie uns einfach im Internet unter:

www.buchverlag-koenig.de

Wir freuen uns auf Ihre Nachricht!

emobile erzgebirge

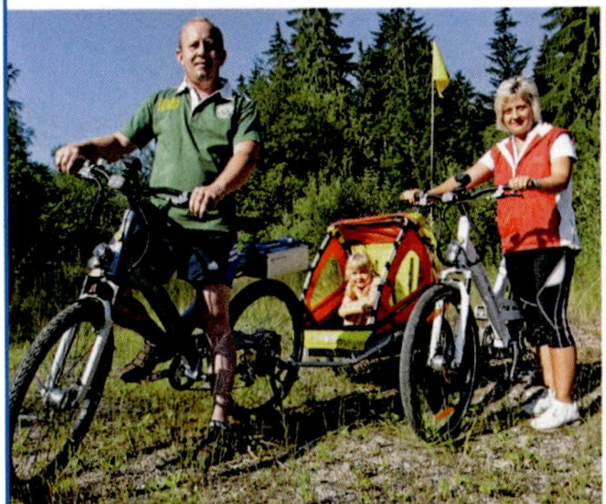

Verkauf und Vermietung von innovativen Elektro-Fahrzeugen aller Art

Ausleih von Elektro-Fahrrädern für Groß und Klein!
Fahrradfahren leicht gemacht - mit elektrischer Unterstützung sind Sie auch im Erzgebirge mühelos unterwegs. Genießen Sie vollen Fahrspaß bei leichter körperlicher Anstrengung

Emobile Erzgebirge Hohe GmbH
Schneeberger Str. 43
08309 Eibenstock

Tel. 03 77 52 / 55 64 55
fax 03 77 52 / 55 65 44
funk 0173 393 22 20
info@emobile-erzgebirge.de
www.emobile-erzgebirge.de

Unsere Verleih- und Akku-Wechsel-Stationen:

- Hotel Am Bühl, **Eibenstock**
- Minigolfhalle, **Eibenstock**
- Intersport Schulze, **Eibenstock**
- Gaststätte „Am Frölichgut" Sosa, **Eibenstock**
- Waldgaststätte, **Blauenthal**
- Pension Waldhaus, **Carlsfeld**
- Hotel am Kurhaus, **Bad Schlema**
- Wrestler Bike Parts, **Aue**
- Reifenservice Pöschl, **Aue**
- Gaststätte „Zum Bahnhäusel", **Aue**
- Berggaststätte Morgenleithe, **Lauter**
- Gaststätte Sauschwemme, **Johanngeorgenstadt**
- Landhotel Am alten Zollhaus **Zschorlau**

WMZ

Werkzeug- u. Maschinenhandel Zwönitz

Troll & Konopka GbR

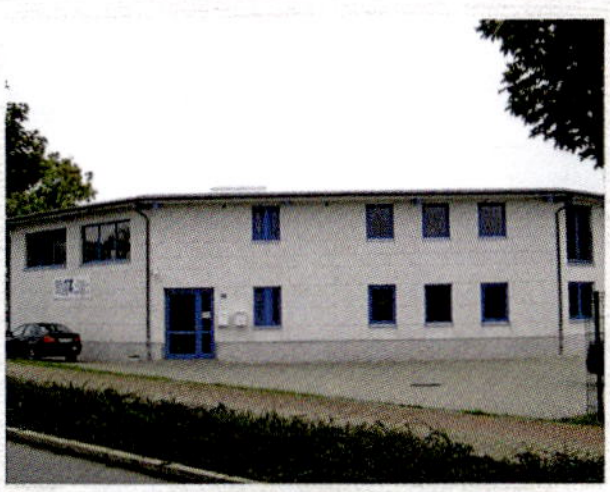

Unser Lieferprogramm:

- Präzisionswerkzeuge
- Meß- u. CNC Technik
- Werkzeugmaschinen
- Betriebseinrichtungen

* beraten * planen * beschaffen * Lagerhaltung * Anlieferung * Schnelldienst *

Am Windberg 1 08297 Zwönitz
Tel. 037754 / 21 21 und 21 68 Fax 037754 - 21 69

WOBEK®

Oberflächenbeschichtungen für
- Industrie
- Handwerk
- und Privat

Informieren Sie sich über unser Unternehmen auf folgenden Web-Sites:

www.wobek.de

www.wobek-design.de

www.wobek-bauer.de

FÖRDERVEREIN ZWÖNITZTAL E.V.

www.zwoenitztal-radtour.de

KONSTRUKTIONSBÜRO

Ahlheim / Oelschlägel GbR
- Spritzgießwerkzeuge
- Folgeverbundwerkzeuge
- Vorrichtungen
- Kunststoffteile

Lutherstraße 8 08297 Zwönitz Telefon: 037754 / 2931
E-Mail: ahl.oel@arcor.de Telefax: 037754 / 74515

Wir erledigen Ihre Drucksachen!
- schnell und zuverlässig -

koenigmedien@aol.com
Tel.: 0 36 61 - 43 72 26

Wir bieten Ihnen ein umfangreiches Buchprogramm aus vielen verschiedenen Genres von Kulturhistorischem über Magie und Grenzwissenschaft bis zu Regionalem!

Besuchen Sie uns im Internet
www.buchverlag-koenig.de

SCHINDLERS ZWEIRADHAUS

Dieter Schindler · Am Bach 5 · 08297 Zwönitz · Tel. 037754/2269